中国新文化百年史丛书
ZHONGGUO XINWENHUA
BAINIANSHI CONGSHU

中国新文化百年史丛书

学术顾问

贾平凹　金铁霖　卢新华　马秋华
莫　言　温儒敏　吴为山　杨　义

编撰委员会

陈跃红　丁亚平　方　宁　郜元宝
郝雨凡　胡志毅　李继凯　林　岗
栾梅健　马相武　彭志斌　王　宁
王兆胜　汪应果　许　明　杨剑龙
张福贵　赵毅衡　朱寿桐　朱栋霖
朱晓进

国家出版基金项目
NATIONAL PUBLICATION FOUNDATION

国家"十二五"重点图书出版规划项目
NATIONAL TWELFTH-FIVE-YEAR-PLAN KEY BOOK PUBLISHING PROJECT

周仁政 著

中国学术文化百年史

XUESHU WENHUA

中国新文化百年史
丛书主编·朱寿桐
2

南京师范大学出版社
NANJING NORMAL UNIVERSITY PRESS

图书在版编目(CIP)数据

中国学术文化百年史/周仁政著.—南京:南京师范大学出版社,2019.1
(中国新文化百年史丛书)
ISBN 978-7-5651-3979-6

Ⅰ.①中… Ⅱ.①周… Ⅲ.①学术思想-思想史-中国-近代 Ⅳ.①B2

中国版本图书馆CIP数据核字(2019)第000148号

丛 书 名	中国新文化百年史丛书
书 名	中国学术文化百年史
著 者	周仁政
责任编辑	秦 月 丁亚芳
出版发行	南京师范大学出版社
地 址	江苏省南京市玄武区后宰门西村9号(邮编:210016)
电 话	(025)83598919(总编办) 83598412(营销部) 83373872(邮购部)
网 址	http://press.njnu.edu.cn
电子信箱	nspzbb@163.com
照 排	南京理工大学资产经营有限公司
印 刷	南京爱德印刷有限公司
开 本	710毫米×1000毫米 1/16
印 张	26.5
字 数	385千
版 次	2019年1月第1版 2019年1月第1次印刷
书 号	ISBN 978-7-5651-3979-6
定 价	106.00元
出 版 人	彭志斌

南京师大版图书若有印装问题请与销售商调换

版权所有 侵犯必究

序　言

中国新文化萌发于近代启蒙主义政治、社会、文化思潮,到五四新文化运动时期形成巨大气候并进入实质性运作,在以罕见的强势和决绝姿态"告别"了源远流长的中国传统文化之后,历尽时代的风狂和雨暴,饱经岁月的辉煌与沧桑,伴随着中国人民乃至全世界华人跨越一个世纪的艰辛与卓绝,光荣与梦想,成为一百年来几代中国人关系模式、人生方式、思维程式、行为范式和言论体式的品质与风格的呈现。中国新文化充分汲取了西方文化的精神营养,同时也承传了传统文化的丰富资源,因应着时代的节拍,体现着中华民族多元文明的质地,在当代世界文明的总体框架下独特而精彩地生息并发展,艰辛而顽强,青葱而壮硕,根深而叶茂。

百年的沧桑需要总结与回望,百年的辉煌值得讴歌与阐扬。汉语学术界从来就不缺少治史的热忱与传统,但这样的热忱常常被某种价值忌惮和畏难情绪疏隔在中国新文化史的编修之外。关于中国古代文化,各种版本的文化史专著精彩纷呈,但关于中国新文化史的学术撰述却相对冷落。在中国新文化历史范畴内,许多时代的纷争和意识形态的现实差异无疑将限制历史述说的深刻精准和理论阐述的畅快淋漓,而文化内涵的无所不包以及外延的难以捉摸更会让审慎的研究者望而却步。

但学术的延宕终究不能抵挡甚至销蚀百年文明的历史魅力。为这样的学术魅力所吸引,我们可以不揣冒昧,无所忌惮,不畏艰辛,写下中国新文化百年的史迹与节奏,伴之而起的是我们的观察与思考。

一、文化及其学术结构

中国新文化是人类文化史上杰出而富有生命力的存在。它植根于中华传统文化的深厚土壤,吸纳外来文化的营养与资源,体现着亿万中国人在特定时空条件下的价值选择和人生倾向,以其特定的演进轨迹和发展成果丰富了现代世界文明。

文化是一个异常复杂的概念。在相对保守的学术记录中,有关文化的定义有170多种,而宽泛一些的统计则多达400种。一种学术概念,如果存有多种定义,就足以表明关于其学术内涵的理解已经陷入了某种混乱,其所引起的概念之辩足以引起旷日持久的争讼。在这样的意义上,关于文化的定义到底是170多种还是400种的论辩往往说明不了别的情形,仅仅能够说明,每一个严肃的学者都可以而且应该对文化的学术概括作出自己的思考和判断。

显然,几乎所有自然、社会、人文现象都可以用文化加以概括,或者加以描绘,甚至连自然的地质记录都已经用文化概念加以表述。通常意义上人们比较习惯于将文学艺术算作基本的和典型的文化现象,类似于许多政府文化管理部门的职责范围。但毫无疑问,人类的思想和学术属于文化的重要内涵,所有社会典章制度、宗教信仰、经济运作等,以及社会习俗、民风民俗的积淀,都是文化必然属性的体现。这些文化现象都是人类文明形成或创造的结果。文化,如果从汉语语词的构成进行解析,当表述为人类文明与开化的所有痕迹的总和。

用钱穆所阐述的文化概念,"文化只是'人生',只是人类的'生活'",不过是"集体的"、"大群的人类生活"而已[1]。文化与人的活动相关,因而可以从人类文明和社会行为开化的意义上理解文化。

然而立即需要面对的问题是,许多自然现象都被纳入文化表述的范

---

[1] 钱穆:《文化学大义》,第4页,北京:九州出版社,2011年。

畴。既然远在人类尚未产生之前的宇宙间就存在我们称之为文化的东西，这是否意味着，文化并不完全属于人类文明，它可以是自然的现象？可能的答案是，只有那些被人类的文明所认知、所理解并经过人类文明表述的自然现象才是文化的。宇宙空间尚有许多未被认知的天文现象，地质构造中也留有不少未解之谜，这些都无法纳入文化的表述之内。自然现象须带着与之相适应的文化表述才属于文化范畴。在这一意义上，钱穆的观点值得借鉴。钱穆认为，人类的文化即便是在物质和社会生活层面的，也仍然包含着精神的因素，而且精神因素才是文化的本质："若使人类没有欲望，没有智慧，没有趣味爱好，没有内心精神方面种种的工作活动参加，也将不会有衣、食、住、行之一切物质创造与活动。"[1]

如果说人类文明可以被认为分别体现在自然、社会和狭义的文化这三个方面，那么，文化注定是人类文明的异称，是人类对自然现象的认知理解，对各种社会现象的观念表述，以及在思想、学术、文化、艺术及其承载传播等方面的创意性结果。

这样，文化被自然地分为三个层次。首先是文化的核心层次，也就是通常所说的纯文化层次，在思想、学术、文化、艺术及其承载传播层面的创造性继承与发展的文明形态。其次是结构层次，也就是社会法律制度、道德规范和宗教信仰等等，它们都体现为一种法规，一种约束，一种要求人们遵守的制度，虽然它们本身也许并不都以制度的状态出现。这种社会制度在重要性上远远超过一般意义上的文化，但作为观念概述又体现为文化的基本内涵。再次是物质文化层次，包括被理解的自然文化，以及各种人类物质创造的时代性理解。文化的本质是观念文明的痕迹与开化的结果。

钱穆在《文化学大义》中同样阐述了文化的三个层次，分别是物质的（自然的）、社会的、精神的，也就是物世界、人世界和心世界[2]。这大致是准确的。但社会层面的文化也可能是物质的，如各种社会法律宗教设施等

---

[1] 钱穆：《文化学大义》，第8页，北京：九州出版社，2011年。
[2] 钱穆：《文化学大义》，第9页，北京：九州出版社，2011年。

等,特别是社会经济生活的方方面面。从这个意义上说,斯特恩(H. H. Stern)将文化分类为物质文化、制度文化和精神文化这三个方面,更能够行得通。不过中文的翻译将斯特恩的第三层次文化表述为心理文化,显然缩小了这一分层的文化范围,应该作为精神文化进行理解和阐述。

文化代表着人类文明积累的结果,自身的构成非常复杂,物质文化必然包含且呈现出某种精神的内涵,才能够成为人们文化认知的对象,这便是如前所说的,自然文化中没有被人类文明认知的部分,就不能算是文化,也不能进入文化的表述。同样地,即便是精神文化的类型,也必须通过一定的物质文化加以承载。精神文化和物质文化都是在相对意义上形成的某种分别。

但之所以作物质的、精神的和制度的三种类型的划分,是因为在对文化进行学术把握的时候,需要进行分门别类的研究,需要在诉诸人类文明思维的方法和途径方面进行类型学的概括。明确了此三种类型,便可以对一个民族某个时代的文化种类进行基本的结构阐析。之所以将钱穆所提出的社会文化修订为制度文化,是因为社会文化中既包含精神文化,也包含物质文化,精神与物质相对,但"社会的"类型在逻辑上无法与之并列。社会文化中包含着许多精神文化内容,也包含许多物质文化内容。从物质到精神类型,应该有一个介乎其中的制度文化类型,它确实立足于社会层面,但既不偏重于物质也不纯然体现于精神,而体现为一种文化方法——调节和制约人类社会行为和价值规范的文化方法,包括政治、道德、宗教、法律、教育、习惯等等。

钱穆倾向于将物质文化或自然文化当作广义文化,而将社会文化和精神文化视为文化研究的主要对象,由此,他将文化分为七个类别:经济、政治、科学、宗教、道德、文学、艺术[1]。这样的分类兼顾了他所阐述的社会文化和精神文化两大类型,但其间仍然有许多疏漏,也有一些混乱。例如,在精神文化类型中,思想文化、学术文化无疑是重要的文化现象,钱穆的概括中却忽略了这两方面的内容,而一般理论都倾向于将文学纳入艺术范

---

[1] 钱穆:《文化学大义》,第32页,北京:九州出版社,2011年。

畴,这里却主张将两者在类型上截然分开。

但钱穆作出了重要的理论开创,认为文化研究的重心,文化史研究的基点,应在社会文化和精神文化两大类型,而诉诸精神层面的文化现象才是文化研究的当然内容。在这样的意义上,他应该较少地涉及他所谓的"社会文化",而更关注精神文化的多个方面。但在他的框架设计中,社会文化如经济、政治、科学、宗教、道德等占据了文化类型的主要地位,精神文化方面仅仅涉及文学与艺术,未能充分反映这种类型中更广阔的文化内涵。按照我们的类型分析,文化分为物质文化、制度文化和精神文化。在每一种文化类型之中,又可以分为若干个文化种类。物质文化类型中,可分为自然文化、天文文化、山水文化、社会物质文化等。制度文化类型中,可分为政治文化、法制文化、道德文化、宗教文化、教育文化、民俗文化等。精神文化比较复杂,又可分为三种类别的若干形态。第一种类别是思想、学术文化,包括思想文化、学术文化、科技文化等,这些文化都是创造性思考的结果,因而从文化建设方法上可以概括为创思文化。第二种类别为创作文化,是文学、艺术文化,包括文学(当然文学可以归类为艺术,但在艺术创作中又占有突出地位)、音乐、美术、雕塑、建筑、戏剧、舞蹈、电影等。第三种类别为设计、传媒文化,这是一种创意性工作的结果,又可概括为创意文化,包括社会生活各个方面体现的设计文化,以及不断发展和更新的传媒文化,等等。为了较为清晰地反映这样的文化结构,特制下表:

文化类型	物质文化				制度文化	精神文化		
次类型	自然文化	天文文化	山水文化	社会物质文化	政治文化 法制文化 道德文化 宗教文化 教育文化 民俗文化	思想、学术文化: 创思文化	文学、艺术文化: 创作文化	设计、传媒文化: 创意文化
形态						思想 学术 科技	文学 音乐 美术 雕塑 建筑 戏剧 舞蹈 电影	设计 传媒 娱乐

二、新文化及其历史把握

所谓中国新文化，是指中国百年来形成的融入西方因素的文化潮流和文化成果。新文化以近代启蒙主义思潮为基础，与现代政治、思想、文化革命密切联系，经过不同时期的运作、发展与调整，反映着现代中国人与传统相异的思维方式、语言方式及其支配下的生活习惯，生动地体现了从物质文明到价值观念、制度文化，再到精神文明的世界化与现代性的文化轨迹。

由此可见，百年新文化的历史总结，必须紧扣新文化的性质。并非在现当代历史时期出现和活跃的所有文化现象都属于新文化范畴。新文化必须体现新的价值观，体现近代以来的西方化和世界化因素，体现现代性的文化理念和文化形态。这是新文化的主体形态。与此同时，必须充分认识新文化的附庸形态，一定的传统文化传承到现代历史阶段，在现代生活中获得了时代性的赋形，它自然以其特有的方式和形态参与到新文化运作之中。

任何一个民族的文化，都与这个民族的传统有着密切的关系。中国新文化从这个意义上说，也割不断与传统文化的联系。事实上，如何处理与传统文化的关系，一直是新文化运作和运动的重要课题。但另一方面，鉴于新文化的发动以否定传统文化为价值前提，新文化的当然品质包含着相当浓厚的世界化、现代化的价值内涵，因而我们的新文化史研究应该立足于新质文化，尽管我们不可能完全认同全盘接受新文化倡导时期文化精英们的价值理念。这样的新文化品质认定，使得我们将传统文化史学所必然包含的民俗文化等等，从新文化史学系统中分离出去。民俗文化与传统文化的联系更为紧密，是长期形成并且在一定时间内难以真正改变的文化形态和文化方式，它的现代形态即使参与到新文化之中也只是一种时代赋形，并不体现新文化的本质内容。

我们对文化作出了如下的基本价值定位：文化是一定历史条件下人类文明与开化的结果，这样的文明与开化包含着鲜明强烈的观念和价值成分,因而其主要内涵在于精神层面。于是,新文化的历史研究和规律性研究主要以精神文化为主,部分涉及体现现代中国人社会价值理念的制度文化,但基本上不涉及物质文化,尽管新文化中的物质文化也包含着许多新质成分,特别是社会物质生产的结果(现代产品,主要是工业产品)。

新文化的历史研究还必须从新文化发展的实际出发,而不是从概念出发。新文化百年的发展并不是在文化的所有方面都有同等的效果和成就,为了准确反映新文化的发展成就,突出新文化成就的主导方面,对于滞后发展的一些新文化类别与形态理应采取学术兼顾的办法。具体地说,传统"八大艺术"中,美术与雕塑是并列关系,但新文化在中国的发展实际显示,雕塑的成就及发展线索在新文化总体格局中尚不足以独立成一个构成部分,因而可以将其与书法并入美术类属之中。同样的道理,舞蹈也可以从新文化发展的实际出发并入戏剧类属。中国新文化发展过程中,建筑艺术从文化创作的意义上来评判,属于颇为积弱的艺术文化部门,中国现当代建筑如果有值得进行历史研究的价值,则可能体现在它的某种创意性方面。于是,宜将新文化的建筑艺术部分从艺术文化的类型中抽绎出来,置于"创意文化"中的设计门类之中。

需要从中国百年来的新文化发展实际出发,对政治文化加以审慎对待。中国特殊的国情决定了我们的政治带着一种时代的刚性,它渗透到社会生活和物质文化的方方面面,一般不体现为一种文化形态(尽管文化内涵非常丰富),而是体现为决定人们价值观和意志力的意识形态和制度形态。这种刚性政治不宜单纯从文化层面加以阐述。从文化层面进行阐述的政治文化大多与社会法制建设紧密相连,因而所清晰呈现的是社会政法文化现象。

同样是从百年新文化发展的实际出发,当我们的历史叙述以中国大陆为本位(文化的空间属性决定了我们必须以此作为新文化的核心地带进行学术阐述)的时候,有些必然的文化现象会以偶然的文化样态出现,譬如宗教文化。在叙述中国现代文化史的时候,宗教文化明显地呈断裂状态。

于是,从新文化百年历史的实际出发,我们论述的重点是:

制度文化类型:政法文化

     宗教文化

     教育文化

精神文化类型:

 思想、学术文化次类型:思想文化

       学术文化(含科技文化)

 文学、艺术文化次类型:文学文化

       音乐文化

       美术文化

       戏剧文化(含舞蹈)

       电影文化

 设计、传媒文化次类型:设计文化(含建筑、广告等商业设计、工业设计等)

       传媒文化(含出版文化、电视文化、网络文化、游戏等娱乐文化)

三、学术理念与学术结构

  新文化的历史形态包含各个时期的新文化运动,包括一定历史条件下的新文化运作,以及这种运作的结果,即新文化在各领域的成果。新文化史的各个领域、各个课题的各个阶段,都应该从相应的文化运动(文化思潮)或者相应的文化运作(文化团体性的作为)展开历史的陈述,在此基础上,突出本阶段在本领域最具标志性的文化成果,重点介绍本领域在本阶段最具代表性的文化人。对于代表性人物和标志性作品,当然需要充分揭示其文化内涵,阐明其文化意义。

新文化百年在不同的历史时段,呈现出不同的时代主题,这些时代主题可以说是那个时代新文化的主旋律,也可以说是推动新文化不断发展的核心动力。从新文化运动开始正式掀起的 1915 年,到北伐战争兴起之际,这是新文化发展的第一个历史阶段。此阶段以中国文化的世界化和现代化为基本指向,突出的主题便是陈独秀概括的"民主与科学"。这时期的民主更多地体现为现代价值理念,而不是政制设计。科学在这里代表着实事求是的求实精神,以及破除迷信的现代人生态度和社会伦理。围绕着科学民主的时代文化主题,对新文化持保留甚至反对态度的文化思潮同样应该得到关注,并尽可能揭示它们的合理性,因为即便是反对新文化思潮的群体,往往在民主价值观和科学世界观方面也并非完全持反对的态度。如学衡派虽然反对新文化倡导者的某些观念和做派,但他们标举的新人文主义同样包含一定的民主思想和价值理念。各个门类的文化建设和文化倡导都以民主与科学的突出主题展示其自身的时代特性。

可以将 1927 年至 1936 年,概括为新文化运作的反思及内部调整时期,这时期的文化主题可用"革命与自由"来概括。从北伐战争到左翼运动,新文化的时代主题便是革命。这既是政治和战争意义上的革命,也是意识形态、文化艺术领域的革命。这场连续性革命的目标是争自由,其中包括工农群众的自由诉求,以及知识分子的自由意志。革命的倡导者祭起的法宝便是"争自由",对于"革命"持质疑态度的"自由人"同样标榜自由。对于许多知识分子、文化人而言,这是中国现代史上最为自由的时代,特别是在文化上的展开,都充分显示出自由的力量。

1931 年,以"九一八"事变为标志,中国进入了旷日持久的抗日战争历史,而 1937 年的"七七事变"标志着全面抗日的展开,由此开始直到中华人民共和国成立之前,中华民族被拖进深重的、全面的、灾难性的战争岁月。日本帝国主义的侵略无疑是一场民族的灾难,而民族战争之后的内战使中华民族和广大民众面临的战争灾难未能即时结束。灾难中的呻吟,有民族反抗和自卫的呼声,有争取民主与捍卫和平的呐喊,新文化的时代取向是服务于现实,服务于危难之际的中华民族,此时代的新文化核心价值是"民族与民主"。共产党领导的延安等革命根据地,在那个时代显示出政治的独立性和独特性,但文化核心仍然是民族与民主。在内战时期民不聊生的情形下,文化界对当局的抗争与谏议,也都集中在民主话题和民族自救的内容。只是,这个时代的民主要求,较之于"五四"以后至 20 世纪 20 年代宣扬的"德先生",明显多了一些政治体制方面的改革要求。

以中国大陆为主导空间,1950 年以后的新文化呈现出党派文化的特性,在共产主义理想的引领、激励和阶级斗争主题的促动下进行运作。"理想与斗争"是这个时代文化运作的突出主题。"文化大革命"不过是这种文化发展到极致的一种爆发。这一阶段的端点以"文化大革命"的结束为标志,其间逐步形成了非常有时代特色的文化面貌。

毫无疑问,1978 年至 1992 年,是中国改革开放的历史阶段,制度文化和社会文化方面的拨乱反正,思想文化和价值观念上的正本清源,改革被赋予时代伦理的正当性,开放成为锐不可当的时代潮流,其间经历的种种历史浪潮的回旋,终究不能阻遏历史最初向着"四个现代化",后来向着小康社会不断努力的脚步。

1992 年以后,历史进入到类似于后现代文化发展的时期,多元价值观念的形成,伴随着多媒体时代来临,形成了一直延续到当下的时代文化,这一文化以"多元与和谐"为主题,持续地演绎着新文化的活力与精彩,当然也同时演绎着新文化的尴尬与无奈。各种各样的文化在继承新文化传统的意义上呈现出自身的多元与开放,不断调整和制抑的呼声终究无法影响多元文化的发展。多元文化包含着许多劣质因素,但能够包容这样的多元就有足够的定力消除这样的劣质因素。拥有这样的定力是我们这个时代新文化的风采与胸襟,拥有这样的胸襟意味着新文化历经百年的成熟。

中国新文化的运作以 1915 年创刊的《青年杂志》(后改为《新青年》)为正式起点,2015 年纪念新文化运动一百周年便成为文化热点。自 2015 年 4 月份开始,全国各地包括北京、上海、济南等重要城市都相继举行了各种规格、各种专题的学术研讨会,隆重纪念、深入研讨新文化和新文化运动。2015 年 9 月 14 日,由澳门大学中文系和澳门大学南国人文研究中心主办的"中国新文化百年纪念学术研讨会",引起了海内外媒体和文化界的普遍关注。中新社对外发了通稿,全球100多家媒体予以报道。此会议之所以有如此反响,一是汇聚了海峡两岸暨香港、澳门有代表性的文史专家和文化学者[1],而且是非常集中地从海峡两岸暨香港、澳门的历史、现实出发进行研讨,从不同的社会、学术、文化背景对影响了一百年的新文化进行了深入、理性的探究,这样的交流能够体现出对中华新文化或汉语新文化的较为真切、全面的认知与反思;二是改变了一般学术会议议而不决的状况,达成了对于新文化认知的某种共识,作为会议的重要成果,发表了《新文化的重释与新倡》[2],俗称"澳门共识",对中华新文化作出重新阐释并提出了新的倡导性意见,其中的关键词是:"理性民主"、"科学发展"、"文明进步"、"多元和谐"。

这四组词,可以说是并列关系,也可以说成是修饰关系。"民主"是新文化运动举为先导的一面鲜亮的旗帜,当时有一个高雅而十分富有美誉度的名字"德先生",几乎所有积极的现代理念,如自由与平等、正义与公平等等,都可以在"民主"的理论框架内进行定位。但必须承认,民主的实践在不同的区域、不同的文化语境中有着千差万别的形态与体态,它们即便处在相互矛盾甚至相互对立的状态下,也可能都以"民主"的面目出现。五四时代的"民主"精神,应该是一种时代的理性精神,用陈独秀在《敬告青年》中的话说,是"诉之主观理性"的精神,它所吁求的是一种"自崇所信"的主体理性,是一种"自主的而非奴隶的"精神。即便是在现代民主体制已经基本建立的社会秩序中,这样的理性精神仍然是值得尊崇和倡导的。科学发展是一种当代文明的发展观,历史要前进,时代要发展,但这样的前进与发展不应该像陈独秀所痛心疾首指出的"恶流奔进",而应该是带着科学精神

---

[1] 参加本次会议并达成"澳门共识"的,来自海峡两岸暨香港、澳门以及海外的著名人文学者有许明、汪荣祖、杨义、林岗、龚显宗、张福贵、李继凯、朱寿桐、胡志毅、汤哲声、栾梅健、孔庆东、王性初、白杨、徐晋如、张志庆、崔明芬、周仁政、曾一果、龚刚等。

[2] 分别见香港《文汇报》,2015年11月23日;《澳门日报》,2015年11月18日;《社会科学辑刊》,2015年第6期。

和科学态度的良性发展。于是，即便是在历史的理念展开中，"科学发展观"也是对中华新文化作出的一个重大的时代性贡献。文明进步的关键是要文明地对待各种文化传统和思想资源。我们今天常用的一个词是"与时俱进"，在新文化倡导者那里所用的一个词是"日新求进"，不进则退，事关民族的生死存亡。但我们的进步必须是有传承、有秩序的文明的进步，必须是在继承和发扬优秀文化传统的前提下所取得的时代性进步。那种以偏激的态度否定和背叛传统而硬性推进的进步，实践证明有碍于文明的提升。文明的态度既然是以克服偏激为前提，则在对待异族文明和他国文化的意义上也同样应取尊重和科学的精神，实事求是的精神，吸取其优良精华，剔除其恶俗糟粕。多元和谐是指新文化的活力在于它的多元性，在于它拥有开放、包容的文明范式，并通向和谐、协同发展的内在机制。不同背景、不同基质、不同资源和不同地区的文化，都能够在中华新文化的时代平台上协调发展，从而构成了中华文明新的发展秩序[1]。

有关中华新文化的"澳门共识"体现出一种敢于对历史和现实负责的文化精神。从历史维度而言，"澳门共识"当然是以"民主"、"科学"为核心的五四新文化精神，这是新文化的理性类型的表达。在这样的理念基调下，结合新文化百年来在不同地区的实践经验和教训，从正反两方面总结、提炼、补缀而形成了四个概念，八个关键词，十六个字。从空间维度而言，"澳门共识"的现实文化基础，就是不同区域的中华文明在新文化语境下的发展态势所构成的趋势。不同的政治区块，经过新文化的淘洗、炼冶，都能够在理性民主、科学发展、文明进步、多元和谐的意义上趋于和洽，这是民族之幸，文化之幸。从现实层面而言，各地区的社会发展都取得了相当的成就，也都面临着这样那样的一些问题，而"澳门共识"都能对这些突出的社会发展问题有所回应。

新文化发展拥有一个辉煌壮丽的开端，以《新青年》为核心叫喊出了时

---

[1] 参见朱寿桐:《新文化的反思与前瞻——新文化"澳门共识"略解》,《明报月刊》,2015年第11期。

代的绝响。在它完成了百年历史的流转之后,应该具有本着时代立场发出的对于先贤哲言与功业的某种回声,尽管这回声可能非常微弱,但只要符合时代的理念,只要能得到不同地域不同背景的文化研究者的共鸣,就应该被理解为是新文化倡导之声在历史另一端的一种回声。历史也许会记录这样的回声,哪怕是作为对新文化倡导作出正面响应的一种努力与尝试,都应该为文化史研究者所关注。毕竟,这是一种有意义的努力,毕竟,这样的回声具有这个时代跨越地域、跨越政治的代表性价值,更重要的是,它已成为海内外纪念新文化百年活动的一个绝响,因而其对于中国新文化发展史应具有一定的标识性。

简约列之,新文化百年的历史可分为六大阶段,每个阶段都有突出的时代主题:

阶段	大致时段	时代主题
第一阶段:	1915—1926,	民主与科学
第二阶段:	1927—1936,	革命与自由
第三阶段:	1937—1949,	民族与民主
第四阶段:	1950—1977,	理想与斗争
第五阶段:	1978—1992,	改革与开放
第六阶段:	1992—现在,	多元与和谐[1]

文化的发展是非常复杂的历史过程。一方面,一种文化主流并不能取代甚至有时都无法掩盖这一时段同时存在的文化支脉。有时候,处在文化支脉上的文化运作可能比文化主流更具活力和影响力。另一方面,也需要克服那种僵硬的思维方法:以为与文化发展主流相对立的就一定是逆历史

---

[1] 这里所列的具体年份都有一定的标志性事件作为支撑,但只是一种大致的时间范围的框定,因为文化的潮汐是流动的。另外,文化的发展与政治历史的进程未必完全同步,1931年我国已经进入抗日战争时期,但在全面抗战爆发之前,那个时代的文化除了日益高涨的民族与民主文化而外,主要还是革命与自由文化的延续。

潮流而动的"反动"思潮。文化需要更多的理解与宽容,新文化的宽容姿态和海纳百川的气概须经过相当长的历史历练才能形成,而一旦形成往往就是其健康、成熟的标志。有关新文化的学术研究也需要带着这样的姿态与气概。

总之,声势浩大的五四新文化运动催生了五四新文学,传播了民主与科学,并且直接促进了共产主义思潮的中国化和中国共产党的成立。新文化的百年发展,使得中国社会从思想上、文化上、政治上和生活上走出了古老的中国传统,并在西方"民主与科学"的现代价值观的引领下,特别是在马克思主义的指引下,建构了自己的新文化传统。蔡元培等认为五四新文化运动就是中国的文艺复兴,毛泽东等革命领袖充分评价五四新文化运动对于现当代中国的巨大意义。值此"五四"一百周年纪念之际,我们的研究便能凸显出以下的意义:

全面总结新文化运动的成功经验,以便在今天社会主义建设新常态的情势下,尊崇新文化的伟大传统,分析和开发新文化的伟大传统,加深对社会主义核心价值观的理解与认识;对于新文化运动中的某些偏颇及其所遗留的问题,进行学理的解释和理性的检讨,使得新形势下的社会主义核心价值观的建构更加科学。特别是如何面对优良的文化传统,如何理解西方价值观念的现代性与中国社会实际的适应性,我们须有清醒的认知。

合理地开发优秀的历史文化资源,建构新的文化品牌。以民主、科学为核心的新文化运动为中国现当代历史积累了优秀的文化资源,这种资源在不同时期的开发利用,体现着中国文化现代化历程的重要规律。对这一规律的把握和描述,足以建立一种新的文化品牌,科学地整合现当代文化研究的优秀成果,打造当代文化最优范本。我们将广泛吸收新世纪以来文化研究的优秀成果,力图在文化的理解以及现代中国文化的历史认知及其当代意义的认知方面有所成就。

将中国现代的政法、思想、学术、教育、传媒、文学、艺术等等置于文化分析的学术框架之下,有助于认清现代中国和当代中国的发展节奏与规律,为更好地建设社会主义当代文化提供足资借鉴的学术成果。文化是人类文明与开化的所有痕迹的总和。文化的核心层次,是在思想、学术、文学艺术及其承载传播层面的创造性继承与发展的文明形态。中国新文化是在与传统文化的复杂联系与挣脱中显现的历史形态,分别在思想、学术等创思文化类,文学、艺术等创作文化类,以及设计、传媒等创意文化类呈现出时代的风采。新文化的百年历程经过了"民主与科学"、"革命与自由"、"民族与民主"、"理想与斗争"、"改革与开放"、"多元与和谐"等六大阶段的时代主题。本丛书将从上述三大门类,以及纵向的六个阶段总结中国新文化百年的成就与局限,以及历史节奏与规律。

四、关于《中国学术文化百年史》

梁启超撰著《清代学术概论》和《中国近三百年学术史》,葛兆光研究中国学术史,陈平原著有《中国现代学术之建立》。显然,撰著学术史是一项挑战性极强的工作,一般而言需要研究者厚重的学术积累,充分的学术自信,有勇毅的学术开拓精神,甚至还要有相当的学术声望。周仁政教授是一个在学术上极具挑战性的学者,他的学术积累、学术自信和学术开拓精神也确实能够支持他完成这样一个挑战性很强的学术任务。虽然他的学术声望现在还难以望他卓越的前辈学人之项背,不过所不同的是,他这回研究的是中国现代学术文化史,是对现代历史阶段学术文化的一种梳理与总结,是对现代学术的文化阐释和文化描摹,所走的是别一种学术路子。这并不是说学术文化史的研究就一定比学术史的研究更容易,其实这种学术文化研究所要处理的史料面更宽,研究对象更复杂,不仅仅是各学科各领域精深的学术研究成果,更有学术研究活动的社会牵动面,以及学术活动和学术成果的社会影响力。现代学术文化史研究与现代学术史研究可以说是学问的两种路子,周仁政可以学习前辈学者的学术风范和学术思维方法,但他必须对自己的选题另辟蹊径,走出自己研究并讲述学术文化发展脉络的路径。

在现代社会,学术成为天下之公器,但它更是现代社会文化的一个重要分支。学术文化不一定只是学术研究者所关注的现象,它的许多影响力其实必然地超出学术研究的范畴,成为一种普遍的社会现象甚至是社会活动内容。如果说在传统社会中,学术研究常常是个人的、少数人的或者是隐秘的治学行为的结果,与书斋和私人空间密切相关,那么,进入到现代文明阶段,学术已经成为社会交往、社会交流和社会活动的重要内容之一,更主要的是已经成为一种社会职业乃至社会事业的一项当然内容,因而它有可能成为社会的关注热点,甚至成为影响到社会生活某些方面的公共文化形态。学术文化作为社会文化的一个重要组成部分,凸显了中国现代文化的文化内涵和文化特性。

这当然还不包括带有政治热度和政治促动力的学术活动和学术运作,这样的学术活动和学术运作在现代百年的历史过程中时常出现,学术作为社会政治运动和运作的器具与道具,对现代中国文化的时代成色和发展态势形成了直接的影响。早在1940年代,中共领袖在党内发动了学习运动,包括郭沫若的《甲申三百年祭》等学术成果都成了高级干部学习的材料。1950年代,批判电影《清宫秘史》,批判电影《武训传》,批判《红楼梦研究》以及批判胡适反动思想,批判胡风反党集团等等,1960年代批判明史学家吴晗的《海瑞罢官》,1970年代的评《水浒》运动,批林批孔和评法批儒运动,还有在党的高级干部中展开的阅读《红楼梦》活动等等,以及张春桥、姚文元等运用政治学术运作学术政治的各种"学术"行为,包括他们发表的关于资产阶级"法权"的理论阐述以及在全党理论界掀起的种种热潮,都属于学术性的政治运作,都是借助学术路径进行的政治运动,其影响力早已超出学术,甚至从来就不在学术这一块。这是中国现代史上最富有特色的学术文化,是一种将政治理念和政权意志进行学术包装,展开学术批判并进行学术阐释的政治宣传甚至是政治斗争行为。这样的学术文化一般来说与真正的学术研究关系不是很大,更不用说学术的发展,它们属于政治化的学术运作。学术一度用于政治运作,是中国现代学术文化的重要特点。

中国现代学术文化的发展与学术从业人员的大规模增加有关,而学术从业人员的增加是现代学术研究职业化的结果,而这样的职业化又是中国现代教育发展的必然结果。现代以来高等教育的发展使得中国社会出现了规模庞大的知识分子阶层,这一阶层的多数人都与学术研究工作有着密切联系。现代媒体的高度发达又为现代学术的职业化提供了重要条件,特别是中华人民共和国成立以后,特别注重意识形态和高等教育发展的当代政治又不断为学术研究注入新的资源和助力,这使得学术文化必然呈现出与社会文化同步发展的时代特性。因此,中国现代学术文化的发展始终与中国现代社会文化的潮汐相伴随。

学术文化从类属方面应该划分为人文学术文化、社会科学学术文化和自然科学学术文化。而在中国现代社会偏重于政治化、意识形态化的现实背景下,学术文化的研究与总结主要在人文学术和社会科学学术方面。目前,学术发展面临诸多问题,如学术创新的衡定、学术管理的尺度、学术规范的建立、学术不端行为的整治等等,这些都需要从学术文化历史的研究中获得知识和智慧。

朱寿桐

2018 年 10 月 22 日改定

目　录

序　言　朱寿桐｜1

第一章　启蒙主义与现代学术｜1

第一节　《新青年》与现代学术文化的起源｜1

第二节　"整理国故"与现代学术文化的重建｜49

第三节　科玄之争与社会史论战：现代学术理念的确立和分化｜71

第二章　民族主义与现代学术｜100

第一节　辜鸿铭与梁漱溟：儒学现代化的尝试与呈现｜101

第二节　学衡派："中西合璧"的思想与学术｜142

第三节　民族主义意识形态化及"西化"与"本位化"之争｜159

第四节　战国策派与战时民族主义｜215

第三章　自由主义与现代学术｜267

第一节　胡适与现代自由主义学术文化传统｜267

第二节　抗战前后的学院派学术文化造就｜284

第四章 泛政治化与当代学术 | 343

第一节 "胡适批判"与当代学术的奠立 | 343

第二节 "新启蒙主义"与当代学术转型 | 363

第三节 "文化热"与当代学术重建 | 375

第四节 当代学术走向:"国学热"与后启蒙主义 | 390

结　语 | 399

参考文献 | 400

第一章
启蒙主义与现代学术

第一节 《新青年》与现代学术文化的起源

一、政治性:《新青年》学术文化的现代品质

作为中国新文化运动之发轫和主要阵地,《新青年》杂志一般被认为是一个思想文化类的综合性刊物。这样的刊物,不仅具有政治性,亦具有文化性、思想性和学术性。同时,又因其为中国新文学的发祥地,它同时也被视为中国最早的新文学刊物。总体上看,由于《新青年》与其所引领的新文化运动之间的关系,其鲜明的政治性成为涵盖其他一切属性之上的最重要的性质。

《新青年》的政治性在于它的启蒙主义性质,这也是它的文化性、思想性、学术性以及文学性的基础。在中国现代学术史上看,《新青年》创造了一种独特的学术文化——这就是启蒙主义的学术文化。启蒙主义是现代政治文化的基础,是传统政治文化向现代政治文化转型的枢机,它的对立面是基于传统政治文化观念的守成主义或保守主义。在现代学术文化史上,启蒙

主义自《新青年》开始即扮演着极其重要的角色。就《新青年》而言，清理现代学术文化的传统，不能不从启蒙主义与现代学术文化的关系说起。

《新青年》的启蒙主义众所周知是高扬"民主"和"科学"两面大旗，率先从西方请来了"德先生"（Democracy）和"赛先生"（Science）两位尊神。民主是政治诉求，科学在当时则主要表现为文化诉求。作为政治诉求的民主，成为日后社会革命的基本目标；作为文化诉求的科学，在中国现代学术、思想、文化史上占据着极其重要的地位。科学既是一种价值观也是一种方法论，作为学术思想，它把自由、独立、实用、实证等观念和方法引进现代学术传统，创立了一种全然不同于传统学术文化的新型现代学术文化。

《新青年》创刊时，陈独秀在发刊词《敬告青年》一文中直陈"六义"："自主的而非奴隶的"，"进步的而非保守的"，"进取的而非退隐的"，"世界的而非锁国的"，"实利的而非虚文的"，"科学的而非想象的"。冀"敏于自觉、勇于奋斗之青年，发挥人间固有之智能，决择人间种种之思想，孰为新鲜活泼而适于今世之争存，孰为陈腐朽败而不容留置于脑里，利刃断铁，快刀理麻，决不作牵就依违之想，自度度人，社会庶几其有清宁之日也"[1]。此则揭示，启蒙主义犹是一种非传统主义。在《新青年》的宗旨中，"自主""进步""进取""世界""实利""科学"始终被彰显为一面面旗帜，即其启蒙主义的价值观和基本内涵；而"奴隶""保守""退隐""锁国""虚文""想象"则显性地沦为传统主义或保守主义的特征。这既是一种政治性文化规划，也是一种学术性指认。它的目的是要建构一种新型的现代文化，本质上即以社会的民主政治为旨归。在此基础上，"反传统"既是现代政治的主题，也是现代学术的重心。

在政治上，《新青年》厘定"传统"的本质是"专制"，现代政治的特征则是"民主"，并赋予二者"主义"的规约，即一种既定的政治秩序及其文化成规。从而，两种不同时代的政治品质被上升到文化的高度，引领现代人

---

[1] 陈独秀：《敬告青年》，《青年杂志》第1卷第1号，上海：群益书社，1915年9月15日。

(青年)非此即彼的选择,"利刃断铁,快刀理麻"。"专制"与"民主"、"传统"与"现代"的对立取舍,作为极富策略性的启蒙手段,被《新青年》及其群体推上了时代的潮头。在学术中,这确乎给人造成一种"理性缺位"的景象,使"科学"蒙受打击,但同时,本质的规约尽管顾此失彼,"矫枉过正"确乎是中国启蒙运动重要的一环。这与政治一样,无论学术还是思想文化,社会效应上的诉求乃是一如既往的"革新"或"革命"。或许这也不应简单地被视为学术为政治所裹挟,但确乎是一种不分彼此的同盟(日后文学也如此)。

从学术史上看,《新青年》之有突破在于思想文化的"革新"与"革命"。按照陈独秀的规划,这必由一场"伦理的革命"所造就。1916年2月,陈独秀在《青年杂志》(《新青年》第1卷刊名)第1卷第6号开篇发表《吾人最后之觉悟》一文,断言"欧洲输入之文化,与吾华固有之文化,其根本性质极端相反"。"吾国吾民"须"盱衡内外之大势","果居何等地位,应取何等动作"? 吾国历来"闭户自大","一切学术政教,悉自为风气,不知其他"。"欧化之输入","足使吾人生活状态变迁,而日趋觉悟之途者"。但因两种文化"极端相反",相遇难免冲突,"凡经一次冲突,国民即受一次觉悟",但毕竟"吾人惰性过强,旋觉旋迷,甚至愈觉愈迷,昏聩糊涂"。今之"最后觉悟"在于认清彼此,明辨是非,"利刃断铁,快刀理麻"。

陈独秀认为,自明中叶至当时,中西文化,遇合冲突以至"七期":西教西器初入、火器历法擅至、洋务西学流布、维新变法张举、共和革命告成,"自今以往",则以巩固"共和国体",维护"立宪政治"为大计,至迈入"民国宪法实行时代"。"今兹之役,可谓为新旧思潮之大激战","政治的觉悟"实为"吾人最后之觉悟"。其第一步即如欧美国民,"知国家为人民公产,人类为政治动物"。第二步"为决择政体良否问题":"吾国欲图世界的生存,必弃数千年相传之官僚的专制的个人政治,而易以自由的自治的国民政治也。"进而"自居于主人的主动的地位","自进而建设政府,自立法度而自服从之,自定权利而自尊重之"。"是以立宪政治而不出于多数国民之自觉,多数国民之自动,惟日仰望善良政府、贤人政治,其卑屈陋劣,与奴隶之希冀主恩,小民之希冀圣君贤相施行仁政,无以异也。"

综观陈独秀之论断,实则就共和国体之巩固与立宪政治之实行计,力促政治君本转化为政治民本。透过当时因袁世凯复辟帝制而纷起的"国体之争",知识界之混沌、民众之麻木为其痛心疾首。民本政治的主张既渗透着其政治理想也表达了其文化救国的愿望。在此基础上,"伦理的觉悟"被提上议事日程,被视为"吾人最后觉悟之最后觉悟"。如其所说:"伦理思想,影响于政治,各国皆然,吾华尤甚。儒者三纲之说,为吾伦理政治之大原","三纲之根本义,阶级制度是也。所谓名教,所谓礼教,皆以拥护此别尊卑、明贵贱制度者也。近世西洋之道德政治,乃以自由、平等、独立之说为大原,与阶级制度极端相反。此东西文明之一大分水岭也"。现存"共和立宪制"为求名至实归,必克此"守缺抱残之势",明其调和冲撞无效,达至"彻底之觉悟","存其一必废其一"。

陈独秀犹言:"自西洋文明输入吾国,最初促吾人之觉悟者为学术,相形见绌,举国所知矣。"[1]政治上"最后之觉悟"的提出不啻为学术上的"最后之觉悟"提供了参照。即在陈独秀等看来,西方文明的根本不仅在其政治制度,更在其学术文化:思想、哲学、文学(艺术学)。"中体西用"的观念在此受到全面的否定与挑战。在中西政治、中西文化、中西文明之根本冲突的认识基点上,《新青年》一反由来已久的调和、折衷主义,不仅在现代政治中,亦在现代思想和现代学术文化领域,彻底打破了"中体西用"的思维定式,转换到"西体西用"的认识轨迹上来。

"西体西用"无疑是《新青年》学术文化建设的基本品质。这也说明,《新青年》的学术文化建设服从于其政治启蒙的社会文化策略,成为其启蒙主义政治文化的重要一环。在启蒙主义意义上,《新青年》的学术思想以政治学、社会学为纲,以文化学(文化哲学)、文学(艺术学)为纬,在世界观、历史观、道德价值观和审美观方面贯彻着其启蒙主义的政治文化理想:"民

---

[1] 陈独秀:《吾人最后之觉悟》,《青年杂志》第 1 卷第 6 号,上海:群益书社,1916 年 2 月 15 日。

主"与"科学"。

《新青年》的政治社会学理论视野最鲜明地表现于其文明观。在《法兰西人与近世文明》中，陈独秀指出："近代文明之特征，最足以变古之道，而使人心社会划然一新者，厥有三事：一曰人权说，一曰生物进化论，一曰社会主义，是也。"三者鲜明地渗透着其自由平等的道德观念、进化论科学史观和社会民主主义政治理想。其中，道德价值——倡导自由、平等、博爱之人权说被其悬为鹄的，视之为超越"强国强种"之民族主义的普世价值，显示了陈独秀等欲以文明史取代政治史，以世界史取代国别史的文明论文化视野。[1]在政治学观念中，国体论，即判明共和政体与专制政体的本质和区别是《新青年》最初建构的理论重心。陈独秀之外，高一涵的《共和国家与青年之自觉》等亦致力于此。以此为基础，从君本到民本的价值认同成为《新青年》建构其民主政治理想的核心。陈独秀最初对于"社会主义"的观点是社会主义的特征是一切平等："政治革命"破除了"君主贵族之压制"，"社会革命"则需破除"资本家之压制"，消灭私有财产制度，建立人人平等的大同社会。他之赞赏法国革命，在于其除"财产之私不平等"外，"公平等固已成立矣"。由此可见，中国启蒙主义者的民主理想具有浓郁的民本（民粹）主义色彩。

《新青年》的政治学术语中，民主常常被理解为简单多数的普遍民主和无所不在的平等，故其对现代政治制度的学理性探究显然阙如，无法真正上升到政治学说史的高度辨析与阐扬。就其民主理想而言，辛亥革命后造就的共和宪政的局面并未进入其政治认同的视野，高悬其上的社会主义，乃至无政府主义成为其竞相追逐的目标。在政治上，可以说，与现存政府为敌的态度使他们无法理性地评判与切实地讨论有关宪政制度建设方面的问题，以致对于当时至关重要的国体存废问题、宪法起草与颁行事宜等

---

[1] 陈独秀：《法兰西人与近世文明》，《青年杂志》第1卷第1号，上海：群益书社，1915年9月15日。在评述法、德文明之别时，陈独秀认为，德意志文明有功其国而勿如法兰西文明有功于世，在于德意志人"爱自由爱平等之心，为爱强国强种之心所排而去，不若法兰西人之嗜平等、博爱、自由根于天性，成为风俗也"。

常抱持局外人心态,除在有关国体论说中给予原则性强调和在"国内大事记"中略作介绍外,不拟做认真的回应,从而使《新青年》在现代政治学说史上陷于"拿来"与建构的缺失。[1]

值得注意的倒是《新青年》的文化史观。不是从实证性的制度层面而是从精神性的文化层面看待现代社会及人类文明史,是《新青年》历史观的特征。由此,在文化视野中,社会史由政治制度(秩序)史转化为政治文化(文明)史。文化视野中的历史观具有宏观性。如果说传统历史观注重时间性,《新青年》提供的现代历史观则注重空间性。时间性以延续为目的,空间性以拓展为重心。宏观性的空间史观勇于自我否定,同时在观照中形成新的自我认同,本质上是一种忏悔性史观。可以说,有关"伦理革命"的主张正是反映了《新青年》的忏悔性文化史观。

在忏悔性文化视野中,《新青年》的满腔热情都赋予了对历史的批判。因其文化视野的关系,这种历史批判既是自我批判更是文化清算。它借助于一种拓展性的空间文化视野,即世界化的比较文化眼光。历史不是在延续中,而是在断裂中进入其反思性的文化思维,同时,反思性的文化史观赋予其鲜明的批判性与否定性。不仅"文化"在《新青年》时代进入人们的思维视野,而且对某种既定文化和新型文化的优劣性的价值评估,也成为一种文化史观确立的基石。

由于民主观念上的理想主义态度,《新青年》对于传统政治及现实政治采取了大体一致的虚无主义态度,而致力于挖掘中国"不民主"的根源。陈独秀认定"儒者三纲之说"为中国专制制度之大源,与西方"自由、平等、独立之说极端相反"。汪叔潜亦于《新旧问题》中论断:"欧美各国之家族制度、社会制度以至于国家制度,固无一焉可与中国之旧说,勉强比附者也。欧美现今一切之文化,无不根据于人权平等之说。""是谓之西洋文化,而为吾中国前此所未有,故字之曰新,反乎此者则字之曰旧。二者根本相违,绝

---

[1] 高一涵在《青年杂志》第1卷第2号发表《近世国家观念与古相异之概略》,介绍了瑞士法学家布伦奇利(伯伦智理)对于古今国家观念中相关概念的界定,但文字简略,近乎标语口号,评述亦非精湛翔实,起不到流布学理、形成共识的作用。

无调和折衷之余地。"[1]

由此,一切政治的、历史的、文化的问题,都被归结为"新旧问题",以"反传统"的形式在"伦理革命"以及"文学革命"中较量。通常所谓思想革命在《新青年》语境中即为"伦理的革命"。儒家学说主导下的传统政治被陈独秀视为以等级制度为根本的"伦理政治",即专制政治之文化基础。批判的矛头由此纷纷指向孔孟之道及其所维护的传统制度文化。1916—1917年间,《新青年》在"伦理革命"中高歌猛进,政治上针对的是袁世凯复辟,文化上则表现为对几千年历史本质的清算。[2]

在《新青年》氛围中,现代学术史成为以文化史为依托的隐形的政治批判史。以《新青年》的批孔反儒为例,可以略窥这一学术文化传统的概貌和特质。

以文化为本体,《新青年》的政治批判带有鲜明的历史性。《新青年》之初(《青年杂志》时期),以陈独秀《法兰西人与近世文明》《现代文明史》,高一涵《近世国家观念与古相异之概略》,陈独秀《东西民族根本思想之差异》等为代表,多从比较文化角度,着重于西方政治文明史及其现状的介绍。体例上多译述与概述,缺乏值得推敲的逻辑性和严谨的学术性。其真正具有学术性造诣的述说则来自那些以辨析传统思想为旨趣的论文,如连载于《青年杂志》第1卷第2、5号的易白沙的《述墨》。

易白沙于《述墨》中开宗明义:"周秦诸子之学,差可益于国人而无余毒者,殆莫如子墨子矣。其学勇于救国,赴汤蹈火,死不旋踵。精于制器,善

---

[1] 汪叔潜:《新旧问题》,《青年杂志》第1卷第1号,上海:群益书社,1915年9月15日。
[2] 从1916年初开始,《新青年》上发表的批孔反儒文章计有:易白沙《孔子平议》(上,1916年2月第1卷第6号;下,1916年3月第2卷第1号),陈独秀《宪法与孔教》(1916年11月第2卷第3号)、《孔子之道与现代生活》(1916年12月第2卷第4号)、《复辟与尊孔》(1917年8月第3卷第6号),吴虞《家族制度为专制主义之根据论》(1917年2月第2卷第6号)、《礼论》(1917年5月第3卷第3号)、《儒家主张阶级制度之害》(1917年6月第3卷第4号)等。从第3卷第1号起,《新青年》《通信》栏开辟了讨论"孔教问题"专栏,将其引向大众视野。1918年5月鲁迅在《新青年》(第4卷第5号)发表白话小说《狂人日记》,"伦理革命"始与"文学革命"相契。

于治守,以寡少之众,保弱小之邦,虽大国莫能破焉。"[1]欲以墨子非攻、节用、兼爱、天志明鬼之说怯儒释道之弊,披沙沥金,扬其绝学。一是于多方考证"墨学之起源",述其发禹之迹,宗夏之制,钜子之传。二为论墨子其人,谓其"躬行君子也,身所行事,即学说所主张"[2]。

次于《青年杂志》第 1 卷第 6 号,易白沙发表《孔子平议(上)》,认为"天下论孔子者,约分两端:一谓今日风俗、人心之坏,学问之无进化,谓孔子为之厉阶;一谓欲正人心、端风俗、励学问,非人人崇拜孔子,无以收拾末流。此皆瞽说也"。他依孔子之时论孔子之学,认为"其虽称显学,不过九家之一"。孔子"主张君权,于七十二诸侯,复非世卿,倡均富,扫清阶级制度之弊,为平民所喜悦"。"无地而为君,无官而为长,此种势力,全由学说主张,足动当时上下之听。"与墨翟之说"同为天下仰望者"。至汉武当国,"罢黜百家,独尊儒术,利用孔子为傀儡,垄断天下之思想,使失其自由"。其后历代君主,"皆傀儡孔子,所谓尊孔,滑稽之尊孔也。典礼愈隆,表扬愈烈,国家之风俗人心学问愈见退落"。此乃"中国二千余年尊孔之大秘密"。

然而各家之说,何独孔子为"彼野心家所利用,甘作滑稽之傀儡"？易白沙认为实与孔子之说大有关联。他分析了孔子之说有利专制君王的四大缘由:第一,"孔子尊君权,漫无限制,易演成独夫专制之弊"。第二,"孔子讲学不许问难,易演成思想专制之弊"。第三,"孔子少绝对之主张,易为人所藉口"。其学说弟子相争,门人相传,各以为圣人之言,歧义百出。"其实滑头主义耳,骑墙主义耳。"第四,"孔子但重作官,不重谋食,易入民贼牢笼"。[3]

在《孔子平议(下)》中,易白沙说:"中国古今学术之概括,有儒者之学,有九家之学,有域外之学。儒者,孔子集其大成。九家者,道家、阴阳家、法家、名家、墨家、纵横家、杂家、农家、小说家,各思以学易天下,而不相通。

---

[1] 易白沙:《述墨》,《青年杂志》第 1 卷第 2 号,上海:群益书社,1915 年 10 月 15 日。
[2] 易白沙:《述墨》,《青年杂志》第 1 卷第 5 号,上海:群益书社,1916 年 1 月。
[3] 易白沙:《孔子平议(上)》,《青年杂志》第 1 卷第 6 号,上海:群益书社,1916 年 2 月 15 日。

域外之学,则印度之佛……""三者混成,是为国学。印度、欧洲,土宇虽远,国人一治其学,螟蛉之子,祝其类我。"今犹"以东方之古文明,与西工之新思想,行正式结婚礼,神州国学,规模愈宏"。这不啻表达了一种"新国学"观。但"固不足为今之董仲舒道"——"闭户时代之董仲舒,用强权手段,罢黜百家,独尊儒术;开关时代之董仲舒,用牢笼手段,附会百家,归宗孔氏;其悖于名实,摧沮学术之进化,则一而已矣。"由古及今,国学非仅止于孔学,亦非如儒家所言,古代文明始于孔子。孔子精于《六书》,倡导统一文字,但"创造文字,不必归功孔子"。"孔学与国学绝然不同,非孔学之小,实国学范围之大也。"相较于道、法、墨诸家,儒家以保守著称,但"保守主义终不能战胜进化主义",故荀子说:"法后王。"实则"各家学说,皆有统系,纲目既殊,支派亦分,不同之点,何可胜道"!"当时思想之盛,文教之隆,即由各派分涂,风猋〔1〕云疾,竞争纷起,应辩相持,故孔子不得称为素王,只能谓之显学。"

故易白沙认为,孔子学说渗透着其政治化的个人理想:"不在素王,而在真王。""盖孔门弟子,皆抱有帝王思想也。儒家规模宏远,欲统一当代之学术,更思统一当代之政治。彼之学术,所以运用政治者,无乎不备。"孔子"以文王自任,志在行道,改良政治"。孔子以下,孟、荀诸徒,皆存"革命之野心","欲据土壤,以施其治平之学"。"孔子宏愿,诚欲统一学术,统一政治,不料为独夫民贼作百世之傀儡,惜哉!"孔子之学其实为政治哲学,孔孟之道实为政治之道。但因后世"无人敢道孔子革命之事",孔子之政治理想,实已湮灭无闻也。〔2〕

自易白沙始,《新青年》学术思想的主旨便是对以儒家学说为中心的传统政治文化的批判,由此响应陈独秀对于"伦理革命"的倡导。略观易白沙的论述可知,以孔子为代表的儒家思想学说,之为《新青年》同人所诟病者,在于其政治上的保守性,及由此而派生的学术思想上的专断性和政治上的

---

〔1〕 猋,原文如此,同"飙"。
〔2〕 易白沙:《孔子平议(下)》,《新青年》第2卷第1号,上海:群益书社,1916年9月1日。

实用主义与理想主义。因易白沙所辨析，儒家以《六经》为先王之道，奉为圭臬，倡以仁义治天下，在道、墨眼中则为不合时宜和尚蹈空之论。儒家慎终追远，厚葬久丧，亦不及道、墨皆言薄葬短丧。儒家乐天顺命，其法自然重在天，不及道、法之言理与势。儒家不重实事，轻视农圃，不尚物质而重视形而上之道，贱视形而下之器，不及道、农、墨、法诸家贵自食其力，倡耕稼，善制器。儒家专注于政治，好为帝王师，以道德自任，天下自许，民本其虚，君本其实。

以政治文化为鹄的，以学术批判为手段，《新青年》的"伦理革命"诉诸儒家学说开启了一场历史性的政治文化批判。由此以后，传统与现代的政治对立转化为深远的文化对立。现代学术文化也由此在不同的政治理想和价值观念支配下走向分化。

二、政治文化批判：《新青年》学术文化的现代走向

（一）政治文化批判与《新青年》政治学

《新青年》政治文化批判赋予其学术思想以明显的批判性，从而使之与传统的经学阐释和考据之学等形成明确的分野。如易白沙对"国学"的解释，就有在破除独尊儒术的学术文化传统的基础上，建立一种融通古今中西、兼收并蓄、多元共存、百家争鸣的新的学术传统的设想。《新青年》在学术视野上要求纵观古今，融通中西；方法上则由索解和赏析转向了议论和辩驳，由代圣人立言转向了自我言说。儒家学说不仅在政治上被否定，在学术上也实现了批判性还原。但总体上，《新青年》对儒家学说的批判并非汲汲于学术目的，而是以陈独秀对"伦理革命"的倡导为中心，建构出一种《新青年》政治学或现代政治哲学。

因此，与易白沙不同，陈独秀以"伦理革命"为旨归对儒家学说的批判显示出更加鲜明的政治性，实为其现代政治学建构树立起一种由破而立的思想基础。在《吾人最后之觉悟》一文中，陈独秀明确指出，现代政治是

以"吾人"明白"国家为人民公产,人类为政治动物"为起点的,"吾国欲图世界的生存,必弃数千年相传之官僚的专制的个人政治,而易以自由的自治的国民政治也"。"所谓立宪政体,所谓国民政治,果能实现与否,纯然以多数国民能否对于政治,自觉其居于主人的主动的地位为唯一根本之条件。自居于主人的主动的地位,则应自进而建设政府,自立法度而自服从之,自定权利而自尊重之。""是以立宪政治而不出于多数国民之自觉,多数国民之自动,惟日仰望善良政府、贤人政治,其卑屈陋劣,与奴隶之希冀主恩,小民之希冀圣君贤相施行仁政,无以异也。"由此,"伦理的觉悟"为"吾人最后觉悟之最后觉悟"。[1] 其所谓"觉悟",关键在一"破"字,即由"自觉"到"自定",由被动变"主动","自居"而"自进"。故其建设即本于一"自"字,其要点在于希冀国民"多数"之"自觉"与"自动"。唯其如此,陈独秀的"民主"观念即与实行中的西方宪政犹有距离——自觉不自觉地排斥少数政治精英及其民主理念对于现代民主政治建设的作用,忽略了从启蒙文化观念和现代理念及现代政治秩序的逻辑层面建构现代政治学说的基础。这也正是《新青年》于理论或理性意义上的政治学建构多有缺失的原因。

"破"字当头,"立"被置于"破"的终点或对立面,且仰赖于社会多数树立一个"自"("自觉""自动")的民主政治意识,《新青年》在"破"的意义上不可谓走得不远,在"立"的问题上则显得漫不经心。自陈独秀提出"伦理革命"始,《新青年》政治学的思维方向便基本转向对儒家道德政治哲学的清算上。1916年9月《新青年》移师北京后,于第2卷第1号陈独秀发表《新青年》一文,希冀青年破除"做官发财"思想,谓"此等卑劣思维,乃远祖以来历世遗传之缺点(孔门即有干禄之学)"。"精神上别构真实新鲜之信仰。"号召青年于"精神界"开展"除旧布新之大革命"。于"人生幸福问题"确立"五种观念":"一曰毕生幸福,悉于青年时代造其因;二曰幸福内容,以强健

---

[1] 陈独秀:《吾人最后之觉悟》,《青年杂志》第1卷第6号,上海:群益书社,1916年2月15日。

之身体正当之职业称实之名誉为最要,而发财不与焉;三曰不以个人幸福损害国家社会;四曰自身幸福,应以自力造之,不可依赖他人;五曰不以现在暂时之幸福,易将来永久之痛苦。"以此破除"合做官发财享幸福三者以一贯之精神",即对儒家践行的"学而优则仕"说不。[1]

与《敬告青年》一文中陈独秀倡言"六义"之"立""破"并举不同,此则由"破"转"立"。其思维方式由政治转向道德层面,希冀虽至殷切,但说教意味浓郁。

西方启蒙哲学范畴中,政治学属于康德所谓的"实践理性",分属制度伦理和道德实践两个层面。就纯理论言之,前者为普通政治学或政治哲学,后者为社会伦理学或道德哲学。在实践上,前者表达集体意志的理念,形成一定的制度、体系,构成现实的人的社会活动基础。它与道德哲学所建构的伦理理想和价值观念互为表里,构成特定的规约关系。在思想文化史上,可以说,政治实践的理念和理想形成政治哲学,以一定的道德哲学——历史化的政治经验和伦理观念为支撑。在政治文化和政治实践中,政治哲学(实践形态)和道德哲学(精神形态)不可分割。

《新青年》政治学中,作为实践形态的政治哲学基于两个理论范畴,一是政体的观念——民主,一是国体的观念——共和。政体是制度主体,国体是政体的建构模式。就民主而言,陈独秀曾首倡"人权说"和"社会主义"(《法兰西人与近世文明》)。在"人权说"中,陈独秀认为,自法国《人权宣言》刊布,"欧罗巴之人心,若梦之觉,若醉之醒,晓然于人权之可贵,群起而抗其君主,仆其贵族。列国宪章,赖以成立"。他引薛纽伯的话说:"古之法律,贵族的法律也。区别人类以不平等之阶级,使各人固守其分位。然近时之社会,民主的社会也,人人于法律之前一切平等,不平等者虽非全然消灭,所存者关于财产之私不平等而已,公平等固已成立矣。"[2]

很明显,陈独秀眼中的民主是包含了消灭私有财产制度在内的一切平

---

[1] 陈独秀:《新青年》,《新青年》第2卷第1号,上海:群益书社,1916年9月1日。
[2] 陈独秀:《法兰西人与近世文明》,《青年杂志》第1卷第1号,上海:群益书社,1915年9月15日。

等的民主。故随之在关于"社会主义"的解释中提出了高于"政治革命"的"社会革命"的要求——消灭财产私有制。由于这种把"社会革命"看成最高目标和最终手段的对于"终极民主"——"社会主义"的诉求,《新青年》的政治哲学,即其关于民主的理念,与西方启蒙时代的政治哲学便产生了天然的区别。

因此,在"人权说"项下,陈独秀强调的便不是欧洲启蒙时代卢梭"天赋人权"和"社会契约"之类的理论,而是诉诸青年自我觉悟的"自立""进取""进步""实利"等合于现代社会进化规则的个体价值观——社会伦理观和个人道德理想。这虽然都可归结为现代人的个性主义或个人主义社会价值观,但"道德叛逆"缺乏自律要求和法制保障,便失去了伦理重建的社会文化内涵和道德重建的社会理性基础,与在西方民主政治体制下的法律和政治权利上"普遍平等"的秩序理念形成观念上的隔离。——"平等"或"人权"被视为在"青年"与"朽腐"、平民与贵族、新与旧之间进行的价值置换和权利位移,成为划分彼此,决定政治上认同与否的标志。道德哲学的价值建构与政治哲学的秩序理性之间难以规划出一条清晰的脉络。

如果说陈独秀过于理想,过于简明的"民主"政治学仅仅是一种手段和目的论,其欲求达到的途径亦止于青年人的伦理觉悟和道德重建。因为这样的觉悟并非出于历史的政治经验和道德理想,作为道德哲学亦止于一种理想主义的时代感悟和自我表达(本质上属于理想主义的价值观而非理性主义的思想建树)。那么,对西方现代政治哲学和道德哲学做出了较为系统阐释的是高一涵。

高一涵连载于《青年杂志》第1卷第1—3号的《共和国家与青年之自觉》,可谓是一篇较为系统地探讨共和国体问题的论文。他辨析道:"专制国家,其兴衰隆替之责,专在主权者之一身;共和国家,其兴衰隆替之责,则在国民之全体。专制国本,建筑于主权者独裁之上,故国家之盛衰,随君主之一身为转移;共和国本,建筑于人民舆论之上,故国基安如泰山,而不虞退转。"由此,政治系于君权还是出自民意,就是决定传统与现代两种不同政体的重要标志。民主与君主,共和与专制,其本在"君心一正"还是"国民总意"即有天壤之别。古来道德律令自君主出,今则宪法政令本民意生。民权申张,君权旁落,故"共和"之为国本,"为君主国体之反对者"。"再共和国家之元首,其得位也,由于选举,其在任也,制有定期,非如君主之由于世袭终身也。""共和"(Republic)者,"考其字义,含有'大同福祉'之意于其中,所以表明大同团体之性质与蕲向者也。就法律言,则共和国家,毕竟平等,一切自由,无上下贵贱之分,无束缚驰骤之力,凡具独立意见,皆得自由发表,人人所怀之意向蕲求感情利害,苟合于名学之律,皆得尽量流施,而无所于惧,无所于阻。就政治言,使各方之情感思虑,相剂相调,亘底于相得相安之域,而无屈此申彼之弊,致国家意思,为一党一派一流一系所垄断,故民情舒放活泼自如,绝不虞抑郁沉沦以销磨其特性,而拘梏其天机。共和精神,其忱略盖如此"。

"共和精神"本"大同福祉",共和政制本"国民总意"。故"国家之与政府,划然判分,人民创造国家,国家创造政府,政府者立于国家之下,同与全体人民受制于国家宪法规条者也"。"国家意思"假国会而发表,国会承"人民之任","合全国各流各系各党各派之代表于一堂,而从多决议,以发布之"。遵从实行乃"政府之职"。"至发扬蹈厉,自舒其能,以来自与共和精神相合辙。""欲政府不侵我民权,必先立有凛然难犯之概;欲政府不侮我人格,必自居庄严尊重之风。政治之事,反诸物理,乃可以理想变事实,不可以事实拘理想者。"[1]

由共和、专制之辨到以"共和精神"论国会、政府之性质,再及民权、约法之特征等,高一涵的文章第一次较为明确地阐释了国体问题之由来。形式上的解说固然粗略,但证之以民国初年中国政治的实际,民主政制略具雏形,民众耳闻目睹,需要强调的毋宁是本质。此诚为高氏之论的重心。

高一涵认为,以"共和精神"达致共和政制,"必有其根本之图"——"改造青年之道德"。他说:"道德之根据在天性,天性之发展恃自由,自由之表

---

[1] 高一涵:《共和国家与青年之自觉》,《青年杂志》第1卷第1号,上海:群益社,1915年9月15日。

见为舆论。"他认为,古之道德托庇神权,"专制之朝,多取消极道德,以弃智黜聪,为臣民之本"。然则"道德为人心之标准,本心之物惟有还证自心,以求直觉,则所谓求之天性是已"。"夫性犹川然,利道之也顺,拥塞之也狂。""持今之道德以与古较,则古之道德重保守,今之道德贵进取;古之道德拘于社会之传说,今之道德由于小己之良心;古之道德以违反习惯与否为善恶之准,今之道德以违反天性与否为是非之标;古道德在景仰先王,师法往古,今道德在启发真理,楷模将来;古人之性,抑之至无可抑,则为缮练;今之人性,须扬之至无可扬,乃为修养。此则古今道德之绝相反对者也。"

故高一涵指出,"道德之基""根于天性","则自由尚焉"——倡言"民主""共和"的《新青年》政治哲学,于此与本于自由之说的现代道德哲学关联起来,始具雏形。从黎高克(Leacock)《政治学》的相关论述中,高一涵拈出卢梭的"天然自由"观(Natural liberty)与柏哲士的"法定自由"(Civil liberty)观,然谓"无取艰深之旨","不采法律家褊狭之说",即以卢梭之说为主旨,认为天性之自由"即精神上之自由",非国家所赐,"而不为法律所拘束者"。"青年立志,要当纵横一世,独立不羁,而以移风易俗自任"。就道德言之,"自由要义,首当自重其品格"。"欲尊重一己之自由,亦必尊重他人之自由。"

何以"自由之表见为舆论"?高一涵认为,人之于物,以"自主自用"为原则,于共和国家贵在有言论自由与表达自由。所谓舆论,可分"多数之意见,少数之意见与独立之意见"。"欲造成真正舆论,惟有本独立者之自由意见,发挥讨论,以感召同情者之声应气求。""舆论在共和国家,实为指道政府,引诱社会之具。故舆论之起,显为民情之发表,但当问其发之者果为独立之见与否,不当先较其是非。"

若此,独立贵于是非。故共和国家之言论自由与表达自由的原则在于:敬重少数,不违性从众,遵"名学之律"(发理性之声)。[1]

---

[1] 高一涵:《共和国家与青年之自觉》,《青年杂志》第 1 卷第 1 号,上海:群益社,1915 年 9 月 15 日。

次论"自利利他主义"。高一涵认为,古之社会"处独立生计时代,自耕自食,自织自衣,无交易之习惯,故可以老死不相往来。今则分工协力,为生计之原则"。"吾辈青年,即应以谋社会之公益者,谋一己之私益,亦即以谋一己之私益者,谋社会之公益,二者循环,莫之或脱。"故"第一须取自利利他主义"。"自利利他主义,即以小己主义为之基,而与牺牲主义及慈惠主义至相反背者也。"

以"生计学"(经济学)观点言之,即以"自利心"及"公共心"之分看待"群己之关系",高一涵指出:"共和国家之人民,互相需待,互相扶持,凡一己所为,莫不使及其效力于全体。各尽性分,以图事功。考其所为,果为自利,抑为利他,举莫能辨。""顾近世国民之自利,绝不与独立生计时代之自利相同。彼之自利,夺他人之利益,窃为己有。此之自利借社会之公益,以遂吾生。""彼以行险徼悻为能,故自利实所以败风化。此以同心协力为主,故自利即所以遵德行。"

所谓"小己主义"(个人主义)者,高一涵强调,"共和国民,其蕲向之所归,不在国家"。"盖先有小己后有国家,非先有国家后有小己。为利小己而创造国家,则有之矣。为利国家而创造小己,未之闻也。""吾国数千年文明停滞之大原因,即在此小己主义不发达一点。在上者持伪国家主义,以刍狗吾民,吾民复匿于家族主义之下而避之。""今日吾辈青年,正当努力以与旧习俗相战,以独立自重之精神,发挥小己之能力,而自由权利二者,即为发扬能力之梯阶。""小己主义"者有二要义:"一曰用才,二曰重法。""古之用才,权在君相;今之用才,权在自身。""共和国家之法,乃人民之公约,用以自治自克者,非他人任意制定,举以束缚吾人者也。"

"自利利他主义"讲求利益均衡,权利平等,故任侠愤世之"牺牲主义",奖懒罚勤之"慈惠主义"不可行世。就前者而言,人各有欲,各有所求,"身养其欲,自给其求,且以致人人之所欲所求,各安其相适之域"。不可"损其一以利其一"。就后者而言,社会利益百端,皆由勤劳而得,"人格因勤劳而成立,因勤劳而实现"。"不勤劳者不衣食","生产物之分配权,应当决之于正义"。"欲保全人人之人格,必令其借服劳之结果,以自遂其生。"故以受惠于人为耻,惠于他人者为恶,"斯为中庸之正道矣"。[1]

自由、独立、自利利他,可谓高一涵所述涵育共和精神之道德准则。故他以为,"国家之立也立于人,国体之变也变于人"。国家之成立,盖在保障自由,提供公益,主持公道。国家非物,趋赴无定,须"万众齐趋,造成时局"。故其痛陈"青年自觉之道"曰"练志""练胆""练识"。"志"为主权意志,"胆"为正义之概,识为科学之识。告诫青年不抱悲观,毋图自了,勇担大任。[2]

在《民约与邦本》一文中,高一涵借介绍霍布斯、陆克(洛克)、卢梭等的社会契约论观点,奉卢梭主权在民之旨,力倡"民约说",谓"欲防止革命之险,惟有听人民之总意流行",指出:"卢梭谓意志不可委托于政府,即保重人格之第一要义。""意志乃自主权之动因",自主权失,人格沦丧。愚民之政,辱民之策,挑激革命。自由、人权之张,"欲使吾辈青年,知永弭革命之道也"。[3]

(二) 政治文化批判与《新青年》文化学

民主政体的实现与共和国体的达成,在陈独秀、高一涵等看来,无不寄希望于青年的政治—伦理觉悟。从而,实践性的《新青年》政治学即为陈独秀所倡导之"伦理革命"。伦理革命是《新青年》文化学的基础和重心。在《新青年》文化学中,政治批判不仅是现实批判,更是历史批判。一切现实批判必上升到历史的文化批判才是最高的批判。因此,《新青年》文化学乃是批判的政治文化学。

孔教——儒家伦理文化作为《新青年》政治文化批判的对象,始于陈独秀发表于《新青年》第2卷第2号的《驳康有为致总统总理书》。1916年9月,康有为发表《致黎元洪、段祺瑞书》,以"尊孔保教"为职志,建言"以孔子

---

[1] 高一涵:《共和国家与青年之自觉》,《青年杂志》第1卷第2号,上海:群益书社,1915年10月15日。
[2] 高一涵:《共和国家与青年之自觉》,《青年杂志》第1卷第3号,上海:群益书社,1915年11月15日。
[3] 高一涵:《民约与邦本》,《青年杂志》第1卷第3号,上海:群益书社,1915年11月15日。

为大教,编入宪法,复祀孔子之拜跪明令,保守府县学宫及祭田,皆置奉祀官",认为"今万国之人,莫不有教,惟生番野人无教。今中国不拜教主,岂非自认为无教之人乎? 则甘认与生番野人等乎?"[1],激起陈独秀的批判。陈独秀认为,"中国帝制思想,经袁氏之试验,或不至死灰复燃矣。而康先生复于别尊卑,重阶级,事天尊君,历代民贼所利用之孔教,锐意提倡,一若惟恐中国人之'帝制根本思想'或至变弃也者"。他认为,欧美宗教为"唯一神教","但奉真神,不信三位一体之说",近代以来,教权式微,"已由隆而之杀"。"吾华宗教,本不隆重,况孔教绝无宗教之实质与仪式,是教化之教,非宗教之教。"近代社会本政教分离原则,"信教自由,已为近代政治之定则。强迫信教,不独不能行之本国,且不能施诸被征服之属地人民"。故指出康氏之主张拜孔尊教,"南北报纸,无一赞同者",实乃厚诬天下。欧洲"无神论"哲学,由来已久,"多数科学家,皆指斥宗教之虚诞"。况且佛、耶、回诸教,中国信者甚众,不可谓"无教"。"孔教与帝制,有不可离散之因缘。"康氏独尊孔教,实护帝制。"主张民国之祀孔,不啻主张专制国之祀华盛顿与卢梭,推尊孔教者而计及抵触民国与否?"[2]

故在陈独秀看来,孔教之尊"抵触民国",即干国本,"伦理革命"必以否定孔教为职志,这便与先前易白沙之批孔犹有不同。易白沙在《孔子平议》中指摘孔教意在辨析儒家政治理想适应现代社会与否,陈独秀等的批判则转向对儒家伦理文化的否定,目的是在政治上改弦易辙。

在《宪法与孔教》中,陈独秀说:"孔教之精华曰礼教,为吾国伦理政治之根本。其废存为吾国早当解决之问题,应在国体宪法问题解决之先。"孔教之尊"抵触民国",尤关教育大本。"故今所讨论者,非孔教是否宗教问题,且非但孔教可否定入宪法问题,乃孔教是否适宜于民国教育精神之根本问题也。此根本问题,贯彻于吾国之伦理、政治、社会制度、日常生活者,

---

[1] 康有为:《致黎元洪、段祺瑞书》,《康有为全集》第10卷,北京:中国人民大学出版社2007年版,第316、317页。
[2] 陈独秀:《驳康有为致总统总理书》,《新青年》第2卷第2号,上海:群益社,1916年10月1日。

至深且广,不得不急图解决者也。"[1]

于是,"伦理革命"由教育问题入手,昭示了《新青年》文化学乃是一种制度文化学,即启蒙文化学。对《新青年》而言,否定儒家的伦理文化即为否定儒家的教育思想及其政治功能,易"修身"为求知,易礼治为法治。故陈独秀认为,"增进自然界之知识,为今日益世觉民之正轨"。[2] "自然界之知识"即科学知识,诚为现代教育之本;而用法治代替礼治,尤为民主政制之重。科学教育和民主法治,构成《新青年》制度文化学的基石。

因此,着眼于政治文化批判,在批孔反儒中确立的《新青年》文化学仍主要不是从"立",而是从"破"的角度树立其文化自信及制度理想的。就文化自信来说,信仰自由,毋庸置辩。故陈独秀认为,"任人信仰何教,自由选择,皆得享受国家同等之待遇"。反之,"以国家之力强迫信教,欧洲宗教战争,殷鉴不远"。就制度理想而言,民主国家,信仰自由由宪法保障。"盖宪法者,全国人民权利之保证书也,决不可杂以优待一族、一教、一党、一派人之作用。"堂堂国宪,不可"强全国之从同,以阻思想信仰之自由"。"法治国者,其最大精神,乃法律之前,人人平等,绝无尊卑贵贱之殊。""共和国民之教育,其应发挥人权平等之精神,毫无疑义。"

因此,信仰自由的文化,人人平等的教育,宪法保障的人权,实为《新青年》制度文化学的建构目标,对比儒家文化传统及其实践形式:修身为本,纲常之防,贵贱之守,德治精神和人治理想,二者判然有别,泾渭分明。故陈独秀认为,"使今犹在闭关时代,而无西洋独立平等之人权说以相较,必无人能议孔教之非"。[3]

所以,从制度文化角度拆解儒家的伦理理想,判明其政治属性,成为《新青年》政治文化批判的重心,亦是一种以破为立,不破不立的《新青年》文化学的表达方式。

在文化思想上,陈独秀之排斥孔教,亦与其对宗教的认识有关。在《孔

---

[1] 陈独秀:《宪法与孔教》,《新青年》第2卷第3号,上海:群益书社,1916年11月1日。
[2] 陈独秀:《宪法与孔教》,《新青年》第2卷第3号,上海:群益书社,1916年11月1日。
[3] 陈独秀:《宪法与孔教》,《新青年》第2卷第3号,上海:群益书社,1916年11月1日。

子之道与现代生活》中，陈独秀认为，"自古圣哲之立说，宗教属出世法，其根本教义，不易随世间差别相而变迁，故其支配人心也较久。其它（他）世法诸宗，则不得不以社会组织、生活状态之变迁为兴废。一种学说，可产生一种社会；一社会，亦产生一种学说。影响复杂，随时变迁"。宗教不离根本，不易变迁，阻碍社会进化。"若夫文明进化之社会，其学说之兴废，恒时时视其社会之生活状态为变迁。"故在陈独秀看来，欧美思想变迁不仅与社会变迁相适应，更是宗教改革（废弃）之结果。

这显示出陈独秀等《新青年》代表人物，不仅以进化论观点看待社会物质文明史，更以其看待社会精神进化史，否定了宗教所指涉的"普世价值"说。在其文明史观中，政治文明和经济文明，即制度文明与物质文明成为第一性的，宗教和道德文化所指涉的精神文明则是第二性的，并因此失去了普世性和独立存在的价值。由此便彻底改变了近代以来以"中体西用"论为代表的进化论观点。

实质上，近代由洋务派所开启的实业救国运动在进化论视野中代表着对西方物质文明的肯定，至戊戌变法运动，中国知识分子对西方现代文明的认识扩展到制度层面，这些本质上都是物质性的。这说明，对西方进化论的接受在物质层面上，在辛亥革命以前已经基本形成共识，但在文化（精神）层面用进化论观点看待以儒学为代表的中国传统文化史，则显然是《新青年》的独创。正是在这一问题上，陈独秀等《新青年》代表人物所欲进行的"伦理革命"，本质上是一场文化革命，即以进化论观点否定儒学的文化价值，确立与物质文明史同一的精神文化进化史思路。由于不再承认宗教及儒家道德文化所具有的普适性，同时也不再着眼于建构一种确定不移的思想文化的核心价值及其一成不变的观念和体系，亦如陈独秀所说"宇宙间精神物质，无时不在变迁即进化之途，道德彝伦，又焉能外？"故而"道与世更"，"顺之者昌，逆之者亡"。[1]

---

［1］ 陈独秀：《孔子之道与现代生活》，《新青年》第2卷第4号，上海：群益书社，1916年12月1日。

问题在于社会进化法则中,观古今中外之变,社会物质文明之进化与精神文明之进化是否同一,甚或殊途?这确是一个颇费思量的问题。就西方而言,宗教改革对于现代社会的作用是确立了政教分离的制度原则,政治(制度文化)变迁在自由、平等、法治的意义上是显性的,但文化则以信仰自由为基础,宗教在与政治(制度文化)相分离的情况下,并未真正退出民众的精神生活和作为习俗文化的社会生活方式之外。现代教育的作用是传授知识,培养技能,本身并不附载特定的道德教化功能,宗教仍担负着凝聚社会道德良心的职责。实则中国历史上儒家思想的作用本质上也不过如此。故在《宪法与孔教》中陈独秀亦谓:"此等别尊卑、明贵贱之阶级制度,乃宗法社会封建时代所同然,正不必以此为儒家之罪,更不必讳为原始孔教之所无。""若夫温、良、恭、俭、让、信、义、廉、耻诸德,乃为世界道德家所同遵,未可自矜特异,独标一宗者也。"[1]至于儒家思想与传统政治的关系,一者在于汉儒以降政治一统与思想一统的制度建构,一者在于儒家家、国一系的伦理理想适应了这种专制政治的要求。故陈独秀说:"愚且以为儒教经汉、宋两代之进化,明定纲常之条目,始成一有完全统系之伦理学说,斯乃孔教之特色,中国独有之文明也。"[2]

然而,伦理价值与政治法统合一,中国社会的政治信仰主要并不表现在如西方宗教文化中所常见的普世价值观,即对以基督教为代表的博爱理想的皈依,而是寄托在对孔子等儒家先贤身上的社会政治理想及其文化伦理的崇奉。精神意义上的普适价值置换成了政治意义上的功德观念,儒家文化中的圣贤崇拜便多呈现出个人崇拜的色彩。这正是文化品质上西方基督教所造就的"唯心"型文化与中国(东方)儒家思想所造就的"唯物"型文化的差异。就其政教合一的基本品质而言,大致可以说西方在制度文化上是以宗教及其普世信仰为主体的"一元"文化(尊神信仰),中国(东方)则是以政治法统及其伦理谱系为主体的"一元"文化(圣贤信仰)。在中国(东

---

[1] 陈独秀:《宪法与孔教》,《新青年》第2卷第3号,上海:群益书社,1916年11月1日。
[2] 陈独秀:《宪法与孔教》,《新青年》第2卷第3号,上海:群益书社,1916年11月1日。

方),历史上由于纯宗教化的普世信仰的缺失,政治文化中的伦理(道德)意识形态常常负载着文化教化的功用。

显然,《新青年》文化学中的理想主义思维方式仍然是"唯物"型和政治"一元化"思维,即以对宗教之现代文化价值的否定来建构政治"一元论"及科学"唯物"型文化。为此,陈独秀等曾发起过一场"非宗教化"运动,在《新青年》先后刊载《再论孔教问题》(第2卷第5号)、《有鬼论质疑》(第4卷第5号)、《偶像破坏论》(第5卷第2号)等文章。陈独秀把西方宗教文化与东方宗教文化中的"偶像崇拜"等同起来,与民间的鬼神崇拜(原始信仰)结合,认定一切宗教作为"有神论"都是不符合现代社会需要的。科学无神论是对这种文化的完全替代。如若现代社会需要宗教,也应该以科学取而代之。其果断宣示"余之信仰":"人类将来真实之信解行证,必以科学为正轨,一切宗教,皆在废弃之列。其理由颇繁,姑略言之。盖宇宙间之法则有二:一曰自然法;一曰人为法。自然法者,普遍的、永久的、必然的也,科学属之;人为法者,部分的、一时的、当然的也,宗教、道德、法律皆属之。"这不仅是以唯物一元论的观点看待社会的物质属性,也以其看待社会的精神属性。故而宗教、道德、法律因其人为性而被置于变易无定中,即与物质属性的自然运动法则相违。科学作为演绎自然运动规律的学说取得了在整体社会生活中的独尊地位。这正如陈独秀所说:"人类将来之进化,应随今日方始萌芽之科学,日渐发达,改正一切人为法则,使与自然法则有同等之效力,然后宇宙人生,真正契合。"[1]

联系到"五四"后期的"科玄之争",陈独秀的观点在此也极其鲜明。他说:"或谓宇宙人生之秘密,非科学所可解,决疑释忧,厥惟宗教。余则以为,科学之进步,前途尚远。吾人未可以今日之科学自画,谓为终难决疑。反之,宗教之能使人解脱者,余则以为必先自欺,始克自解,非真解也。真能决疑,厥惟科学。故余主张以科学代宗教,开拓吾人真实之信

---

[1] 陈独秀:《再论孔教问题》,《新青年》第2卷第5号,上海:群益书社,1917年1月1日。

仰,虽缓终达。"[1]

在此,不难看出陈独秀观点中对于科学的崇信实止于"决疑释忧",即科学知识对于自然现象的物理学索解。这是一种对于实用或实行的要求。人类历史上的非物质文化,包括宗教、道德等,诉诸人的心灵的作用并非止于"决疑释忧",而是自省内修,明道起信,即佛教所谓"信解行证"。宗教和道德赋予文化以一定的内敛性,常能脱离一般社会生活中的实用或实行的要求,通达自然和人性本体,如基督教的"博爱"和儒家的"至善"。这应该被视为迄今人类文化和社会生活中最高的普世价值。科学世界观不应该与此分庭抗礼。

再者,科学不可能成为宗教,除了作为知识的明晰性和作为技艺的实用性,在文化中仅仅遗留下作为思维方式和方法论的实用主义(实用主义是美国的政治哲学,"五四"时期胡适以"实验主义"的称谓致力推介于中国),从而成为信仰化和宗教性文化抗拒和排斥的对象。只有二者的兼容才能为现代社会发展提供新的思想文化基础和动力。

脱离了宗教桎梏的现代政治其实只有一种最基本的政治哲学,即实用主义。科学大行其道本身并非出于信仰,而是出于实行和实用,即政治行为与经济活动的直接联系,乃至合而为一。文化不仅在信仰上,也在现实性上走上了"自由"和"独立"。但作为价值观,情感上的"爱"和道德上的"善"应该与传统的信仰体系相连。

对宗教问题的态度决定了《新青年》文化学的本质:科学崇拜、实证主义与实用主义。但这一切都与其观念中的进化论思想和唯物主义世界观分不开,从而导致了其"科学拜物教"的一元进化论思维对近代以来"中体西用"的二元进化论观念的取代。

反之,从制度文化的角度来看,科学之被信仰化乃在于其作为现代教育手段一定程度上被赋予了文化本质性的特色。现代教育以知识传授取代道德教化,除了其实用性的社会功能之外,手段和方法论上"决疑释忧"的鲜明特征有助于造成人对自然和社会的现象化理解,培植人的合理化欲

---

[1] 陈独秀:《再论孔教问题》,《新青年》第2卷第5号,上海:群益书社,1917年1月1日。

求,从而大大缓解了传统非实用主义教育造成的人对自然的蒙昧和对自我的禁锢。科学教育唤醒了多数人的自我价值的实现,造成了社会物质进化的事实,人的精神世界也由此获得自我觉悟的"理性",社会秩序也在物质进化和理性进步的氛围中呈现出欣欣向荣的发展态势。但一个纯粹物质和理性的世界并非文化的乐园,人与历史的联系被无情割舍。随着人的文化记忆日渐稀薄,人的精神困境日益呈现。

三、《新青年》学术文化的现代建构

(一) 国民性批判与《新青年》思想文化

1. 科学理性与《新青年》思想文化的现代特征

以政治文化批判为特征,在否定传统伦理文化的基础上奠立的《新青年》思想文化,秉承科学至上的理性主义原则,在非宗教、非纲常(礼教伦理)的意义上,以民主政治、信仰自由、两性平等、自主独立、发展进步等为基本内容,确立了一种迥异于传统的思想文化方案。

与其鲜明的政治性相适应,《新青年》思想文化的主体是政治文化。陈独秀在《敬告青年》中所陈"六义"("自主的而非奴隶的","进步的而非保守的","进取的而非退隐的","世界的而非锁国的","实利的而非虚文的","科学的而非想象的"),其肯定者即以"科学"相统属。而所谓"奴隶的""保守的""退隐的""锁国的""想象的"——"无常识之思惟,无理由之信仰,欲根治之,厥维科学"。陈独秀谓"以科学说明真理,事事求诸证实",更是彰显了一种科学至上的现代思想文化理念。

科学认识的真理性依存于其方法论上的实证性。陈独秀在《敬告青年》中说:"自约翰弥尔(J. S. Mill)'实利主义'唱道于英,孔特(Comte)之'实验哲学'唱道于法,欧洲社会之制度,人心之思想,为之一变。最近德意志科学大兴,物质文明,造乎其极,制度人心,为之再变。举凡政治之所营,教育之所期,文学技术之所风尚,万马奔驰,无不齐集于厚生利用之一途,

一切虚文空想之无裨于现实生活者,吐弃殆尽。"[1] 即在陈独秀看来,在"实用主义"与"实证主义"旗帜下,"科学大兴"造就了永无止境的物质文明与制度文明,这正是现代政治革命和社会革命的目的和动力。

而且,以政治革命为起点,社会革命为旨归,陈独秀对于现代文明的理想必然是能于造就物质文明与制度文明的科学文明。科学作为现代文明的基础和特征,一则造就了陈独秀等的唯物主义世界观和文化观,也造就了其"实用主义"和"实证主义"的社会价值观和思想方法。在政治上,民主和专制的对立不仅是一种文化观的对立,更是一种价值观的对立;在思想上,科学世界观所造就的物质理性与宗教(礼教)世界观所造就的道德理性也必然处于对立中。反礼教(非宗教)因此成为树立科学世界观的基础,推倒礼教所维系的传统家族制度更成为现代制度文明建设的前提。

在陈独秀等主张下,现代制度文明是以物质文明相维系的精神文明。作为精神文明,科学文化之兴必然取代儒家伦理文化,成为社会进步的阶梯。儒家伦理文化在制度上是寄生在家族血缘纽带与君权神授纲常伦理之中的"人为法"体系——基于人的主观意志和政治目的性而创设的可以变易的制度谱系,科学文化则以人的现实理想和社会(生活)需要为旨归,属于"普遍的、永久的、必然的""自然法"系统——基于人和社会的物质属性而生成的不可变易的制度谱系。儒家伦理思想构建的制度文化,其落后性表现在:在政治上是"个人主义"的,在文化上则是家族主义的。陈独秀指出:"吾国欲图世界的生存,必弃数千年相传之官僚的专制的个人政治,而易以自由的自治的国民政治也。"[2] 胡适也认为,"吾国之家族制,实亦一种个人主义。西人之个人主义以个人为单位,吾国之个人主义则以家庭为单位,其实一也。吾国之家庭对于社会,俨然一敌国然,曰扬名也,曰显亲也,曰光前裕后也,皆自私自利之说也;顾其所私利者,为一家而非一己耳。西方之个人主义,犹养成一种独立之人格,自助之能力,若吾国'家族

---

[1] 陈独秀:《敬告青年》,《青年杂志》第1卷第1号,上海:群益书社,1915年9月15日。
[2] 陈独秀:《吾人最后之觉悟》,《青年杂志》第1卷第6号,上海:群益书社,1916年2月15日。

的个人主义',则私利于外,依赖于内,吾未见其善于彼也"。[1] 相反,"国民政治"或民主的"个人主义"在政治上是集体主义(集团主义),在文化上则是个人主义的。这是其推崇现代政党政治的思想基础。

被胡适称为"中国思想界的一个清道夫"的吴虞,[2]1917年2月在《新青年》第2卷第6号发表《家族制度为专制主义之根据论》一文,以"孝"为中心,分析儒家"王道"思想的形成和弊害。他认为,正是儒家孝悌观念构建了中国以"王道"为特征的宗法社会的制度体系,阻碍了在商君、李斯法家思想主导下以"霸道"为特征的军国社会的形成,似此乃为中国社会积贫积弱的根源。"孝"是家族制度的文化基因,也是专制政治的制度基础。其本质是"忠顺",作为制度文化是"利于尊贵长上,而不利于卑贱"。满清律例,"十恶"之中即有"不孝",实则以伦理实法律,以家族伦理统帅国家伦理,"此则立宪国文明法律与专制国野蛮法律绝异之点,亦即军国社会与宗法社会绝异之点"。孝则顺,顺则忠,"君父并尊,为儒教立教之大本"。[3] 恶反抗,喜忠顺,故中国文化成为一种典型的柔弱(奴隶)文化。

显然,吴虞之批判儒家思想,着重点依然在制度文化层面。他对现代政治的理解不仅在于律法体系上的家国互换,更期图以传统政治中的"霸道"法统重构现代政治的文化谱系。这不仅是一种典型的"强国梦",更是一种儒法相替,国家至上的政治文化的思维方法。

辛亥革命前,吴虞曾赴日本,入日本法政大学就读。"归蜀后,常以六经,《五礼通考》,《唐律疏义》,《满清律例》,及诸史中议礼议狱之文,与老庄、孟德斯鸠、甄克思、穆勒、约翰、斯宾塞尔、远藤隆吉、久保天随诸家之著作,及欧美各国宪法,民、刑法,比较对勘。十年以来,粗有所见。"[4]其非

---

[1] 胡适:《我国之"家族的个人主义"》,《胡适日记全编(第1册)》,合肥:安徽教育出版社2001年10月版,第292—293页。其为"留学日记",记于1914年6月。该日记部分内容曾以"藏晖室札记"为题在《新青年》第2卷第4号至第4卷第2号发表。
[2] 胡适:《〈吴虞文录〉序》,《吴虞文录》,合肥:黄山书社2008年版,第2页。
[3] 吴虞:《家族制度为专制主义之根据论》,《新青年》第2卷第6号,上海:群益书社,1917年2月1日。
[4] 参见胡适:《〈吴虞文录〉序》,《吴虞文录》,合肥:黄山书社2008年版,第3页。

儒思想之核心即在以西方、日本法治文化为准绳，批判和否定儒家礼治文化。在他看来，儒家礼教思想尚人治。"为礼者，雕琢人性，矫拂其情，目虽欲之，禁以度；心虽乐之，节以礼。""故仁、义、礼、乐者，所以救败也，非通治之道也。"[1]孟德斯鸠曰："支那立法为政者之所图，有正鹄焉，求其四封宁谧，民物相安而已。"故循家法立国法，以孝悌致忠信，"家庭之专制既解，君主之压力亦散，如造穹窿然，去其主石，则主体堕地"[2]。人治重防，法治在抑。礼治治心，避易就难；法治治事，避难就易。作为政治文化，现代法制社会重在制度治理，即以个人为单元，以行为后果为对象，抑其不当，罚其有罪。在理性原则上是科学化的，不是道德化。杜绝了以言论仪态入罪和株连冤狱的情况。加之现代律法体系的科学化，民事、刑事条分缕析，抗辩有据，争讼在理，实事求是，具体可行。

在批评方法上，胡适亦认为，吴虞的"非孔文章大体都注意那些根据孔道的种种礼教，法律，制度，风格。他先证明这些礼法制度都是根据于儒家的基本教条的，然后证明这种种礼法制度都是一些吃人的礼教和一些坑陷人的法律制度"并从历史上寻出否定和批判的例证，深究其危害社会进步之本。是一种用实际效果和严密逻辑批判"一种学说和宗教"的"最严厉又最平允的方法"。[3]即一种实事求是的科学的论说方法。

2. 国民性批判与《新青年》思想文化的启蒙特质

几乎基于同样的强国梦，《新青年》群体的政治文化批判显示出了高度一致的思想特征，形成了独特的启蒙思想文化——国民（民族）性批判。

1917年2月，即在吴虞发表《家族制度为专制主义之根据论》之次，《新青年》第2卷第6号刊载了署名为"光升"的《中国国民性及其弱点》一文，指出：

---

[1] 吴虞：《礼论》，《新青年》第3卷第3号，上海：群益书社，1917年5月1日。
[2] 吴虞：《家族制度为专制主义之根据论》，《新青年》第2卷第6号，上海：群益书社，1917年2月1日。
[3] 胡适：《〈吴虞文录〉序》，《吴虞文录》，合肥：黄山书社2008年版，第3页。

一国之政治状态，一国人民精神之摄影也。立国于宇宙之间，皆以其国民所计划、所持循、所需求者为之，而其发生之政治状态，即其所计划、所持循、所需求之结果。此所计划、所持循、所需求者，无以名之，名之曰"国民之精神"，政治学者，或别称之曰"国民性"，即一国民之思想也。

循此而知，"国民性"概念是一种政治性的文化指涉，国民性批判是一种政治性文化批判。正是在国民性批判的视野里，《新青年》开创了一种政治批判性的现代启蒙思想文化。

光升在文章中认为，较之历史上"诸古国"，"独吾新命旧邦，绵延勿替，岿然为世界之灵光，此则吾国民可引以（为）自豪者也"。"吾国民数千年来，所行者吾固有之政制，所守者吾固有之文化，而鲜有变通者也。今则由革命而共和矣，吾国民犹若视为旧史上更姓改朝之故事，而一无根本之觉悟，其何以与今日进步之时势相应哉？夫国民性之可欣可幸者如彼，而其可悲可惧者又如此，则其短长优劣之故，可得而言之。"他从"种性""国性""宗教性"三个方面分析了中国国民性之特征和弱点。就"种性"而言，他认为中国以汉族为主体，对历史上边鄙蛮夷取"感化主义"。"当封建之世，宗姓犹严，及井田破坏，民无定处，姓氏淆，而天下之人，皆得祖羲轩而宗颛顼矣。"战乱频仍，分合无常，民族融合，天下一统。"盖真正炎黄血胤者十之七八，因婚姻杂居化合者十之二三。以近世民族意义言之，其皆为同一种族之民。""盖吾古来种族主义，有与欧西不同者，即彼采排斥主义"，族群之间界限分明，化合者少，统合更难。"独吾以所称全世界陆地十三分得一之领土，全人类四分得一之人口之国，什九皆为同一种族之民所组织，此不可不为吾国民之一大特色也。"就"国性"而言，中国自古天下一统，所谓"生民有欲，无主乃乱"。故孔子说："天无二日，民无二王。"孟子说："定于一。""至后世而遂演为正统之说、正闰之辨、真伪之别，称引天命，援据功德。若与君主政体为缘，其实即近世所称'主权不可分割'之义。""大凡成一物体，必视其向心力以为离合，组织愈密之物，其向心力亦愈坚，正统思想，即吾国民向心力之所寄也。"古往今来割据纷争,"然卒辗转吞并,归于合一,而不至为罗马帝国、法兰克帝国之续者","尤吾纯一坚固之国性之表征也。"就"宗教性"而言,"读欧洲古来之历史,大抵皆教争之历史也。吾国教争之事,于古无见,即至后世,以儒教定于一尊,而佛、道二教,亦并行于社会,盖视教为补助政化所不逮,而不倚为门户阶级之争,即有如魏太武之去佛存道,周武帝之尊儒除佛、道,唐初之尊道毁佛,亦不过当事者偶然好尚之结果,不旋踵而复故,未尝酿政治上之纷扰。"(究此,中国古来无有为信仰而争者,皆为权利而争者也。)

然则光升认为,"吾国民既具此三特性,即可征语言、文学、历史、思想之同一,而为纯粹之民族国家,可行和平均一之政制,宜可以稳进而蕲发达矣。然而其结果乃适得其反者何也?则以吾国民性固有绝大之数弱点在焉"。他的分析亦有其三:"其一则缺乏自由思想也。""吾国建国最古,国家主义早立,而个人人格之认识独啬。""旧说九流,皆谈治术","法家之言曰:'民强国弱,民弱国强,人而不为国效用如隐逸者流,皆可杀。'""儒家反之,一方尊君,一方又策君爱民,其视弱民之说有间矣。"康德曰:"以仁爱为国,则其政府为专制,而视人民为孩提为未成年者,遂使其自由权利销归乌有矣。""若是则儒家之爱民,与法家之弱民,虽有仁暴宽狭之不同,而其根本不认有个人之自由则一也。""而吾民则数千年来,托政府为恩主,以盲从为义务","惟侥幸于道德上之生存,而终未占有法律上之地位"。"彼为奴隶者,苟得慈善主而事之,何尝不有一日之安乐乎?然不得以此谓奴隶之有自由也。数千年来政体民智沉滞废顿而一无竞进者以此。"

"其二则缺乏法治思想。""法治思想,由自由思想而出,盖各个人皆立于法律保障之下,始有真实确固之自由也。"故法治主义与德治主义相对。"德治实与力治为缘者也。昔孟子以德力别王霸,其实德者力之外衣,而力者德之内衬。""盖德治者,不恃法而恃人,人之性格不定,法之程限有常。故德治易流为专制,而法治可企于平等也。"古为家族宗法社会,尊卑界限分明,服从第一;现代人信仰自由,趋于团体生活,"简单道德不足以维护平和"。故"取向来团体内所行之习惯,附以强制程序,使有所守,而法生焉"。"是故法治为社会进化之阶梯,脱野蛮道德拘挛而入开明法律组织,此人类生活关系由简单进于缜密、由恐怖进于稳固之一大关键也。"

进而,光升分析了中国历史上儒、法两家德治与法治之别。他认为,孔子鄙法尚德,其曰:"道之以政,齐之以刑,民免而无耻;道之以德,齐之以礼,有耻且格。""而法家则谓'德为民之仇雠,法为民之父母',此儒、法两家德治、法治之大争点也。儒者之言德治有二义:一曰德政",所谓"以德行仁";"一曰德教",所谓"明德新民"。"法家最粹之言曰:'君臣上下尊卑贵贱皆从法。'是即国家主义之真诠,而其极则谓'弱民以强国',全不认有个人自由,又可谓之绝对的国家主义。儒家者,一方采国家主义,一方又重家族主义,盖犹袭古代宗法社会之遗,夫是以重德轻法,虽谓之'家族的国家主义'可也。"先秦时代,"卓然见治于政界者,先为法家"。至秦亡,"其惨礉少仁恩和义","为战乱困敝之民所厌忌"。"故温和之儒教,得起而代之。而儒家之家族主义,又适宜于农业生活之人民,此秦汉之际儒法两家消长之原因也。"反之,在西方,"希腊人之立国也,重文轻法,颇近于中国之儒术政治,乃罗马代之,饰政刑,尚实用,遂一跃而入于国家主义时代。道德主义,重名分,尚礼义,其弊宽慢虚伪而鲜实用;法律主义,明利害,务施报,其弊烦琐刻核而少蕴籍"。"然自国家主义言之,彼曰权利,而吾曰仁义,彼曰竞争,而吾曰礼让,卒之礼让流为颓靡,仁义遁于空虚,数千年人智国力沉滞而寡进者,虽欲不谓为德治之敝不可也。夫道德之流于宽慢虚伪也,其故由于秩序不整而侥幸乘焉,界限不严而依赖乘焉。未若法律则事事为之界限,不相侵越,以养成人人秩序之心,如是依赖之途绝,而竞奋生,宽慢者归于肃厉矣,侥幸之门杜,而真实尚,虚伪者化于诚信矣。盖依赖与侥幸,皆极不道德之事,而实起于道德,其弊之所必至耳。"

"其三则缺乏民治(国民政治)思想也。"光升说:"国者,全国民之公共集合体也,则一国之政治,应合一国之民谋之。""盖古代国家,利在消极之维持,故仅借一人或少数人之力可以有济;近代国家,利在积极之发达,非合全国大多数人之力不足以图存,于是立宪政治乃代专制政治而兴。全国政事,不专使一人或少数人垄断,而必公之全国国民,而其作用则为代议制度,使全国之民之精神能力,有所托以为国家之用,即所谓'国民政治'是也。""今则改制共和矣,秉政者仍狃于政府万能主义,国人不改其自来梦想圣君贤相之心,欲以争存于今之世界,难矣。"[1]

以上光升所述"国民性"问题,与陈独秀、高一涵所论国体、政体问题相呼应,更重要的是与吴虞一起,把法治、民治的问题提上了议事日程。去礼治而法治,废君权兴民权的思想指摄人心。吴虞和光升,一指礼治之弊,一陈法治之利,更及陈独秀之非宗教而张科学,《新青年》的"国民性改造"思想呈现出了文化和政治两条基本思路。如果说在陈独秀那里,以科学代宗教是一种现代文化策略和思想方法;那么对吴虞来说,对家族制度的批判和否定则是一种政治文化手段和制度建设目标。前者用于政治意识形态改造,后者用于社会革命实践——用法治原则改造礼治文化亦在于用社会(国民)伦理取代家族伦理,在社会体的意义上实行政治重建与文化重建。

可见,在比较政治眼光下,《新青年》群体的伦理(思想)革命理想与实践抑或思路清晰,态度果敢。执着于政治问题的根本解决,批判理性的深入运用,成就了中国式启蒙主义的政治文化视野,但较之西方启蒙文化的宏阔与精深,其人文眼光难免逼仄,质之历史,其实践效果究为难契理想。

(二) 社会写实主义与《新青年》文学文化

1. 比较文学批判与《新青年》文学革新观念

就方法论而言,比较政治批判、比较文化批判,以及比较文学批判,是《新青年》启蒙主义思想的重要特征。《新青年》伊始,陈独秀即开始了对中国文学传统的批判。在《敬告青年》一文中,以"科学的而非想象的"为鹄的,陈独秀认为,"在昔蒙昧之世,当今浅化之民,有想象而无科学。宗教美文,皆想象时代之产物"。此之"美文",即文学艺术之谓也。陈独秀以为,"想象时代",科学不兴,文学委于宗教(礼教),不遵理性,不求实证,迷信妄

---

[1] 光升:《中国国民性及其弱点》,《新青年》第2卷第6号,上海:群益书社,1917年2月1日。

作。"凡此无常识之思惟,无理由之信仰,欲根治之,厥维科学。"[1]在《欧洲文艺史谭》中,陈独秀更以进化论观点看待欧洲文艺变迁史,认为在18、19世纪之交,欧洲文艺思想"由古典主义(Classicalism)一变而为理想主义(Romanticism)"。"19世纪之末,科学大兴,宇宙人生之真相,日益暴露,所谓赤裸时代,所谓揭开假面时代,喧传欧土。自古相传之旧道德旧思想旧制度,一切破坏,文学艺术,亦顺此潮流,由理想主义再变而为写实主义(Realism),更进而为自然主义(Naturalism)。"[2]

犹如王国维之谓"一代有一代之文学",陈独秀看待欧洲文艺变迁史亦如思想史意义上的代有兴替,"科学大兴"即其变迁之鹄。科学乃进化之极、文明灯塔,也是思想和文学的现代归宿。在这个意义上,思想史和文学史必由科学引领潮流。宗教之于时代,想象之于文学,"非科学"而不复有生存的土壤。故陈独秀认为,19世纪以降,自然主义一枝独秀,盖在"此派文艺家所信之真理,凡属自然现象,莫不有艺术之价值。梦想理想之人生,不若取夫世事人情,诚实描写之有以发挥真美也。故左氏(按:左拉)之所造作,欲发挥宇宙人生之真精神真现象,于世间猥亵之心意,不德之行为,诚实胪列"。在他看来,自然主义者——"俄罗斯之托尔斯泰,法兰西之左喇,那威之易卜生"等——"坚持文学上之观察力,及现实界真诚之研究",即是思想上求真理,现实中求真实,方法上求实证,观念上求实用,科学精神无处不在的表现。此外,他更认为,"现代欧洲文坛第一推重者,厥唯剧本"。"以其实现于剧场,感触人生愈切也。"[3]体裁或形式上的直观、直感、真切、普及,收其立竿见影之功,亦是陈独秀强调文学之科学性(实用性和实在性)的表现。

但总体上看,就文学之社会功能而言,"厥惟科学"之外,陈独秀所强调

---

[1] 陈独秀:《敬告青年》,《青年杂志》第1卷第1号,上海:群益书社,1915年9月15日。
[2] 陈独秀:《现代欧洲文艺史谭》,《青年杂志》第1卷第3号,上海:群益书社,1915年11月15日。
[3] 陈独秀:《现代欧洲文艺史谭》,《青年杂志》第1卷第3号,上海:群益书社,1915年11月15日。

的本质上还是文学的批判性,这显然与其所倡导的"伦理革命"有关。毕竟他认为,科学揭示了宇宙人生的真相,文学进入了一个"赤裸"的"揭开假面"的时代。故能"发挥宇宙人生之真精神真现象,于世间猥亵之心意,不德之行为,诚实胪列。举凡古来之传说,当世之讥评,一切无所顾忌"。[1]

1915年12月,《新青年》第1卷第4号《通信》中,陈独秀以《新青年》"记者"名义答读者张永言问,他说:"吾国文艺,犹在古典主义理想主义时代,今后当趋向写实主义。"[2]1917年"文学革命"开始,在与曾毅的"通信"中陈独秀说:"欧洲自然派文学家,其目光惟在实写自然现象,绝无美丑善恶邪正惩劝之念存于胸中,彼所描写之自然现象,即道即物,去自然现象外,无道无物,此其所以异于超自然现象之理想派也。理想派重在理想,载道有物,非其所轻,惟意在自出机杼,不落古人窠臼,此其所以异于抄袭陈言之古典派也,仆之私意,固赞同自然主义者,惟衡以今日中国文学状况,陈义不欲过高,应首以掊击古典主义为急务,理想派文学,此时尚未可厚非。"[3]这说明,虽则推崇自然主义,但因其"陈义过高",陈独秀认为中国文学的真正趋向乃是写实主义,并以兼容理想主义为宜。理想主义者,"载道有物,非其所轻"。若非载古人之道,言陈腐之物,即如曾毅所云:"试就其诗以言诗,果能写真,其诗即美,即云有物可也。"《新青年》第2卷第6号上陈独秀曾在与陈丹崖的"通信"中说:"实写社会,即近代文学家之大理想,大本领,实写以外,别无所谓理想,别无所谓有物也。"[4]曾毅在致陈独秀信中故以为,"足下主张写实,写实即有物,有物即有道"。言及其在《文学革命论》中"最辟'文以载道'",指其非为"载道","辟"者实为其所载古人之道而已。

陈独秀倡导"文学革命",革新者实在"道",即"理想之内容",[5]方法

---

[1] 陈独秀:《现代欧洲文艺史谭》,《青年杂志》第1卷第3号,上海:群益书社,1915年11月15日。
[2] 《青年杂志·通信》,《青年杂志》第1卷第4号,上海:群益书社,1915年12月15日。
[3] 陈独秀、曾毅:《通信》,《新青年》第3卷第2号,上海:群益书社,1917年4月1日。
[4] 陈独秀、陈丹崖:《通信》,《新青年》第2卷第6号,上海:群益书社,1917年2月1日。
[5] 陈独秀、曾毅:《通信》,《新青年》第3卷第2号,上海:群益书社,1917年4月1日。

则在于"写实"。在与张永言"通信"中陈独秀指出:"文章以纪事为重,绘画以写生为重,庶足挽今日浮华颓败之恶风。""各国教育趋重实用,与文学趋重写实,同一理由。""普通国民教育,若轻视生活实用智能,而骛高深之学,其何以利益其群?而争存于世界也。"[1]可见,写实、实际与实用,在陈独秀的观念中若合为一,亦即其文学革命的思想与伦理革命的理想同一,在于以符合科学世界观的社会写实主义原则替代古典主义理想,亦即以尚真务实的社会理想主义取代别尊卑、明贵贱的道德理想主义。

在《文学革命论》中,陈独秀揭示"文学革命"的"三大主义":"曰推倒雕琢的阿谀的贵族文学,建设平易的抒情的国民文学;曰推倒陈腐的铺张的古典文学,建设新鲜的立诚的写实文学;曰推倒迂晦的艰涩的山林文学,建设明了的通俗的社会文学。"[2]除要求于文学精神上的国民——平民化外,要义即在社会写实主义的文学。社会写实主义不仅代表着陈独秀的文学理想,也是其本于"伦理革命"的要求,赋予文学的重要使命——古典文学的陈腐铺张,山林文学的迂晦艰涩,无不代表着文学的贵族性、非实用性;以新鲜立诚、明了通俗、平易抒情的新文学取而代之,建设平民化的社会写实主义文学。

陈独秀说:"贵族文学,藻饰依他,失独立自尊之气象也;古典文学,铺张堆砌,失抒情写实之旨也;山林文学,深晦艰涩,自以为名山著述,于其群之大多数无所裨益也。其形体则陈陈相因,有肉无骨,有形无神,乃装饰品而非实用品;其内容则不越帝王权贵、神仙鬼怪及其个人穷通利达。所谓宇宙,所谓人生,所谓社会,举非其构思所及,此三种文学公同之缺点也。此种文学,盖与吾阿谀夸张虚伪迂阔之国民性,互为因果,今欲革新政治,势不得不革新盘踞于运用此政治者精神界之文学。"[3]就方法论言之,与"伦理革命"中的比较政治批判一致,"文学革命"在理论思维上亦是一种比较文学批判——这与历史上文学观念和文学秩序的自然演进和自我变迁

---

[1] 《青年杂志·通信》,《青年杂志》第1卷第4号,上海:群益书社,1915年12月15日。
[2] 陈独秀:《文学革命论》,《新青年》第2卷第6号,上海:群益书社,1917年2月1日。
[3] 陈独秀:《文学革命论》,《新青年》第2卷第6号,上海:群益书社,1917年2月1日。

具有根本区别。就《新青年》及中国现代文学观念的发生而言,确乎没有比较就没有鉴别,正是因为从虞哥、左喇、桂特、郝卜特曼、狄铿士、王尔德等身上,陈独秀等《新青年》的同人看到了一种"目无古人,赤裸裸的抒情写世"的文学,以及众多创造了这类文学的"代表时代之文豪",才真正感受到中国文学的败落和低下,进而领悟到"欧洲文化,受赐于政治科学者固多,受赐于文学者亦不少。"[1]但同时,对文学的要求完全转向与"政治科学"同质,亦与"社会文明进化"同步的"时代之精神",其宇宙、人生、社会的视野,也就成为单纯的政治文明视野。就陈独秀与曾毅所讨论的文学之"物"而言,现代文学在其主体意识上之取代传统道德理想主义者,必定是新的政治理想主义。

胡适的《文学改良刍议》本有不同于陈独秀的文化改良思路。由于"伦理革命"的目标并没有首先进入胡适的问题视野,他思考文学改良问题旨在"历史的文学观念论",即"一时代有一时代之文学"的文学进化论。从"进化"的意义上说,胡适谓文言为"死"的文学,白话为"活"的文学。二者的区别在于"懂得性"与否。早在 1916 年 7 月,胡适就进行过"白话文言之优劣比较",认为"今日之文言乃是一种半死的文字,因不能使人听得懂之故"。"今日之白话是一种活的语言","白话不但不鄙俗,而且甚优美适用。凡言语要以达意为主,其不能达意者,则为不美。""白话文并非文言之退化,乃文言之进化。"其"进化之迹"在于:"从单音的进而为复音的","从不自然的文法进而为自然的文法","文法由繁趋简"等。进而断言:"白话可产生第一流文学":"白话的诗词""白话的语录""白话的小说""白话的戏剧"。[2] 在《文学改良刍议》中,胡适阐述的重点在"不摹仿古人""不用典""不避俗语俗字"。即在于强调:"文学者,随时代而变迁者也。一时代有一时代之文学。""今日之中国,当造今日之文学,不必摹仿唐宋,亦不必摹仿周秦也。"白话为"通俗行远之文学",亦如近代欧洲各国之用俗字俚语之

---

[1] 陈独秀:《文学革命论》,《新青年》第 2 卷第 6 号,上海:群益书社,1917 年 2 月 1 日。
[2] 胡适:《白话文言之优劣比较》,《胡适学术文集·新文化运动》,北京:中华书局 1993 年 9 月版,第 6—8 页。

"活文学"而代"拉丁之死文学"。"有活文学而后有言文合一之国语也。""以今世历史进化的眼光观之,则白话文学为中国文学之正宗,又为将来文学必用之利器,可断言也。"[1]

因此,胡适认为,"我们所提倡的文学革命,只是替中国创造一种国语的文学,有了国语的文学,方才有文学的国语"。[2] 在这个意义上,胡适所要求的文学革命本质上是一场"文化的工具革命",即文学语言革命。他所要创造的国语就是现代汉语。但就其革命性而言,又并非仅仅是形式层面的,因为事实上要求着文学的本质变革——以现代汉语为工具的新文学全盘取代以古代汉语(古文)为工具的旧文学。语言是文学的载体,文学又恰是文化的重要载体。白话代替文言的文学革命,即具有从形式到内容全盘革新中国文学历史的意义。在这一点上,陈独秀与胡适之间并无异议——犹如陈独秀在答胡适信中所说:"改良中国文学,当以白话为文学正宗之说,其是非甚明,必不容反对者有讨论之余地,必以吾辈所主张者为绝对之是,而不容他人之匡正也。"[3]

因此,较之"伦理革命"的诡谲难辩,"文学革命"以语言形式为突破口恰似单刀直入,胜算立竿见影。"民国八年(1919)以后,白话文的传播真有'一日千里'之势。白话诗的作者也渐渐的多起来了。民国九年,教育部颁布了一个部令,要国民学校一二年的国文,从九年秋季起,一律改用国语。"[4]这在胡适看来,真乃善莫大焉!现代汉语产生于文学革命,现代教育和现代文化得以由此起步,重建自己的价值观和重续自己的历史使命。何只徒具形式?

2. 社会写实主义与《新青年》文学革新运动

就"文学革命"而言,胡适、陈独秀、周作人、鲁迅,以及钱玄同、刘半农

---

[1] 胡适:《文学改良刍议》,《新青年》第2卷第5号,上海:群益书社,1917年1月1日。
[2] 胡适:《建设的文学革命论》,《新青年》第4卷第4号,上海:群益书社,1918年4月15日。
[3] 胡适、陈独秀:《通信》,《新青年》第3卷第3号,上海:群益书社,1917年5月1日。
[4] 胡适:《五十年来中国之文学》,《胡适学术文集·新文化运动》,北京:中华书局1993年9月版,第157页。

等,从理论到实践,秉承的旨趣各各有别。陈独秀着眼于社会革命,要求文学有与"政治科学"同质,与"社会文明进化"同步的"时代之精神",除要求文学精神上的平民化之外,更在社会写实主义的意义上赋予其"伦理革命"的理想。胡适在《文学改良刍议》中以"须言之有物"为题旨,亦对文学的本质提出要求:"'约有二事':'(一)情感','(二)思想'。"视之为破除"文以载道"旧观念的新文学的"脑筋"和"灵魂"。不啻是对文学的本质规约:"情感""思想"而外,文学确乎不必再担负什么了。如何"情感"和"思想",那倒成了作家自己事,理论和批评亦不必要求过多——"情感"和"思想"是两个框子,装什么,怎么装,"说三道四"者便是理论家和批评家了。

　　讨论中,陈独秀曾对胡适"言之有物"说有过异议。1916年秋胡适寄信陈独秀首陈"八事",但未具其详,陈独秀对其中"须讲求文法之结构""须言之有物"二事颇有不解,尤为后者,一疑胡适为"理想主义"(浪漫主义)说辞,一询胡适"若专求'言之有物',其流弊将毋同于'文以载道'之说"。意欲分别"文学之作品"与"应用文字",尊重"文学美术自身独立存在之价值"。[1] 尽管陈独秀在胡适《文学改良刍议》发表时已不再持有异议,而且,陈独秀在实践意义上也不再否认新文学"言之有物"与旧文学"文以载道"具有事实上的相似(尽管内涵取向不同),在他与曾毅的"通信"中即认可新文学中有"理想主义文学"存在的价值,"载道有物,非其所轻"。但是,这一异议的产生仍反映了陈独秀和胡适之间文学观念的微妙差别——在胡适的观念中,确乎含有笼统地看待"文学之文"与"应用之文"的问题,对文学之"美"的观念,全没有视其为文学"自身独立存在之价值"的会心。即如他在《什么是文学——答钱玄同》中所说"文学有三个要件:第一要明白清楚,第二要有力能动人,第三要美"。"美就是'懂得性'(明白)与'逼人性'(有力),二者加起来自然发生的结果。""只有两个因子:第一是明白清

---

[1] 胡适、陈独秀:《通信》,《新青年》第2卷第2号,上海:群益书社,1916年10月1日。

楚;第二是明白清楚之至。"[1]这确乎表明,在此胡适所说与其是文学,毋宁说是"应用之文"。

胡适、陈独秀最积极的响应者首先是钱玄同。1917年3月,《新青年》第3卷第1号《通信》栏发表钱玄同致陈独秀信,就胡适"不用典"之论商榷求正,认为"凡用典者,无论工拙,皆为行文之疵病","胡君所谓典之工者,亦未为可用也"。"文学之文,用典已为下乘。若普通应用之文,尤须老老实实讲话,务期老妪能解,如有妄用典故,以表象语代事实者,尤为恶劣。""古代文学,最为朴实真挚。始坏于东汉,以其浮词多而真意少也。弊盛于齐梁,以其渐多用典也。唐宋四六,除用典外,别无他事,《燕山外史》实为文学中之最下劣者。至于近世《聊斋志异》《淞隐漫录》诸书,直可谓全篇不通。戏曲小说,为近代文学之正宗,小说因多用白话之故,用典之病少。"因此,钱玄同表示:"白话中罕有用典者,胡君主张采用白话,不特以今人操今语,于理为顺,即为驱除用典计,亦以用白话为宜。蒙于胡君采用白话之论,固绝对赞同者也。"

但就戏曲而言,钱玄同则不甚赞同胡适独尊元曲的主张,认为"传奇诸作,即不能免用典之弊。元曲中喜用四六文句,尤为拉杂可厌"。他同意胡适"文之进化"的观点,认为"惟用典一层确为后人劣于前人之处"。由此可以了解,钱玄同实则更清楚地看出了古文"不通"的毛病在"用典"。用典即所谓"掉书袋",是读书人惯常的知识性、技巧性卖弄,确与通俗性表达无关。传统文学在诗、文一端主要是读书人之间的思想和情感交流,知识性、技巧性表达在所难免,每有愈演愈烈之势,这是不必讳言的。小说戏剧主要是对大众表达,务求通俗易懂,但其中也常掺杂诗文成分,因为其创作者仍是知识分子。

钱玄同同意胡适以"情感""思想"为标准论小说、戏曲之价值,但他认为,"元人杂曲,及《西厢记》《长生殿》《牡丹亭》《燕子笺》之类,词句虽或可

---

[1] 胡适:《什么文学——答钱玄同》,《胡适学术文集·新文化运动》,北京:中华书局1993年9月版,第87—89页。

观,然以无'高尚思想''真挚情感'之故,终觉无甚意味"。"至于小说,非诲淫诲盗之作,即神怪不经之谈,否则以迂谬之见解,造前代之野史"(《红楼梦》虽非"诲淫","实足写骄侈家庭,浇漓薄俗,腐败官僚,纨绔公子耳"。后者则如《西游记》《三国演义》)。所以,"故词曲小说,诚为文学正宗,而关于词曲小说之作,其有价值者则殊鲜"。在钱玄同看来,中国传统小说作者缺少的是"写实派文学之眼光",描写男女情爱等,皆"出于一己之儇薄思想,以秽亵之文笔,表示其肉麻之风流",故"无丝毫之价值可言"。"四大名著"中他肯定较多的是《水浒传》,认为其写"官逼民反","施耐庵实有社会党人之思想也"。此外则为《官场现形记》《二十年目睹之怪现状》等"今世小说"。在言情方面,他认为苏曼殊"思想高洁,所为小说,描写人生真处,足为新文学之始基"。

钱玄同倾向于全盘否定戏曲,认为"南北曲及昆腔,虽鲜高尚之思想,而词句尚斐然可观,若今之京调戏,理想既无,文章又极恶劣不通,固不可因其为戏剧之故,遂谓有文学上之价值也"。"中国戏剧,专重唱工,所唱之文句,听者本不求其解,而戏子打脸之离奇,舞台设备之幼稚,无一足以动人情感。"他说:"戏剧本为高等文学,而中国之戏,编自市井无知之手,文人学士不屑过问焉,则拙劣恶滥固宜。""中国之旧戏如骈文,外国之新戏如白话小说。""白话小说能曲折达意,某也贤,某也不肖,俱可描摹口吻神情。故读白话小说,恍如与书中人面语。"故他力荐"新剧"(西洋话剧)。

钱玄同推崇梁启超,赞赏他"输入日本新体文学,以新名词及俗语入文,视戏曲小说与论记之文平等,此皆其识力过人处",认其为"现代文学"革新之始。

钱玄同的观点表现出典型的社会写实主义倾向。就其对《红楼梦》的否定言,陈独秀在回复中特地指出"《红楼梦》善写人情",章太炎先生"亦薄视小说者也",然犹称许。"夫善写人情,岂非文字之大本领乎!庄周司马迁之书,以文评之,当无加于善写人情也。"[1]

---

[1] 钱玄同、陈独秀:《通信》,《新青年》第3卷第1号,上海:群益书社,1917年3月1日。

此外是刘半农。1917年5月，刘半农在《新青年》第3卷第3号发表《我之文学改良观》，从"文学之界说"出发，就"文学与文字""散文"与"韵文（诗词戏曲）"及书写规范等详述己见，且借常乃德语自况："见仁见智，各如其分。我之观念，未必他人亦同此观念。"（犹如胡适之态度）

刘半农认为，传统论文，必以道附（"文以载道"），"不知道是道，文是文"。实则"生吞活剥孔孟之言"，"徒于字句上声韵上卖力"。"夫文学为美术之一，固已为世界文人所公认，然欲判定一物之美丑，当求诸骨底，不当求诸皮相。""故研究文学"，须"从性灵中、意识中讲求好处"。"欲定文学之界说，当取法于西文，分一切作物为文字（Language）与文学（Literature）二类。""文字（Language）"一字，往往可与语言（Speech）口语（Tongue）通用。"只取传达意思，不必于传达意思之外，更用何种工夫也。""文字之用，本与语言无殊"，"文学（Literature）"则非也——所谓"'The class of writings distinguished for beauty of style as poetry, essays, history, fictions, or belles-lettres'（译：风格优美而具有杰出地位的著作，如诗歌、散文、历史、小说，或纯文学）自与普通仅为语言之代表之文字有别"。

所以，借区别"文字之用"与"文学之文"，他不同意陈独秀："文学之文"与"应用之文"相对待的观点。认为若就"论理学（按：逻辑学）之理论言之，文学的既与应用的相对，则文学之文不能应用，应用之文不能视为文学"。然则"西人之规定文学之用处者，恒谓'Literature often embraces all compositions except these upon the positive sciences'（译：文学在科学的意义上通常包含一切门类的作品）"。这种说法过于笼统。"欲举实质科学以外一切文字，悉数纳诸文学范围之中，亦万难视为定论。"故他认为，"凡科学上应用之文字，无论其为实质与否，皆当归入文字范围"，"文学本身亦为各种科学之一，吾侪处于客观之地位以讨论之"论文，"亦系文字而非文学"。进而，他列举了中国历史上"文字""文学"不分的各种实例，指出："其必须列入文学范围者，惟诗歌戏曲、小说杂文、历史传记三种而已（以历史传记列入文学，仅就吾国及各国之惯例而言，其实此二种均为具体的科学，仍以列入文字为是）。""酬世之文（如颂辞、寿序、祭文、挽联、墓志之属）"，此种"文学废物",待"将来崇实主义发达后","必在自然淘汰之列"。这是就传统立论,就将来言之,"凡可视为文学上有永久存在之资格与价值者,只诗歌戏曲、小说杂文二种也"。

刘半农的"文学界说"实则在陈独秀区分"文学之文"与"应用之文"的基础上,更将"文学"与"科学"相区别,缩小了文学的体裁范围。尽管他把文学研究视同科学研究(文学论文属"实质科学"),甚至本质上视文学为科学("文学本身亦为各种科学之一"),但认为具体的创作(诗歌戏曲、小说杂文)并非属于"具体科学"或"实质科学"。

进而,刘半农区别了"文学与文字之作法之异同"。他认为,"文字"作法当讲"论理学"(逻辑学),"文学"作法当讲"论理学与修辞学","适宜之处","论理学"需"较轻于修辞学"。"文字为无精神之物——非无精神也,精神在其所记之事物,而不在文字本身也。故作文字如记账,只须应有尽有","不必矫揉造作,自为增损"。"文学为有精神之物,其精神即发生于作者脑海之中,故必须作者能运用其精神,使自己之意识、情感、怀抱,一一藏纳于文中,而后所为之文,始有真正之价值,始能稳立于文学界中而不动摇。"他不同意在"文字"中滥用"新名词",要求"意义通顺","文笔漂亮雅洁"。而其于"文学",显然重在"精神"。

由于着重文体之辨,功用之别,刘半农仅以"散文""韵文"区别"文学"。"散文"之作,刘半农首先强调"破除迷信","处处不忘有一个我","不做他人之子孙与奴隶"。除"不摹仿古人","不用典",不以生僻字代常用字之外,尚需打破"崇拜旧时文体之迷信,使文学形式上速放一异彩也"。他同意胡适、钱玄同"白话为文学之正宗","白话为文章之进化"说,但认为"文言白话可暂处于对待的地位"。"言文合一"或"废文言而用白话"不可一蹴而就。文言力求浅显使与白话相近,白话亦需"吸收文言所具之优点,至文言之优点尽为白话所具,则文言必归于淘汰,而文学之名词,遂为白话所独据,固不仅正宗而已也"。他说:施曹之白话,"仅能称雄于施曹之世","未必竟能取缜密高雅之文言而代之"。"白话自有其缜密高雅处","吾辈意想中之白话新文学,恐尚非施曹所能梦见"。

因此，较之胡适，刘半农更清醒地看到了现代白话文学并非传统白话文学的简单承传，现代白话（语文）亦并非与传统白话（俗讲）可以相提并论。

就"韵文"而言，刘半农认为，"专讲对偶，滥用典故"，及"不自然之骈俪"，"固在必废之列"，但音韵则未可偏废。宜"破坏旧韵重造新韵"。旧韵以沈约"四声谱"为代表，"不能上据雅南，旁摭骚子，以成不刊之典，而仅按班张以下诸人之赋，曹刘以下诸人之诗所用之音，撰为定本，于是今音行而古音亡"（顾炎武语）。虽非"迷信古人宫商角徵羽本音转间之说"，但"此种声谱，在旧文学上已失其存在之资格矣"。"音声本为天籁，古人歌咏出于自然，虽不言韵而韵转确。"今人何必"以人籁代天籁，拘执于本音转音之间，而忘却一至重要之'叶'字"。刘半农指出，重造新韵，作者可"各就土音押韵，而注明何处土音于作物之下"。然后"以京音为标准，由长于京语者造一新谱"。进而"希望于'国语研究会'诸君，以调查所得，撰一定谱，行之于世，则尽善尽美矣"。他说："依进化之程序言之"，"语音时有变迁"，但"语音之变迁，乃数百年间事而非数十年间事，当此交通机关渐臻完备之时，吾辈尚以'将来读音永远不变，永远统一'为希望也"，不啻为精辟之论。

刘半农的这一观点，实则从语音统一的技术层面，为胡适"文学的国语"的理想厘定了实践性的目标。

次则须"增多诗体"。刘半农认为，"除律诗、排律当然废除外"，"绝诗、古风、乐府三种"，足供新文学之诗借鉴发挥。英国诗体极多，且有不限音节不限押韵之散文诗、长篇记事或咏物之诗等可资效仿。如胡适白话诗之能摹仿改良，"倘将来更能自造，或输入他种诗体，并于有韵之诗外，别增无韵之诗，则在形式一方面，既可添出无数门径，不复如此前之不自由。其精神一方面之进步，自可有一日千里之大速率"。

至于"提高戏曲对于文学上之地位"，刘半农谓"生平主张最力之问题"。他赞成吴梅（近代戏曲理论家）谓北曲"不尚词藻，专重白描"之说，其论王实甫已知"白描"难能可贵。但不赞成其所谓"'胡元方言，尤须熟悉'而后，始可语填北曲"之论。他说："盖元人所填者为元人之曲，故就近取元人之方言以为资料。吾辈所填者为吾辈之曲,自宜取材于近,而不宜取材于远",否则"食古不化"。他认为,"无论南词北曲,皆须用当代方言之白描笔墨为之"。"近人推崇昆曲,鄙视皮黄,实为迷信古人之谬见。当知艺术与时代为推移。世人既以皮黄之通俗可取而酷嗜之,昆曲自应退居于历史的艺术之地位。""从事现代文学之人,均宜移其心于皮黄之改良,以应时势之所需。""成套之曲可以不作,改作皮黄剧本。零碎小词可以不填,改填皮黄之一节或数节。"改良皮黄,"须于皮黄有过研究工夫,再用新文学本领放进去"。"凡'一人独唱,二人对唱,二人对打,多人乱打',与一切'报名''唱引''绕场上下''摆对相迎''兵卒绕场''大小起霸'等种种恶腔死调,另以合于情理,富于美感之事代之。"

刘半农的旧戏改造观点固与钱玄同赞新戏、恶皮黄之论相冲突,故而既持此论,尚且有言:"余亦决非认皮黄为正当的文学艺术之人","只以现今白话文学尚在幼稚时代,白话之戏曲,尤属完全未经发见(按:上海白话新戏谓之未必有文学价值之戏),故不得不借此易于着手之已成之局而改良,以应目前之急。至将来白话文学昌明之后,现今之所谓改良之皮黄,固亦当与昆剧同处于历史的艺术之地位"。[1]

刘半农虽不认为文学是何种"具体科学"或"实质科学",但他强调文学的时代性、实用性、规范性,故倾向于认为文学"为一种完全独立之科学"。故其"形式上的事项",必须有"一定之标准"。因此,就其"分段""句逗与符号""圈点""引证""对偶"等,及其新旧形式转换问题详细列论,为现代文学的语言规范和写作规范做出了认真思考和规划。

至周作人提出"人的文学",强调以"神性"(道德人性)与"兽性"(自然人性)相调和以建构现代的人性("个人主义的人间本位主义")[2],在社会写实主义与大众化和通俗性之外,扩充了中国新文学的人本主义内涵和文化理性精神。

---

[1] 刘半农:《我之文学改良观》,《新青年》第3卷第3号,上海:群益书社,1917年5月1日。
[2] 周作人:《人的文学》,《新青年》第5卷第6号,上海:群益书社,1918年12月15日。

四、现代学术文化史上的《新青年》

作为现代文化的摇篮,《新青年》对于现代学术文化产生了经久不衰的深远影响,其主要表现在:

第一,启蒙主义,科学至上。《新青年》创刊伊始,主编者陈独秀赋予其独特的使命在于救国攘夷,兴利除弊,"与青年诸君商榷将来所以修身治国之道"。[1] 因之"敬告青年":"自主的而非奴隶的"、"进步的而非保守的"、"进取的而非退隐的"、"世界的而非锁国的"、"实利的而非虚文的"、"科学的而非想象的"。消极退守、老成持重不是青年人的理想;社会进化,新陈代谢,"陈腐朽败者无时不在天然淘汰之途"。[2] 在进化论视野中,"新"成为一种文化潮流和价值观念,其核心理念正是陈独秀所陈"六义"。在《新青年》话语中,"科学"既是一种价值观也是一种方法论,其被揭示为现代思想和学术文化的旗帜,在于它本质上统辖着"自主""进步""进取""世界""实利"诸如此类的价值观念。陈独秀认为,科学不仅是发现真理的唯一途径("客观之现象"),也是表达真理的唯一手段("事物之概念"),更是自我造就的不二法门("主观之理性")。作为方法论,它唯一正确的手段是"实证"。在文化的立场上,有无实证(实践)即为判别真理与否的试金石,也是把宗教(主观虚妄的信仰)、"美文"(想象性艺术)这些过时的知识和信条扫进历史垃圾堆的唯一利器。因此,陈独秀指出:"厥维科学。夫以科学说明真理,事事求诸证实,较之想象武断之所为,其步度诚缓,然其步步皆踏实地,不若幻想突飞者之终无寸进也。宇宙间之事理无穷,科学领土内之膏腴待辟者,正自广阔,青年勉乎哉!"[3] 在科学旗帜下,现代学术文化乃是实证主义和实践性文化,现代学术方法和目的是以科学的手段追求和发现真理,并付诸实证(实践)与实用。

---

[1] 《青年杂志·社告》,《青年杂志》第1卷第1号,上海:群益书社,1915年9月15日。
[2] 陈独秀:《敬告青年》,《青年杂志》第1卷第1号,上海:群益书社,1915年9月15日。
[3] 陈独秀:《敬告青年》,《青年杂志》第1卷第1号,上海:群益书社,1915年9月15日。

第二,世界眼光,决疑精神。"厥维科学"建构了《新青年》启蒙主义社会文化伦理和政治话语权威(意识形态观念):科学不仅是世界观、方法论,更是信仰体系和价值准则。创刊伊始,《青年杂志·社告》中即倡言:"今后时会,一举一措,皆有世界关系。我国青年,虽处蛰伏研求之时,然不可不放眼世界。本志于各国事情,学术思潮,尽心灌输,可备攻错。""以平易之文,说高尚之理。凡学术事情足以发扬青年志趣者,冀青年诸君于研习科学之余,得精神上之援助。"[1]此则初步奠立了《新青年》启蒙主义的文化宗旨:科学职志,世界眼光。希冀青年一代以学术态度研判攻错,运科学之思,得实行之助。学术,被引为一种以科学精神研判事理,认识世界的手段。1917年1月,在《再论孔教问题》中陈独秀指出,"人类将来之信解行证,必以科学为正轨,一切宗教,皆在废弃之列;……盖宇宙间法则有二:一曰自然法,一曰人为法。自然法者,普遍的,永久的,必然的也,科学属之;人为法者,部分的,一时的,当然的也,宗教道德法律皆属之。……人类将来之进化,应随今日方始萌芽之科学,日渐发达,改正一切人为法则,使与自然法则有同等之效力,然后宇宙人生,真正契合。……或谓宇宙人生之秘密,非科学所可解,决疑释忧,厥惟宗教。……宗教之能使人解脱者,余则以为必先自欺,始克自解,非真解也。真解决疑,厥惟科学。故余主张以科学代宗教,开拓吾人真实之信仰,虽缓终达"[2]。在阐说"今日之教育方针"时,陈独秀指出:"近世科学大兴,人治与教宗并立",唯有"现实主义"的人生观和价值观才体现了科学的时代精神。"此精神磅礴无所不至,见之伦理道德者,为乐利主义;见之政治者,为最大多数幸福主义;见之哲学者,曰经验论,曰唯物论;见之宗教者,曰无神论;见之文学美术者,曰写实主义,曰自然主义。一切思想行为,莫不植基于现实生活之上。古之所谓理想的道德的黄金时代,已无价值之可言。"[3]1919年12

---

[1]《青年杂志·社告》,《青年杂志》第1卷第1号,上海:群益书社,1915年9月15日。
[2] 陈独秀:《再论孔教问题》,《新青年》第2卷第5号,上海:群益书社,1917年1月1日。
[3] 陈独秀:《今日之教育方针》,《青年杂志》第1卷第2号,上海:群益书社,1915年10月15日。

月,胡适则如此阐说"新思潮的意义":"研究问题,输入学理,整理国故,再造文明。"[1]亦是从最具体的目的性和宽泛的文化实践意义上宣示了新文化运动之于现代学术思想及文化发展的目标。他引述陈独秀关于《新青年》"罪案"的答辩说:"要拥护那德先生(民治主义),便不得不反对孔教,礼法,贞节,旧伦理,旧政治;要拥护那赛先生(科学),便不得不反对旧艺术,旧宗教;要拥护德先生,又要拥护赛先生,便不得不反对国粹和旧文学。"[2]胡适认为,"新思潮"的根本意义只有一种"评判的态度",即本于科学的精神"研究问题",本于学术的目的性"重新估定一切价值",本于文化的理想"再造文明"。"输入学理、整理国故"是研究问题的具体方案和步骤。嗣后,陈独秀在《新文化运动是什么?》中既为新文化运动辩诬,亦为科学神祇保驾护航。他把"自然科学"和"社会科学"分辨开来,指出:"我们中国人向来不认识自然科学以外的学问,也有科学的权威,向来不认识自然科学以外的学问,也要受科学的洗礼。""我们要改去从前的错误,不但应该提倡自然科学,并且研究、说明一切学问(国故也包括在内)都应该严守科学方法,才免得昏天黑地乌烟瘴气的妄想胡说。"[3]他认为,在"社会科学"研究中能否运用科学的方法,树立科学的权威性是新文化运动成败的标志。

第三,规范体系,逻辑理性。科学的权威性决定了现代文化的走向,也决定着现代学术文化的命运。现代学术的科学化第一在体系化。中国学术文化中,传统"经、史、子、集"的分类标准并非本于统一的价值尺度,而是文化等级的分野。现代学术体系的建立源于文化的普及与知识观念的深入人心及其社会化的教育功能与体系。学术来源于文化,学术研究是对文化的辨析。陈独秀曾借辨析文化,分别其中不同的知识体系。他说:"文化

---

[1] 胡适:《新思潮的意义》,《新青年》第7卷第1号,上海:群益书社,1919年12月1日。
[2] 陈独秀:《本志罪案之答辩书》,《新青年》第6卷第1号,上海:群益书社,1919年1月15日。
[3] 陈独秀:《新文化运动是什么?》,《新青年》第7卷第5号,上海:群益书社,1920年4月1日。

是对军事、政治(是指实际政治而言,至于政治哲学仍应该归到文化)、产业而言。新文化是对旧文化而言。文化底内容,是包含着科学、宗教、道德、美术、文学、音乐这几样。"固然这一切都是学术研究的对象,但科学则代表着学术研究的新方法和文化发展的新方向。作为方法论,科学不是单一的而是普遍的。"科学有广狭二义:狭义的是指自然科学而言,广义的是指社会科学而言。社会科学是拿自然科学的方法,用在一切社会人事的学问上,像社会学、伦理学、历史学、法律学、经济学等。凡用自然科学方法来研究、说明的都算是科学,这乃是科学最大的效用。"[1]只有在科学的意义上,文化的分类和学术的体系化才能获得同等的地位和价值。就"自然科学"和"社会科学"而言,陈独秀倾向于将其分为"精确科学"和应用于科学精神和方法的知识与学问。毕竟"自然科学"才是真正的科学,文学、哲学、历史学等古已有之,社会学、心理学、人类学、语言学等虽出现较晚,亦非依赖科学而生。陈独秀说:"我们现在一方面要晓得自然科学只是各种学术的一种,不能够拿他来取消、代替别的学术;一方面要晓得别的学术(道德学、性理学也包含在内),多少都要受科学精神的洗礼,才有进步,才有价值。""我们只应当拿科学的方法研究别的学问,却不可拿自然科学说明别的学问。拿生物学说明社会学,就是一个失败的先例。"要打破自然科学的单一崇拜,更不能"崇拜非科学的超实际的形而上学的哲学,造成一种离开人生实用的幻想"。[2]在陈独秀及其《新青年》同人看来,离开了科学,现代学术无以成体系,研究者无以得真知。傅斯年在批判中国学术之谬误时说道:"中国学术,以学为单位者至少,以人为单位者转多,前者谓之科学,后者谓之家学;家学者,所以学人,非所以学学也。"[3]现代学术的科学化第二在逻辑化和理论性。感性化和经验化的研究历来是中国学术文化的

---

[1] 陈独秀:《新文化运动是什么?》,《新青年》第7卷第5号,上海:群益书社,1920年4月1日。
[2] 陈独秀:《告新文化运动的诸同志》,《大公报》(长沙),1920年1月11、12日。
[3] 傅斯年:《中国学术思想界之基本误谬》,《新青年》第4卷第4号,上海:群益书社,1918年4月15日。

特点。感想式的研究强调"静修"与"妙悟",缺乏对事物(研究对象)透彻的分析和理解。强调感性的体悟,不事分析与综合,淡乏概念的描述。即使是先秦名学,也多被人视为一种诡辩术,不是真正的逻辑哲学。胡适在撰述《中国名学史》时不无痛切地指出:"我回顾九百年来的中国哲学史,不能不深感哲学的发展受到逻辑方法的制约的影响。""近代中国哲学与科学的发展曾极大地受害于没有适当的逻辑方法。"[1]尽管他从宋儒"格物致知"中捕捉到逻辑哲学的影子,但从朱熹到王阳明,"格物"仍从自然对象回归人的心灵,主观主义和唯心主义依然占据着上风。傅斯年深恶痛疾中国文化和学术思想之谬误,"尝谥中国政治、宗教、学术、文学以恶号",谓之"教皇政治""方士宗教""阴阳学术""偈咒文学"。所谓"阴阳学术"者,傅斯年说:"中国历来谈学术者,多含神秘之作用。阴阳消息之语,五行生克之论,不绝于口。……哲学、伦理、政治、文学及夫一切学术,皆与五行家言,相为杂糅。"他认为,"凡治学术,必有用以为学之器;学之得失,惟器之良劣足赖。西洋近世学术,发展至今日地步者,诚以逻辑家言,诣精致远,学术思想界为其率导,乃不流于左道也"。反之,"中国学者之言,联想多而思想少,想象多而实验少,比喻多而推理少"。"比喻之在中国,自成一种推理式。""操此术以为推理之具,终古与逻辑相违,学术思想,更从何道以求发展。"[2]就现代学术而言,逻辑化的结果是理论性的强化。分析、综合、推理、概括,自成一种新的学术表达与建构方式,也是研究手段科学化的表征。到20世纪20年代,当胡适写出《中国哲学史大纲》等煌煌之著,现代学术的科学化算是迈入了正轨。现代学术的科学化第三在规范化。陈独秀认为,"科学的精神重在怀疑、研究、分析、归纳、实证,这几层功夫"。[3]现代学术的规范化包括综合、归纳的方式,实证材料的运用,逻

---

[1] 胡适:《先秦名学史》,《胡适学术文集·中国哲学史(下)》(姜义华主编),北京:中华书局1991年版,第772、773页。

[2] 傅斯年:《中国学术思想界之基本误谬》,《新青年》第4卷第4号,上海:群益书社,1918年4月15日。

[3] 陈独秀:《告新文化运动的诸同志》,《大公报》(长沙),1920年1月11、12日。

辑的严谨与理论阐释的透彻等,所谓"论之有据,言之成理"。胡适将其概括为"大胆的假设,小心的求证"。五四时代,较之陈独秀等,胡适的研究堪称现代学术规范化的表率。他自始至终以研究的眼光,规范化的表达,睿智冷静的态度,关注历史与现实,文化与政治,理论与实践。就社会改造而言,他提出"研究问题";就历史文化而言,他提出"整理国故";就西方政治及思想文化而言,他提出"输入学理"。这一切,就其身体力行的学术立场和态度来讲,都倚仗着一种"评判的精神"。"评判"就是以怀疑的精神、实证的方法,发现问题,分析问题和解决问题。问题意识是现代学术规范化的起点,自我把握,自我参透,自主表达。不求放之四海而皆准,但求自圆其说,理论联系实际。胡适认为,现代学术研究与科学实验相得益彰,一丝不苟的作风,耐心细致的手法,精密的推理和测量,不仅成就科学的发现,也成就学术的造诣。规范化适应了现代学术知识化表达的要求,体现了现代学人的社会责任感和学术良心,也是现代学术走向知识自律和文化自觉的表现。

第二节 "整理国故"与现代学术文化的重建

一、"整理国故"与现代学术的奠立

新文化运动后期,围绕着"问题与主义"之争,《新青年》群体产生了分歧。以胡适为代表,秉承改良主义与"实验主义"的思想文化方略,强调在政治问题之前解决伦理文化建设与学术文化建设的基本问题,即文化革新优于政治革命的社会革新方案。就伦理文化建设而言,"五四"时代以文学为手段,就人生观问题、家庭和社会伦理问题、妇女问题、婚恋问题等展开广泛探讨,由胡适对"问题小说"的倡导酝酿成一场文学大潮。就学术文化建设而言,胡适等倡导的"整理国故"渐开风气,蔚为大观。

文化就其作用而言，一般可分为伦理文化和知识文化。伦理文化作用于社会生活层面，是基本的行为规范；知识文化作用于教育、思想层面，是社会政治和社会发展的重要倚靠力量和精神本体。学术文化是知识文化的主体，即最高层次的内容。历史上，中国学术文化的核心和灵魂是经学（理学）。以经学为代表，传统学术文化从属于儒家道德文化，即儒学知识谱系。"五四"以后，随着《新青年》反传统思想的深入，儒家道德文化及其知识谱系受到主流知识分子的质疑与否弃，经学及其所代表的知识文化也逐渐失去了其存在的地位和价值。蔡元培主政北京大学时期，由于采取"思想自由，兼容并包"的治校方针，新旧学问及其知识体系尚可兼收并蓄。正是在这样的学术文化环境下，《新青年》与以刘师培为代表的《国故》在北京大学分庭抗礼，形成了不同的文化营垒。

1919年"五四"运动前后，由于"问题与主义"之争已隐现政治分歧，加之陈独秀被捕及南下，《新青年》群体走向了解体。1919年11月，刘师培以36岁之龄病殁于北京，经学的最后一块招牌颓然坠地，旧的学术文化在一片唾骂声中本已威信扫地，继则如强弩之末，灰飞烟灭而已。

"中学"如此，"西学"则如浮云，尚无根基。《新青年》的政治文化批判着眼于政治和社会革命，并没有开创切实的学术文化传统。倒是胡适等，作为改良主义者和现代知识分子，当其理性地思考社会政治重建、文化重建的任务时，一种天然的使命感便油然而生。

1919年12月，胡适在《新青年》第7卷第1号发表《新思潮的意义》，醒目地提出号召："研究问题，输入学理，整理国故，再造文明。"他从"新思潮"的两大旗帜"德先生"和"赛先生"谈起，认同陈独秀的主张："要拥护那德先生，便不能不反对孔教、礼法、贞节、旧伦理、旧政治。要拥护那赛先生，便不得不反对旧艺术、旧宗教。要拥护德先生，又要拥护赛先生，便不得不反对国粹和旧文学。"但他认为，无论拥护或反对，"德先生"和"赛先生"所代表的"新思潮"（新文化）只有一种意义——"评判的态度"。这种"评判的态度""含有几种特别的要求"：

一、对于习俗相传下来的制度风俗,要问:"这种制度现在还有存在的价值吗?"

二、对于古代遗传下来的圣贤教训,要问:"这句话在今日还是不错吗?"

三、对于社会上糊涂公认的行为与信仰,都要问:"大家公认的,就不会错了吗?人家这样做,我也该这样做吗?难道没有别样做法比这个更好,更有理,更有益吗?"

因此,所谓"评判的态度",胡适认为用尼采的话解释就是"重新估定一切价值"。

不难看出,胡适用"评判的态度"解释《新青年》的思想文化革命,目的不是落在批孔反儒的政治文化批判上,而是落在一种对待历史和现实的文化态度上。在胡适看来,新文化运动不仅是批判和否定旧文化、旧传统,更需要一种真正的制度重建和文化重建。在"重新估定一切价值"的认识基础上,胡适提出了对于中国旧有的学术思想应有的三种态度:"第一,反对盲从;第二,反对调和;第三,主张整理国故。"并说:"我们对于旧有的学术思想,积极的只有一个主张,——就是'整理国故'。"

"整理国故"作为一场学术文化运动,在现代文化史上具有重要的价值和意义。就反对盲从和调和而言,它明显地不同于洋务派"中体西用"的主张,更有异于国粹派抱残守缺的立场。胡适说:在"评判的态度"上有"两种趋势":"一方面是讨论社会上、政治上、宗教上、文学上种种问题。一方面是介绍西洋的新思想、新学术、新文学、新信仰。前者是'研究问题',后者是'输入学理'。"前者不仅是政治,更是文化;不仅是历史,更是现实。后者则只在一个"新"字。"新"者在方法、在比较鉴别的坐标。落实到"整理国故"上,就是用新的思想和方法重新研究、理解和审定历史上的学术、思想和文化。故胡适说:"新思潮对于旧文化的态度,在消极一方面是反对盲从,是反对调和;在积极一方面,是用科学的方法来做整理的工夫。"

然而胡适认为,"整理国故"也不过是手段,目的是"再造文明"。"文明不是笼统造成的,是一点一滴的造成的。进化不是一晚上笼统进化的,是一点一滴的进化的。"这正反映了其实验主义的文化革新立场。

以"整理国故"来达到社会文化革新和文明再造,正是胡适在新文化运动中不同于政治激进主义者的地方。如果说"五四"以后,以陈独秀、李大钊为代表的马克思主义者将注意力主要转向了社会革命的方向,那么胡适则通过"整理国故"的主张坚持了一个现代知识分子应有的文化立场和思想(学术)理性原则。现代文化于此摆脱了政治批判的理论误区,由否定和破坏走向了清理和建设。

相对于洋务派的观点,胡适"整理国故"的倡导是从调和走向了创新;相对于国粹派的观点,则是从盲从走向了科学的研究和评判。他说:"古代的学术思想向来没有条理,没有头绪,没有系统,故第一步是条理系统的整理。因为前人研究古书,很少有历史进化的眼光的,故从来不讲究一种学术的渊源,一种思想的前因后果,所以第二步是要寻出每种学术思想怎样发生,发生之后有什么影响效果。因为前人读古书,除极少数学者以外,大都是以讹传讹的谬说,……故第三步是要用科学的方法,作精确的考证,把古人的意义弄得明白清楚。因为前人对于古代的学术思想,有种种武断的成见,有种种可笑的迷信,……故第四步是综合前三步的研究,各家都还他一个本来真面目,各家都还他一个真价值。"[1]

胡适的观点不仅是一种研究方法论,更是现代学术理念奠立的标志。第一,现代学术是一种"评判的态度";第二,现代学术是科学的研究;第三,现代学术的目的是求真理,必须本着怀疑的精神,"大胆的假设,小心的求证"。这不啻为现代学术文化奠定了方向和发展的动力。

1921年11月,在胡适等推动下,北京大学成立研究所国学门,顾孟余、沈兼士、李大钊、马裕藻、朱希祖、胡适、钱玄同、周作人任委员,蔡元培任委员长。"整理国故"运动以北京大学为基地开展起来。1923年1月,以胡适

---

[1] 胡适:《新思潮的意义》,《新青年》第7卷第1号,上海:群益书社,1919年12月1日。

为编辑部主任的《国学季刊》第1卷第1期出版发行,胡适撰写了《〈国学季刊〉发刊宣言》一文,提出了对于"整理国故"的具体建议和设想。

胡适指出:国粹派"古学沦亡"论是"一种没气力的反动",他们"梦想孔教的复兴","以为西洋学术思想的输入是古学沦亡的原因";他们"以为古文古诗的保存就是古学的保存",压制"语体文字的提倡与传播"。这种"反动的运动"是"旧式学者破产的铁证","不但不能挽救他们所忧虑的国学之沦亡,反可以增加国中少年人对于古学的藐视";他们的"国学"只是经学,是抱残守缺的思想行为。

为此,胡适提出了自己的新的国学概念:"'国学'在我们的心眼里,只是'国故学'的缩写。中国的一切过去的文化历史,都是我们的'国故';研究这一切过去的历史文化的学问,就是'国故学',省称为'国学'。'国故'这个名词,最为妥当;因为他是一个中立的名词,不含褒贬的意义。'国故'包含'国粹';但他又包含'国渣'。我们若不了解'国渣',如何懂得'国粹'?所以我们现在要扩充国学的领域,包括上下三四千年的过去文化,打破一切的门户成见:拿历史的眼光来整统一切,认清了'国故学'的使命是整理中国一切文化历史,便可以把一切狭陋的门户之见都扫空了。"

以评判的态度、科学的研究来对待中国的历史文化,这是胡适眼中的国学。此前"国学"概念中,有国粹派的经学(儒学),有易白沙在《孔子平议》中所说的:"古今学术之概括,有儒者之学,有九家之学,有域外之学。""三者混成,是为国学。"胡适的国学概念异于二者,是立于现代,研究传统,并以传统为对象的现代中国学术文化的统称。为此,胡适强调研究的方法和途径:"我们现在治国学,必须要打破闭关孤立的态度,要存比较研究的虚心。第一,方法上,西洋学者研究古学的方法早已影响日本的学术界了,而我们还在冥行索涂的时期。我们此时应该虚心采用他们的科学的方法,补救我们没有条理系统的习惯。第二,材料上,欧美日本学术界有无数的成绩可以供我们参考比较,可以给我们开无数新法门,可以给我们添无数借鉴的镜子。学术的大仇敌是孤陋寡闻;孤陋寡闻的唯一良药是博采参考比较的材料。"他提出:

第一,用历史的眼光来扩大国学研究的范围。

第二,用系统的整理来部署国学研究的资料。

第三,用比较的研究来帮助国学的材料的整理与解释。

胡适认为,清朝三百年是"古学昌明时代",在整理古书、发现古书、发现古物方面都有骄人的成绩,但"(一)研究的范围太狭窄了"。无论清代还是以往,"一切古学都只是经学的丫头"!"他们脱不了'儒书一尊'的成见,故用全力治经学,而只用余力去治他书。他们又脱不了'汉儒去古未远'的成见,故迷信汉人,而排除晚代的学者。他们不知道材料固是愈古愈可信,而见解则后人往往胜过前人";"研究的范围的狭小是清代学术所以不能大发展的一个绝大原因"。"(二)太注重功力而忽略了理解。"胡适说:"学问的进步有两个重要方面:一是材料的积聚与剖解;一是材料的组织与贯通。前者须靠精勤的功力,后者全靠综合的理解。清儒有鉴于宋明学者专靠理解的危险,所以努力做朴实的功力而力避主观的见解。这三百年之中,几乎只有经师,而无思想家;只有校史者,而无史家;只有校注,而无著作。""(三)缺乏参考比较的材料。""宋明的理学家所以富于理解,全因为六朝唐以后佛家与道士的学说弥漫空气中,宋明的理学家全都受了他们的影响,用他们的学说作一种参考比较的资料。"而清儒则"排斥'异端'","只向那几部儒书里兜圈子;兜来兜去,始终脱不了一个'陋'字"!

国学不是古学而是"今学",所以,"整理国故"必须:第一,"用历史的眼光来扩大国学研究的范围"。胡适说:"国学是国故学,而国故学包括一切过去的文化历史。历史是多方面的:单记朝代兴亡,固不是历史;单有一宗一派,也不成历史。过去种种,上自思想学术之大,下至一个字,一只山歌之细,都是历史,都属于国学研究的范围。"经学哲学方面,"整治国故,必须以汉还汉,以魏晋还魏晋,以唐还唐,以宋还宋,以明还明,以清还清;以古文还古文家,以今文还今文家;以程朱还程朱,以陆王还陆王,……各还他一个本来面目,然后评判各代各家各人的义理的是非。不还他们的本来面目,则多诬古人。不评判他们的是非,则多误今人。但不先弄明白了他们的本来面目,我们决不配评判他们的是非"。"在文学的方面,也有同样的需要。庙堂的文学固可以研究,但草野的文学也应该研究。""故在文学方面,也应该把《三百篇》还给西周东周之间的无名诗人,把《古乐府》还给汉魏六朝的无名诗人,把唐诗还给唐,把词还给五代两宋,把小曲杂剧还给元朝,把明清的小说还给明清。每一个时代,还他那个时代的特长的文学,然后评判他们的文学的价值。不认明每一个时代的特殊文学,则多诬古人而多误今人。"第二,"注意系统的整理"。胡适提出三种整理的方法:索引式的整理、结账式的整理、专史式的整理。"索引式的整理是要使古书人人能用;结账式的整理是要使古书人人能读",而专史式的整理则是真正系统的研究。为此,胡适提出了一个系统的规划。

>我们理想中的国学研究,至少有这样的一个系统:
>中国文化史:
>(一)民族史
>(二)语言文字史
>(三)经济史
>(四)政治史
>(五)国际交通史
>(六)思想学术史
>(七)宗教史
>(八)文艺史
>(九)风俗史
>(十)制度史

>这是一个总系统。历史不是一件人人能做的事;历史家须要有两种必不可少的能力:一是精密的功力,一是高远的想象力。没有精密的功力,不能做搜求和评判史料的工夫;没有高远的想象力,不能构造历史的系统。况且中国这么大,历史这么长,材料

这么多,除了分工合作之外,更无他种方法可以达到这个大目的。但我们又觉得,国故的材料太纷繁了,若不先做一番历史的整理工夫,初学的人实在无从下手,无从入门。后来的材料也无所统属;材料无所统属,是国学纷乱烦碎的重要原因。所以我们主张,应该分这几个步骤:

  第一,用现在力所能搜集考定的材料,因陋就简的先做成各种专史,如经济史、文学史、哲学史、数学史、宗教史……之类。这是一些大间架,他们的用处只是要使现在和将来的材料有一个附丽的地方。

  第二,专史之中,自然还可分子目,如经济史可分时代,又可分区域;如文学史、哲学史可分时代,又可分宗派,又可专治一人;如宗教史可分时代,可专治一教,或一宗派,或一派中的一人。这种子目的研究是学问进步必不可少的条件。治国学的人应该各就"性之所近而力之所能勉者",用历史的方法与眼光担任一部分的研究。子目的研究是专史修正的唯一源头,也是通史修正的唯一源头。

胡适所规划的国学研究,实质是文化史研究,其特征在于:一方面,这不再含有传统儒学的意识形态性,与历史上"文以载道""代圣贤立言"的治学传统一刀两断;另一方面,它也不是《新青年》学术文化传统的简单承传,去除了《新青年》政治文化批判的火药味,回归并建构了新的学术理性。就其对"五四"精神传统的继承而言,它的反传统特色异常鲜明,而且,它把新文化运动与现代知识理性和学术文化建设结合起来,使之能够在现代思想文化建设中走向普及和深入,维护了新文化运动的理性精神和思想文化传统。

就新的国学研究或"整理国故"而言,胡适强调的不仅是方法论,更是现代知识分子和研究者的思想视野、博学融通、判断力和观察力。因而把比较视为最重要的方法论。他说:"向来的学者误认'国学'的'国'字是国界的表示,所以不承认'比较的研究'的功用。最浅陋的是用'附会'来代替'比较'。……附会是我们应该排斥的,但比较的研究是我们应该提倡的。有许多现象,孤立的说来说去,总说不通,总说不明白;一有了比较,竟不须解释,自然明白了。"[1]在现代学术中,一切比较的基础,不能不说都首先来自西方,"西洋的新思想、新学术、新文学、新信仰",乃至新哲学、新制度、新教育、新文化等等。

二、《先秦名学史》与胡适的学术开创

胡适是"整理国故"的倡导者,他提出了自己新的国学理念和治学方法,并身体力行地开展了多方面的研究实践。

早年留学美国期间,胡适先后就读康奈尔大学文学院和哥伦比亚大学研究院,主修文学、哲学,后专攻哲学,师从美国实验主义(Experimentalism)哲学家杜威。关于实验主义,胡适认为,"这种哲学所最注意的是实验的方法",就是"科学实验室的态度"。胡适说:19世纪的科学观念中,"有两个重要的变迁,都同实验主义有绝大的关系。第一,是科学家对于科学律例的态度的变迁"。科学上许多发明都是运用"假设"的结果,"所有的科学律例不过是一些最适用的假设",不是一成不变的。所以,"实验主义绝不承认我们所谓'真理'就是永永不变的天理;他只承认一切'真理'都是应用的假设;假设的真不真,全靠他能不能发生他所应该发生的效果"。第二,是达尔文的进化论。达尔文的《物种起源》揭示,既没有一成不变的真理,也没有一成不变的物类。"种类变化是适应环境的结果,真理不过是对付环境的一种工具;环境变了,真理也随时改变。""我们现在且莫问那绝对究竟的真理,只须问我们在这个时候,遇着这个境地,应该怎样对付他:这种对付这个境地的方法,便是'这个真理'。这

---

[1] 胡适:《〈国学季刊〉发刊宣言》,《国学季刊》第1卷第1期,北京:北京大学出版部,1923年1月。

一类'这个真理'是实在的,是具体的,是特别的,是有凭据的,是可以证实的。"实验主义哲学家常把"达尔文一派的进化观念拿到哲学上来应用;拿来批评哲学上的问题,拿来讨论真理,拿来研究道德",就是"历史的态度"(the genetic method)。"这就是要研究事务如何发生,怎样来的,怎样变到现在的样子。"[1]

在《杜威先生与中国》中胡适归结说:"实验的方法至少注意三件事:(一)从具体的事实与境地下手;(二)一切学说理想,一切知识,都只是待证的假设,并非天经地义;(三)一切学说与理想都须用实行来试验过;实验是真理的唯一试金石。"[2]

可见,作为一种哲学思想,实验主义不仅是一种方法论,也是一种世界观和认识论。作为世界观,胡适曾指出实验主义者的宇宙论是一种实在论,但不同于客观唯物主义者,认为物质世界有独立于人的主观世界的绝对实在性。实验主义者认为世界的实在性与人的主观感知合一,是相对的:相同环境中,诗人的世界、民众的世界、科学家的世界各各不同。人的世界随经验而扩大,变得更加丰富和多样。同样,实验主义者的认识论即是一种相对真理观。他们强调"实验",即实践。真理在实践中检验,但实践是多样的、发展的,真理也是丰富的、具体的,是一个个待证或已证的"假设"。"真理都是工具",没有永恒的和一成不变的属性。[3]

在现代学术史上,应该说,实验主义的方法论、世界观和认识论高度统一于现代学术文化的理论与实践,成为一种真正脱离传统道德哲学和现代意识形态束缚的学术创新思想和自由理念。在这个意义上,胡适的一系列学术研究及成果,具有极其鲜明的典型性和重要的示范作用。

1915—1917年间,胡适在哥伦比亚大学完成了他的博士论文《先秦名

---

[1] 胡适:《实验主义》,《胡适学术文集·哲学与文化》(姜义华主编),北京:中华书局2001年版,第2—6页。
[2] 胡适:《杜威先生与中国》,《胡适学术文集·哲学与文化》(姜义华主编),北京:中华书局2001年版,第51页。
[3] 胡适:《谈谈实验主义》,《胡适学术文集·哲学与文化》(姜义华主编),北京:中华书局2001年版,第48—49页。

学史》[1]，这不仅是胡适涉足现代学术的起点，也是中国现代教育史上第一篇真正意义上的学位论文。

《先秦名学史》论述了中国古代逻辑方法发展的历史，同时也是一部研究先秦诸子哲学思想及其逻辑思维方法的专著。对于这项研究，胡适说："我从欧洲哲学史中得到了许多有益的启示。"认为只有在比较研究中才能真正领会西方哲学对于研究中国古代思想体系的价值。[2] 在《导论》中，胡适说：探讨中国哲学与科学发展的关系，是他研究先秦名学史以至整个中国哲学的最重要的目的。而他认为，"近代中国哲学与科学的发展曾极大地受害于没有适当的逻辑方法"[3]。因此，对先秦名学史乃至整个中国哲学史的研究，就成为他探究中国科学文化历史上落后于西方之根源的重要手段。

另外，基于其对西方思想史及哲学的理解，胡适认为"近代中国哲学中缺乏的方法论，似乎可以用西方自亚里士多德以来直至今天已经发展了的哲学的和科学的方法来填补"——如果中国人把方法论问题仅仅看作学校里的"精神修养"或实验室里的工作方法的话。但是，他说：

> 这个较大的问题就是：我们中国人如何能在这个骤看起来同我们的固有文化大不相同的新世界里感到泰然自若？一个具有光荣历史以及自己创造了灿烂文化的民族，在一个新的文化中决不会感到自在的。如果那新文化被看作是从外国输入的，并且因民族生存的外在需要而被强加于它的，那么这种不自在是完全自然的，也是合理的。如果对新文化的接受不是有组织的吸收的形

---

[1]《先秦名学史》用英文写成，原题"A Study of The Development of Logical Method in Ancient China"（胡适译作《中国古代哲学方法之进化史》），后略作"The Development of Logical Method in Ancient China"。1922年由上海亚东图书馆用英文出版，1982年中国逻辑史研究会组织翻译为中文，由上海学林出版社1983年12月出版。该书也是胡适《中国哲学史大纲（卷上）》的雏形。
[2] 胡适：《先秦名学史》，《胡适学术文集·中国哲学史（下）》（姜义华主编），北京：中华书局1991年版，第769页。
[3] 胡适：《先秦名学史》，《胡适学术文集·中国哲学史（下）》（姜义华主编），北京：中华书局1991年版，第773页。

式,而是采取突然替换的形式,因而引起旧文化的消亡,这确实是全人类的一个重大损失。因此,真正的问题可以这样说:我们应怎样才能以最有效的方式吸收现代文化,使它同我们的固有文化相一致、协调和继续发展?

因此,着眼于新旧文化冲突及其解决方案,促使胡适的研究向学术理性化的道路发展。他认为,新旧文化冲突的各方面:"一般来说,在艺术、文学、政治和社会生活方面,基本的问题是相同的。这个大问题的解决,就我所能看到的,唯有依靠新中国知识界领导人物的远见和历史连续性的意识,依靠他们的机智和技巧,能够成功地把现代文化的精华与中国自己的文化精华联结起来。""我们当前较为特殊的问题是:我们在哪里能找到可以有机地联系现代欧美思想体系的合适基础,使我们能在新旧文化内在调和的新基础上建立我们自己的科学和哲学?"

基于这样的目的,胡适考察了以儒学为代表的中国思想的逻辑方法的发展,他认为,"儒学已长久失去它的生命力,宋明的新学派用两种不属于儒家的逻辑方法去解释死去很久的儒学,并想以此复兴儒学,这两种方法就是:宋学的格物致知;王阳明的致良知"。王阳明"心学"的"逻辑理论是与科学的程序和精神不两立的",宋代哲学家的逻辑方法在科学上也没有效果,"因为:(1)缺乏实验的程序,(2)忽视了心在格物中的积极的、指导的作用,(3)最不幸的是把'物'的意义解释为'事'"。为此,他提出恢复"非儒学派"在思想史中的地位,让儒学恢复历史的本来面目,"不把它看作精神的、道德的、哲学的权威的唯一源泉"。[1]

胡适认为,反对儒学的独断论必须全面清理中国思想史的遗产。他指出:"非儒学派的恢复是绝对需要的,因为在这些学派中可望找到移植西方哲学和科学最佳成果的合适土壤。""如为反对独断主义和唯理主义而强调

---

[1] 胡适:《先秦名学史》,《胡适学术文集·中国哲学史(下)》(姜义华主编),北京:中华书局1991年版,第774—775页。

经验,在各方面的研究中充分地发展科学的方法,用历史的或者发展的观点看真理和道德。"这些"西方现代哲学的最重要的贡献,都能在公元前5、4、3世纪那些伟大的非儒学派中找到遥远而高度发展了的先驱。因此,新中国的责任是借鉴和借助于现代西方哲学去研究这些久已被忽略了的本国的学派。如果用现代哲学去重新解释中国古代哲学,又用中国固有的哲学去解释现代哲学,这样,也只有这样,才能使中国的哲学家和哲学研究在运用思考与研究的新方法与工具时感到心安理得"。

同时,胡适指出,探讨中国思想史中契合现代哲学和科学要求的合理思想和方法,并非在于自我标榜和炫耀,"那些方法和理论直至今天都被认为发源于西方"。而且,"仅仅发明或发现在先,而没有后继的努力去改进或完善雏形的东西,那只能是一件憾事,而不能引以为荣"。因此,胡适把他研究和发现中国古代哲学和科学思想遗产的目的归于"教学方面",而不是政治上的自我标榜和炫耀。他说:"我渴望我国人民能看到西方的方法对于中国的心灵并不完全是陌生的。相反,利用和借助于中国哲学中许多已经失去的财富就能重新获得。更重要的还是我希望因这种比较的研究可以使中国的哲学研究者能够按照更现代的和更完全的发展成果批判那些前导的理论和方法,并了解古代的中国人为什么没有因而获得现代人所获得的伟大成果。"[1]

依循自己拟定的文化史思路,胡适在《先秦名学史》中以《诗经》为起点,清理出一条在先秦时代"由诗人时代发展至辩者(Sophists)时代"的文化史线索。从老子开始,这一"辩者"集团"一方面继承了诗人的传统,另一方面,又或多或少具有系统的哲学思想",是愤世嫉俗,"以守门人、农夫、劳力或'狂人'等面目隐藏自己的'遁世者'",表现出"批判和反抗"的"时代精神"。[2]"近似于希腊诡辩派。"最有代表性的是老子,"他是古代中国的普

---

[1] 胡适:《先秦名学史》,《胡适学术文集·中国哲学史(下)》(姜义华主编),北京:中华书局1991年版,第775—776页。

[2] 胡适:《先秦名学史》,《胡适学术文集·中国哲学史(下)》(姜义华主编),北京:中华书局1991年版,第783页。

罗塔哥拉","一个哲学上的虚无主义者"。"对无的强调是他的哲学的基础",他向往的是一种纯朴无为的"自然状态",他设想的"至治之国"是"小国寡民"。"他宣讲的是政治上的不干涉主义或放任的无政府主义的哲学。"他驳斥天道仁慈和目的论的观点,宣称"天地不仁,以万物为刍狗";"圣主不仁,以万物为刍狗。""他的自然的概念相似于霍伯特·斯宾塞的观点。"[1]

胡适认为,老子的思想尽管充满了破坏性,但他的哲学中的某些东西仍然"超出了他的偶像破坏和虚无主义","为后来的哲学家,特别是孔子,建立他们的建设性体系提供了基础"。首先是"他的时间和变化的概念",其次是"他的多少是残缺不全的知识理论"。[2] 就后者而言,老子提出了"名"的概念,但他强调的是"无名"的自然状态的优越性。但是"名"在各方面被讨论的事实证明,老子所代表的诡辩时代正在向孔子所代表的逻辑时代演进。

与老子不同,孔子"基本上是一位政治家和改革家"。他面对的时代"世衰道微,邪说暴行有作",是一个政治崩溃、社会不安、思想混乱,更是道德紊乱的年代。他的中心问题是社会改革,"哲学的任务被理解为社会和政治的革新"。因此,"孔子把'正名'看作是社会的和政治的改革问题的核心,因而也可以说,孔子把哲学的问题主要看作是思想改革的核心"。"正名",对孔子而言便是一个思想重建的任务。"它的目的,首先是让名代表它所应代表的,然后重建社会的和政治的关系与制度,使它们的名表示他们所应表示的东西。可见正名在于使真正的关系、义务和制度尽可能符合它们理想中的含义。"[3]

对于孔子的思想和学说,从对《易经》的阐释开始,胡适打破关于《易

---

[1] 胡适:《先秦名学史》,《胡适学术文集·中国哲学史(下)》(姜义华主编),北京:中华书局1991年版,第785—787页。
[2] 胡适:《先秦名学史》,《胡适学术文集·中国哲学史(下)》(姜义华主编),北京:中华书局1991年版,第788—789页。
[3] 胡适:《先秦名学史》,《胡适学术文集·中国哲学史(下)》(姜义华主编),北京:中华书局1991年版,第791—794页。

经》的传统的占卜与道学的观点,以孔子的"附说"作为逻辑理论的起点,认为孔子首先是一个实证主义者。"按照孔子的逻辑,一切活动、器物和制度都来源于'象'或'意象',这些'意象',除非凭借现在据以知悉的我们的活动、器物和制度的名,是不能被发现,也不能被理解的。"[1]"'意象'是古代圣人设想并且试图用各种活动、器物和制度来表现的理想的形式。这样看来,可以说意象产生了人类所有的事业、发明和制度。用亚里士多德的术语来说,意象是它们的'形相因'。"所以《易经》中说"见乃谓之象,形乃谓之器";"形而上者谓之道,形而下者谓之器"。"文明的历史,按照孔子的看法,就是把'意象'或完美的上天理想变为人类器物、习俗和制度的一系列连续不断的尝试。"[2]

进而胡适指出,孔子以自然学说来解释人事,强调始,但不认同循环。"他以为所有的变化都起自积极因素(阳、刚)对消极因素(阴、柔)的推动所引起的运动。"这使他的思想很近于自然科学的逻辑。但他关注的是"人类制度和关系",而不是自然秩序的改造和运用,因而"没有充分发展他的体系的这一科学方面"。和老子相比,"老子主张废弃天下的一切文明制度,因为它是人为的、非自然的东西。孔子,也是一个'自然之道'和'无为而治'的赞美者,但他又是一个实际的改革家和政治家。因此,他企图调和同时代人们的'自然主义'与他对于种种制度的历史观点。他把所有人类器物、制度归因于自然的起源,并把现时一切道德上、政治上的混乱归咎于它们与自然的、原来的意义和目的逐渐偏离,来达到上述目的"。回到自然就是回到秩序,"正名",顺天之则,循名责实。"自然的就是理想。改革家、政治家的任务就是要再发现这种理想作为标准以纠正现时已经衰败了的种种形式。"[3]

---

[1] 胡适:《先秦名学史》,《胡适学术文集·中国哲学史(下)》(姜义华主编),北京:中华书局1991年版,第801页。
[2] 胡适:《先秦名学史》,《胡适学术文集·中国哲学史(下)》(姜义华主编),北京:中华书局1991年版,第803页。
[3] 胡适:《先秦名学史》,《胡适学术文集·中国哲学史(下)》(姜义华主编),北京:中华书局1991年版,第805—806页。

胡适具体地分析了《易经》中"辞"（判断）的概念，认为其中"理性主义的和先验的概念"区别于"现代科学的书籍"。[1] 通过分析孔子《春秋》的历史观，辨析"正名与正辞"的关系，考察了孔子"礼"的思想的来源与特征。他说："通过其特有的方法——（1）严格地使用语言；（2）寓以伦理上的判断；（3）区分社会地位——《春秋》据信已被孔子有意用以体现他的'正名、正辞'和'拨乱世，反正之'的学说。"这是一个"注重实践"的历史动机。[2]

在《先秦名学史》的其他各编，胡适先后具体地分析了"墨翟及其学派的逻辑""进化的逻辑"（以庄子、荀子为代表）、"法治的逻辑"（以法家为代表）。他认为，以墨翟为代表，墨家同"功利主义与实用主义"有很多相同之处。他们的出现是对"儒家热衷于把传统的习俗、礼仪和道德规范编织成一套规定各种人与人之间关系和人的行为举动的各方面的繁文缛节"的反动。他们主张兼爱，倾向于禁欲主义，有严密的组织体系，"具有高度的宗教气质"。墨子之后，出现了一个"科学的和逻辑的墨家"，胡适称之为"别墨"。关于"别墨"，胡适给予其逻辑思想史上的高度评价："别墨是伟大的科学家、逻辑学家和哲学家。""他们喜欢研究数和形。最重要的，他们是以同异原则为基础的一种高度发展的和科学的方法的创始人。他们发现了'合同异'法，而且对演绎和归纳具有相当时髦的概念。"他们是"发展归纳和演绎方法的科学逻辑的唯一的中国思想学派。它不以心理分析为根据提出了认识论。它继承了墨翟重实效的传统，发展了实验的方法"。[3] 对于庄子的"自然进化论"与荀子的进步主义历史观（"法后王"），胡适的辨析在于他们与现代科学认识论和进化论历史观的同异之处。他指出，庄子的"自然、道或宇宙之理的观念"，是对"自然进化历程的一种无意识的概念"。"在他的进化论、在他的万物以不同形相禅并各适于自己所处境遇的理论

---

[1] 胡适：《先秦名学史》，《胡适学术文集·中国哲学史（下）》（姜义华主编），北京：中华书局1991年版，第810页。

[2] 胡适：《先秦名学史》，《胡适学术文集·中国哲学史（下）》（姜义华主编），北京：中华书局1991年版，第815页。

[3] 胡适：《先秦名学史》，《胡适学术文集·中国哲学史（下）》（姜义华主编），北京：中华书局1991年版，第821—823页。

基础上,引出了怀疑论。""把自然的进化、人类的历史都看作纯粹的道或宇宙之理的自动发展","把一切人为的努力都看作徒劳"。[1] "荀子对庄子的主要批评是,庄子过分地夸大自然的历程而忽视了人。"[2] 荀子说:"道者,非天之道,非地之道,人之所以道也。"(《荀子·儒效》)但荀子的进步主义并不是"进化"的概念,而是认为"古今一度",审今知古,故不必"法先王"。荀子提出人性恶,而强调后天教养。进步不是根本改变人性,而是"积"教养以成后天之性。"进步就是意味着后天训练的积累胜过了天性。"[3] 故而荀子强调教育,强调后天之得。[4] 他改造了孔子"名"的思想,认为"约定俗成谓之宜","约定俗成谓之实名"。胡适认为,这种思想含有保守性,反对革新,有钳制思想自由的倾向。胡适归纳说:"中国哲学的兴起乃是由于一个思想解放、思想活跃、自由争论、激烈评论和大胆假设的时代的产物。""但是,这种哲学和科学思想的活力,一方面被怀疑论的思想家如庄子所破坏;而另一方面,这个时期各种各样学派互相竞争所产生的真正无政府主义的思想状态,使儒家再次感到进行思想整顿和统一的重要性。因此,像荀子这样的儒家就重新恢复了正名的学说,他嫌恶那个时代的各种异端邪说,便树立明君作治理社会秩序的典范,明君'临之以势,道之以道,申之以命,章之以论,禁之以刑'。他希望用这些手段使人民改信'王道','故其民之化道如神'。"他的"人定胜天"的观点也并非科学的认识论,而是为我所用的急功近利的观点。如他说:"愿于物之所以生,孰与有物之所以成? 故错人而思天,则失万物之情。"[5] 这对科学的发展是非常

---

[1] 胡适:《先秦名学史》,《胡适学术文集·中国哲学史(下)》(姜义华主编),北京:中华书局1991年版,第885—886页。
[2] 胡适:《先秦名学史》,《胡适学术文集·中国哲学史(下)》(姜义华主编),北京:中华书局1991年版,第889页。
[3] 胡适:《先秦名学史》,《胡适学术文集·中国哲学史(下)》(姜义华主编),北京:中华书局1991年版,第894页。
[4] 如此理解,荀子眼中的"天"并不是自然,而是天性。
[5] 胡适:《先秦名学史》,《胡适学术文集·中国哲学史(下)》(姜义华主编),北京:中华书局1991年版,第902—903页。其中《荀子》之语大意为:管它(物)从何而来,利用就是了;离开需要望天空想,徒劳无益。

有害的。对于法家的"法治逻辑",胡适主要以韩非为代表,分析了儒法"两种极端的政治思想之间的不同"。孔子主张:"为政以德,譬如北辰,居其所而众星共之。"韩非则主张:"夫圣人之治国,不恃人之为吾善也,而用其不得为非也。"[1]在逻辑方法上,法治逻辑遵循的是普遍性和客观性原则,"强调法治实施观念中所蕴含的结果。孔子的正名主义由于传统地不顾后果而遭到重大损害"。重实验和实效是韩非法治观念的特点,胡适认为"这是韩非的实验方法"。同时他指出:"溯源到荀子特有的人性论和墨子的应用主义及韩非的重实效的方法,包含了中国哲学最光辉的时代衰落的原因。""这个原因是对实用或实际的功用作了太狭义的解释。韩非,如同荀子甚至墨子一样,具有不能容忍和忍受并非直接实用的东西的精神。"[2]残酷的实用主义正是法家思想方法的特点。从韩非到李斯,终至焚书坑儒!文末胡适特引《史记·秦始皇本纪》中有关焚书坑儒的记载作结。

三、"古史辨"与现代史学

"整理国故"中胡适对于"历史的方法"的倡导最直接地影响了现代学术史上的历史研究,以顾颉刚为首的"古史辨"派是最重要的代表。

1923年,顾颉刚发表《与钱玄同先生论古史书》(《努力周报》增刊《读书杂志》第9期,1923年5月),就《国学季刊》征稿问题提出自己的设想。从对清代崔述《考信录》的质疑开始,对传统的考据学提出了颠覆性的批判。他认为,崔述式的"辨古史""只是儒者的辨古史,不是史家的辨古史"。"崔述相信经书即是信史,拿经书上的话做标准,合的为真,否则为伪。""他要从古书上直接整理出古史迹来,也不是妥稳的办法。""我们现在既没有'经书即信史'的成见,所以我们要辨明古史,看史迹的整理还轻,而看传说的

---

[1] 胡适:《先秦名学史》,《胡适学术文集·中国哲学史(下)》(姜义华主编),北京:中华书局1991年版,第908页。
[2] 胡适:《先秦名学史》,《胡适学术文集·中国哲学史(下)》(姜义华主编),北京:中华书局1991年版,第911—915页。

经历却重。凡是一件史事,应当看它最先是怎样的,以后逐步逐步的变迁是怎样的。我们既没有实物上的证明,单从书籍上入手,只有这样做才可得一确当的整理,才可尽我们整理的责任。"

顾颉刚提出"层累地造成的中国古史"的观点,认为"第一,可以说明'时代愈后,传说的古史期愈长'"。如"周代人心目中最古的人是禹,到孔子时有尧舜,到战国时有黄帝神农,到秦有三皇,到汉以后有盘古等。第二,可以说明'时代愈后,传说中的中心人物愈放愈大'。如舜,在孔子时只是一个'无为而治'的圣君,到《尧典》就成了一个'家齐而后国治'的圣人,到孟子时就成了一个孝子的模范了。第三,我们在这上,即不能知道某一件事的真确的状况,但可以知道某一件事在传说中的最早的状况。我们即不能知道东周时的东周史,也至少能知道战国时的东周史;我们即不能知道夏商时的夏商史,也至少能知道东周时的夏商史"。他引用了自己在给钱玄同信中提出的某些考据古史的观点和设想。如禹的传说,"禹从何来"?他认为"都是从九鼎上来的。禹,《说文》云,'虫也,从内,象形'。内,《说文》云,'兽足蹂地也'。以虫而有足蹂地,大约是蜥蜴之类。我以为禹或是九鼎上铸的一种动物,当时铸鼎象物,奇怪的形状一定很多,禹是鼎上动物的最有力者;或者有敷土的样子,所以就算他是开天辟地的人(伯祥云,禹或即是龙,大禹治水的传说与水神祀龙王事恐相类)。流传到后来,就成了真的人王了。九鼎是夏铸的,商灭了夏搬到商,周灭了商搬到周。当时不过因为它是宝物,所以搬了来,并没有多大的意味;但经过了长时间的保存,大家对它就有了传统的观念,以为凡是兴国都应取九鼎为信物,正如后世的'传国玺'一样。有了传统的观念,于是要追溯以前的统,知道周取自商,商取自夏,自然夏商周会联成一系。成了一系,于是商汤不由得不做夏桀的臣子,周文王不由得不做殷纣的臣子了。他们追溯禹出于夏鼎,就以为禹是最古的人,应做夏的始祖了(书中最早把'夏''禹'二字联属成文的,我尚没有找到)"。

因此,顾颉刚得出结论:"从战国到西汉,伪史充分的创造,在尧舜之前更加上了多少古皇帝。于是春秋初年号为最古的禹,到这时真是近之又近了。自从秦灵公于吴阳作上畤,祭黄帝(见《汉书·郊祀志》。秦国崇奉的神最杂,名目也最诡。秦文公梦了黄蛇作鄜畤,拾得了一块石头作陈宝祠,实在还是拜物教。黄帝之祀起于秦国,说不定黄帝即是'黄龙地螾'之类),经过了方士的鼓吹,于是黄帝立在尧舜之前了。自从许行一辈人抬出了神农,于是神农又立在黄帝之前了。自从《易·系辞》抬出了庖牺氏,于是庖牺氏又立在神农之前了。自从李斯一辈人说'有天皇,有地皇,有泰皇,泰皇最贵',于是天皇、地皇、泰皇更立在庖牺氏之前了。自从《世本》出现硬替古代名人造了很像样子的世系,于是没有一个人不是黄帝的子孙了。自从《春秋命历序》上说'天地开辟,至《春秋》获麟之岁,凡二百二十六万年',于是天皇十二人各立一万八千岁了。自从汉代交通了苗族,把苗族的始祖传了过来,于是盘古成了开天辟地的人,更在天皇之前了。时代越后,知道的古史越前;文籍越无征,知道的古史越多。汲黯说,'譬如积薪,后来居上',这是造史很好的比喻。看了这些胡乱伪造的史,《尧典》那得不成了信史!但看了《诗经》上稀疏的史,更那得不怀疑商以前的史呢!"

顾颉刚的观点得到钱玄同、胡适的赞同,但也引起了一些批评。如刘掞藜认为,"这种翻案的议论,这种怀疑的精神,很有影响于我国的人心和史界"[1]。胡适主编的《读书杂志》辟出了"古史讨论"专题,1924年2月,胡适在《读书杂志》第18期发表《古史讨论的读后感》,对这一问题作出总结及更明确地表达自己的观点。他认同顾颉刚所说的中国的古史全是一篇糊涂账[2],既肯定怀疑者的批判和质疑,也赞成信从者的捍卫。"希望双方的论主都依着这个态度去搜求证据。""讨论的目的是要明白古史的真相。"

---

[1] 刘掞藜:《讨论古史再质顾先生》,《古史辨(一)》,上海:上海古籍出版社1981年重印本,第152—153页。
[2] 1921年1月,胡适曾在致顾颉刚信中自述古史观说:"现在先把古史缩短二三千年,从《诗三百篇》做起。将来等到金石学、考古学发达上了科学轨道以后,然后用地底下掘出的史料,慢慢地拉长东周以前的古史,至于东周以下的史料,亦须严密评判,'宁疑古而失之,不可信古而失之'。"胡适:《自述古史观书》,《古史辨(一)》,上海:上海古籍出版社1981年重印本,第22—23页。

"方法也只有一条路,就是寻求证据。只有证据的充分与不充分是他们论战胜败的标准,也是我们信仰与怀疑的标准。"胡适说,至于"否认古史某部分的真实,可以影响于史界,那是自然的事。但这事决不会在人心上发生恶影响。我们不信盘古氏和天皇、地皇、人皇氏,人心并不因此变坏。……如果我们的翻案是有充分理由的,我们的翻案只算是破了一件几千年的大骗案,于人心只有好影响,而无恶影响。即使我们的证据不够完全翻案,只够引起我们对于古史某部分的怀疑,这也警告人们不要轻易信仰,这也是好影响,并不是恶影响"。"这回的论争是一个真伪问题;去伪存真,决不会有害于人心。""上帝的观念固然可以给人们不少安慰,但上帝若真是可疑的,我们不能因为人们的安慰就不肯怀疑上帝的存在了。上帝尚且如此,何况一个禹?何况黄帝、尧、舜?"他用"实事求是,莫作调人"奉劝论争双方。

对于顾颉刚"层累地造成的古史"的观点,胡适给予了热情赞扬,视为"今日史学界的一大贡献",认为"我们应该虚心地仔细研究他,虚心地实验他,不应该叫我们的成见阻碍这个重要观念的承受"。对此,他归纳出"三层意思":

(1) 可以说明时代愈后,传说的古史期愈长。
(2) 可以说明时代愈后,传说中的中心人物愈放愈大。
(3) 我们在这上,即不能知道某一件事的真确的状况,也可以知道某一件事在传说中的最早状况。

胡适认为"这三层意思都是治古史的重要工具",可称之为"剥皮主义"。他引崔述的话说:"世益古则其取舍益慎,世益晚则其采择益杂。……嗟夫,彼古人者诚不料后人之学之博之至于如是也!"他说:"崔述剥古书的皮,仅剥到'经'为止,还不算彻底。顾先生还要进一步,不但剥得更深,并且还要研究那一层一层的皮是怎样堆砌起来的。""这是用历史演进的见解来观察历史上的传说。""他这个根本观念是颠扑不破的,他这个根本方法是愈用愈见功效的。"因此,胡适提出:

（1）把每一件史事的种种传说，依先后出现的次序，排列起来。

（2）研究这件史事在每一个时代有什么样子的传说。

（3）研究这件史事的渐渐演进，由简单变为复杂，由陋野变为雅驯，由地方的（局部的）变为全国的，由神变为人，由神话变为史事，由寓言变为事实。

（4）遇可能时，解释每一次演变的原因。

为此，胡适以顾颉刚研究的"禹的演进史"和他自己所研究的"井田制度"问题做出了具体的举例说明。他说："古史上的故事没有一件不曾经过这样的演进，也没有一件不可用这个历史演进的（Evolutionary）方法去研究。"

在对刘掞藜的观点及研究方法的分析中，胡适认定其不当之处在"参之以情，验之以理，断之以证"。他说："成见久据于脑中，不经考察，久而久之便成了情与理了。"关于"情"，他引崔述的话："人之情好以己度人，以今度古，……往往迳庭悬隔，而其人终不自知也。……以己度人，虽耳目之前而必失之。况欲以度古人，……岂有当乎？"至于"理"，胡适说："历史家只应该从材料里，从证据里，去寻出客观的条理。如果我们先存一个'理'在脑中，用理去'验'事物，那样的'理'往往只是一些主观的意见。"关于"证"，胡适认为，"以情与理揣度古史，而后'断之以证'"也是危险的。经过分析，他说："我们对于'证据'的态度是：一切史料都是证据。但史家要问：（1）这种证据是在什么地方寻出的？（2）什么时候寻出的？（3）什么人寻出的？（4）地方和时候上看起来，这个人有做证人的资格吗？（5）这个人虽有证人资格，而他说这句话时有作伪（无心的，或有意的）的可能吗？"并以此对刘掞藜文章中的多条证据证伪。[1]

作为"整理国故"运动的重要组成部分，显然，胡适对"古史辨"的热衷

---

[1] 胡适：《古史讨论的读后感》，《古史辨（一）》，上海：上海古籍出版社1981年重印本，第189—198页。

与他对中国古代哲学思想史的研究一样,反映了他致力于"研究问题","输入学理",打破因循和盲从,"重估一切价值","大胆的假设,小心的求证",力求现代学术科学化、实证化的新型学术和文化理念。但从方法上看,清代乾嘉之学仍是其最直接的承传。

第三节 科玄之争与社会史论战:
现代学术理念的确立和分化

一、科玄之争

"五四"以后,从现代学术文化史上看,发生在20世纪20年代初的科玄之争既是一场文化观念之争,也是一场学术理念之争。

1922年5月,胡适在丁文江等倡议下,创办《努力周报》,有感于陈独秀等激进主义者好高骛远的政治热情,"天天高谈基尔特社会主义与马克思社会主义,高谈'阶级战争'与'赢余价值'","闭口不谈具体的政治问题"及其对学院知识分子,特别是年轻大中学生某种程度的蛊惑性,也产生了一种"谈政治"的冲动。他说:"我谈政治只是实行我的实验主义。"[1]他们自诩为一个"有职业而不靠政治吃饭"的"小团体",目的在于"研究政治,讨论政治,作为公开的批评政治或提倡政治革新的准备"[2]。胡适在创刊号发表《努力歌》,对于改良政治表达了一种"不可为而为之"的热情。《努力周报》第2期发表了由蔡元培、王宠惠、罗文干、胡适、丁文江等16人署名的《我们的政治主张》,以建设"好政府"为号召,

---

[1] 胡适:《我的歧路》,《胡适学术文集·哲学与文化》(姜义华主编),北京:中华书局2001年版,第559—561页。
[2] 胡适:《丁文江的传记》,《胡适文集(7)》(欧阳哲生编),北京:北京大学出版社1998年版,第443页。

提出政治改革的三个基本要求,即"(一)一个宪政的政府","(二)一个公开的政府","(三)一种有计划的政治",[1]以期"最低限度"地"改革中国政治"。

　　胡适说:"《努力周报》虽然是一个批评政治的刊物,但我们也曾讨论到政治以外的一些问题。"[2]《读书杂志》作为《努力周报》的增刊(每月1期),是胡适等发起并推动"古史讨论"的主要阵地。在《古史讨论的读后感》中胡适曾说:"'古史讨论'是中国学术界一件极可喜的事,他在中国史学史上的重要一定不亚于丁在君(引按:丁文江)先生们发起的科学与人生观的讨论在中国思想史上的重要。"[3]将其与"科玄论争"(科学与人生观的讨论)相提并论,也说明了《努力周报》对于"科玄论争"的态度。

　　除讨论政治,提倡"好政府"之外,《努力周报》还关注思想文化问题本于《新青年》思想革命的两大主题——提倡科学与反对儒学,而且将其问题化与理论化,这也反映了胡适思想发展的特点。科玄论争的起点是1923年张君劢在清华大学发表题为"人生观"的演讲。儒学立场的张君劢认为,科学与人生观不能混淆。"科学之中,有一定之原理原则,而此原理原则,皆有证据。""同为人生,因彼此观察点不同,而意见各异,故天下最不统一者,莫若人生观。"关于人生观,张君劢说:"人生观之中心点,是曰我。与我对待者,则非我也。而此非我之中,有种种区别。就其生育我者言之,则为父母;就其与我为配偶者言之,则为夫妇;就我所属之团体言之,则为社会为国家;就财产支配之方法言之,则有私有财产制公有财产制;就重物质或轻物质言之,则有精神文明与物质文明。凡此问题,东西古今,意见极不一致,决不如数学或物理化学之有一定公式。"他特列出九种"我"与"非我"(亲族、异性、财产、社会制度、心灵/外物、所属之全体、其他总体、世界观、信仰)之关系及其

---

[1] 胡适:《丁文江的传记》,《胡适文集(7)》(欧阳哲生编),北京:北京大学出版社1998年版,第446页。
[2] 胡适:《丁文江的传记》,《胡适文集(7)》(欧阳哲生编),北京:北京大学出版社1998年版,第451页。
[3] 胡适:《古史讨论的读后感》,《古史辨(一·中编)》,上海:上海古籍出版社1981年重印本,第189页。

不同义项,认为"凡此九项皆以我为中心,或关于我以外之物,或关于我以外之人,东西万国,上下古今,无一定之解决者"。究其原因,人生观与科学,对象不同。"人生为活的,故不如死物质之易以一例相绳也。"两相比较,各具特点。他具列如下义项,逐条分析:"第一,科学为客观的,人生观为主观的。""第二,科学为论理(引按:逻辑)的方法所支配,而人生观则起于直觉。""第三,科学可以以分析方法下手,而人生观则为综合的。""第四,科学为因果律所支配,而人生观则为自由意志的。""第五,科学起于对象之相同现象,而人生观起于人格之单一性。"总而言之,"人生观之特点所在,曰主观的,曰直觉的,曰综合的,曰自由意志的,曰单一的。惟其有此五点,故科学无论如何发达,而人生观问题之解决,决非科学所能为力,惟赖诸人类之自身而已"。故他认为,人生观随思潮而变迁,并无客观标准。"既无客观标准,故惟有返求之于己,而决不能以他人之现成之人生观,作为我之人生观者也。"人生观之各项:"曰精神与物质,曰男女之爱,曰个人与社会,曰国家与世界。"对此,他亦做出具体分析。如"精神与物质":"科学之为用,专注于向外,其结果则试验室与工厂遍国中也。朝作夕辍,人生如机械然,精神上之慰安所在,则不可得而知也。"若"男女之爱",本于"占有冲动","此之谓私,既已言私,则其非为高尚神圣可知",如此等等。[1]

不仅出于捍卫新文化科学理想的热情,身为地质学家的丁文江更未免对科学情有独钟。针对张君劢的"科学与人生观"理论,他在《努力周报》发表《玄学与科学——评张君劢的人生观》一文,进行批判与辩驳。

丁文江认为,尽管人生观"天下古今最不统一",但"现在没有统一是一件事,永久不能统一又是一件事"。尽管现在"无是非真伪之标准","安见得就是无是非真伪之可求?"[2]要求是非真伪,唯有科学方法。

显然,丁文江认为张君劢的"人生观"理论是一种虚无论,这种虚无论

---

[1] 张君劢:《人生观》,《科学与人生观(一)》,沈阳:辽宁教育出版社1998年重排版,第30—37页。
[2] 丁文江:《玄学与科学——评张君劢的〈人生观〉》,《科学与人生观(一)》,沈阳:辽宁教育出版社1998年重排版,第39页。

不仅出于对科学的误解,还在于劝导人们重归传统信仰,如其所说:"自孔孟以至宋元明之理学家侧重内心生活之修养,其结果为精神文明。"这与洋务派的"中体西用"论如出一辙。科学是否仅仅为"物质文明",是"用"抑或是"体"？丁文江的辨析在于:第一,他认为科学是方法论,科学方法是放之四海而皆准的真理。所以,"我们所谓科学方法,不外将世界上的事实分起类来,求他们的秩序。等到分类秩序弄明白了,我们再想出一句最简单明白的话来,概括这许多事实,这叫作科学公例"。即以事实为根据,分析归纳,总结规律,形成概念。事实若非"真的事实,自然求不出什么秩序公例"。譬如张君劢所列人生观的九大义项(其实远非止此),就"我"之世界观("我对于世界之希望")而言,抽象地讲是"悲观主义""乐观主义",事实上讲,世界就是宇宙,宇宙就是天象,科学地认识世界就是天文学,无科学的时代人们用占星术。天文学和占星术都代表着一种宇宙观(世界观)。天文学面对的宇宙是具体和真实的,不再是神秘的,就能够形成人们对宇宙的真理性的认识,消除人们对于宇宙认识的神秘感。在这个意义上,就再无所谓抽象的"悲观主义""乐观主义"。这显示出人生观和科学并不能分离。另外,就人对于世界有无造物主的信仰来说,有神论、无神论、多神论、一神论等,都是远离科学的,而科学的观念是进化论(天演论)。进化论相对于有神论(上帝造种论),就是把人的认识由抽象引向了具体,由推判走向了证明和证实。以实验和实证为手段,用事实说话,是科学无所不在,具有真理性的方法论准则。第二,他认为科学是知识论。丁文江说:人的认识依赖于感觉(觉观感触),积累感知,形成"联想推论"。"无论思想如何复杂,总不外乎觉官的感触。直接的是思想的动机,间接的是思想的原质。但是受过训练的脑经,能从甲种的感触经验飞到乙种,分析他们,联想他们,从直接的知觉,走到间接的概念。""我从我的自觉现象推论起来,说旁人也有自觉,是与科学方法不违背的。""心理上的内容至为丰富,并不限于同时的直接感触,和可以直接感触的东西——这种心理上的内容都是科学的材料。我们所晓得的物质,本不过是心理上的觉官感触,由知觉而成概念,由概念而生推论。科学所研究的不外乎这种概念同推论,有什么精神科学、物质科学的分别？又如何可以说纯粹心理上的现象不受科学方法的支配？"在心理上，科学形成概念、推论一是靠经验，二是靠"思想力"。这二者对人来说都是普遍的，只有强弱不同。天才豪杰同常人也不过"快慢的火车，不是人力车同飞机"。科学的概念和推论需要满足三个条件：不能自相矛盾；必须常人能解；寻常"有论理训练的人依了所根据的概念，也能得同样的推论"。科学家多有哲学头脑，他们以觉官感触为认识物体的唯一方法，感觉和自觉之外，不存在有其他存在，所以他们提出不可知论。这是一种"存疑的唯心论"——离心理而独立的本体，存而不论。故"他们是玄学家最大的敌人"。[1]

所以，丁文江指出：张君劢称人生观不受"论理方法"所支配，本质上是自我否定。"凡不可以用论理学批评研究的，不是真知识。"没有所谓"纯粹之心理现象"可以置于因果律之外。"科学的材料原都是心理的现象，若是你所说的现象是真的，决逃不出科学的范围。""科学未尝不注重个性直觉，但是科学所承认的个性直觉，是'根据于经验的暗示，从活经验里涌出来的'（参见胡适之《五十年世界之哲学》）。"所谓综合的，不能分割（不能作为科学分析的材料）的人生观是不存在的。

最后，丁文江把张君劢的"人生观"理论与玄学（Metaphysics）联系起来，认为其实质是亚里士多德所谓"根本哲学"（First Philosophy）或神学（Theology）。他的观点除带有中国传统的保守性之外，也是"从玄学大家博格森化出来的"，还与"一战"后所谓"欧洲文化破产"的谬论有关。关于前者，丁文江述说了历史上"科学同神学的战争"，认为即使到了20世纪，教育还"脱不了宗教的臭味"。战后"德法两国都有新派的玄学家出来宣传他们的非科学主义"。"法国的博格森拿直觉来抵制知识。"张君劢在《再论人生观与科学——并答丁在君》中也述说过自己旅欧后思想的变化："1919

---

[1] 丁文江所谓"存疑的唯心论"，即"不可知论"，哲学上属理性主义。理性主义是实证主义的基础。实证主义有经验论和唯理论。前者强调认识（人）的主体性，后者强调对象（物）的主体性。实验主义者是经验论者。"不可知论"超出了经验论的范畴，成为科学派的软肋，受到胡适的否定。

年寓巴黎之日,任公、百里、振飞激于国内思潮之变,乃访博格森,乃访倭伊铿,[1]一见倾心,于是将吾国际政治学书束之高阁。何也?胸中有所触,不发舒不快矣。"[2]关于欧战后"科学破产"论,在《人生观》中张君劢说道:"抑知一国偏重工商,是否为正当之人生观,是否为正当之文化,在欧洲人观之,已成大疑问矣。欧战终后,有结算二三百年之总账者,对于物质文明,不胜务外逐物之感。"[3]类似的观点也见于梁启超的《欧游心影录》:"近代人因科学发达,生出工业革命,外部生活变迁急剧,内部生活随而动摇。……唯物派的哲学家,托庇科学宇下,建立一种纯物质的,纯机械的人生观,把一切内部生活,外部生活都归到物质的'必然法则'之下。……意志既不能自由,还有什么善恶的责任?……现今思想界最大的危机就在这一点。……这回大战争便是一个报应。"[4]

因此,丁文江在致友人信中述及这场论战时指出:"弟对张君劢《人生观》提倡玄学,与科学为敌,深恐有误青年学生,不得已而为此文。……弟与君劢交情甚深,此次出而宣战,纯粹为真理起见,初无丝毫意见,亦深望同人加入讨论。"[5]

论争以《努力周报》和《时事新报·学灯》("玄学派"观点多集中于此)为主要阵地展开,持续经年,参与者除张君劢、丁文江外,先后有胡适、梁启超、任叔永、朱经农、孙伏园、林宰平、唐钺、王星拱、张东荪、王平陵、吴稚晖等加入。论争中,张君劢、丁文江的文章作为不同的靶子成为两派论辩的中心。特别是丁文江的"科学的知识论",胡适指出:

---

[1] 引按:倭伊铿,一译倭铿,现译鲁多夫·奥伊肯(鲁道夫·克里斯托夫·奥伊肯,Rudolf Christoph Eucken,一译鲁道尔夫·欧肯,1846—1926),德国哲学家。1908年获诺贝尔文学奖。其哲学称为"精神生活哲学",与狄尔泰、博格森(伯格森)等同属生命哲学家。

[2] 张君劢:《再论人生观与科学——并答丁在君》,《科学与人生观(一)》,沈阳:辽宁教育出版社1998年重排版,第109页。

[3] 张君劢:《人生观》,《科学与人生观(一)》,沈阳:辽宁教育出版社1998年重排版,第35页。

[4] 胡适的摘引。胡适:《丁文江的传记》,《胡适文集(7)》(欧阳哲生编),北京:北京大学出版社1998年版,第452—453页。

[5] 引见胡适:《丁文江的传记》,《胡适文集(7)》(欧阳哲生编),北京:北京大学出版社1998年版,第452页。

> 很不幸的是在君提出了所谓"科学的知识论"——"存疑的唯心论"——把问题引到"知识论"上去了,引起了后来不少的争论。(后来君劢《再论人生观与科学》,其中"所谓科学的知识论"一章就占了十页。林宰平先生《读丁在君的玄学与科学》,全文四十页,而这个知识论问题也占了一大半。)在君后来(《答张君劢》)也说这种"知识论本来是理论,本来有讨论之余地的"。他又解释他说这种知识论是"科学的",并不是说这是已经"有定论的",只是"因为这种知识论是根据于可以用科学方法试验的觉官感触"。在君也承认这种理论"所根据的事实本来很复杂的,我用了二千字来说明,我自己本来觉得不透彻,可以讨论的地方很多"。他也承认他的这种知识论最近于马哈(Mach)的唯觉论,和杜威一派的行为派心理学,和罗素所代表的新唯实论,"都可以说是科学的,因为他们都是用科学的结果同科学的方法来解决知识论的"。
>
> 在君这样再三说明,可见得他当初提出"科学的知识论"是一件不幸的事。把本题岔到别的问题上去了,所以是不幸的。[1]

这里胡适所谓"知识论"就是"不可知论"的问题。科学派主要是经验论者,与哲学上的唯理论者不同。唯理论者承认"思"的无限性,倾向于形而上学;经验论者强调知识的有限性,反对形而上学。这场论争如果在哲学上深入下去,将会引导中国现代思想文化的哲学延伸,但更不可能得到科学派所需要的结论了,于是戛然而止。这场论争不仅是科学、"玄学"的分野,更是现代科学学术与"新儒学"分道扬镳的标志。

最后,论争以吴稚晖发表长文《一个新信仰的宇宙观及人生观》作结。吴稚晖提出所谓"漆黑一团的宇宙观"及"人欲横流的人生观",表面上为"科学派"说辞,实际上是一种取消主义的调和论。

---

[1] 胡适:《丁文江的传记》,《胡适文集(7)》(欧阳哲生编),北京:北京大学出版社1998年版,第456页。

论战结束后,1923年12月,上海亚东图书馆结集出版了《科学与人生观》一书,继则不断再版和重印,较之论战本身影响更大。论集出版时陈独秀、胡适分别作序,在对论争的评估及科学信仰上二人不期然产生分歧,借此昭示于众,彰显"五四"以降"科学派"内部政治与学术(文化)的殊途。

作为接受并致力于宣传马克思主义的政党领袖,陈独秀在《序言》中认为,不相信"唯物史观"为"完全真理",不以此求人生、社会问题的"根本解决"是"玄学派"的谬误,而论争中胡适、丁文江等不能彻底征服"玄学派",即在于他们不信"经济决定论"的唯物史观,从而奉劝他们改立新宗。胡适则以另"序"申辩:

> (1)独秀说的是一种"历史观",而我们讨论的是"人生观"。人生观是一个人对于宇宙万物和人类的见解;历史观是"解释历史"的一种见解,是一个人对于历史的见解。历史观只是人生观的一部分。(2)唯物的人生观是用物质的观念来解释宇宙万物及心理现象。唯物的历史观是用"客观的物质原因"来说明历史。……我们信不信唯物史观,全靠"客观的物质原因"一个名词怎样解说。[1]

胡适认为,既已获得了"唯物的人生观",是否信奉"唯物的历史观"并不重要。物质并不只是经济,客观的原因也并不只是经济的原因。"思想知识等事也都是'客观的原因',也可以'变动社会,解释历史,支配人生观'。"胡适说:"我们虽然极端欢迎'经济史观'来做一种重要的史学工具","我个人至今还只能说,'唯物(经济)史观至多只能解释大部分的问题'。独秀希望我'百尺竿头更进一步'(序页2),可惜我不能进这一步了"。[2]

---

[1] 胡适:《科学与人生观·序二(附注:答陈独秀先生)》,《科学与人生观(一)》,沈阳:辽宁教育出版社1998年重排版,第23页。
[2] 胡适:《科学与人生观·序二(附注:答陈独秀先生)》,《科学与人生观(一)》,沈阳:辽宁教育出版社1998年重排版,第24页。

对于胡适的辩解,陈独秀颇不以为然。他另撰《答适之》一文指出,就论争的两个问题(科学的人生观是否优胜?科学能否支配一切人生观?)重申己见,认为胡适、丁文江充其量回答了第一个问题,离第二个问题的要求尚远。正是这种"只立而不破的辩证法"令张君劢等"玄学鬼"仍在一味炫耀他们"超科学的"人生观:"他们的世界大得很呢,科学的万能在哪里?"陈独秀未免焦灼而愤慨:

> 适之只重在我们自己主观的说明,而疏忽了社会一般客观的说明,只说明了科学的人生观自身之美满,未说明科学对于一切人生观之威权,不能证明科学万能,使玄学游魂尚有四出的余地。我则以为,固然在主观上须建设科学的人生观之信仰,而更须在客观上对于一切超科学的人生观加以科学的解释,毕竟证明科学之威权是万能的,方能使玄学鬼无路可走,无缝可钻。[1]

科学"万能"!对胡适而言并非一个一言以蔽之的问题,但在陈独秀看来却有天经地义的唯物史观和"经济决定论"作依据,其犹疑与肯定之间显出认识论与价值观的分野,即在方法论的"万能"和决定论的"万能"之间二者做出了不同的抉择——前者是"知识"(手段)的"万能",后者是"信念"(律令)的"万能"。因此,在陈独秀和胡适之间,所谓"人生观"问题的症结在于:"深信宣传与教育的效果可以使人类的人生观得着一个最低限度的一致",还是以"经济决定论"为律令实现最高程度的思想统一?对此,胡适的回答是:

> 拿今日科学家平心静气地、破除成见地公同承认的"科学的人生观"来做人类人生观的最低限度的一致。
> 宗教的功效已曾使有神论和灵魂不灭论统一欧洲(其实何止欧洲?)的人生观至千余年之久。假使我们信仰的"科学的人生观"将来

---

[1] 陈独秀:《答适之》,《科学与人生观(一)》,沈阳:辽宁教育出版社1998年重排版,第26页。

靠教育与宣传的功效，也能有"有神论"和"灵魂不灭论"在中世欧洲那样的风行，那样的普遍，那也可算是我所谓"大同小异的一致"了。

我们若要希望人类的人生观逐渐做到大同小异的一致，我们应该准备替这个新人生观作长期的奋斗。我们所谓"奋斗"，并不是像林宰平先生形容的"摩哈默得式"的武力统一；只是用光明磊落的态度，诚恳的言论，宣传我们的"新信仰"，继续不断的宣传，要使今日少数人的信仰逐渐变成将来大多数人的信仰。我们也可以说这是"作战"，因为新信仰总免不了和旧信仰冲突的事；但我们总希望作战的人都能尊重对方的人格，都能承认那些和我们信仰不同的人不一定都是笨人与坏人，都能在作战之中保持一种"容忍"（Toleration）的态度，我们总希望那些反对我们的新信仰的人，也能用"容忍"的态度来对我们，用研究的态度来考察我们的信仰。我们要认清：我们的真正敌人不是对方；我们的真正敌人是"成见"是"不思想"。我们向旧思想和旧信仰作战，其实只是很诚恳地请求旧思想和旧信仰势力之下的朋友们起来向"成见"和"不思想"作战，凡是肯用思想来考察他的成见的人，都是我们的同盟！[1]

这是学术理性的立场和自由主义者的宣言。社会主义者信奉的却是遵循"经济决定论"唯物史观的普遍因果律，用阶级斗争的手段（经济的方式）快刀斩乱麻地解决一切问题。为此祭起"科学万能"的思想利器，在政治和思想上分化敌友，用革命的手段建构政治、经济和文化上的一元社会。

对于这场日后影响中国学术和文化走向的论争，今天看来，尚可作如下理解：

就《人生观》一文所见，张君劢对科学的理解极为粗略，对人生观的解

---

[1] 胡适：《科学与人生观·序二》，《科学与人生观（一）》，沈阳：辽宁教育出版社1998年重排版，第20—21页。

释也近于常识化,并屡现逻辑上的悖谬。[1] 他的目的是重回儒家信仰,强调"先圣尽性以赞化育"之神圣,力搏现代"物欲横流"的人生观。丁文江的批判从唯物论的方法论起步,以事实来统辖观念,强调科学知识论对人生观的适用性,但最终陷于"存疑的唯心论"(不可知论)不能自拔。胡适的"解围"则在于强调人生观不属于知识论的范畴,唯物的方法论即可解决——人生观起于经验,决疑释忧唯有科学。但这则阻止了科学知识论向认识论的延伸,也限制了哲学理性主义超越经验论范畴,向对宇宙和人类历史文化认知的无限性发展。从此,"科学万能"止于方法和目的性的万能——学术文化中的实证主义与社会生活中的实用主义。在日后的社会史论战中,由于不承认"经济决定论",自由主义的"科学派"则完全丧失了话语权,即其认识论上的局限——彻底否定玄学的人生观,有意回避"不可知论"的命题,导致他们在方法论以外的科学认识论问题上毫无作为,无法回应有关社会和人的本质属性的问题。既不能理性地辨别人的本质是经济意义上的阶级属性,还是自然人性论上的意志属性的问题,也不能理解和解释神学的人生观、道德的人生观和科学的人生观之间的联系和区别。日后,在世界观上走向自然神秘主义和审美观上走向情感中心主义的新月派和京派文学,即本质上脱离了自由主义者的"科学唯物论"观念体系,回到康德哲学的超越性认识论轨道上,乃是胡适等始料未及的。

二、社会史论战

科玄论争确立了科学作为方法论在现代学术史上的地位。然而,现代学术文化不仅是一种科学文化,更是一种意识形态文化。从新文化运动史上看,科学的倡导与民主的诉求互为表里。尽管民主作为制度理念和政治

---

[1] 胡适曾在《努力周报》第53期(1923年5月20日)发表《孙行者与张君劢》一文,用"论理学上的矛盾律"指摘其论说中的多处逻辑错误,"以子之矛攻子之盾"。

价值观在"五四"时代远没有形成共识,其前途、目的、形式和内容,以及实现途径等,在新文化运动和现代思想建设中远未得到充分的讨论。但是,作为其实践手段的革命,在新文化运动前后却因为辛亥革命和反袁护国运动的推动,已然成为一种实际存在的政治生态。因此,新文化运动后,知识分子的政治理念中普遍存在着对于社会革命的共鸣。除胡适等自由主义者执着于其本位的"文化革命"理想和改良主义的社会进步观念外,大多数新文化阵营中的知识分子(特别是"五四"新生代)现实的与理想的革命仍然是社会政治革命,从而产生了一个在实践意义上有关革命对象和前途的政治理论的探索与认识问题。可以说,除了胡适等倡导的"整理国故"运动之外,作为纯粹理论和学术问题的现代思想文化建设几成绝响,围绕着革命政治所开展的思想论争和政治观念之争,对于现代学术文化史,特别是政治思想史则产生了广泛而深远的影响。

1928年前后,中国政治形势的激变(国共合作的"大革命"结束)引发了中国社会持续不断的军事、政治上的纷争。这一时期,有关中国社会性质的观点受到理论界的广泛重视并开始了旷日持久的论争和探讨。表面上看,以蒋介石为首的国民党南京政府逐步形成了一个全国初步统一的"大地主大资产阶级"政权,但其政治地位并不稳固。在对待国共合作的政治遗产中由于其"分共"及残暴的政治屠杀所引发的政治危机,深刻地影响着中国社会的命运和前途。中国共产党则开始了独立领导以反抗国民党政权的专制主义和屠杀政策为目的的政治和军事斗争。在国民党一方面,革命似已大功告成;在共产党一方面,则"革命尚未成功,同志仍需努力"。加之国民党内部以汪精卫为首的"改组派"对蒋介石专权的不满[1],实则由于大革命时代两股革命力量的分崩离析,中国社会被抛向了一个战乱频仍、政治动荡、民不聊生的境地。对于知识分子和思想文化界来说,由此产生的政治和思想观念上的分歧首先在于:一是如何认定国民党政

---

[1] 改组派:1927年蒋介石、汪精卫矛盾尖锐时,以陈公博、顾孟余等为首成立的国民党内部反对派,全称中国国民党改组同志会,1928年成立于上海,奉汪精卫为领袖,主张"恢复1924年国民党改组精神",并创办《革命评论》《革命战线》《前进》等刊物。

权性质的问题,二是对于中国共产党领导革命的性质、道路、前途的认识问题。

可以说,政治性的问题意识决定了思想论争的观念化以及学术问题的政治化。所以,以1928年前后中国社会性质论战为先声的中国社会史论战,不仅是一场史学论争,更是一场意识形态化的政治纷争。论争各方主要由三种政治力量构成:一为国民党改组派("新生命派",后因陶希圣创办《食货》杂志,又称"食货派"),一为共产党正统理论派("新思潮派"),一为共产党政治反对派("动力派"或"托派")。"新生命派"(因杂志《新生命》而得名)以陶希圣、周佛海、顾孟余(公孙愈之)等为代表,主要是反对蒋介石集团对孙中山"改组"后国民党方针政策的违背,坚持对外反帝,对内反军阀及同情劳工的立场。"新思潮派"(因杂志《新思潮》而得名)阵营庞大,主要有李立三、郭沫若、何干之、王稼祥、吴黎平、王学文、潘东周等。"动力派"(因杂志《动力》而得名)以陈独秀、彭述之、郑超麟、严灵峰、任曙、李季、王宜昌等为代表,认同托洛茨基的"不断革命"论,与斯大林有关理论相龃龉,也疏离于后来影响极大的新民主主义革命理论。1931年王礼锡在上海创办《读书杂志》,聚集了一批"自由"马克思主义者的人士,如胡秋原、王亚南、杜畏之等参与论争,基本观点倾向于"动力派"。

因此,与现代社会政治演化和发展相适应,以历史研究为对象,1928年前后,中国现代学术文化由"整理国故"开始向社会形态研究转向(自由主义者例外),逐渐形成了具有不同意识形态指向和内涵的"社会形态史学",对历史、哲学、文学、社会学研究等产生了深远影响,促进了具有普遍意义的现代学术文化的政治化转型。在这一过程中,以马克思辩证唯物主义和历史唯物主义为核心的西方社会主义思潮起了推动作用,并且在左、右两翼形成了不同的社会形态史观和社会发展观。经过不断的论争,在政治上产生了具有一定优势的学术营垒及理论主张,造就了具有主流地位的意识形态话语和观念体系。

历史地看,1926年前后"文学革命"论争中对"经济决定论""阶级斗争"理论的引进、阐释与运用,是知识界接受马克思唯物史观的开始。另外,"五四"时代胡适与李大钊之间的"问题与主义"之争不仅昭示了知识界激进主义与改良主义的政治分化,也在一定程度上引发了与此相关联的政治和理论思考。如陶希圣所说:"在今日,与其提出解决中国问题的主张,不如对中国社会加以深刻的观察。要解决问题,须先知问题之所在,中国社会构造是中国目前要解决的一切问题的根源,不认识中国社会构造便不知道中国的问题,不知道中国问题,便无从提出解决中国问题的主张。"〔1〕

因此,亦如科玄论争中陈独秀对胡适的规劝,不信奉唯物的历史观为"完全真理",就不能谋求人生、社会问题的"根本解决"。在政治的意义上,"根本解决"是一切思想理论的出发点和最终目的。于此,科学与现代学术文化的联姻由方法论走向了价值观和社会史观,具有了相关的知识论理论属性。作为这场论战的始作俑者,陶希圣并不是马克思主义者,但他所采用的研究方法和历史观却自认为是"唯物史观",并在论战中常常有意识地为"唯物史观"辩护。如他在《食货》上发表的"声明":"(一)食货学会会员不都是用唯物史观研究历史的。(二)这个方法又与什么主义不是一件事情。(三)这个方法的毛病是在用来容易指破历史上隐蔽在内幕或黑暗里的真实。因为他指出别人不肯又不敢指出的真实,便易受别人的攻击。"〔2〕顾孟余在批判"唯物史观"的文章中也认为:"唯物主义是一个很老的问题,它的历史,和人类思想的一样长久。""至于经济的唯物主义(亦名'经济史观'或'唯物史观'),近年以来,可谓脍炙人口了,在历史的事变中,处处找出经济的背景,使人注意到社会的物质基础,破除许多沿袭的玄思,这无疑的是经济史观的功劳。"〔3〕作为历史研究,正如陶希圣所说,"正统历史学可以说是考据学,亦即由清代考据与美国实证主义之结晶。我所持社会史观可以说是社会观点、历史观点与唯物观点之合

---

〔1〕 陶希圣:《中国社会与中国革命·绪论》,上海:新生命书局1929年版,第1页。
〔2〕 陶希圣:《编辑的话》,《食货》半月刊第2卷第4期,1935年7月16日。
〔3〕 顾孟余:《论唯物史观》,《革命战线》,1930年第8期。

体。两者格格不入"。[1]前者即指胡适等倡导的"整理国故"运动及其史学研究。后者若陶氏自谓,则是所谓"非正统"的"旁门左道"。这是就纯粹学术观点看,但就其声势和影响而言,不仅是在三四十年代,就是在整个20世纪的大陆学界,社会史观或"社会形态史学"俨然成为颠扑不破的理论正统。

由于不同政治派别和社会政治力量的广泛介入,较之20世纪的其他学术和理论论争,从二十年代后期到三十年代中的社会史论战可谓旷日持久,影响深远。1928年,陶希圣在《新生命》上发表《中国社会到底是什么社会?》一文,首先认同"我们能够把社会形式分做宗法社会、封建社会、资本主义社会",然后提出了自己的观点:"世界上从来没有纯粹的属于某种社会型的社会,而毫没有驳杂的成分存在于其中。"按照陶希圣的说法,历史以还,中国既不是一个宗法社会,也不是一个封建社会,更不是一个资本主义社会——

> 中国社会是什么社会呢?从最下层的农户起到最上层的军阀止,是一个宗法封建社会的构造,其庞大的身分阶级不是封建领主,而是以政治力量执行土地所有权并保障其身分的信仰的士大夫阶级。中国资本主义受这个势力的桎梏,所以不能自发的发展。自帝国主义的经济势力侵入以后,上层社会除兼地主与资本家的残余士大夫阶级而外,新生了以帝国主义资本为中心的资本阶级。在都市,资本阶级与无产阶级的对立,已有"见端"。在乡村,全国耕地大半属于地主而为佃田,农民土地问题形势极为严重。[2]

那么,到底如何认识中国社会的性质呢?陶希圣的观点是:

---

[1] 陶希圣:《夏虫语冰录》,台北法令月刊社1980年版。参见何兹全:《我所经历的20世纪中国社会史研究》,《史学理论研究》,2003年第2期。
[2] 陶希圣:《中国社会到底是什么社会?》,《新生命》第1卷第10号,1928年10月1日。

> 在中国社会构造中,使我们感觉为封建制度之现象甚多。使我们感觉为资本主义之现象亦夥。依前者之感觉,我们便说中国社会是封建制度。依后者之感觉,我们便说中国社会是资本主义。然而感觉是常识的,常识是反科学的。若依社会史观察,则中国封建制度的崩坏,实开始于公元前五世纪,而直至今日,中国的主要生产方法还不是资本主义,此24世纪长久期间中,前十八个世纪则自然经济优越于货币经济,后六世纪则货币经济始显着抬头。虽自然经济与货币经济有所交替于其间,而社会构造的本质仍没有根本的差异。此二千五百年的中国,由封建制度言,是后封建制度时期;由资本主义言,是前资本主义社会。[1]

他不认为这可以被称作"半封建"社会,他说:"或谓中国社会是半封建社会,此所谓'半',只不过推论时一个便利的形容词。中国社会的封建成分,果否居全成分十分之五六,实为一个问题。故所谓'半'者,在研究社会构造时殆不宜适用以启疑团,且至多亦不过予人以模糊不清的观念。"[2]

陶希圣认为,中国社会与欧洲近代社会的"根本不同"在于,"欧洲近代社会的生产是扩大再生产,中国社会的生产却是单纯再生产。中国社会的生产,是以同一技术,同量资本,在同一的生产组织之内,反复实行的"。政治上有治乱、经济上有兴衰,反复不已,中国社会陷入一种"周期病"。救治此"周期病"者,乃是孙中山的"三民主义"。对此,陶希圣说:

> 为救治中国的社会周病性,于是有三民主义。民族主义有两方面的意义:对外求脱离外国资本的压迫,进期于世界民族的平等;对内求国内各民族为文化上的提携,进期于真实的民族同化,

---

[1] 陶希圣:《中国社会与中国革命》,上海:新生命书局1929年版,第195页。
[2] 陶希圣:《中国社会与中国革命》,上海:新生命书局1929年版,第194页。

而不以千余年来王公大人外交式的同化为自足。民权主义的意义，在"唤起民众"使生产者主张并充实其亘古以来未有的政治要求，使怕国家者一变而管理国家，如"身之使臂，臂之使指"。所以，民权主义之民权是革命民权，与"天赋人权"殊科，更与从来士人阶级所腐心的民本主义有天渊云泥之别。民生主义有两方面的意义：消极则平均地权使"耕者有其田"，并节制资本使生产民众享受生产所得的利益。积极则增进社会生产力，改变商人资本为生产资本，并利用外国资本以增进此生产资本。[1]

因此，在陶希圣看来，中国走什么道路的问题（资本主义或社会主义），争论起来是徒劳的，更不是一个政治上革命与反革命的问题。他指出：

> 资本主义与社会主义的差别，是生产机关之分配上的差别，不是在生产技术上有什么悬殊。社会主义且还以资本主义生产方法为条件。在中国目前小生产制的基础上喊社会主义是不行的。在目前列强帝国主义正在世界规模的争夺之中间，喊自由主义的资本主义也是笑话。
>
> 并且，救中国不是伦理的理想所能为力。民生主义或社会主义也不是一个伦理的理想。目前中国的"环境"及"材料"，不能发达自由主义的资本主义，也够不到社会主义。中国革命只有由生产民众组织为强有力的国家，在向于帝国主义斗争之中，有计划有组织的管理生产事业。以国家（是生产民众的国家，不是买办金融商人资本家的国家）的组织经营对外贸易，整理国内市场，而后生产技术可以提高，生产方法可以转变。以国家的组织建设国家资本，发展社会资本，管理个人资本。既不是像有些人那样说，第一步发展个人资本，第二步没收个人资本；也不是第一步便没

---

[1] 陶希圣：《中国社会与中国革命》，上海：新生命书局1929年版，第212—213页。

收个人资本。国家资本,社会资本,及私人资本,都在生产民众的国家组织与计划之下,为转变生产方法而有计划的发展。[1]

这看上去像一种"国家资本主义"的构想。所以,陶希圣认为社会主义和资本主义并没有根本区别。

> 本来,资本主义与社会主义之路,是决定于下列两个条件的:
> (一)国家政权在生产民众之手抑在资本家之手;
> (二)生产方法转变以后,私人资本之发达是否超过国家资本及社会资本之速率。
> 第二条件要视一国经济发达之事实而定,但第一条件可以予第二条件以最大的助力。具体的说,生产方法转变以后,私人资本发达得快些,还是国家资本与社会资本发达得快些,这是一个事实问题,但是国家操在生产民众之手,便可给国家资本及社会资本以加速之助力,反之,如国家是资本家的国家,必帮助私人资本之发达。
> 所以现在的中国,由伦理的观点上争资本主义与社会主义之路,是没有多大价值的。资本主义与社会主义之路是一个经济发达的事实的问题及社会阶级势力推移的问题,不是爱憎问题,不是喜惧问题。[2]

从"唯物史观"出发,但并不以马克思主义的历史观和社会发展观认识中国的历史和现实,旨在为自己的政治信仰及现存社会秩序的发展和完善寻求理论依据与解决之道,这是陶希圣社会史观及其中国社会史研究的特点。

"新思潮派"对陶希圣的批判亦正是基于捍卫其理论原则,即政治信仰

---

[1] 陶希圣:《中国社会与中国革命》,上海:新生命书局1929年版,第317—318页。
[2] 陶希圣:《中国社会与中国革命》,上海:新生命书局1929年版,第318—319页。

的立场,其指出:第一,陶希圣所谓"中国社会的支配势力"是"地主势力","但商人资本却成了中国经济的重心",这种自相矛盾的观点对马克思唯物论来说是一种"肤浅"的运用。马克思辩证法的"唯物论"认为,"划分社会发展阶段的利刃,是生产方式"。陶希圣说:"中国的生产方法主要的是农业手工业","对农民的剥削,是中国的主要的剥削制度,其中主要的是地租的收夺"。"有这样的一个社会"——"生产方法是封建社会的生产方法,剥削方式也是封建社会的剥削方式,但是,这不是封建社会!?"第二,陶希圣认为中国的地主统治是"士大夫统治","但是中国的地主统治是取官僚政治的方式,而不是取贵族统治的方式"。贵族统治是一种封建国家的统治形式。"官僚为地主阶级的利益而支配,却不是地主阶级自己来支配",官僚政治不能决定中国社会的封建性质。这种把"经济的剥削阶级与政治的剥削阶级"分离的理论也是非马克思主义的。他实是"不懂得一切社会的阶级主要的是由生产过程中来划分",政治和经济的剥削不能形成"两个分离而再联络的阶级"。"士大夫"不可能成为一个独立的阶级。第三,关于商业资本。不能否认秦汉以后中国商业资本的发展,但"这种商业发展的本身是被决定于当时的生产力,这是说商业资本,它本身是附属于某一种生产方式上,因此它的发展不能形成独立的阶段,所以也就不能拿它来划分社会形态发展的阶段"。"关于商业资本之发展的土地自由买卖及地主不是世袭身份,也就不能做否认中国不是封建社会的理由。同时,更不能说在当时商业资本是经济的重心,因为某一时代的经济的重心都是那时代的生产方式。"[1]

作为理论正统派的"新思潮派",其基本理论观念除了与马克思主义的经典著述有渊源关系,更是来自各类体现当时中共重大路线方针、政策策略的政治文件。在有关中国革命的性质、目的、前途和任务的论争中,"新思潮派"的主要对手则是以陈独秀等为代表的"动力派"。因为他们信奉共产国际内部托洛茨基派的观点,故称"托派",实为共产党内部的政治反对

---

[1] 丘旭:《中国的社会到底是什么社会?——陶希圣错误意见之批评》,《新思潮》第4期,1930年2月28日。

派。1928年6月,中国共产党于苏联莫斯科召开的中共六大上通过的"决议案"中,对中国革命的性质和任务曾有如下论断。

中国革命现在阶段底性质,是资产阶级民主革命。如认为中国革命目前阶段已转变到社会主义性质的革命,这是错误的,同样,认为中国现时革命为"不断革命",也是不对的。因为,(一)国家真正的统一并未完成,中国并没有从帝国主义铁蹄之下解放出来;(二)地主阶级私有土地制度并没有推翻,一切半封建余孽并没有肃清;(三)现在的政权,是地主、军阀、买办、民族资产阶级底国家政权,这一反动联盟依靠着国际帝国主义之政治的经济的威力;——所以革命当前的目标,是要解决这些问题。因此中国革命现时的骨干,它的基础及中心任务是:

一、驱逐帝国主义者,达到中国底真正统一。

二、彻底的平民式的推翻地主阶级私有土地制度,实行土地革命;中国农民(小私有者)要将土地制度之中的一切半封建束缚完全摧毁。

这两个任务,还并没有走出资本主义生产方法底范围之外,——可是必须用武装起义的革命方法,推翻帝国主义的统治和地主军阀及资产阶级国民党的政权,建立工人阶级领导之下的苏维埃的工农民主专政,然后才能解决这两个任务。

三、因此中国革命现在资产阶级性民主阶段上的第三个任务,已经就是力争建立工农兵代表会议(苏维埃)的政权,这是引进广大的劳动群众参加管理国事的最好的方式,也就是实行工农民主专政的最好的方式。

并说:"资产阶级民主革命阶段之中的动力,现在只是中国底无产阶级和农民。""中国之反对帝国主义的、彻底变更土地制度的、资产阶级民主革命,只有反对中国民族资产阶级,方才能够进行到底,因为民族资产阶级是阻碍革命胜利的最危险的敌人之一。"[1]

这条路线的确立遵奉了斯大林路线,排除和否定了托洛茨基主义。

因此,1929年8月,陈独秀致信中共中央,表达了自己的观点。他认为:第一,1927年大革命的失败"主要的是资产阶级得了胜利,在政治上对各阶级取得了优势地位,取得了帝国主义的让步与帮助,增加了它的阶级力量之比重;封建残余在这一大转变时期中,受了最后的打击,失了统治全中国的中央政权形式,失了和资产阶级对立的地位,至少在失去对立地位之过程中,变成残余之残余;它为自存计,势不得不努力资本主义化,就是说不得不下全力争取城市工商业的经济势力,做它们各个区域内的统治基础"。"资产阶级受了工农革命势力的威吓,不但不愿意消灭封建势力,并且急急向封建势力妥协,来形成以自己为中心为领导的统治者,并且已实现了这样的统治,就是国民党的南京政府。"国民党已不是"各阶级的政治联盟",而是"代表资产阶级的政党",不再具有反封建性。中国革命的任务就是反对和推翻代表资产阶级的国民党的统治,进行无产阶级的社会主义革命。第二,"中国的封建残余,经过了商业资本长期的侵蚀,自国际资本主义侵入中国以后,资本主义的矛盾形态伸入了农村,整个的农民社会之经济构造,都为商品经济所支配,已显然不能够以农村经济支配城市,封建阶级和资产阶级经济利益之根本矛盾,如领主农奴制,实质上已久不存在,因此剥削农民早已成了它们在经济上(奢侈生活或资本积累)、财政上(维持政权所必需的苛捐杂税)的共同必要"。也就是说,从城市到农村,中国社会已是一个资本主义社会。第三,土地革命中"只有贫农(雇农,小佃农与小自耕农)是革命的柱石,中农是中间动摇分子,富农是反革命者,因为它所失于革命的农民的东西比所失于地主的要大得多。所以若是始终想和富农联盟来反对地主,和始终想和资产阶级联盟来反对帝国主义,是同样的机会主义"。[2]

---

[1]《中国共产党第六次全国代表大会底决议案(节录)》,《中国社会性质问题论战(资料选辑)》(上册,高军编),北京:人民出版社1984年版,第1—2页。
[2] 陈独秀:《关于中国革命问题致中共中央信》,《中国现代思想史资料简编(第三卷)》(姜义华编),杭州:浙江人民出版社1983年版,第371—372、376页。

在中共党内,这被认为是典型的"托派"理论。"新思潮派"对此展开了不遗余力的批判。批判中理论正统派方面达成的共识大致上构成了中国现代文学史上茅盾《子夜》创作的主题:"用小说的形式写出以下的三个方面:(一)民族工业在帝国主义经济侵略的压迫下,在世界经济恐慌的影响下,在农村破产的环境下,为要自保,使用更加残酷的手段加紧对工人阶级的剥削;(二)因此引起了工人阶级的经济的政治的斗争;(三)当时的南北大战,农村经济的破产以及农民暴动又加深了民族工业的恐慌。""这三者是互为因果的。"从而"回答了托派:中国并没有走向资本主义发展的道路,中国在帝国主义的压迫下,是更加殖民地化了。中国民族资产阶级中虽有些如法兰西资产阶级性格的人,但是1930年半殖民地的中国不同于18世纪的法国,因此中国资产阶级的前途是非常暗淡的。在这样的基础上产生了中国民族资产阶级的动摇性。当时,他们的'出路'是两条:(一)投降帝国主义,走向买办化;(二)与封建势力妥协。他们终于走了这两条路"。[1]因此,茅盾创作《子夜》就是在政治上和思想上回应了当时中国的社会性质大论战,否定了托派"中国已经走上资本主义道路,反帝、反封建的任务应由中国资产阶级来担任"的论点,肯定了"革命派"(正统派)的观点:"中国社会依然是半封建半殖民地的性质;打倒国民党法西斯政权(它是代表了帝国主义、大地主、官僚买办资产阶级的利益的),是当前革命的任务;工人、农民是革命的主力;革命领导权必须掌握在共产党手中。"[2]

总而言之,社会史论战是中国现代社会中三种不同政治力量之间,以表达各自政治立场和理念为目的的意识形态之争,虽然都以"唯物史观"作为理论表达和论争的依据,以维护其论说的正确性,但表达的目的和言说的方式迥然有别,从而使论争超出了纯粹学术论争的范畴,呈现出政治观念即意识形态纷争的鲜明色彩。现实政治力量的消长决定着他们在历史

---

[1] 茅盾:《〈子夜〉是怎样写成的》,《茅盾论创作》,上海:上海文艺出版社1980年版,第64页。
[2] 茅盾:《再来补充几句》,《茅盾论创作》,上海:上海文艺出版社1980年版,第59—60页。其中"反帝、反封建的任务应由中国资产阶级来担任"的说法无根据,"托派"并不持这样的观点。

中的命运,亦即判别其理论表达的学术品质的标准。历史地看,这场论争使现代中国学术文化逐渐从个人化研究转向了隶属于不同政治力量及其理论话语的政治化和集团性研究,开启了中国现代学术(包括文学研究)为政治服务的先河,造就了学术话语与政治话语联姻的局面。

社会史论战中"唯物史观"的普遍适用性改变了"整理国故"中知识分子的史学立场,发生了从方法论到价值观,即从"疑"到"信"的观念转变,其中最有代表性的是郭沫若的《中国古代社会研究》。

郭沫若的《中国古代社会研究》一书,在史学研究方面为确立"主流派"(正统理论派)的思想优先性和主流意识形态地位,起了举足轻重的作用。

首先,在历史观念上郭沫若确认:"人类社会的发展是以经济基础的发展为前提。"[1]在《自序》中他表示:"本书的性质可以说就是恩格斯的《家庭、私有制和国家的起源》的续篇。""研究的方法便是以他为向导,而于他所知道了的美洲的印第安人,欧洲的古代希腊、罗马之外,提供出来了他未曾提及一字的中国古代。"因此,他宣称自己的"研究"("批判"),有别于胡适式的"整理":

> "整理"的究极目标是在"实事求是",我们的"批判"精神是要在"实事之中求其所以是"。
>
> "整理"的方法所能做到的是"知其然",我们的"批判"精神是要"知其所以然"。
>
> "整理"自是"批判"过程所必经的一步,然而它不能成为我们所应该局限的一步。

这就是"用科学的历史观点研究和解释历史"。[2] 郭沫若认为,"谈

---

[1] 郭沫若:《中国古代社会研究》,《民国丛书·第一编(76)》,上海:上海书店出版社1989年版,第3页。
[2] 郭沫若:《中国古代社会研究·1954年新版引言》,《郭沫若全集(历史编第一卷)》,北京:人民出版社1982年版,第3页。

'国故'的夫子们""没有辩证唯物论的观念,连'国故'都不好让你们轻谈"[1],充满了理论和方法上的自信。

《中国古代社会研究》一书对于秦以前中国历史的分期和研究以马克思主义社会发展观和经济决定论为指导思想,目的在于证明中国历史没有不同于欧洲和世界各民族历史之处,不存在所谓"国情不同"的问题。中国历史上在不同的生产力阶段(石器时代、青铜器时代、铁器时代等)也完整地经历了原始氏族社会、奴隶制社会、封建制社会,其时正处于"资本制"社会。对此,郭沫若归纳出两个"表式":

一、中国社会之历史阶段

(一)西周以前:原始公社制……氏族社会……无阶级

(二)西周时代:奴隶制……[王侯百姓(贵族)—庶民(臣仆)]……身份的阶级

(三)春秋以后:封建制……[官僚—人民;地主—农夫;师傅—徒弟]……身份的阶级

(四)最近百年:资本制……[帝国主义—弱小民族;资本家—无产者]……最后形态的阶级对立

二、中国社会的革命

第一次:奴隶制的革命……殷周之际……卜辞及金文(文化的反映)

第二次:封建制的革命……周秦之际……儒道墨诸家(文化的反映)

第三次:资本制的革命……清代末年……科学的输入(文化的反映)[2]

---

[1] 郭沫若:《中国古代社会研究·自序》,《民国丛书·第一编(76)》,上海:上海书店出版社1989年版,第1—6页。

[2] 详见郭沫若:《中国古代社会研究·自序》,《民国丛书·第一编(76)》,上海:上海书店出版社1989年版,第24—25页。

在现代学术史上，郭沫若的观点经过一定的演化，逐渐成为在文、史、哲不同领域具有意识形态属性的主流观念。其中有关奴隶制和封建制的分期问题，郭沫若曾作过两种"更正"：一是殷代奴隶制问题。在《中国古代社会研究》中郭沫若认为"商代和商代以前都是原始社会"，后来则承认"殷代已进入奴隶社会是不成问题的"[1]。原因在于早在郭沫若之前或同时代，同宗马克思主义的经济学家、史学家李达、吕振羽、翦伯赞等都先后著书或作文，认定"殷代为奴隶制"。郭沫若在1952年发表《奴隶制时代》一文，研究并认定了"殷代是奴隶制"，以此形成共识。二是春秋战国之交封建制问题。在《中国古代社会研究》中，郭沫若认为周厉王时期的"平民暴动"，像"法兰西的巴黎暴动和苏俄的十月革命"那样，"在形式上"推翻了"周室的乃至中国的奴隶制"。周室东迁以后，中国社会"由奴隶［制］逐渐转入了真正的封建制度"。[2] 但在《奴隶制时代》中他"更正"了自己的观点，"把奴隶制的下限定在春秋与战国之交"[3]。1973年郭沫若在该书新版《代序》中解释道："毛主席早就明白地说过了：'自周秦以来，中国是一个封建社会，其政治是封建的政治，其经济是封建的经济。而为这种政治和经济之反映的占统治地位的文化，则是封建的文化。'"他认为，其中"周秦"一词"就是指周秦之际"，[4] 故这样的划分"是比较可靠的"[5]。对于中国古代史的分期，正统派史学界历来存在着三种主要说法：郭沫若的春秋战国封建说、范文澜的西周封建说和何兹全等的魏晋封建说。然而，何兹全指出："'文化大革命'后期，郭老的春秋战国之际封建说代替了范老的西周

---

[1] 郭沫若：《中国古代社会研究·1954年新版引言》，《郭沫若全集·历史编(1)》，北京：人民出版社1982年版，第4页。
[2] 郭沫若：《中国古代社会研究》，《民国丛书·第一编(76)》，上海：上海书店出版社1989年版，第19—20页。
[3] 郭沫若：《中国古代社会研究·1954年新版引言》，《郭沫若全集·历史编(1)》，北京：人民出版社1982年版，第4页。
[4] 郭沫若：《奴隶制时代·中国古代史分期问题(代序)》，《郭沫若全集·历史编(3)》，北京：人民出版社1982年版，第13页。
[5] 郭沫若：《中国古代社会研究·1954年新版引言》，《郭沫若全集·历史编(1)》，北京：人民出版社1982年版，第4页。

封建说,成为中国社会史分期的主流。""粉碎'四人帮'后,学术再次解放。1978年,在长春召开了中国社会史分期讨论会。当时分期说的主流是郭老的春秋战国封建说,但西周封建说又东山再起,魏晋封建说也卷土重来。"[1]尽管如此,唯有郭沫若的观点进入了教材史的论述。近年来,用"封建"一词指称周秦以来中国社会性质的观点,受到学术界的质疑甚至否定。

上述内容涉及社会史论战中不同政治派别史学方法、理论主张和立场观点的异同。有关论战中的"根本问题",王礼锡在《读书杂志》上曾列出如下要点以窥本末:从政治上看,"一、中国现在社会究竟是封建社会,还是资本主义社会?二、经过一九二七年失败以后的中国革命究竟是资产阶级革命,还是无产阶级革命"?这正是共产党内部斯大林派和托洛茨基派论争的焦点。从经济上看,"一、世界资本主义之现状及其前途;二、资本主义之整个性;三、中国经济在世界资本主义经济中之地位及其关联;四、中国经济之变迁与现状;五、中国经济之特质;六、中国往何处去"?他认为,这些问题"如何的严重与普遍,老迈与迟钝到《申报》都已经感到,而且感到很深刻了"!而"在这'根本问题未得解答之先',其它(他)'币制问题,金银问题,关税及各种税收问题'皆如'不附干之枝叶,漫无归宿,而其讨论之结果,亦将终归于蹈空,无补于中国经济之前途'"[2]。在"唯物史观"经济决定论视野中的社会政治史和思想文化史,及其所规划的中国社会的基本形态:政治形态、经济形态、文化(哲学、思想和文学)形态,以及古代社会分期、奴隶制度的有无、马克思"亚细亚生产方式"的内涵和意义、甲骨文与井田制的问题等,亦被广泛提及并讨论。较之先前胡适等倡导的"整理国故"运动及其古史研究,可谓直抵"根本"。而其"根本之本"乃在于回答自古以来中国历史与马克思唯物史观观照下的欧洲及世界历史在发展轨迹及形态上是否具有一致性?毋庸置疑,论争各方所达成的共识和形成的理论主

---

[1] 何兹全:《我所经历的20世纪中国社会史研究》,《史学理论研究》,2003年第2期。
[2] 王礼锡:《中国社会史论战序幕》,《读书杂志》,1932年第1卷第4—5期。

张均具有特定而鲜明的政治色彩。在现代学术文化史上,社会史论战中所涉及的基本理论问题和共通的研究思路,为现代学术文化的发展奠定了政治价值观和科学(哲学)方法论的基础。李季在评价中国社会史论战时认为,正确讨论并解决社会史研究方法论的问题,"除掉必须具有的社会科学常识外,至少应先具备下列三个条件:(一)深切了解马克思主义,(二)深切了解西洋的经济发展史和社会形态发展史,(三)深切了解中国的经济发展史和社会形态发展史"。[1] 第一是理论思维,第二是比较方法,第三是具体研究。这是日后哲学社会科学门类学术研究的不二法门。

有人比较社会史论战中的历史研究和顾颉刚等的古史研究,认为:"1927年以前,顾颉刚、傅斯年底对于古史的研究,便应用着古史的考据方法,和新渗进了些神话解说等等,而在1927年以来,人们都利用着历史的唯物论研究所得的结论作为根本的指导原理,而将中国史实嵌进去。""我们知道,社会底基础是经济。在经济中人的生产力和物的生产力底一定的结构关系,决定着政治的社会的意识的上层建筑物。我们不能从意识的或社会的或政治的上层建筑物来说明经济,以至说明社会自身。反之,我们却应从经济这基础以至从物的生产力上来说明社会,政治,和意识。这是历史的唯物论底根本主张。"[2] 从而,胡适、顾颉刚所代表的"古史的整理者"被视为"新汉学家","这些人除了校勘学以外又获得了西方庸俗进化论的历史观及社会史的肤浅常识……。然而汉学帮助了他们,汉学也限制了他们,他们的优越点适成了他们的终结点,他们止于校勘家了。他们拿着校勘学的锄头闯进了古代中国的荒原,企图开辟他,然而他们只做了而且只能做些铲除蔓草斩刈荆棘的工作,最多不过砍破地皮而已;深深的犁耕,把下面的土翻到上面来,已非他们所能做到。因为他们的工具不是犁头而是锄头。""因为他们是校勘家,所以虽然立志整理古史,结果只是整理了古书,立志要'建设信史',而结果呢,颠来倒去只是些辨伪的工夫。"[3]

---

[1] 李季:《对于中国社会史论战的贡献与批评》,《读书杂志》,1932年第2卷第2—3期。
[2] 王宜昌:《中国社会史短论》,《读书杂志》,1932年第1卷第4—5期。
[3] 杜畏之:《古代中国研究批判引论》,《读书杂志》,1932年第2卷第2—3期。

观念和方法上的优胜使20世纪20、30年代之交的中国社会史研究者走上了探究中国历史真谛,揭示其发展规律的道路,但是,意识形态化的研究和政治观念上的分歧,则造成了社会史论战及其后的历史研究中"以论带史"的倾向。由于把"唯物史观"作为唯一原理和放之四海而皆准的方法,王宜昌认为:"在1927年以来,人们都利用着历史的唯物论研究所得的结论作为根本的指导原理,而将中国史实嵌进去。但同时是不了解清楚历史的唯物论,或者有意滑头而曲解而修改而捏造了他们的所谓历史唯物论。""他们一般只是应用这一根本原理,而没有正确地叙述这一根本原理底在中国社会史上的如何适用。直可以说他们是没有仔细底考究方法论的问题。有些简直是在胡乱的应用他底所谓历史的唯物论,而有些如郭沫若、任曙应用起历史的唯物论来,也因没有考究方法,而不免失于不正确。"除正统派理论家外,受到批判的亦有陶希圣、周谷城(周时为陶学生)等。[1]

方法论问题因归属于不同意识形态和政治观念的表达,必派生不同的学术目的性而形成不同的解释和观点,造成不同的问题意识和研究结论。论战过程中,"以论带史"的本质是学术问题的政治化和观念化。对于具体历史问题的研究,尽管理论基础一致,不同政治阵营亦不可能得到相同解释和结论(同一政治阵营往往会有相同或相似的观点),这便造成了学术文化史上政治派别之争和观念形态的分野,使论争脱离了学术探讨的轨迹,陷入政治立场和思想方法上的对立。学术上的独立自主和思想自由被否弃,学术表达常常等同于一种政治表态。

站在学术理性立场上,胡适亦曾调侃过这场论战:

> 那些号称有主张的革命者,喊来喊去,也只是抓住几个抽象名词在那里变戏法。有一班人天天对我们说:"中国革命的对象是封建阶级。"又有一班人天天说:"中国革命的对象是封建势力。"我们孤陋寡闻的人,就不知道今日中国有些什么封建阶级和

---

[1] 王宜昌:《中国社会史短论》,《读书杂志》,1932年第1卷第4—5期。

封建势力。我们研究这些高喊打倒封建势力的先生们的著作言论,也寻不着一个明了清楚的指示。

他举例说:"一位教育革命的鼓吹家"[1]在《教育杂志》发表文章,先说"中国秦以前,完全为一封建时代",又说"中国在秦以前,为统一的专制一尊的封建国家成长之时代。……到秦始皇时,……统一的专制一尊的封建国家才完全确立","然而《教育杂志》的编者与读者都毫不感觉矛盾。这位作者本人也毫不感觉矛盾","为什么呢?因为这些名词本来只是口头笔下的玩意儿,爱变什么戏法就变什么戏法,本来大可不必认真,所以作者可以信口开河,读者也由他信口开河"。这个说革命的对象是"封建势力",那个又说革命的对象是"资产阶级"。实则"今日所谓有主义的革命,大都是向壁虚造一些革命的对象,然后高喊打倒那个自造的革命对象;好像捉妖的道士,先造出狐狸精山魈木怪等等名目,然后画符念咒用桃木宝剑去捉妖。妖怪是收进葫芦去了,然而床上的病人仍旧在那儿呻吟痛苦"。[2]

可见,在现代学术文化史上,"整理国故"运动和社会史论战开创了两种不同的学术研究范式:独立自主的历史和文化史研究与政治理念、政治意气规约下的社会史和历史研究;创造了两种不同的学术文化局面:学院化自由主义学术文化与政治化意识形态学术文化。相当长的时间里,这两种学术文化和研究范式并行不悖,各守其道,各有所长。前者尚实证,宽容而不争持;后者喜宏论,排斥异己争强好胜。透过现代学术史上这两次重大的学术史事件,学术上的科学方法论和政治上的科学世界观引领了不同的学术思想潮流。沿着从文化到政治的启蒙逻辑,"五四"以来科学作为知识分子意识形态的地位发生了分化,学术上的个人化(方法论化)和政治化(思想观念化)决定着现代学术文化的不同走向。

---

[1] 指周谷城。胡适所说,指周谷城在《教育杂志》1929年发表的《中国教育之历史的使命》与《国家建设中之教育的改造》两篇文章。
[2] 胡适:《我们走那条路》,《胡适学术文集·哲学与文化》(姜义华主编),北京:中华书局2001年版,第642—645页。

第二章
民族主义与现代学术

近代以来,民族主义在近现代思想文化史及学术史上扮演着极其重要的角色。余英时认为,民族主义"是中国近代史上一个最重要的主导力量","稍一回顾百余年来的中国历史发展,我们便可知凡是能掀动一时人心的政治、社会、文化的运动,分析到最后,殆无不由民族主义的力量或明或暗地在主持着"。[1] 从政治上看,清末民初的民族主义以排满革命为主要思潮,代表人物为章太炎。梁启超的民族主义思想则主要表现在强种、富国、新民几个方面。《新青年》时代,以陈独秀、胡适等为代表,民族主义的主要表现是历史批判的启蒙主义与文化重建的理性主义;由于文化的理想贯穿着政治的目的,在激进主义一端,则滋生了企求一蹴而就的"社会革命"(经济革命)的理论与实践。

在思想和学术领域,民族主义在激进与保守两端都具有着动力性的意义。新文化派是激进的民族主义者,传统文化派("国粹派")则是保守的民族主义者。尽管新文化派不失时机地打出了世界主义(人类主义)和国际主义的旗号,但其内在动机仍然是民族主义的。传统文化派作为民族主义者表现出对自身历史文化的厚爱与持守保守主义立场上的文化使命感和

---

[1] 余英时:《中国现代的民族主义与知识分子》,《近代中国思想人物论——民族主义》(李国祁等著),台北:时报文艺出版事业有限公司1980年版,第558页。

道德使命感；作为传统士大夫阶级的孑遗，按照余英时的说法，就是坚贞地守护自己的"道统"。

民族主义既是一种学术文化思潮，更是一种政治思潮。自孙中山提出"三民主义"，民族主义居其首要，便被赋予了一定的意识形态色彩。辛亥革命以降近五十年中，民族主义一直在国民党官方意识形态中占据主导地位，受到新文化派和左翼阵营的否弃和批判。因此，一般而言，民族主义与现代学术文化的关系大约可分为两个方面：一是"五四"时代在与新文化派的对立中产生和发展的各具面目的传统文化派，包括辜鸿铭、梁漱溟及"国故派"、学衡派等；一是与国民党官方意识形态关系密切或相近的学术和文化思潮，如抗战爆发前后出现的中国本位文化派和战国策派等。

第一节　辜鸿铭与梁漱溟：儒学现代化的尝试与呈现

"五四"时期，以林纾为代表的"选学"和以刘师培为代表的"经学"毋宁是传统学术在现代社会的延伸与孑遗，而辜鸿铭和梁漱溟的思想和学术研究，则显示了儒学在否定性社会条件下蜕变与新生的愿望和努力。

新文化运动时期，辜鸿铭是一个"精通西学而极端保守"的北大"怪杰"。他我行我素，用西文写作，顶着遗老的辫子上讲台，在北大师生中引为笑谈，也在"思想自由，兼容并包"的学术空气中获人敬重。本来，他在北大期间的言行与"新青年派"虽不相睦亦未见尖锐冲突。但是，1918年《东方杂志》（第15卷第6号）发表平佚编译自日本杂志《东亚之光》的《中西文明之评判》一文激起了陈独秀等的"质问"。文中所述观点即来自一战前后辜鸿铭在德国刊行的德文著作《中国对于欧洲思想之辩护》和《中国国民之精神与战争之血路》。文中引德人台里乌司的观点认为："胡君者（引按：该文误译辜为胡），保守者也。彼以古中国之文化为完全，较之欧洲文化者为优良。彼谓'诸君欧人，于精神上之问题，非学我等中国人不可。……盖诸君之文化基于物质主义,及恐怖与贪欲者也。至醇至圣之孔夫子当有支配全世界之时,彼示人以达于高洁、深玄、礼让、幸福之唯一可能之道。'"其述台里乌司观点说:

> 夫欧洲人之世界观与中国人之世界观,原无可比较,欧洲人在今日,尚无所谓自己之世界观者。欧洲人拥其实地上之成功,高视一切。然其文化之殿堂中最神圣者,彼实无造之之能力。英国固无英国之世界观,法国亦然,德国亦然。是等诸国,仅有自犹太、小亚细亚、希腊之襟褛上剥落而杂布之世界观。虽欧洲之思想家亦有本于近代精神所产生之科学,以新造国民的特有之世界观者。而是等之思想家,对于从来国民之见解与公认的世界观之形成,无有何等之影响。我伟大德意志思想家之思想,学校中未尝体会之,通国之民不能知之。

辜鸿铭则谓:"中国人尚能知自己之文化,欧人对于自己之文化大都盲目。"台里乌司认为:"胡[辜]氏此言,诚切中欧洲之弱点。""中国人三岁之儿童,在学校中学中国大思想家之思想,洞彻其精神。""德意志之诸大思想家,如群鹤高翔天际。地上之人不得闻其羽拨之微音。""胡君既看破欧洲之大弱点,故虽目睹欧洲之铁道电信及其它(他)研究精确之事业,不起特别尊敬之念。以欧人于其最切要者,何故反缺焉不讲?胡君之眼光,正射于此也。此其故由于精神的兴味之缺乏,与精神的热烈拥护之缺乏也。欧洲人之伦理要素,被实地的功利要素所压倒。优雅与微妙之情绪,屈而不能伸。即宗教方面,亦带物质主义之特征。"故此,台里乌司对欧洲教育文化进行了批判:

> 兹举例以实之。则自西亚细亚入欧洲之道义之主旨,全属于物质的。其所谓善,含有法律的命令之意,不从者降之以罚,从者酬之以赏。伦理之方面,即以如斯赏罚之概念为主,是非甚低级

粗野之伦理观之显著特征乎？中国在纪元前五百年，既有大心理学者，从精神之根本动机，说明善为自成与自乐，非依酬报而动者。是以中国人有健全纯洁高贵完全之国民伦理观，且极为人间的而非抽象的。欧洲人从来缺乏造成如斯之伦理观之能力。而尤可惜者，则我大思想家之思想成绩，虽已有造成如是特独之世界观之基础与端绪，而不以与之于国民，使此事业乃倍觉困难焉。

欧洲人于精神上无何等之根据点。彼等初入学校，所学者为犹太与后期希腊之世界观。此原不能常保其统一。无何，即以正反对之自然科学，及有形知识，入据彼等之心。由宗教传说而起之伦理的感情，与全然冷酷之物质主义互相反拨，无一处能统一明了。其于伦理观也，先以不可不然之训诫注入，此种训诫，压制的、固定的且极幼稚的，无何等心理上之衬托。未几，即以精密之科学所产出与前之训诫正相反对之进化论、生存竞争与本能之法则，提示彼等，肉迫彼等，实现与理想绝不调和。由如是混乱矛盾中教育而来之欧洲人，于出学校之后，更从各处听受哲学体系上之断片，而于哲学之真相，则又无考求之时间，遂使欧洲作成一真相不明无依无据之迷的人间。在欧洲无论何人，其所得以为准据者，不过刑法而已。[1]

除此之外，在另一本被译成德文的辜鸿铭著作《呐喊——辜鸿铭硕士对大战及其他问题的观察与思考》中，翻译者亨利希·奈尔逊评论道：

> 中国文化中确实有许多我们事实上可以学习的东西，比如：中国人一贯善于完成他们的公民义务，习惯于对自己内部事务的管理和提出处理外部事务的方策，这一点就值得我们学习。我们

---

[1] 平佚：《中西文明之评判——译日本杂志〈东亚之光〉》，《东方杂志》第15卷第6号，1918年6月15日。

首先可以学习中国人极其聪明、有高度教养、明智而又人道的优良品格。辜鸿铭就是以此来分析世界局势和最近发生的使我们陷入深渊的事件，令人遗憾的是对这一事件直到今天我们当中也只有很少一部分人能够警醒。中华民族受益于博大精深的孔夫子学说已经两千多年之久。深刻地理解它，一方面可以吸收那些对西方文化有益的和有保留价值的东西，另一方面也不至于对导致世界灾难的西方文化的弱点视而不见。精研孔学的辜鸿铭先生在本集中，给我们指明了对改变这个令人沮丧的状况极有价值的东西。事实上，我们已经从这位中国人那里，从北京的这位贫穷的大学教师和作家身上学习到不少有价值的东西。他鄙弃一切高官厚禄，只为科学研究、信仰自由而生，在受压制的大多数愚昧无知的芸芸众生中以"极少数"自处，特立独行，但毫不畏惧，现在他仍然在一如既往地为真理、正义和人道而斗争。[1]

应该说，在中国新文化运动时期，由于"伦理革命"和文化激进主义的张扬，无论是来自西方人的自我批判还是不论何种动机下对于中国历史文化的赞赏与认同，都处于被否定或为日后历史所遮蔽的状态。陈独秀在"质问《东方杂志》记者"中即显得义正词严，他说："《中西文明之评判》文中，其重要部分，为征引德人台里乌司氏评论中国人胡[辜]某之著作。……辜老先生之言论宗旨，国人之所知也，《东方》记者其与辜为同志耶？敢问。""[辜氏]不但谓非中国固有之文明，不足以救济中国，更进一步，而谓'欧洲人非学于我等中国人不可'。（胡氏原语）案辜鸿铭氏夙昔轻视欧洲之文明，即在欧人之伦理观念，（即此文之所谓世界观）以其不知君道臣节名教纲常诸大义也。辜氏于政治，力尊君主独裁之大要；不但目共和为叛逆，即英国式君主立宪，亦属无道。彼意以为一国中，只应有上谕而

---

[1] 辜鸿铭：《呐喊·译者前言》，《辜鸿铭文集（上卷）》（黄兴涛等译），海口：海南出版社1996年版，第488—489页。

不应有宪法。宪法者,不啻侵犯君主神圣,破坏君道臣节名教纲常之怪物也。"台里乌司谓:"'欧洲之文化,不合于伦理之用,此胡君之主张,亦殊正当;……彼以其二千五百年以来之伦理的国民的经验,视吾欧人,殆如小儿。吾人倾听彼之言论,使吾人对于世界观之大问题,怅然有感矣。'彼迂腐无知识之台里乌司氏,在德意志人中,料必为崇拜君权反对平民共和主义之怪物,其称许辜氏之合理与否,兹不必论。难怪《东方》记者处共和政体之下,竟译录辜氏之言而称许之,岂以辜氏伦理上之主张为正当耶?敢问。"

虽此,在答陈独秀之"质问"中,《东方杂志》主编杜亚泉(伧父)并无所忌惮,一究学理,二辩"态度"。就学理言,如谓《新青年》记者曰:"共和政体之下,所谓君道臣节名教纲常,当做何解?谓之迷乱,谓之谋叛共和民国,不亦宜乎?"[1]"记者以为共和政体,决非与固有文明不相容者,民视民听,民贵君轻,伊古以来之政治原理,本以民主主义为基础,政体虽改,而政治原理不变,故以君道臣节名教纲常为基础之固有文明,与现时之国体,融合而会通之,乃为统整文明之所有事。若谓共和政体之下,不许人言固有文明中有君道臣节名教纲常诸大端,则非用焚书坑儒之法,将吾国固有之历史、文学、政治诸书,及曾读其书之人,一律焚之坑之不可。盖固有文明中有君道臣节名教纲常诸大端,乃以往之事实,非《新青年》记者所得而取消。已往之事实,既不能取消,则不能禁人之记忆之称述之。苟不用焚坑之法,虽加以谋叛之罪名,亦不能使之钳口而结舌。前清专制官吏,动辄以大逆不道谋为不轨之罪名,压迫言论,初未有效。《新青年》记者,可以不必步其后尘矣。"关于"态度",其谓:"《中西文明之评判》系译日本杂志",倘以欧人和日本人质疑"欧洲文明之权威",而"加以事理上或文义上之诘责,固无不可",径斥之"梦呓","为嘲骂之方法,是村妪反唇相讥之口吻,非言论家之态度也"。就台里乌司之观点,《新青年》记者谓其"料必为崇拜君权之怪

---

[1] 陈独秀:《质问〈东方杂志〉记者——〈东方杂志〉与复辟问题》,《新青年》第5卷第3号,上海:群益书社,1918年9月15日。

物"。"'《东方》记者处共和政体之下,不宜译录辜言而称许之。'按《东方》译录辜言,并无抵触国体之语,《新青年》记者以辜氏所著《春秋大义》中,有尊王之语,乃并其与现时国体不相抵触之语,亦谓不宜译录,又以台里乌司氏称许辜氏所主张之伦理,乃断定台里乌司氏为崇拜君权之人,遂并台里乌司氏所述辜氏之言,亦谓不宜译录,如此罗织,虽专制官僚,亦无此严酷矣。"

以上批判与辩驳为日后科玄论争埋下了伏笔,具体争议虽无甚下文,倏忽消失在历史烟云中,但总体上反映了此一时期中国社会的思想动态、言论状况。《东方杂志》创刊于1904年,至1948年终刊,出版44卷共819期,在近现代中国影响深远,实非《新青年》可比。尽管日后"新文化"一枝独秀,但被遮蔽者绝非仅仅归于陈腐,"历史的终结"尚未到来。

就现代学术文化史上看,代表启蒙主义的《新青年》与作为民族主义者的辜鸿铭等及《东方杂志》有着明显的观念对立和价值立场的分歧。启蒙主义者具有开放的文化视野,奉行"世界""人类"性的价值取向。尽管政治上强国强种的愿望与民族主义者并无二致,但价值观念的不同决定了实践途径的选择,以至产生尖锐的矛盾对立。现代学术文化史上的问题都蕴含着不同的政治倾向性,反映着不同的世界观、价值观和文化观、文明观的分歧。如上所述,"学贯中西"的一代精英们纵横捭阖,舆论场上棋逢对手,学术原则、立场方法问题暂且置之度外。辜鸿铭站在中国文化绝对优胜于西方文明的立场上立论,表达则热情洋溢,旁征博引,锋芒毕露,具有雄辩的西学风貌。

在《中国人的精神》(《春秋大义》或《原华》)中,辜鸿铭认定中国人的特质是"温良"(Gentle)。他说:"中国人最美妙的特质是:作为一个有着悠久历史的民族,它既有着成年人的智慧,又能够过着孩子般的生活——一种心灵的生活。""是同情的或真正的人类智能造就了中国式的人之类型,从而形成了真正的中国人那种难以言表的温良。这种真正的人类的智能,是同情与智能的有机结合。它使人的心与脑得以调和。总之,它是心灵与理智的和谐。如果说中华民族之精神是一种青春永葆的精神,是不朽的民族魂,那

么,民族不朽的秘密就是中国人心灵与理智的完美谐和。"从而,他认为:

> 中国文明与现代欧洲文明有着根本的不同。著名的艺术评论家勃纳德·贝伦森先生在比较欧洲与东方艺术时曾说过:"我们欧洲人的艺术有着一个致命的、向着科学发展的趋向。而且每幅杰作几乎都有着让人无法忍受的、为瓜分利益而斗争的战场的印记。"正如贝伦森先生对欧洲的艺术评价一样,我认为欧洲的文明也是为瓜分利益而斗争的战场。在这种为瓜分利益而进行的连续不断的战争中,一方面是科学与艺术的对垒,另一方面则是宗教与哲学的对立。事实上,这一可怕的战场存在于人们的头脑和心灵中——存在于心灵与理智之间——造成了永恒的冲突和混乱。

进而,辜鸿铭抒发了他对欧洲宗教的见解:

> 在现代欧洲,宗教拯救人的心却忽略了人的脑;哲学满足了人的头脑的需要但又忽视了人心灵的渴望。我们再来看看中国。有人说中国没有宗教。诚然,在中国即使是一般大众也并不太看重宗教,我指的是欧洲人心目中的宗教。对中国人而言,佛寺道观以及佛教、道教的仪式,其消遣娱乐的作用要远远超过道德说教的作用。在此,中国人的玩赏意识超过了他们的道德和宗教意识。事实上,他们往往更多地求助于想象力而不是求助于心灵。因此,与其说中国没有宗教,还不如说中国人不需要——没有感觉到宗教的必要更确切。

原因何在呢? 辜鸿铭指出:"实质上,中国人之所以没有对于宗教的需要,是因为他们拥有一套儒家的哲学和伦理体系,是这种人类社会与文明的综合体儒学取代了宗教。人们说儒学不是宗教,的确,儒学不是欧洲人通常所指的那种宗教。但是,我认为儒学的伟大之处也就在于此。儒学不是宗教却取代宗教,使人们不再需要宗教。"

他说:"要搞清儒学是如何取代宗教的,我们就必须首先弄懂人类为什么需要宗教。在我看来,人类需要宗教同需要科学和哲学的原因是一样的,都在于人是有心灵的。我们先以科学为例,这里我指的是自然科学。是什么原因促使人们去追求科学呢?多数人会认为是出于对铁路、飞机一类东西的需要导致了对科学的追求。实际并非如此。当前所谓进步的中国人为了铁路、飞机去追求科学,他们永远也无法懂得科学的真谛。在欧洲历史上,那些真正献身科学、为科学进步而努力的人们,那些使修筑铁路、制造飞机成为可能的人们,他们最初就根本没有想过铁路和飞机。他们献身科学并为科学进步做出贡献,是因为他们的心灵渴望探求这广袤宇宙那可怕的神秘。人们之所以需要宗教、科学、艺术乃至哲学,那是因为人有心灵。不像野兽仅留意眼前,人类还需要回忆历史、展望未来——这就使人感到有必要懂得大自然的奥秘。在弄清宇宙的性质和自然的法则之前,人类就如同处在黑屋之中的孩子,感到危险和恐惧,对任何事情都难以把握。正如一个英国诗人所言,大自然的神秘啊,沉重地压迫着人们。因此,人们需要科学、艺术和哲学,出于同样的原因,也需要宗教,以便减轻神秘的大自然、这个难以理解的世界所带来的重压。"

艺术家和诗人以自己的方式"发现大自然的美妙及宇宙的法则"。所以,歌德说:"谁拥有了艺术,谁就拥有了宗教。"艺术家不需要宗教。哲学使哲学家懂得宇宙的法则和秩序,智力生活的极致便是一种转移,正如对于圣徒来说宗教生活的极致是一种转移一样,所以他们不感到需要宗教。最后,科学也能够令科学家认识宇宙的奥秘和秩序,使来自神秘自然的压力得以减轻。因此,像达尔文和海克尔教授那样的科学家也不感到需要宗教。

"但对于大多数人来说,他们既不是诗人和艺术家,也不是哲人和科学家,而是一群凡夫俗子。对于他们来说,生活充满了困苦,每时每刻都要经受着各种事故的打击,既有来自自然界的恐怖暴力,也有来自同胞的冷酷无情。有什么东西能够帮助人类减轻这个神秘莫测的世界所造成的重压？唯有宗教。但宗教又是如何起作用的呢？"——"宗教给人以安全感和永恒感。"

正因为"宗教使那些既非诗人、艺术家，也非哲学家和科学家的百姓们得到了安全感和永恒感"，所以，辜鸿铭认为，"在儒学中必定存在像宗教那样能给众生以安全感和永恒感的东西"。因为"在孔子生活的时代里，中国也同现在的欧洲一样，人们的心灵与头脑曾发生过可怕的冲突"。他叙述说：

> 与今日的欧洲相同，在重建秩序和文明的过程中，二千五百年前的中国人也发生了心灵与头脑的冲突。这种冲突使中国人对一切文明感到了厌倦，在极度痛苦与绝望中产生了对文明的不满，他们试图灭绝一切文明。比如中国的老子就仿佛今天欧洲的托尔斯泰，他看到了心脑冲突给人类造成的不幸后果，认为所有的社会制度与文明均有根本性错误。于是，老子和庄子（后者为老子的得意门生）就告诉中国人应该抛弃所有文明。老子对中国人说："放弃你所有的一切，跟随我到山中去当隐士，过一种真正的生活——一种心灵的生活、不朽的生活。"

> 然而，同样是看到了社会与文明造成的苦难和牺牲，孔子却认为错误不在社会与文明本身，而在于这个社会与文明的发展方向上，在于人们为这个社会与文明打下了错误的基础。孔子告诉中国人不要抛弃他们的文明——在一个有着真实基础的社会与文明中，人们同样能够过上真正的生活。实际上孔子毕生都致力于为社会和文明规定一个正确的发展方向，给它一个真实的基础，并阻止文明的毁灭。但在他的晚年，当他已经意识到无法阻止文明毁灭的时候——他还能够干些什么呢？作为一个建筑师，看到他的房子起火了，屋子在燃烧、坍塌，他已明白无法保住房子了。那么他能够做的一件事就是抢救出房子的设计图。这样就

有可能日后重建房屋。因此,当孔子看到中国文明这一建筑已不可避免地趋于毁灭时,他自认只能抢救出一些图纸,这些被抢救出来的东西现在被保存在中国古老的经书中——著名的《五经》之中。因此我认为孔子对中华民族的一大贡献,在于他抢救出了中国文明的蓝图。

不仅如此,辜鸿铭指出:"孔子的最大贡献是按照文明的蓝图做了新综合与阐发。经过他的阐发,中国人民拥有了一个真正的国家观念——为国家奠定了一个真实的、合理的、永久的、绝对的基础。"就哲学和宗教来看,这正是儒学和欧洲哲学及宗教的区别。他说:

> (欧洲)古代的柏拉图、亚里士多德和近代的卢梭、斯宾塞同样对文明做过新的综合,并试图给予人们一个真正的国家观念,那么这些欧洲大哲学家们的理论体系与儒家的文化哲学、道德规范有何不同呢?我认为不同之处就在于,欧洲哲人们未能将其学说变为宗教或等同于宗教,其哲学并没有被普通民众所接受。相反,儒学在中国则为整个民族所接受,它成了宗教或准宗教。……儒学在中国已得到了全民的信仰,它的规范为全民族所遵从。相反,哲学家柏拉图、亚里士多德、卢梭、斯宾塞的学说即使是在广义上说也未能成为宗教。这就是欧洲哲学与儒学最大的不同——一个是仅为学者所研究的哲学,另一个则不仅是学者所研究的哲学,而且得到中华民族的信仰,成为宗教或相当于宗教的东西。

对此,辜鸿铭进一步阐说道:"儒学并非欧洲人所谓的宗教。""从起源上看,一个有超自然的因素,另一个则没有。""欧洲意义上的宗教是教导人们做一个善良的(个)人,儒教,则更进一步,教导人们去做一个善良的公民"——"儒教认为没有个人的生活,作为个人,他的生活与他人及国家密切相关。""欧洲人心目中的宗教,企图使每一个人都变成一个完人,一个圣者,一个佛陀和一个天使。相反,儒教却仅仅限于使人成为一个好的百姓,一个孝子良民而已。""儒教与欧洲人心目中的宗教如基督教、佛教之间真正的不同在于:一个是个人的宗教或称教堂宗教,另一个则是社会的宗教或称国教(按:国家宗教)。"孔子"为了赋予人们真正的国家观念而创立了儒教。在欧洲,政治成了一门科学,而在中国,自孔子以来,政治则成为一种宗教"[1]。

辜鸿铭的论述基于比较文化视野,其中西文化观多为形态(现象)描述未必参透本质。诸如此类的观点在历史上曾被视为不合时宜的存在,在学术上抑或因其非传统化表述受到轻视和遗忘,但渗透其中的历史理性意识,在今天也还可以令人联想到诸如雅斯贝斯《论历史的起源和目标》、斯宾格勒《西方的没落》等同时代欧洲哲人和学者著述中相似的情怀。作为儒家学说的现代传人,辜鸿铭的诸多著述充盈着儒学世界化的最初情怀,尽管论述并非真正客观公允,观点也颇多歧见,却展现了一个立于传统放眼现实和未来的中国知识分子的胸襟和眼界,影响了后来林语堂等人的中国观和文化世界观。

回首20世纪中国文化的实际,无论在传统文化派还是新文化派中,我们看到对于中西文化的理解都在于承认它们的异质性。因此,放弃还是保守就成为二者的不同选择及尖锐冲突的根源。事实上,保守派的失败昭示了新文化派的胜利,但是,对传统的否定与扬弃却历史性地招致中国现代文化发展与建设的困境。从学术史的角度回首最初的症结与难题,抑或有助于人们今天的反思与重建。

人称"最后一个儒家"的梁漱溟不似辜鸿铭式"学贯中西"的气势和风度,当初的影响也不具有辜鸿铭式的"世界性"眼光,但在文化理想上却具有同样坚执的民族情怀。梁漱溟在政治态度上既非辜鸿铭式的保皇派,在

---

[1] 辜鸿铭:《中国人的精神(〈春秋大义〉或〈原华〉)》(黄兴涛、宋小庆译),海口:海南出版社1996年版,第38—48页。引文中着重号为引者加。

文化上亦非辜鸿铭式的褒中贬西,而是着眼于正视中西文化的异质性,辨析其不同的发展路向,冷静深入地表达自己的理性思考和构架中西文化互通的桥梁。

梁漱溟早年政治态度开明,热心时事,"最初倾向变法维新,后又转向革命"。他参加同盟会京津支部,从事反清活动,辛亥革命后参与编辑《民国报》,该报后为改组后国民党的机关报,一度"醉心社会主义"。然而有感于时势险恶,政局动荡,滋生出家思想,退出了社会活动,潜心研究印度佛理哲学。1916年写作并发表《究元决疑论》,"批评古今中外诸子百家,独推崇佛法"。面聆北大校长蔡元培,得被延入该校任教。[1]

1917年梁漱溟任教于北京大学哲学系,讲授"印度哲学概论""儒家哲学"等。关于这段时间的思想与时局,梁漱溟自述道:

> 我既从青年时便体认人生唯是苦,觉得佛家出世最合我意,茹素不婚,勤求佛典,有志学佛。不料竟以《究元决疑论》一篇胡说瞎论引起蔡元培先生注意,受聘担任北大印度哲学讲席。这恰值新思潮("五四"运动)发动前夕。当时的新思潮是既倡导西欧近代思潮(赛恩斯和德谟克拉西),又同时引入各种社会主义学说的。我自己虽然对新思潮莫逆于心,而环境气氛却对我讲东方古哲学的无形中有很大压力。就是在这压力下产生出来我《东西文化及其哲学》一书。[2]

《东西文化及其哲学》是梁漱溟前期思想的学术代表作,不仅对于当时东西方文化论战,尤以对日后海内外新儒家学说的兴起产生了深远影响。该书由讲演记录整理而成,总体上看虽迥异于现代学术意义上的体式和规

---

[1] 梁漱溟:《自传》,《梁漱溟学术精华录》,北京:北京师范学院出版社1988年版,第513—514页。
[2] 梁漱溟:《我的自学小史》,《梁漱溟全集·第2卷》,济南:山东人民出版社2010年版,第697—698页。

范,但却是一部真正运用比较文化方法,从佛理哲学和东方心性文化角度分析世界文化类型及其异同根源的论著,堪称一部东方化的文化形态史论。如其所说,乃是"把西洋、中国、印度不相同的三大文化体系各予以人类文化发展史上适当的位置,解决了东西文化问题"[1]。就其由佛及儒的思想动因,梁漱溟说道:

> 《东西文化及其哲学》一书,在人生思想上归结到中国儒家的人生,并指出世界最近未来将是中国文化的复兴。这是我从青年以来的一大思想转变。当初归心佛法,由于认定人生唯是苦(佛说四谛法:苦、集、灭、道),一旦发现儒书《论语》开头便是"学而时习之不亦乐乎",一直看下去,全书不见一苦字,而乐字却出现了好多好多,不能不引起我极大注意。在《论语》书中与乐字相对待的是一个忧字。然而说"仁者不忧",孔子自言"乐以忘忧",其充满乐观气氛极其明白;是何为而然?经过细心思考反省,就修正了自己一向的片面看法。此即写出《东西文化及其哲学》的由来,亦就伏下自己放弃出家之念,而有回到世间来的动念。[2]

虽然并非以"乐感文化"阐释儒家思想,但确乎从儒家思想中梁漱溟看到了中国文化复兴的希望,故欲超越新旧古今,不仅批判"新派"(陈独秀、胡适等)缺乏"根本人生态度",急功近利,舍本逐末,更指斥"旧派"(《国故》派等)死板呆滞,抱残守缺而无进取之气。在他看来,"新派"倡导"塞恩斯"和"德谟克拉西"及"批判的精神",犹取一种积极进取的态度;"旧派""只堆积一些陈旧骨董而已",没有信仰的人生态度和理性的自我坚守,"谈及中国旧化便羞于出口,孔子的道理成了不敢见人的东西,只为旧派无人。"他

---

[1] 梁漱溟:《我的自学小史》,《梁漱溟全集·第2卷》,济南:山东人民出版社2005年版,第698页。
[2] 梁漱溟:《我的自学小史》,《梁漱溟全集·第2卷》,济南:山东人民出版社2005年版,第698页。

且说:"旧派并没有倡导旧化,我自无从表示赞成;而他们的反对新化,我只能表示不赞成。"[1]很明显,梁漱溟不希望自己被归于"旧派",同时对激进的"新派"保持着应有的警惕,这足以成就其独立的思考和超越性的学术文化视野。在治学方法上,梁漱溟可谓独辟蹊径:自学奠基,由佛入儒,循情究理,先难后易,独立思考,究元决疑,东西互参,融会贯通。

1917年,梁漱溟遵蔡元培之嘱主讲印度哲学。他说:"不到大学则已,如果要到大学作学术一方面的事情,就不能随便做个教员便了,一定要对于释迦孔子两家的学术至少负一个讲明的责任。"因此,他说:"我第一日到大学,就问蔡先生他们对于孔子持什么态度?蔡先生沉吟的答道:我们也不反对孔子。我说:我不仅是不反对而已,我此来除替释迦孔子去发挥外更不作旁的事!而我这种发挥是经过斟酌解决的,非盲目的。"[2]

"替释迦孔子去发挥"至成为梁漱溟任教北大及一生学术的基本动机,特别是作为一个中国人,站在民族主义立场上,他更要发挥的是孔子。在《东西文化及其哲学》中,梁漱溟首先指出,中西文化性质不同,任何调和之论都是不切实际的。事实上看,世界既已是"西方化的世界",东方化面对其"绝对的压服"究竟能否存在?浸润于东方化最深的中国国民对于西方化的压迫首先是择取,从《几何原本》到铁甲、火炮、声、光、化、电,这些东西出于西方人理智方面的创造,实则"对于东方从来的文化是不相容的"。实行者并未留意到此点,截蔓得瓜。"如此轻轻一改变,不单这些东西搬不过来,并且使中国旧有的文化步骤全乱了。"废科举,兴学校,建铁路,办实业,直至开国会,设咨议局,立宪、革命,均难见效。这一切仍是枝叶,还有更根本的问题在后头。继之《新青年》倡导文化革命,陈独秀发表《吾人最后之觉悟》,"觉得最根本的在伦理思想。对此种根本所在不能改革,则所有改

---

[1] 梁漱溟:《东西文化及其哲学》,《儒学复兴之路——梁漱溟文选》(曹锦清编选),上海:上海远东出版社1994年版,第121—122页。
[2] 梁漱溟:《东西文化及其哲学》,《儒学复兴之路——梁漱溟文选》(曹锦清编选),上海:上海远东出版社1994年版,第14页。

革皆无效用"[1]。

责及根本便是文化不同。梁漱溟认为陈独秀毕竟"头脑明利","见到西方化是整个的东西,不能枝枝节节零碎来看"!四五年来,风气开辟,"大家都以为现在最要紧的是思想之改革——文化运动——不是政治的问题"。梁任公、林宗孟等组织新学会,丢弃政治趋重学术,证明人们对于西方文化态度的改变。

态度的改变是让步于西方化。梁漱溟说:"西方化对于东方化,是否要连根拔掉?中国人对于西方化的输入,态度逐渐变迁,东方化对于西方化步步的退让,西方化对于东方化的节节斩伐!到了最后的问题是已将枝叶去掉,要向咽喉去着刀!而将中国化根本打倒!我们很欢迎此种问题,因为从枝枝节节的做法,实在徒劳无功。此时问到根本,正是要下解决的时候,非有此种解决,中国民族不会打出一条活路来!"[2]

梁漱溟试问:秉受东方化的民族不止一个,日本人很早就采用西方化,并不成问题。印度、安南等受制于西方列强,"他们国家的生活是由别人指挥着做"。应付之法何在?他认为"不外三条路":一是东方化与西方化若果不两立,必"绝其根株",以免同归于尽。二是东方化若不惧西方化之压迫,必明确"如何求其通",找到积极的解决之道。三是二者若果有"调和融通之道",决非所谓"参用西法"可以算数,须要清楚明白的解决,不能疲缓糊涂。三者优劣不得而知,但"非有根本的解决不成,决非麻糊含混可以过去的"。历年来采用西方化政治制度不得其宜的原故:

> 其正面的原因,在于中国一般国民始终不能克服这梗阻,而所以不能克服梗阻的原故,因为中国人民在此种西方化政治制度之下仍旧保持在东方化的政治制度底下所抱的态度。东方化的

---

[1] 梁漱溟:《东西文化及其哲学》,《儒学复兴之路——梁漱溟文选》(曹锦清编选),上海:上海远东出版社1994年版,第5页,第6—7页。
[2] 梁漱溟:《东西文化及其哲学》,《儒学复兴之路——梁漱溟文选》(曹锦清编选),上海:上海远东出版社1994年版,第7页。

态度,根本上与西方化刺谬;此种态度不改,西方化的政治制度绝对不能安设上去! 甚或不到将西方化创造此种政治制度的意思全然消没不止! 我们这几年的痛苦全在于此,并非零碎的一端,是很大的根本问题。此刻我们非从根本上下解决不可。[1]

"是怎样可以使根本上有采用西方化的精神,能通盘受用西方化?"梁漱溟的考虑是:

> 假使东方化可以翻身亦是同西方化一样,成一种世界的文化——现在西方化所谓科学(science)和"德谟克拉西"之二物,是无论世界上哪一地方人皆不能自外的。所以,此刻问题直截了当的,就是东方化可否翻身成为一种世界文化?[2]

梁漱溟认为,东方文化有两大支:中国化和印度化。"主张从根本上不要东方文化是很对的。"正如李大钊所说,东方文化是"静的精神",不合西方"动的文明"。印度"厌世的人生观不合于宇宙进化之理"。[3] 但断言两种文化必能融通,"实在不对"。梁漱溟分析说:

> 文化不过是一个民族生活的种种方面。总括起来,不外三方面:
> (一)精神生活方面,如宗教、哲学、科学、艺术等是。宗教、文艺是偏于感情的,哲学、科学是偏于理智的。
> (二)社会生活方面,我们对于周围的人——家族、朋友、社

---

[1] 梁漱溟:《东西文化及其哲学》,《儒学复兴之路——梁漱溟文选》(曹锦清编选),上海:上海远东出版社1994年版,第8—9页。
[2] 梁漱溟:《东西文化及其哲学》,《儒学复兴之路——梁漱溟文选》(曹锦清编选),上海:上海远东出版社1994年版,第9页。
[3] 参见李大钊:《东西文明根本之异点》,《言治》季刊第3册,1918年7月1日。

会、国家、世界——之间的生活方法都属于社会生活一方面,如社会组织,伦理习惯,政治制度及经济关系是。

(三)物质生活方面,如饮食、起居种种享用,人类对于自然界求生存的各种是。[1]

就此观察东西方文化的异点,在于:第一,精神生活方面,东方宗教尚盛,西方宗教则大受打击;东方哲学还是古代的形而上学,西方人基本弃去不讲。第二,社会生活方面,东方政治制度还是西方古代所有的制度,家庭、社会也是古代文化未进的样子,西方却早已改变了。第三,物质生活方面,东方之不及西方尤不待言。

两相比较,"东方化之与西方化是一古一今的;是一前一后的;一是未进的,一是既进的"。"东方文化和哲学,都是一成不变的,历久如一的。""然则东方化即古化,西方化便不然,思想逐日的翻新,文化随时辟创,一切都是后来居上,非复旧有,然则西方化就是新化。"[2]

杜威、罗素来华演讲,亦作褒扬中国文化之论。无论新派旧派,多有东西文化调和之说,希图"另开一种局面作为世界的新文化"。梁启超借西洋人的观点为中国文化辩诬,"挖扬中国文明"。对此,梁漱溟认为:"假使中国的东西仅只同西方化一样便算可贵,则仍是不及人家,毫无可贵!中国化如有可贵,必在其特别之点,必须有特别之点才能见长。"从而,梁漱溟申言:

照我们看这个问题,西洋人立在西方化上面看未来的文化是顺转,因为他们虽然觉得自己的文化很有毛病,但是没有到绝路走不通的地步,所以慢慢的拐弯就可以走上另一文化的路去;

---

[1] 梁漱溟:《东西文化及其哲学》,《儒学复兴之路——梁漱溟文选》(曹锦清编选),上海:上海远东出版社1994年版,第10页。
[2] 梁漱溟:《东西文化及其哲学》,《儒学复兴之路——梁漱溟文选》(曹锦清编选),上海:上海远东出版社1994年版,第11页。

至于东方化现在已经撞在墙上无路可走,如果要开辟新局面必须翻转才行。所谓翻转自非努力奋斗不可,不是静等可以成功的。如果对于这个问题没有根本的解决,打开一条活路,是没有办法的!……调和融通的论调——不知其何所见而云然?[1]

然则,何谓"东方化"?何谓"西方化"?梁漱溟指出:西方化的第一特色是科学,本质是征服自然。虽然我们也能利用自然,"但是我们的制作工程都专靠那工匠心心传授的'手艺'。西方却一切要根据科学——用一种方法把许多零碎的经验,不全的知识,经营成学问,往前探讨,与'手艺'全然分开,而应付一切,解决一切"——"工业如此,农业也如此"——"绝不仅凭个人的智慧去做。总而言之,两方比较,处处是科学与手艺对待。"譬如医药,中国的"医学",其实是手艺,"所治的病同能治的药,都是没有客观的凭准的"。"只凭主观的病情观测罢了!""这种一定要求一个客观共认的确实知识的,便是科学的精神;这种全然蔑视客观准程规矩,而专要崇尚天才的,便是艺术的精神。大约在西方便是艺术也是科学化;而在东方便是科学也是艺术化。""科学求公例原则,要大家共认证实的;所以前人所有的今人都有得,其所贵便在新发明,而一步一步脚踏实地,逐步前进,当然今胜于古。艺术在乎天才秘巧,是个人独得的,前人的造诣,后人每觉赶不上,其所贵便在祖传秘诀,而自然要叹今不如古。"[2]

梁漱溟进而认为,"西方人走上了科学的路,便事事都成了科学的"。上自国家大政,下至生活琐细,都成专门学问。中国读书人靠一部《四书五经》打天下,讲的全是大道理,无所不包,却又不成系统。"这些思想多是为着应用而发,不谈应用的纯粹知识,简直没有。这句句都带应用意味的道理,只是术,算不得是学。凡是中国的学问大半是术非学,或说学术不分。"

---

[1] 梁漱溟:《东西文化及其哲学》,《儒学复兴之路——梁漱溟文选》(曹锦清编选),上海:上海远东出版社1994年版,第12—13页。着重号为引者加,后同。
[2] 梁漱溟:《东西文化及其哲学》,《儒学复兴之路——梁漱溟文选》(曹锦清编选),上海:上海远东出版社1994年版,第17—18页。

"西方把学独立于术之外而有学有术。""直接说中国全然没有学问这样东西亦无不可,因为唯有有方法的乃可为学,虽然不限定必是科学方法而后可为学问的方法,但是说到方法,就是科学之流风而非艺术的味趣。西方既秉科学的精神,当然产生无数无边的学问。中国既秉艺术的精神当然产不出一门一样的学问来。而这个结果,学固然是不会有,术也同样不得发达。"生理学、病理学是根本的学问非治病的法子。中国医术"单讲治病的法子不讲根本的学问"。"中国一切的学术都是这样单讲法子的,其结果恰可借用古语是'不学无术'。既无学术可以准据,所以遇到问题只好取决自己那一时现于心上的见解罢了。"中国政治尚人治,西方政治尚法治,原因不一而足,但仍是彰显了"艺术化与科学化"之别。[1]

从知识本身来看,梁漱溟认为西方人和中国人的最大不同是实证与"直观"。西方知识讲求"检查实验",中国人则靠"猜想"(美其名曰"直观")。检查实验的便是"科学的方法",猜想直观的便是"玄学的方法"。"玄学总是不变更现状的看法,囫囵着看,整个着看,就拿那个东西当那个东西看;科学总是变更现状的看法,试换个样子看,解析了看,不拿那个东西当那个东西看,却拿别的东西来作他看。""用玄学的方法去求知识而说出来的话,与由科学的方法去求知识而说出来的话,全然不能做同等看待。科学的方法所得的是知识,玄学的方法天然的不能得到知识,顶多算他是主观的意见而已。"他认为中国人的知识结构是通过把自然、社会的诸多现象归结为相生相克的几种类型,抽象而含混地比附演绎,使复杂的事物简单化,抽象的问题具体化,形成一种令人难以理喻的"奇绝的推理,异样的逻辑"。这种"非论理的精神"就是"玄学的精神"。非论理(逻辑理性)来的不是知识,只是"玄谈"。中国阴阳五行学说中的"阴、阳、金、木、水、火、土""所指的非复具体的东西,乃是某种意义的现象,而且不能给界说的"。把具体的固定的观念,变化为流动抽象,演绎出消长生克的自然、社会和人生

---

[1] 梁漱溟:《东西文化及其哲学》,《儒学复兴之路——梁漱溟文选》(曹锦清编选),上海:上海远东出版社1994年版,第18—19页。

的现象规律,形成一组流动抽象的符号。概括而言,"科学所讲的是多而且固定的现象(科学自以为是讲现象变化,其实不然,科学只讲固定不讲变化),玄学所讲的是一而变化,变化而一的本体"。二者是不同的思维方式,出自其"观念的成规",不能拿精纯与粗粝来对待。中国人"无论讲什么,都喜欢拿阴阳等等来讲,其结果一切成了玄学化,有玄学而无科学。西方自然科学大兴以来,一切都成了科学,其结果有科学而无玄学"。[1]

就思想而论,梁漱溟说:"思想是知识的进一步。"中国人的玄学思维决定了知识的缺乏,首先是自然知识的缺乏。中国人在认识自然中不仅抱有神论的态度,而且还是原始的多神论,显现为"初民思想之遗留"。知识的缺乏就是"无科学",无验证即肯定,是"'非科学'的夙养"。科学使西方人放弃了有神论的宗教,中国人虽然本无人格化的上帝信仰,但对"天意"和"天命"的敬畏心理,反使中国人葆有一种超越现实世界的信仰态度,但这又显然是"非科学"的。西方人的哲学在杜威、罗素那里是要竭力做到"科学的哲学"(博格森则是"反科学派"的)。西方的学术思想,处处看去,都是所谓"科学的精神"。

"西方化"在政治上的特色是民主。梁漱溟认为,中国人秉持家国天下的尊卑观念,认为无尊不安,无主不宁。治理国家向来是"一个人拿主意,并要拿无制限的主意,大家伙都听他的话,并要绝对的听话"。西方人不同,"是大家伙同拿主意,只拿有制限的主意;大家伙同要听话,只听这有制限的话"。"严尊卑与尚平等遂为中西之间两异的精神。"中国的政权是"威权",是同"权利"相刺谬的权。"权利"和"自由"要有严格的限制,中国人不懂得这种要求。对于西方人的要求自由,"一种是淡漠的很,不懂要这个作什么;一种是吃惊的很,以为这岂不乱天下"!所以,"放弃人权与爱重自由又为中西间两异的一端了"。

所以,在梁漱溟看来,中国人不爱自由,放弃权利,是没有"人"的观念

---

[1] 梁漱溟:《东西文化及其哲学》,《儒学复兴之路——梁漱溟文选》(曹锦清编选),上海:上海远东出版社1994年版,第19—22页。此处梁漱溟说到柏格森(博格森),认为是"排斥科学"。

和"自己"的观念。"必要有了'人'的观念,必要有了'自己'的观念,才有所谓'自由'的。"西方以民主代君主是"人的个性伸展";中国人视君臣、父子为私属关系,压抑了人的个性。个人性之外,社会性发达也是西方化的一大特点。人类社会生活的变动,"从组织的分子上看便为个性伸展,从分子的组织上看便为社会性发达"。个性、社会性齐头并进。"个性伸展即指社会组织的不失个性,而所谓社会性发达亦即指个性不失的社会组织。""所谓组织不是并合为一,是要虽合而不失掉自己的个性,也非是许多个合拢来,是要虽个性不失而协调若一。"中国社会,家国一体,"实是拿家里行的制度推到国,国就成了大的家,君主就是大家长"。"回过来拿组织国的法子推到家,却不行了。"[1]

由此产生了西方人和中国人不同的道德观念。梁漱溟指出:"西方人极重对于社会的道德,就是公德,而中国人差不多不讲,所讲的都是这人对那人的道德,就是私德。"中国人讲五伦(君臣、父子、夫妇、兄弟、友朋),"他的生活单是这人对那人的关系,没有什么个人对社会大家的关系"。中国人以服奉长上为道德,所谓教忠教孝;西方人只有对多数人的服从没有对个人的服从。[2]

因此,西方人的社会生活处处看去就是所谓"德谟克拉西的精神"。"西方化"就是"德谟克拉西"和"科学"两精神的结晶。社会生活、学术思想、政治、法律、教育等莫不如此。西方人的反宗教思想固因其"为科学精神所不容,也为德谟克拉西精神所不容"。[3]

在此基础上,梁漱溟借用佛学唯识论的观点分析了西方文化产生的根源,以期与东方文化(中国文化、印度文化)在文化心理和品质上做出比较,判明其不同路向和际遇。对此,梁漱溟着重指出各种不同品质和路向的文

---

[1] 梁漱溟:《东西文化及其哲学》,《儒学复兴之路——梁漱溟文选》(曹锦清编选),上海:上海远东出版社1994年版,第23—31页。
[2] 梁漱溟:《东西文化及其哲学》,《儒学复兴之路——梁漱溟文选》(曹锦清编选),上海:上海远东出版社1994年版,第31页。
[3] 梁漱溟:《东西文化及其哲学》,《儒学复兴之路——梁漱溟文选》(曹锦清编选),上海:上海远东出版社1994年版,第32页。

化在自我成长与完善之后,走向替代或"融聚"(生长之后相互渗透,而非人为掐断或揉捏)的可能性。

唯识论谓生活为"相续"("有情")。如"现在的我"对"前此的我"是"相续"。"相续"是破除当前为"碍"的东西向前"奋斗"。"奋斗就是应付困难,解决困难。"[1]一切奋斗,"为碍"的不仅是物质世界,还有其他"有情"("他心"),以及自然界的因果法则。人类生活即是奋斗,但游戏、艺术等除外。人生面临三种问题:一是可满足者,二是满足与否不可定者,三是绝对不能满足者。另外则有无所谓满足与否,做到与否的。"文化并非别的,乃是人类生活的样法。"[2]文化与文明有别。文明是生活中的"成绩品"。"生活中呆实的制作品算是文明,生活上抽象的样法是文化。"文明的不同是"成绩品"的不同,文化的不同是"生活中解决问题方法之不同",是"生活的样法"或人生的路向不同。这亦有三种:第一,本来的路向,即奋斗和求取满足;第二,不求解决,满足现状,随遇而安,意欲调和;第三,回避问题,根本取消。一是向前要求,二是变换、调和、持中,三是转身向后。生活的根本在意欲,文化之所以不同在于意欲之所向不同。显然,"西方化是以意欲向前要求为根本精神的"。"中国文化是以意欲自为、调和、持中为其根本精神。""印度文化是以意欲反身向后要求为其根本精神的。"[3]

关于西方文化。梁漱溟分析了西方文化产生的渊源,他认为,西方文化之源世称"二希":希腊、希伯来。他引罗伯特生(Fredericd Robertson)的观点说,希腊思想数点最重要:"(一)无间的奋斗;(二)现世主义;(三)美之崇拜;(四)人神之崇拜。"希伯来思想出自东方,适与其相反,不以现世幸福为目的,主张禁欲主义,倾向于别一世界的上帝、天国,"全想出离这个世界而入那个世界"。西方自希腊人先走"第一条路",至罗马时代则难以为继,

---

[1] 梁漱溟:《东西文化及其哲学》,《儒学复兴之路——梁漱溟文选》(曹锦清编选),上海:上海远东出版社1994年版,第36页。

[2] 梁漱溟:《东西文化及其哲学》,《儒学复兴之路——梁漱溟文选》(曹锦清编选),上海:上海远东出版社1994年版,第39页。

[3] 梁漱溟:《东西文化及其哲学》,《儒学复兴之路——梁漱溟文选》(曹锦清编选),上海:上海远东出版社1994年版,第41页。

骄奢淫逸、攻略杀伐,然后借着希伯来的宗教(基督教)来挽救。人们心系天国不重现实,文化宗教化,哲学、美术都成了宗教的奴隶,奄奄无生气。教权太盛。于是"宗教改革"、"文艺复兴"。人生路向、态度为之一变。对此,梁漱溟说:

> 考究西方文化的人,不要单看那西方文化的征服自然、科学、德谟克拉西的面目,而须着眼在这人生态度,生活路向。要引进西方化到中国来,不能单搬运,摹取他的面目,必须根本从他的路向、态度入手。但是四五年来,大家只把科学方法、德谟克拉西的精神说来说去,总少提到此处。[1]

他引蒋梦麟《改变人生态度》一文中的话认为:"西洋人民自文运复兴时代改变生活的态度以后,一向从那方面走——从发展人类的本性和自然科学的方面走——愈演愈大,酿成16世纪的'大改革',18世纪的'大光明',19世纪的'科学时代',20世纪的'平民主义'。"故他赞成蒋百里在《欧洲文艺复兴史》"导言"中所说:欧洲文艺复兴,"一曰人之发见;一曰世界之发见"。

梁漱溟认为,从科学来讲,征服自然的西方"经验科学"来源于古希腊的"抽象科学"。希腊人"能产生科学是由爱美、爱秩序,以优游现世的态度,研究自然,来经营这种数理、几何、天文之类,差不多拿他作一种玩艺的"。到英国人(培根等),"不单以知识为一盘静的东西,而以知识为我们的一种能力(Knowledge is power),于是制驭自然、利用自然种种的实验科学就兴起来"。"科学知识与经济状况互为因果"。显然,科学方法、科学精神都出于"第一路向"的态度。

"德谟克拉西"在西方则表现了"人类的觉醒——觉醒人类的本性——

---

[1] 梁漱溟:《东西文化及其哲学》,《儒学复兴之路——梁漱溟文选》(曹锦清编选),上海:上海远东出版社1994年版,第42—43页。

不埋没在宗教教会、罗马法皇、封建诸侯底下而解放出来"。从17世纪的英国革命到18世纪的美国独立战争,尤以英国的民权自由思想开启得早,进步也稳健。从13世纪的宪章运动到17世纪的宗教改革,清教徒克伦威尔打败王军,威廉三世即位后颁布了《权利法案》。受王家旧教压迫的新教徒出走美洲谋生,不堪英国的苛敛发动了独立战争。法国革命反抗王权和教权可谓不屈不挠,由思想之变终至社会政治之变。数百年来欧洲社会历史都显示了走第一条路向的态度。

西方人在情智方面的特点,梁漱溟认为是"理智的活动太强太盛"。对于自然宇宙取对待、利用、要求、征服的态度;对人生则主张"自由""平等""德谟克拉西"。凡事以"我"为中心,情感的活动难免被理智的活动所打断。在文明成就上"辟创科学哲学,为人类其他任何民族于知识、思想二事所不能及其万一者"。"然而他们精神上也因此受了伤,生活上吃了苦,这是19世纪以来暴露不可掩的事实。"[1]

就东方文化来说,梁漱溟认为:中国文化和印度文化"太两样"。就中国文化来说,"第一项,西方化物质生活方面的征服自然,中国是没有的,不及的;第二项,西方化学术思想方面的科学方法,中国又是没有的;第三项,西方化社会生活方面的'德谟克拉西',中国又是没有的"。"假使西方化不同我们接触,中国是完全闭关与外界不通风的,就是再走三百年、五百年、一千年也断不会有这些轮船、火车、飞行艇、科学方法和'德谟克拉西'精神产生出来。""他所走的并非第一条向前要求的路向态度。中国人的思想是安分、知足、寡欲、摄生,而绝没有提倡要求物质享乐的;却亦没有印度的禁欲思想(和尚道士的不娶妻、尚苦行是印度文化的摹仿,非中国原有的)。""所谓人类生活的第二条路向态度是也。"[2]

梁漱溟因此认为,所谓"西方文明是物质文明,东方文明是精神文明"

---

[1] 梁漱溟:《东西文化及其哲学》,《儒学复兴之路——梁漱溟文选》(曹锦清编选),上海:上海远东出版社1994年版,第44—49页。
[2] 梁漱溟:《东西文化及其哲学》,《儒学复兴之路——梁漱溟文选》(曹锦清编选),上海:上海远东出版社1994年版,第49—51页。

的说法"很浅薄"。他以哲学(形而上、知识、人生)和宗教为中心,运用唯识学的知识论(现量、比量、直觉[1])分析了西方、中国、印度思想(文化)之别。

西方哲学。西方希腊思想本来各方面都很发达,但后来西洋只有对于自然的、静体的研究,即"向外的研究"。相反,东方哲学多是向内的,人事的研究。西方哲学的根本是"成功唯物的倾向"("物质"成为哲学知识论的主体)。希腊哲学家"把推理看成是万能的",笛卡尔等大陆理性派所讲"还是一套形而上学的话","太忽略了经验",被视为"独断论"。到英国培根、霍布士、洛克、休谟等,经验派崛起,科学的知识论否定了形而上学的独断论。康德调解理性派和经验派,以三大批判建构其认识论,但本质上还是形而上学。至孔德提倡实证主义,哲学也成了"科学的","唯物思想种种俱兴"。[2] 直到20世纪产生了博格森的直觉主义哲学,意在超越唯心、唯物论,化解主客观之争,但收效甚微。

较之哲学,"宗教本是人类情志方面的产物,虽为理性所拒绝,并不能就倒下来"。哲学上加于形而上学之批评,宗教、神学亦无幸免。信条、教义几近废弃,仅剩一个抽象的上帝的观念。教训中只剩下一个"爱"字。

东方文化,印度以其宗教为中心,中国以其形而上学为中心。随着宗教、形而上学失势几乎要成"文化的化石"了!

中国哲学不讨论"呆板的静体的问题",没有对于宇宙本体的追究。"中国自极古的时候传下来的形而上学,作一切大小高低学术之根本思想的是一套完全讲变化——绝非静体的"抽象的道理,不过问具体的问题(如一元二元、唯物唯心等),传习讲说而少争辩。分门别派,各提主张,互相对峙。老子的学说虽有与西洋印度相似处,但原出古代的易理(归藏),讲变

---

[1] 按照梁漱溟的解释,"现量"是"单纯的感觉",所认识为"性境",所得为"自相";"比量"即"理智",是凭借"现量"构成的知识(概念、意义),所认识为"独影境",所得为"共相";"直觉"介于"现量的感觉"与"比量的抽象"之间("非现量""非比量",亦曰"非量"),所认识为"带质境"。有其二:附于感觉者,如色、味;附于理智者,如诗、乐。
[2] 梁漱溟:《东西文化及其哲学》,《儒学复兴之路——梁漱溟文选》(曹锦清编选),上海:上海远东出版社1994年版,第59—61页。

化,不究本体。中国的五行(金、木、水、火、土)不同于印度的"四大"(地、水、火、风),一是表现抽象的意味,一是指具体的物质。(二)方法不同。中国哲学讲变化的问题,不同于西洋印度哲学讲具体的问题,不用静的、呆板的概念,采用抽象、虚化的意象(如阴阳乾坤等)。这就是直觉。"我们要认识这种抽象的意味或倾向,完全要用直觉去体会玩味",才能参透理解。如太极两仪均非物,非指宇宙天地。太极是理,阴阳是气。[1]

梁漱溟指出,中国学术所有的问题是拿"抽象玄学的推理应用到属于经验知识的具体问题",如医学。如此是否可行是一个值得研究的问题。"中国形而上学的大意"是:这一套学说的起源都是《周易》,包括《周易》以前的《归藏》《连山》,其后流布甚广的阴阳五行思想。各种不同学说归纳出的一个中心意思就是"调和"。"其大意以为宇宙间实没有那绝对的、单的、极端的、一偏的、不调和的事物;如果有这些东西,也一定是隐而不现的。凡是现出来的东西都是相对、双、中庸、平衡、调和。一切的存在,都是如此。""所谓变化就是由调和到不调和,或由不调和到调和。""这形而上学之所以为其形而上学,有一个根本的地方就是无表示。"即不诉诸概念。[2]易卦"悬象以示人,每一个卦都是表示一个不调和"。"'卦有才有时有位不同,圣人使之无不和乎中。'这根本即是调和就好,极端及偏就要失败。""如是之中或调和都只能由直觉去认定。""这非理智的判断不能去追问其所以,或认定就用理智顺着往下推;若追问或推理便都破坏抵牾讲不通了。"

梁漱溟认为:"孔子这派的人生哲学完全是从这种形而上学产生出来的。""儒家尽用直觉,绝少来讲理智。孔子形而上学和其人生的道理都不是知识方法可以去一贯的。"[3]

---

[1] 梁漱溟:《东西文化及其哲学》,《儒学复兴之路——梁漱溟文选》(曹锦清编选),上海:上海远东出版社1994年版,第65—67页。
[2] 其谓:设若"鸡生蛋,蛋生鸡"的问题,"鸡蛋相生"就是"无表示",是形而上学;"先有蛋"或"先有鸡"则为知识论。犹如博格森的直觉主义,其形而上学为"反科学";中国形而上学是反知识论的。
[3] 梁漱溟:《东西文化及其哲学》,《儒学复兴之路——梁漱溟文选》(曹锦清编选),上海:上海远东出版社1994年版,第68—70页。

孔子人生哲学是赞美生的态度。所谓"生生之谓易";"天地之大德曰生";"致中和天地位焉,万物育焉";"唯天下至诚为能尽其性,能尽其性则能尽人之性,能尽人之性则能尽物之性,能尽物之性则可以赞天地之化育,可以赞天地之化育则可以与天地参矣";"天地变化,圣人效之"。[1]"孔家没有别的,就是要顺着自然道理,顶活泼顶流畅的去生发。他以为宇宙总是向前生发的,万物欲生,即任其生,不加造作必能与宇宙契合,使全宇宙充满了生意春气。"宋明以后佛儒混同,实多牵强附会。"儒家所奉为道体的,正是佛家所排斥不要的。"作为形而上学,孔子持"不认定的态度",就是"无表示"。《易经》上说:"易之为书也不可远,为道也屡迁,变动不居,周流六虚,上下无常,刚柔相易不可为典要,唯变所适。"《论语》曰:"子绝四,毋意,毋必,毋固,毋我。"又说:"我则异于是,无可无不可。"[2]宋明理学把握了孔子内面的人生,"所有的不对,只在认定外面而成了极端的态度和固执"。"认定一条道理顺着往下去推就成了极端,就不合乎中。事实像是圆的,若认定一点,拿理智往下去推,则为一条直线,不能圆,结果就是走不通。"人凡事求分晓,孔子简直"不讲理";人凡事"求其通",孔子简直"不通"!"然而结果一般人之通却成不通。而孔子之不通则通之至。"人的行为中理智的作用不敌直觉。"调和折衷是宇宙的法则,你不遵守,其实已竟无时不遵守了。"一般人穷理尽知,孔子"无成心","无常师",有似佛家"不著有"。孔子"述而不作"有如佛陀。全知尽通则无主张;通而不透,知而有疑,则思而有言,言之无尽。

孔子一任直觉。所谓"天命之谓性,率性之谓道"(《中庸》)。孟子尚不虑而知的良知,不学而能的良能。其曰:"心之所同然者何也?谓礼也,义也,圣人先得我心之所同然耳;故礼义之悦我心,犹刍豢之悦我口。"(《孟子·告子上》)其视善、美、礼、义均由直觉。复人本然,乃得良知良能。

孔子所谓仁是敏锐的直觉(直觉敏锐者情感深厚,直觉迟钝麻痹则为

---

[1] 均为梁漱溟所引,见于《易经·系辞传》《中庸》等。
[2] 均为梁漱溟所引。

恶）。求安（心安理得）即为仁。"仁者爱人"，仁就是爱。求安、求平衡、求调和，"而得发诸行为，如其所求而安"者为仁人。《易经》说："一阴一阳之谓道，继之者善也，成之者性也。仁者见之谓之仁，知者见之谓之知，百姓日用而不知，故君子之道鲜矣。"阴阳之道，顺之则善；性成万物，仁者见仁，知者见知；百姓日用，隐而不显。天理、人道，全凭直觉；见仁见智，君子之心！天理乃"生命自然变化流行之理"，纯然理智的东西非天理也。本来儒家非主张禁欲，但主张顺理得中。儒家的"反智"是反对压抑直觉、情感的占有冲动，即纯属理智的东西。所谓"刚毅木讷近仁"，"巧言令色鲜矣仁"。仁本乎情感，但顺乎理，进乎道——是一个"极有活气而稳定平衡"的状态。仁满足两个心理条件，即"寂"和"感"，如宋明人讲"静养"，王门弟子聂双江之主张"归寂以通天下之感"，实是对仁的心理学诠释（非佛老所染）。至于以仁为"无欲"，则是宋明儒家的"偏处"。[1]

孔子之说"善"与"性"近，梁漱溟认为，这正是孟子主张"性善"的理由。所谓"性相近，习相远"，是谓依据"任自然"的法则，"性"比"习"更尽善。教养是使人摆脱习惯的控制，一任本性，回归本色（直觉）。培养道德习惯的教育不是孔子的主张（大约是荀子的主张）。靠教育和教化培养善，不是回归直觉，而是理智的强加，适得其反。

梁漱溟指出胡适以实用主义来理解儒、墨。胡适说："儒家只注意行为的动机，不注意行为的效果。""墨子的方法，恰与此相反。墨子处处要问一个'为什么'。"他举《墨子·公孟篇》为例："子墨子问于儒者曰：'何故为乐？'曰：'乐以为乐也。'子墨子曰：'子未我应也，今我问曰：何故为室？曰：冬避寒焉，夏避暑焉，室以为男女之别也。则子告我为室矣。今我问曰：何故为乐？曰：乐以为乐也。是犹曰：何故为室？曰：室以为室。'"——"墨子以为无论何种事物、制度、学说、观念，都有一个'为什么'。换言之，事事物物都有一个用处。知道那事物的用处，方才可以知道他的是非善恶。""这

---

[1] 梁漱溟：《东西文化及其哲学》，《儒学复兴之路——梁漱溟文选》（曹锦清编选），上海：上海远东出版社1994年版，第71—78页。

便是墨子的'应用主义'。"[1]梁漱溟说:胡适"对于墨子的态度觉得很合脾胃,因他自己是讲实验主义的"。"大约这个态度问题不单是孔墨的不同,并且是中国西洋的不同所在——孔子代表中国,而墨子则西洋适例。"他分析道:

> 当我们作生活的中间,常常分一个目的手段:譬如避寒、避暑、男女之别这是目的;造房子,这是手段。如是类推,大半皆这样。……如我们原来生活是一个整的,时时处处都有意味;若一分,则当造房中那段生活就全成了住房时那一段生活的附属,而自身无复意味。……其实生活是无所为的,不但全整人生无所为,就是那一时一时的生活亦非为别一时生活而生活的。平常人盖多有这种错分别——尤以聪明多欲人为甚——以致生活趣味枯干,追究人生的意义、目的、价值等等,甚而情志动摇,溃裂横决。孔子非复常人,所见全不如此而且教人莫如此;墨子犹是常人,所见遂不出此,而且变本加厉。[2]

进而,梁漱溟指出:"算计不必为恶,然算计实唯一妨害仁的,妨害仁更无其它(他);不算账未必善,然仁的心理却不致妨害。""旁人之生活时不免动摇,以其重心在外;而孔家情志安定都为其生活之重心在内故也。"孔家不计较利害是为"保持其中";"稍加计算,心理就不活泼有趣,就不合自然;孔家是要自然活泼去流行的,所以排斥计算"。

故梁漱溟以为:"大约儒家所谓王霸之辨就在一个非功利的,一个是功利的。而在王道有不尚刑罚一义,在霸术则以法家为之代表,这也是一个可注意的地方。""王道虽不行,然中国究鲜功利之习,此中国化之采色。"

---

[1] 参见胡适:《中国哲学史大纲(卷上)》,《胡适学术文集·中国哲学史》(姜义华主编),北京:中华书局1991年版,第108、109页。
[2] 梁漱溟:《东西文化及其哲学》,《儒学复兴之路——梁漱溟文选》(曹锦清编选),上海:上海远东出版社1994年版,第83—84页。

梁漱溟认为"礼运大同说"不合孔子之意,因"还是认定外面有所希望计较的态度",故怀疑"大同小康"非孔子之说。孔子倡"生活之乐",不是旁人系于物的、相对的、关系的乐,是"绝关系而超对待",是"自得的乐",是"绝对之乐"。他说:"仁者不忧。智者不惑,勇者不惧。"(《论语·子罕》)"仁"是"忧"的反面,即"乐"。乐是"顺天理而无私欲"。"所有忧苦烦恼——忧国忧民都在内——通是私欲。私欲不是别的,就是认定前面而计虑。没有哪件事情值得计虑——不但名利,乃至国家世界。秋毫泰山原无分别,分别秋毫泰山,是不懂孔子形而上学的。《大学》上说:'心有所忿懥,则不得其正;有所恐惧,则不得其正;有所好乐,则不得其正;有所忧患,则不得其正。'"——"其实不是不许忿懥,只是不许有所忿懥;不是不许恐惧,只是不许有所恐惧;不是不许好乐,只是不许有所好乐;不是不许忧患,只是不许有所忧患;随感而应则无所不可,系情于物则无一而可;所谓得其正者,不倾歆于外也。念念计虑,系情于物,即便有所乐,其乐不真。若孔子则啼笑不必异人,只是过而不留,中心通畅,则何时不可以谓之乐?《论语》上说:'君子坦荡荡,小人常戚戚',美哉乎,坦荡也!"孔子做事从不立意打量,"其为人也,发愤忘食,乐以忘忧,不知老之将至"(《论语·述而》)。

儒家谓"乐天知命故不忧"(《周易·系辞上传》)。孔子罕言命,但对宇宙造化流行有敬畏心理。"乐天者,乐夫天机而动;知命者即是乐天,而无立意强求之私也;无私故不忧。墨家非命,而孔家知命,其对待之根本在用理智与用直觉之不同。"所谓"知其不可为而为之","在以理智计算者知其不可则不为矣,知其不可而为之,直觉使然也"。[1]

孔子之宗教。梁漱溟认为,宗教"只是一种情志生活"。情志生活包括两方面:宗教和艺术。孔子思想并无宗教特征,但有宗教性的作用。孔子思想中"一是孝悌的提倡,一是礼乐的实施;二者合起来就是他的宗教"。孔子要求过一种"富情感的生活",即以家庭为本源,孝亲尊长;从孩提开

---

[1] 梁漱溟:《东西文化及其哲学》,《儒学复兴之路——梁漱溟文选》(曹锦清编选),上海:上海远东出版社1994年版,第84—89页。

始,培养亲敬仁爱之心。没有对于父母家人无情,反同旁人有情的。《论语》说:"孝悌也者其为仁之本欤。"(《学而》)《孝经》有言:"君子笃于亲,则民兴于仁。""夫孝,德之本也,教之所由生也。"儒家重丧,亦因为孝。丧仪祭祀,礼乐之所由生。"礼乐是孔教唯一重要的作法。"无礼乐,即无孔教。礼乐从"直觉"作用于情感。"要晓得感觉与我们内里的生命是无干的,相干的是附于感觉的直觉;理智与我们内里的生命是无干的,相干的是附于理智的直觉。"一切宗教都以"直觉"施教。《乐记》上说:"夫民有血气心知之性,而无哀乐喜怒之常,应感起物而动,然后心术形焉。是故志微噍杀之音作,而民思忧;啴谐慢易繁文简节之音作,而民康乐;粗厉猛起奋末广贲之音作,而民刚毅;廉直劲正庄诚之音作,而民肃敬;宽裕肉好顺成和动之音作,而民慈爱;流辟邪散狄成涤滥之音作,而民淫乱;是故先生本之情性,稽之度数,制之礼义,合生气之和,道五常之行;使之阳而不散,阴而不密,刚气不怒,柔气不慑,四畅交于中而发作于外,皆安其位而不相夺也。""乐则安,安则久,久则天,天则神;天则不言而信,神则不怒而威,致乐以治心者也。"宗教拜神,儒家祭祖。"夫祭者非物自外至者也,自中出生于心也。"(《礼记·祭统》)

孔子反对出世,非"出位之思"。所谓"未能事人焉能事鬼","未知生焉知死"。这与孔子主张静修,反对计虑大有关系。鬼神生死问题,"人必情志不宁而后计虑及此;情志不宁总由私欲,而殷殷计虑又是私欲"。《论语》上说:"子罕言利与命与仁。"(《子罕》)"夫子之言性与天道不可得而闻也。"(《公冶长》)《荀子》说:"唯圣人不求知天。"利者,孔子轻之,不足与言;天、命之类,有人言所不及的幽玄处,说亦不透。子曰:"予欲无言!"

孔子之作礼乐,非一任直觉(情感)——直觉俱是"表示",直觉而反省之,则致"无表示",即附于理智的直觉。《大学》所谓"毋自欺"实为儒家方法论,即为其"道中庸"之所在。孔子本质上是现实主义者,其曰:"道之不行也,我知之矣,贤者过之,不肖者不及也;道之不明也,我知之矣,智者过之,愚者不及也。"(《中庸》)因此主张执两端用其中——"极高明而道中庸。""格物""慎独",免致"贤者之过"。

中国文化。梁漱溟认为,孔子人生哲学固为中国文明"重要之一部",但数千年来中国人所适用之文化"盖鲜能采用孔子意思者"。礼乐不兴,孔子人生固已无从安措。"然即由其所遗的糟粕形式与呆板训条以成之文化,维系数千年以迄于今。"

周秦之际,孔子是中国文化的传承者。孔子集"古帝王经世出治之迹"而成六艺,前圣遗文尽收孔子。"诸子百家都是六艺之支与流裔,六艺在孔子,则孔子不是与诸子平列的,而是孔子为全为主,诸子为分为宾。"百家争鸣,各思以其道易天下。至汉兴,则为纠诸子之偏,代之儒家"全整的人生思想",定于一尊。但"传经者实不得孔子精神"。"汉人治经只算研究古物,于孔子的人生生活并不着意,只有外面的研究而没有内心的研究。"荀子所传在礼,容易看到人不好的一面,故主"性恶"。好利之心,耳目之欲,生活之本有,无所谓善恶。以好礼自节为善,偏于外。"汉人传荀卿之经,孔子人生思想之不发达固宜;而所谓通经者所得悉糟粕而已。""其政治非王非霸,而思想中又见黄老活动:实在是一个混合的文化。"因此,梁漱溟认为:

> 此不但两汉为然,中国数千年以儒家治天下,而实际人生一般态度皆有黄老气,本来孔家道家其最后根本皆在易理,不过孔家则讲《周易》,道家则远本《归藏》,都是相仿佛的一套形而上学。其所差似只在一个阴柔为坤静之道,一个阳刚为乾动之道;而中国人总是偏阴这一面的。[1]

下及三国魏晋,愈见人心浮薄。"形式的儒家愈到后来愈干干净净剩一点形式","人人心里空漠无主"。佛老乘虚而入。"唐时佛家甚盛,禅宗遍天下。以佛家态度与孔子如彼其异,而不见生一种抵抗,可见孔家思想,

---

[1] 梁漱溟:《东西文化及其哲学》,《儒学复兴之路——梁漱溟文选》(曹锦清编选),上海:上海远东出版社1994年版,第90—97页。

渐灭殆绝。"韩愈出,略事争持,自以为上继孔孟,实无着落。读他谈孔、墨的话,又所谓"余未知生之为乐也",则见其对孔子人生实无把握。

宋代有宋学兴。从形迹上看,则谓宋学非孔子本来面目,而参取释老为多。宋学以周濂溪开头,人谓其太极图即受自释老者。但儒道同源,学说不同,所讲对象——变化——同,不必拘泥。宋学禅学亦非一事,所近者形迹耳。"但宋学虽未参取佛老,却是亦不甚得孔家之旨。""其失似在忽于照看外边而专从事于内里生活;而其从事内里生活,又取途穷理于外,于是乃更失矣。"

"及明代而阳明先生兴,始祛穷理于外之弊,而归本直觉——他叫良知。然犹忽于照看外边;""虽救朱子之失,自己亦未为得。"阳明之门多高明之士,泰州一派,明末黄黎州、王船山等,几近孔家人生态度。

"清代实只有讲经的一派,这未始于孔学无好处,然孔家的人生无人讲究,则不能否认。"唯有戴震乃谈人生。"戴氏之思想对于宋人为反抗","确是纠正宋人支离偏激之失。其以仁、义、礼、智不离乎血气心知,于孔孟之怀盖无不诉合。自宋以来,种种偏激之思想,固执之教条,辗转相传而益厉,所加于社会人生的无理压迫,盖已多矣;有此反动,实为好现象"。惜乎未生影响。"此后讲经家中有所谓今文家者出,到康长素、梁任公益呈特彩。"但此种"人生态度"实不合孔子,"而假借孔经,将孔子精神丧失干净";"把孔子、墨子、释迦、耶稣、西洋道理,乱讲一气";移花接木,本塞不通。"然非其杂引搅扰之功",难了数千年混乱之局,而开此后之新局。[1]

中国人的生活。梁漱溟说:"大体上中国人生无论是孔是老,非孔非老,要皆属于第二路者"(第二种路向),可从三方面理解:一是物质生活方面。中国人的生活虽非孔子所谓"自得",却很少非分之求,简单朴素,知足长乐。但物质文明不甚发达,缺少种种发明创造,受制于自然;"一切起居享用都不如西洋人"。但"中国人以其与自然融洽游乐的态度,有一点就享受一点,而

---

[1] "人生"或谓"性理"。梁漱溟说:"我不欢喜用性理的名词。在孔子只有所谓人生无所谓性理,性理乃宋人之言,孔子所不甚谈者。"梁漱溟:《东西文化及其哲学》,《儒学复兴之路——梁漱溟文选》(曹锦清编选),上海:上海远东出版社1994年版,第97—100页。

西洋人风驰电掣的向前追求,以致精神沦丧苦闷,所得虽多,实在未曾从容享受"。实则人生态度、生活观念不同,中国人好静,知足长乐;西方人好动,探索追求为乐。二是社会生活方面。孔子伦理寓其絜矩之道,父慈、子孝、兄友、弟恭调和相济,不必强为尊卑,以长压幼,以上欺下。但儒家承受古代礼法,讲求尊卑有序,千百年来长上养尊处优,颐指气使;幼下容忍退让,绝无西洋人的抗争态度。宋以后礼教名教变本加厉。"数千年以来使吾人不能从种种在上的威权解放出来而得自由;个性不得伸展,社会性亦不得发达,这是我们人生上一个最大的不及西洋之处。"西洋人用理智,处处讲权利,社会如此,家庭如此;中国人用直觉(情感),屈己以从人,尚情无我。除去呆板教条、偏欹礼法,家庭、社会处处都得一种情趣,不冷漠敌对,算账计较,也算一种优胜。三是精神生活方面。中国人的精神生活并不较西方优胜。主张中国文化精神优胜者大谬不然,中国人在这一方面"实在是失败的":"情志一边的宗教,本土所有,只是出于低等动机的所谓祸福长生之念而已,殊无西洋宗教那种伟大尚爱的精神。文学如诗歌、赋、戏曲,虽多聪明精巧之处,总觉少伟大的气慨,深厚的思想和真情;艺术如音乐、绘画,……私臆以为或有非常可贵之处,然似只为偶然一现之文明而非普遍流行之文化。知识一边的科学,简直没有;哲学亦少所讲求,即有甚可贵者,然多数人并不作这种生渊,社会一般所有,只是些糊糊涂涂的思想。""只有孔子的那种精神生活,似宗教非宗教,非艺术亦艺术,与西洋晚近生命派的哲学有些相似。"

如此而已,中国文化既非西洋,亦非印度,而自成第二种路向。固是不趋前不让后,"然并非没有自己积极的精神,而只容忍与敷衍者"。孔子的态度全然不是容忍敷衍,"他是无入不自得"。古今中外,文化无不由"天才"所创造。"中国自黄帝至周公孔子几个人太聪明","其思想太玄深而致密,后来的天才不能出其上,就不能另外有所发明,而盘旋于其范围之中"。孔子"太周到妥贴的",正是他那"调和的精神",反误了中国人。[1]

---

[1] 梁漱溟:《东西文化及其哲学》,《儒学复兴之路——梁漱溟文选》(曹锦清编选),上海:上海远东出版社1994年版,第101—104页。

西洋人生哲学。西洋哲学"略于人事",其人生哲学"一言以蔽之,就是尚理智:或主功利,便须理智计算,或主知识,便须理智经营;或主绝对,又是严重的理性。"最初也有讲变化的形而上学,如黑列克立塔斯[1],诡辩学派主怀疑破坏,但归本于主观的利害。苏格拉底反对诡辩论,主张求真理,倡言"知识即道德"。苏格拉底以后各派,共同点都是"重知识"。柏拉图有其"善之观念",但必本于真知识。亚里士多德认为求知须有坚强的意志,主张以理性制驭欲望,以"中庸"为美德,反对偏敧。斯多噶派与伊壁鸠鲁派,前者绝情念而安于隐,不重生活;后者则提倡快乐主义,避利害而尚无苦痛。基督教时代"自为不看重人生者",唯其"博爱"一义影响深远。文艺复兴,"人生思想"脱宗教而独立。现时略有三派:英国、欧陆、德国。英国派主功利;大陆派主知识,"排感觉不重经验",倡理性(以意志统驭知识)。斯宾诺莎认为感性的人是盲目的,理性的人是自由的。理性即道德。德国派以康德为代表,意在调解理性主义与经验主义。康德认为道德既不是目的也不是手段,是无所为而为。情感本于欲望,不关道德;理性系于知识,亦与道德相悖;唯有无所为的理性的命令才是道德的命令。此外,费希特认为"道德之自身即为目的","纯粹道德之冲动在真正的自我满足";黑格尔则立意为道德寻求客观之标准,等等。至杜威的实验主义,西洋派人生哲学已达至顶端,变端已现,末运将至。

纵论东、西,运用唯识学理论,梁漱溟归结道:"(一)西洋生活是直觉运用理智的;(二)中国生活是理智运用直觉的;(三)印度生活是理智运用现量的。"他解释说:"直觉运用理智"是直觉之求,理智为用(目的理想都是直觉的,方法手段却是理智的);"理智运用直觉""是直觉用理智,以理智再来用直觉",即以理智支配直觉。"理智运用现量"是排斥理智和直觉(比非量)——"现量如实证比非量之全不如实。"[2]

世界文化的未来。依托自己的文化理论和分析,梁漱溟设想了世界文

---

[1] 赫拉克利特 Heraclitus。
[2] 梁漱溟:《东西文化及其哲学》,《儒学复兴之路——梁漱溟文选》(曹锦清编选),上海:上海远东出版社1994年版,第104—109页。

化的未来:第一,物质生活方面。今日"不合理的经济"须根本改正,基尔特一派的主张[1]或许能救治世弊:"大约那时人对于物质生活比今人(指西洋人)一定恬淡许多而且从容不迫,很像中国人从来的样子。"生产上设法增进劳动者的兴趣,向"艺术的创造"一路上走,直至恢复手工业,都是"中国的模样"。第二,社会生活方面。古今法律制度,"都是利用大家的计较心","藉刑赏来统驭大众的老办法"。"假使这种心理不能祛除","将触处都是问题而协作共营成为不可能"。梁漱溟说,"近世的人是从理智的活动,认识了自己",走向前的路;再往下走,就"像要翻过来的样子,从情感的活动,融合了人我,走尚情谊尚礼让的路",即向来"中国人之风"。"刑赏是根本摧残人格的,是导诱恶劣心理的,在以前或不得不用,在以后则不得不废。"这又合于孔子的理想:"道之以政,齐之以刑,民免而无耻;道之以德,齐之以礼,有耻且格。"(《论语·为政》)[2]人的情志方面的事,必托庇于宗教和美术。蔡元培提出"以美育代宗教",实则美术之力难敌宗教。但宗教日渐衰微,犹可代之者适为"孔子的礼乐"。梁漱溟认为,"以后世界是要以礼乐换过法律,全符合了孔家宗旨而后已"。但"礼乐的制作恐怕是天下第一难事"。世上只有两个先觉,即佛和孔子:"佛是走逆着去解脱本能路的先觉;孔子是走顺着调理本能路的先觉。"以后局面必走"以理智调理本能"的路,那就不得不请教这先觉的孔子。情感的问题"顶大",上至一国的法度,下至男女恋爱的问题,必恃礼乐"把心理调理到恰好"。第三,精神生活方面。人类"从物质的不满足时代转到精神不安宁的时代",尤以男女恋爱问题易引起"情志的动摇",实即"很富于走入宗教的动机"。宗教是人类出

---

[1] 即20世纪初产生于英国的基尔特社会主义。其主张在工会基础上成立专门的生产联合会,管理生产,实行生产自治和产业民主。仿效中世纪行会制度,由职业相同者基于互助精神组成团体,相互救济。国家负责产品的分配和保证民众的消费,以消灭剥削,解放劳动者。1920年代初罗素访华前后,梁启超、张东荪等都有提倡。(罗素的观点倾向于国家社会主义)

[2] 从文化心理上看,此论或有合理性,若从历史和社会现实看,则明显是空想。人孰能为圣贤! 非圣贤何以用礼治? 去法治而行礼治,恶刑治而尚德治的儒家"仁政"思想,千百年来究难成真,都在于不切实际。这种"人治"乌托邦正是儒学的软肋。梁漱溟沉溺其中。

世倾向之表现,"将求超绝与神秘"。"神秘"(趣味)或为时尚(依从直觉);超绝违逆情感,难成事实。须"辟出一条特殊的路来,同宗教一般"有慰藉人生情感之力,"无藉乎超绝观念",不含出世念想,"成功一种不单是予人以新观念并实予人以新生命的哲学"——这便是孔子的哲学,"而倭铿、泰戈尔一流属之"。"艺术的盛兴","礼乐的复兴"。"孔子那求仁的学问将为大家所讲究,中国的宝藏将于是宣露。""宗教将益浸微,要成了从来所未有的大衰歇。"——"又恰与中国的旧样子相合。"为此,梁漱溟展望:

> 世界上宗教最微弱的地方就是中国,最淡于宗教的人就是中国人,而此时宗教最式微,此时人最淡于宗教;中国偶有宗教多出于低等动机,其高等动机不成功宗教而别走一路,而此时便是这样别走一路,其路还即是中国走过的那路;中国的哲学几以研究人生占他的全部,而此时的哲学亦大有此形式;诸如此类,不必细数。[1]

为此,他否定了未来世界文化是东西文化融合调和的观点,认为其有两点谬误:一是只看"文化的呆面目而不留意其活形势——根本精神"。文化"根本精神"不同则无从融合。"未来文化只可截然的改换",而就其形式推论,"所改换又确为独属于中国一派"。二是感于东西文化各有弊端,求能尽善尽美。此则不明了"文化原是一态度或一方向,态度和方向没有不偏的"。[2] 文化无所谓好与不好,更不存在尽善尽美。文化的问题,调和适中不可得,变更方向便能走下去。

梁漱溟从而断言:"世界未来文化就是中国文化的复兴。"他说:世界三大文明(古希腊、古中国、古印度)都"对人类有很伟大的贡献"。就其态度

---

[1] 梁漱溟:《东西文化及其哲学》,《儒学复兴之路——梁漱溟文选》(曹锦清编选),上海:上海远东出版社1994年版,第111—114页。
[2] 梁漱溟:《东西文化及其哲学》,《儒学复兴之路——梁漱溟文选》(曹锦清编选),上海:上海远东出版社1994年版,第114—115页。

论,则有"合时宜不合时宜"。希腊人走第一条路向,"态度要对些";中国人和印度人的态度"嫌拿出来太早了些"。西方人中世纪也走过弯路(折入第三路),至文化复兴才回归本道,成就近世西洋文化。"西洋文化的胜利,只在其适应人类目前的问题。而中国文化印度文化在今日的失败,也非其本身有什么好坏可言,不过就在不合时宜罢了。"第一条路大家都曾走过的,只不过中国人印度人步子迈得太快,没走完第一步就走到第二步、第三步去了,造成"文化的早熟","只能委委曲曲表出一种暧昧不明的文化——不如西洋化那样鲜明"。直至"第一路走完,第二问题移进,不合时宜的中国态度遂达其真必要之会,于是照样也拣择批评的重新把中国人态度拿出来"。"中国化复兴之后将继之以印度化复兴。于是古文明之希腊、中国、印度三派竟于三期次第重现一遭。"此非玩笑!人类生活的问题实有此三层,文化的路径亦有这三种转折。人们"现在将以直觉的情趣解救理智的严酷","从理智的计虑移入直觉的真情"。但过犹不及,"到那情感益臻真实之后,就成了满怀唯一问题"。"第三期文化的开发"必着重解决此类"情欲"的问题。人类或可借此由物质的优裕达至精神的充沛——印度人的宗教生活差不多是一种贵族生活,若非"生计有安顿的人"难于企及。

故而概括来看,梁漱溟所谓三条路向的文化犹如三种品质的人生:进取的是"人"(物性),持守的是君子(圣贤),执着信仰的是贵族(佛)。

现今而言,当务之急,梁漱溟指出中国人在文化上应取的三种态度:

第一,要排斥印度的态度,丝毫不能容留;

第二,对于西方文化是全盘承受,而根本改过,就是对其态度要改一改;

第三,批评的把中国原来态度重新拿出来。[1]

---

[1] 梁漱溟:《东西文化及其哲学》,《儒学复兴之路——梁漱溟文选》(曹锦清编选),上海:上海远东出版社1994年版,第115—118页。

梁漱溟认为东方文化所以不及西方之处"就在步骤凌乱,成熟太早,不合时宜"。"他处在第一问题之下的世界,而于第一路没有走得几步,凡所应成就者都没有成就出来。""其实一民族之有今日结果的情况,全由他自己以往的文化使然","莫从抵赖"。时有新派、旧派之争,新派主张西化固然激进,但头脑明晰,笔锋锐利;旧派思想空泛,一付"中国故化"的老样子。实则西方民主和科学精神"完全是对的","只能为无条件的承认"。[1]

所以,梁漱溟认为,"对西方化要'全盘承受'",引进德谟克拉西和科学精神是当务之急;"否则,我们将永此不配谈人格,我们将永此不配谈学术"。当今中国"除掉西方化是一种风尚之外","佛化"也成一种较小的趋势。"旧基骤失,新基不立,惶惑烦闷,实为其主因。"但走"第三路"为时尚早,前路已失,后路不可再误。既往之失,"都是因不像西洋那样持此向前图谋此世界生活之态度而吃的亏","若再倡印度那样不注意图谋此世界生活之态度",岂非害人到底?故此大声疾呼:

> 我们现在所用的政治制度是采自西洋,而西洋则自其人之向前争求态度而得生产的,但我们大多数国民还依然是数千年来旧态度,对于政治不闻不问,对于个人权利绝不要求,与这种制度根本不适合;所以才为少数人互竞的掠取把持,政局就翻覆不已,变乱遂以相寻。故今日之所患,不是争夺权利,而是大家太不争权夺利;只有大多数国民群起而与少数人相争,而后可以奠定这种政治制度,可以宁息累年纷乱,可以获持个人生命财产一切权利,如果再低头忍受,始终打着逃反避难的主意,那么就永世不得安宁。在此处只有赶紧参取西洋态度,那屈己让人的态度方且不合用,何况一味教人息止向前争求态度的佛教?[2]

---

[1] 梁漱溟:《东西文化及其哲学》,《儒学复兴之路——梁漱溟文选》(曹锦清编选),上海:上海远东出版社1994年版,第119—120页、第122页。

[2] 梁漱溟:《东西文化及其哲学》,《儒学复兴之路——梁漱溟文选》(曹锦清编选),上海:上海远东出版社1994年版,第122—124页。

梁漱溟说:若以佛论,"人类是无论如何不能得救的,除非他自己解破了根本的二执——我执、法执"。况且"佛教是要在生活美满后才有他的动机"。若此求生不得,即以为解脱生死,将来求生可得,就用不着他了。"孔与佛恰好相反:一个是专谈现世生活,不谈现世生活以外的事;一个是专谈现世生活以外的事,不谈现世生活。这样,就致佛教在现代没有多大活动的可能。"

他说:"我要提出的态度便是孔子之所谓'刚'。""刚"是内面充实的一种活动。"我今所要求的,不过是要大家往前动作,而此动作最好要发于直接的情感,而非出自欲望的计虑。"所谓无欲则刚,"刚毅木讷近仁"。一个人不仅意志刚强,而且感情充沛。因为——

我们此刻无论为眼前急需的护持生命财产个人权利的安全而定乱入治,或促进未来世界文化之开辟而得合理生活,都非参取第一态度,大家奋往向前不可,但又如果不根本的把他含融到第二态度的人生里面,将不能防止他的危险,将不能避免他的错误,将不能适合于今世界第一和第二路的过渡时代。[1]

所以,梁漱溟认为,以前关于"西方化"的倡导,"都偏欲望的动",而应稍稍变更方向到"感情的动"。犹如罗素所谓"创造冲动"——"含融了向前的态度,随感而应。"由此"才真有力量,才继续有活气,不会沮丧,不生厌苦,并且从他自己的活动上得了他的乐趣。只有这样向前的动作可以弥补了中国人夙来缺短,解救了中国人现在的痛苦,又避免了西洋的弊害"。亦如中国人向来的态度:由近于老子的"阴柔坤静",转向孔子的"阳刚乾动"。

梁漱溟倡导"再创讲学之风",借此"昭苏中国人的人生态度","把生气剥尽死气沉沉的中国人复活过来"。实现真正中国的"文艺复兴"。他说:

---

[1] 梁漱溟:《东西文化及其哲学》,《儒学复兴之路——梁漱溟文选》(曹锦清编选),上海:上海远东出版社1994年版,第125—127页。

> 有人以"五四"而来的新文化运动为中国的文艺复兴;其实这新运动只是西洋化在中国的兴起,怎能算得中国的文艺复兴?若真中国的文艺复兴,应当是中国自己人生态度的复兴。[1]

他认为,"应当多致力于普及而不力求提高"。孔子所谓"极高明而道中庸"。梁漱溟相信,"孔子的东西不是一种思想,而是一种生活"。[2]

综上所述,梁漱溟从世界文化史和比较文化学角度,对东西方文化及其哲学抒发了系统而独特的见解,不仅表达了他对孔子哲学进行本体论阐释的欲望,而且对东西方文化的本质和差异性进行了理性回溯和新的梳理,从文化形态学角度纵论世界大势,对人类文化史提出了自己的见解并做出了理想主义的展望。他有关中国化(东方化)与西方化相交替的观点,站在文化史角度,基于独特视野做出的理论分析和判断,就自身逻辑性和理论价值而言,自有其合理性和前瞻性。在"五四"时代,这不仅是对中西方文化差异和未来走向做出的独特判断,也是在新旧观念对立中至为重要的文化理性省视。尽管带有诸多乌托邦式的空想,但其在阶段论意义上实现中西文化交替互补的观点,及中国"文艺复兴"的主张颇具独特性,其以民族主义立场提出尽快尽情接受西方政治、科学文明的主张,在保守主义阵营亦具有难能可贵的积极意义。从学术史上看,梁漱溟可谓在中国现代学术文化史上第一次真正开创了比较文化和文化形态学研究的先河,表现出博大的知识视野和宽广的人文情怀,为现代学术文化史注入了新的方法和理念。作为中国"最后一个儒家",实则并不在于梁漱溟思想中融入了多少儒家的成分,而是他怀有一种来自孔子精神的忧国忧民的担当和抱负,以及源于知识分子文化良知的使命感与自觉性。而其深明大义,固守根本,又正表现出一种孔子式的"知其不可为而为之"的精神情怀。

---

[1] 梁漱溟:《东西文化及其哲学》,《儒学复兴之路——梁漱溟文选》(曹锦清编选),上海:上海远东出版社1994年版,第129页。
[2] 梁漱溟:《东西文化及其哲学》,《儒学复兴之路——梁漱溟文选》(曹锦清编选),上海:上海远东出版社1994年版,第129—130页。

胡适曾站在实行的立场指责梁漱溟思想的"笼统":用"一个简单的公式""笼罩一大系的文化",把"历史上程度的差异,认作民族生活根本不同方向的特征","凭空想出某民族生活是某种作用运用某种作用"的"玄之又玄"的"妙论"。他认为并不是中国人、印度人脱离了"生活本来的路向","不过因环境有难易,问题有缓急,所以走的路有迟速的不同"。他看待文化只有向前,而没有返身向后的问题。民族文化的未来是世界文化,不可能是梁漱溟所谓三种"文化路向"的循环和"复兴"。[1]

第二节 学衡派:"中西合璧"的思想与学术

在现代文化史上,学衡派被视作一种保守主义的文化思潮,但其学术思想显然是民族主义的。学衡派的代表人物梅光迪、胡先骕、吴宓等,都有着与新文化派代表人物(胡适、陈独秀、刘半农、鲁迅等)相似的"学贯中西"的知识背景和文化履历。略有区别的是,学衡派成员均留学欧美,鲜有留学日本者;新青年派除胡适外,主要留学日本。或许正因如此,学衡派代表人物对于新文化运动的批判主要集中于胡适。

学衡派因《学衡》杂志得名。1922年1月《学衡》创刊于南京东南大学,上海中华书局出版发行。1922年2月4日,胡适在日记中写道:"东南大学梅迪生等出《学衡》,几乎专是攻击我的。"[2]

众所周知,胡适与学衡派代表人物梅光迪(觐庄)、胡先骕的"恩怨"由来有自。胡适与梅光迪早年相识,往来频繁,堪称好友。1911年,梅光迪晚胡适一年成为清华留美预备学校官费留学生。1915年,两人还在美国留学期间,胡适"尝试"白话诗,遭到梅光迪反对。胡适说:"在一班人中,最守旧的是梅觐庄,他绝对不承认中国古文是半死的或全死的文字。因为他的反

---

[1] 胡适:《读梁漱溟先生的〈东西文化及其哲学〉》,《胡适学术文集·哲学与文化》(姜义华主编),北京:中华书局2001年版,第146—147、152页。
[2] 胡适:《胡适日记全编(3)》(曹伯言整理),合肥:安徽教育出版社2001年版,第546页。

驳,我不能不细细想过我自己的立场。他越驳越守旧,我倒渐渐变的更激烈了。我当时提到中国文学必须经过一场革命;'文学革命'的口号,就是那个夏天我们乱谈出来的。"[1]此时,胡适已入哥伦比亚大学哲学系,成为杜威的入室弟子;而梅光迪正预备进入哈佛大学,师从白璧德。胡先骕1913年赴美学农,初不识胡适,得友人介绍相识。1916年末,胡适作《文学改良刍议》,其中"务去烂调套语"一则批评胡先骕刊于《留美学生季报》之《齐天乐·听临室弹曼陀铃》词,摘引"荧荧夜灯如豆,映幢幢孤影,凌乱无据。翡翠衾寒,鸳鸯瓦冷,禁得秋宵几度。幺弦漫语,早丁字帘前,繁霜飞舞。袅袅余音,片时犹绕柱"数句,谓之"仅一大堆陈套语耳"。这是他们文学(文化)立场上的第一道分水岭。

学衡派不同于"国故派",其与胡适的矛盾,除新旧文化冲突的历史因素外,在文化观念上还反映了在美国思想界由来已久的杜威学说与白璧德学说的对立和矛盾。杜威学说强调科学至上和实用理性,白璧德新人文主义则是一种精神至上的道德理性主义。在文学上即梁实秋所谓"古典的"与"浪漫的"之冲突。白璧德欣赏孔子而否定卢梭,因而得到持文化保守主义立场的中国知识分子的亲睐。这不仅有学衡派诸人,还包括起先赞成浪漫主义,后改宗古典主义的新文学家梁实秋等。

在中国新文化(文学)运动史上,本土性的文化保守主义随着林纾及以刘师培为代表的"国故派"退出历史舞台而日薄西山。随着1920年1月北洋政府教育部颁布第一个改小学一、二年级"国文"为"国语"的法令,白话文代替文言文已成历史的趋势。所以胡适说:"《学衡》的议论,大概是反对文学革命的尾声了。我可以大胆说,文学革命已过了讨论的时期,反对党已经破产了。"(《五十年来中国之文学》)

有论者指出:"在新文化运动后期,从学理上抗拒'新青年派'文化激进主义思想的是'学衡派'。二者的交锋主要是文学,并由此发散到人生信

---

[1] 胡适:《逼上梁山——文学革命的开始》,《中国新文学大系·建设理论集》,上海:上海良友图书公司1935年版,第6页。

仰、学者精神、学术研究,以及整个新文化思潮。"[1]这亦不是偶然的。与旧保守主义不同的是,学衡派成员不仅富于国学素养,更是深受欧美文化熏陶。他们的人文主义思想不是来自孔子,而是来自白璧德。阿伦·布洛克认为,西方思想有三种传统:一是超自然的神学,集焦点于上帝;一是知识化的科学,集焦点于自然;一是人文主义,集焦点于人——"以人的经验作为人对自己,对上帝,对自然了解的出发点。"[2]人文主义在启蒙时代主要表现为去除宗教蒙昧主义和神秘主义,树立人的情感主体性和知识主体性——前者派生浪漫主义文学,后者派生理性主义哲学乃至科学。至19世纪,在美国,理性主义蜕化为实用主义和唯科学主义,浪漫主义则使文学走上欲望至上和虚无主义。如果说杜威哲学代表了典型的美国式的实用理性主义,白璧德则相反,而是以对实用主义的批判和对浪漫主义的否定作为建构其新人文主义的出发点。梁实秋认为,白璧德的思想有两个基本观念:"一个是人与物有别,一个是人性二元论。""把人当作物,即泯灭了人性,而无限制发展物性,充其极即是过分的自然科学的进步,而没有人去适当的驾驭那些科学的成果,变成为纯粹的功利主义。"即其所谓"科学的自然主义"。另一方面是情感的自然主义,即浪漫主义。浪漫主义放纵情感,企图打破一切束缚,是一股破坏性的力量。浪漫主义者有一种不切实际的理想,那就是人性皆善。白璧德认为,人性总是二元的:欲望和理智。人之为人,即在能以理智控制欲念。他认为,人最需要的不是浪漫主义者所谓的"创造力"(如博格森所说),而是"内在控制力"(即如儒家主张的节欲)。因此,白璧德推崇儒家的"克己复礼","他的理想是'中庸'"。[3]

学衡派的学术理念与其文化理想紧密相关,基本目的是反对"文学革命",维护文言文的独尊地位。在思想观念上,既是保守主义和民族主义

---

[1] 沈卫威:《回眸"学衡派"——文化保守主义的现代命运》,北京:人民文学出版社1999年版,第5页。
[2] 阿伦·布洛克:《西方人文主义传统》(董乐山译),北京:生活·读书·新知三联书店1997年版,第12页。
[3] 梁实秋:《关于白璧德先生及其思想》,《梁实秋批评文集》(徐静波编),珠海:珠海出版社1998年版,第215—216页。

的,又是自由主义和理性主义的。他们对中国传统文化并非简单维护,而是本于新的立场和方法,开展系统研究和新的阐发,实践其"中西合璧"的文化理想。《学衡》创刊时宣示"宗旨"说:"论究学术,阐求真理,昌明国粹,融化新知。以中正之眼光,行批评之职事,无偏无党,不激不随。"[1]除文学批评外,他们的学术活动还包括历史研究、文学和文化史研究等,开启后学,成就卓著,影响深远。如陈寅恪"诗史合璧"的隋唐史研究、汤用彤的佛学研究、柳诒征的文化史研究等。

作为新文学最后一个反对派,就其代表人物梅光迪、胡先骕与胡适等的关系而言,亦是新文学最早和最坚决的反对派。梅光迪与胡适在美国最早有文言、白话之争,胡适后在《文学改良刍议》中借"务去烂调套语"暗批胡先骕。1919年初,胡先骕在《南京高等师范日刊》发表《中国文学改良论》[2],持论以为中国文学唯存改良毋须革命,反对《新青年》对于白话文学的提倡。胡先骕认为,口语(白话)只能书之为文字,而不能为文学。"文学自文学,文字自文字。文字仅取其达意,文学则必于达意之外,有结构、有照应、有点缀。而字句之间,有修饰,有锻炼。凡曾习修辞学作文学者,咸能言之,非谓信笔所之,信口所说,便足称文学也。故文学与文字,迥然有别。今之以言文学革命者,徒知趋于便易,乃昧于此理矣。""言文合一,谬说也。欧西言文,何尝合一。""口语所用之字句,多写实,文学所用之字句多抽象。""用白话以叙说高深之理想,最难剀切简明。""何必不用简易之文言,而必以驳杂不纯口语代之乎。"

因此,胡先骕反对"文学革命",他说:"古语有云,利不十不变法。……且语言若与文字合而为一,则语言变而文字亦随之而变。……向使以白话为文,随时变迁,宋元之文,已不可读,况秦汉魏晋乎。此正中国言文分离之优点,乃论者以之为劣,岂不谬哉。且《盘庚》《大诰》之所以难于《尧典》

---

[1] 《学衡杂志简章》,《学衡》第1期,1922年1月。
[2] 胡先骕《中国文学改良论》首先在《南京高等师范日刊》发表(期号不详),《东方杂志》以《中国文学改良论上》转载于第16卷第3号,1919年3月。据罗家伦《驳胡先骕君的中国文学改良论》附言,此文实实只成上篇。

《舜典》者,即以前者为殷人之白话,而后者乃史官文言之记述也。故宋元语录,与元人戏曲,其为白话,大异于今,多不可解。然宋元人之文章,则与今日无别。论者乃恶其便利,而欲故增其困难乎。……盖人之异于物者,以其有思想之历史,而前人之著作,即后人之遗产也。若尽弃遗产,以图赤手创业,不亦难乎。……故欲创造新文学,必浸淫于古籍,尽得其精华,而遗其糟粕,乃能应时势之所趋,而创造一时之新文学,如厮始可望其成功。"

罗家伦曾撰文《驳胡先骕君的中国文学改良论》,认为文学与文字的区别,不仅仅在于"有结构,有照应,有点缀;字句之间,有修养,有锻炼",文学"是为人生的表现和批评而有的","艺术"而外,还有"最好的思想""感情""想象""体性(Style)""普遍"等等特质。"胡君乃以修词学和作文学来骄人,……所讲的不过是艺术的一小部分",因而可见"对于文学的体用和特质不曾明了"。白话文学并非简单的言文合一,"白话既是说白,自必以语言为根据",无论"引车卖浆"者还是"文人学士",其言语均可入文学。"只看文学家用的时候,各得其当好了。"白话文学的"白话",本质必须洁白,"本质洁白然后有艺术种种可言"。"写实"与"抽象",本就内容上而言,并非从字面上言之,胡君乃将"文学"与"文字"混为一谈了。

罗家伦认为,胡先骕以为白话变迁不定,古文有其一成不变的陈式,自然数千余年来一以贯之。此乃以弊为利,以非为是之论。其以"不可解"之宋元"语录"与《元曲选》正在于存古文学之精华,寓大众文学之真谛("虽有难懂之语,要亦极少","无害大意")。另外,"胡君以为做白话文不能保存古籍,不知道做白话文是一件事,考古又是一件事"。文学是"为人生"的,并非"为考古而有的"。中国新文学的创造,其目的就在于摆脱传统文学脱离社会人生,似乎只为"考古"而设的僵化局面,而直接为现实社会人生服务。[1]

《学衡》创刊后,梅光迪在第1期发表《评提倡新文化者》,认为文学只有形式与体裁的增加和并存,而无革命。"夫革命者,以新代旧,以此易彼

---

[1] 罗家伦:《驳胡先骕君的中国文学改良论》,《新潮》第1卷第5号,1919年5月。

之谓。若古文白话递兴,乃文学体裁之增加,实非完全变迁,尤非革命也。……盖文学体裁不同,而各有所长,不可更代混淆,而有独立并存之价值,岂可尽弃他种体裁,而独尊白话乎?文学进化至难言者,西国名家(如英国19世纪散文及文学评论大家韩士立[Hazlitt])多斥文学进化论为流俗之错误,而吾国人乃迷信之。""彼等以推翻古人与一切固有制度为职志,诬本国无文化,旧文学为死文学,放言高论,以骇众而眩俗。然夷考其实,乃为最下乘之模仿家。其所称道,以创造矜于国人之前者,不过欧美一部分流行之学说。或倡于数十年前,今已视为谬陋,无人过问者。杜威罗素为有势力思想家中之二人耳,而彼等奉为神明,一若欧美数千年来思想,只有此二人者。马克斯之社会主义,久已为经济学家所批驳,而彼等犹尊若圣经。其言政治,则推俄国,言文学,则袭晚近之堕落派(The Decadent Movement 如印象、神密、未来诸主义,皆属此派。所谓白话诗者,纯拾自由诗 Vers libre 及美国近年来形象主义 Imagism 之余唾;而自由诗与形象主义,亦堕落派之两支,乃倡之者数典忘祖,自矜创造、亦太欺国人矣)。""彼等于欧西文化,无广博精粹之研究,故所知既浅,所见尤谬。以彼等而输进欧化,亦厚诬欧化矣。""彼等非但模仿西人也,亦互相模仿。本无创造天才,假创造之名,束书不观,长其堕性。""其于学问,本无彻底研究,与自信自得之可言,特以为功利名誉之念所驱迫,故假学问为进身之阶。……民国以来,功名之权,操于群众,而群众之智识愈薄者,其权愈大。……盖恒人所最喜者,曰新曰易,幼稚人尤然。其于学说之来也,无审择之能。若使贩自欧美,为吾国夙所未闻,而又合于多数程度,含有平民性质者,则不胫而走,成效立著。惟其无审择之能,以耳代目,于是所谓学问家者,乃有广告以扩其市场,有标榜以扬其徒众。喧呼愈甚,获利愈厚。……彼等既以学问为其成功之具,故无尊视学问之意,求其趋时投机而已。杜威罗素之在华也,以为时人倾倒,则皆言杜威罗素;社会主义与堕落派文学,亦为少年所喜者也,则皆言社会主义与堕落派文学。而真能解杜威罗素社会主义与堕落派文学,有所心得,知其利弊者,有几人乎?学问既以趋时投机为的,故出之甚易,无切实探讨之必要。以一人而兼涉哲理文学政治经济者,所在多有。后生小子,未有不诧为广博无涯者。……东西学者,多竭数年或数十年之力而成一书,故为不刊之作,传之久远。今之所谓学者,或谓能于一年内成中国学术史五六种,或立会聚徒,包办社会主义与俄罗斯、犹太、波兰等国之文学。或操笔以待,每一新书出版,必为之序,以尽其领袖后进之责。顾亭林曰:人之患在好为人序。其此之谓乎?故语彼等以学问之标准与良知,犹语商贾以道德,娼妓以贞操也。夫以功利名誉之熏心,乃不惜牺牲学问如此,非变相之科举梦而何?""利用群众心理,人性弱点,与幼稚智识之浅薄,情感之强烈,升高而呼,如建瓴而泻水,以遂其功利名誉之野心而已。"

梅光迪呼吁传统文化之改造,他说:"吾国数千年来,以地理关系,凡其邻近,皆文化程度远逊于我。故孤行创造,不求外助,以成此灿烂伟大之文化。先民之才智魄力,与其惨淡经营之功,盖有足使吾人自豪者。今则东西邮通,较量观摩,凡人之长,皆足用以补我之短,乃吾文化史上千载一时之遭遇。国人所当欢舞庆幸者也。然吾之文化既如此,必有可发扬光大,久远不可磨灭者在。""改造故有文化,与吸取他人文化,皆须先有彻底研究,加以至明确之评判,副以至精当之手续,合千百融贯中西之通儒大师,宣导国人,蔚为风气,则四五十年后,成效必有可观也。"进而斥责新文化运动及其倡导者:"今则以政客诡辩家与夫功名之士,创此大业,标袭喧嚷,侥幸尝试,乘国中思想学术之标准未立,受高等教育者无多之时,挟其伪欧化,以鼓起学历浅薄血气未定之少年。故提倡方始,衰象毕露。"[1]

在《评今人提倡学术之方法》中,梅光迪对提倡新文学者"必不容反对者有讨论之余地"的立场尤持反对态度,认为其"门户党派之见,萃不可破,实有不容他人讲学,而欲养成新式学术专制之势"。"彼等不容纳他人,故有上下古今,惟我独尊之概。其论学也,未尝平心静气,使反对者毕其词。又不问反对者所持之理由,即肆行谩骂,令人难堪。""欧洲士习,渐趋礼让,再防之以法律。""今之吾国提倡学术者,方以欧化相号召,奈何不以今之欧

---

[1] 梅光迪:《评提倡新文化者》,《学衡》第1期,1922年1月。

美学者与君子合一者为法乎。"〔1〕

吴宓《论新文化运动》一文,持论与梅光迪略同,他说:"何者为旧,何者为新,此至难判定者也。原夫天理人情物象,古今不变,东西皆同。盖其显于外者,形形色色,千百异状,瞬息之顷,毫厘之差,均未有同者。然其根本定律则固若一。……举凡典章文物、理论学术,均就已有者层层改变,递嬗而新,未有无因而至者。……以学问言之,物质科学,以积累而成,故其发达也,循直线以进,愈久愈详,愈晚出愈精妙。然人事之学如历史、政治、文章、美术等,则或系于社会之实境,或由于个人之天才,其发达也无一定之轨辙。故后来者不必居上,晚出者不必胜前。因之,若论人事之学,则尤当分别研究,不能以新夺理也。总之,学问之道,应博极群书,并览古今,夫然后始能通底彻悟,比较异同。如只见一端,何从辩证?势必以己意为之,不能言其所以然,而仅以新称,遂不免党同伐异之见。……今新文化运动,其于西洋之文明之学问,殊未深究,但取一时一家之说,以相号召,故既不免舛误迷离,而尤不能当新之名也。"就文学而言,吴宓认为,"文学之根本道理,以及法术规律,中西均同,细究详考,当知其然。文章成于摹仿(Imitation)。古今之大作者,其幼时率皆力效前人,节节规抚,初仅形似,继则神似,其后逐渐变化,始能自出心裁。未有不由摹仿而出者也。""文学之变迁多由作者不摹此人而转摹彼人,舍本国之作者,而取异国为模范,或舍近代而返求之于古,于是异彩新出,然其不脱摹仿一也。""西洋真正之文化与吾国之国粹,实多互相发明,互相裨益之处。甚可兼蓄并收,相得益彰。诚能保存国粹,而又昌明欧化,融会贯通,则学艺文章,必多奇光异彩。关系全在选择之得当与否。""凡读西洋之名贤杰作者,则日见国粹之可爱;而于西洋文化专取糟粕,采卑下一派之俗论者,则必反而痛攻中国之礼教典章文物矣。"〔2〕

可见,较之林纾、"国故"派的尚古、复古论调,"学衡"派显然多了一张

---

〔1〕 梅光迪:《评今人提倡学术之方法》,《学衡》第 2 期,1922 年 2 月。
〔2〕 吴宓:《论新文化运动》,《学衡》第 4 期,1922 年 4 月。

"学贯中西"的护身符,兼存"中正平和"之貌。其论虽非言之无据,但反对革命,主张改良和渐变,并无新意。置此新潮澎湃之时,更似强弩之末。郑振铎在《中国新文学大系·文学论争集》导言中说:"林琴南们对于新文学的攻击,是纯然的出于卫道的热忱,是站在传统的立场上来说话的。但胡梅辈却站在'古典派'的立场上来说话了。他们引致了好些西洋的文艺理论来做护身符,声势当然和林琴南、张厚载们有些不同。但终于'时势已非',他们是来得太晚了一些。"[1]因为他们对于中国文学的本质变迁持否定态度,新文学派不可能接受他们的观点。鲁迅1922年2月在《晨报》副刊发表《估〈学衡〉》一文,其中说:"夫所谓《学衡》者,据我看来,实不过聚在'聚宝之门'左近的几个假古董所放的假毫光;虽然自称为'衡',而本身的称星尚且未曾钉好,更何论于他所衡的轻重的是非。所以,决用不着较准,只要估一估就明白了。"文中拈出《学衡》第1期《弁言》以下诸篇"咬文嚼字""估量"了一番,指出:"诸公掊击新文化而张皇旧学问,倘不自相矛盾,倒也不失其为一种主张。可惜的是于旧学并无门径,并主张也还不配。倘使字句未通的人也算是国粹的知己,则国粹更要惭惶煞人!'衡'了一顿,仅仅'衡'出了自己的铢两来,于新文化无伤,于国粹也差得远。"[2]

《学衡》第1、2期上,胡先骕发表了一篇二万余字的"书评"——《评尝试集》,即是对胡适"专是攻击"的见证。总体上看,该文却可谓说理周详、分析透彻,非《新青年》派不尚论析,专为凌厉之文可比。胡先骕不仅站在旧文学诗论的立场上,对传统诗的格律化进行了辩护,对其体裁沿革、历史流变和艺术特征、文学品质等进行了较为细致的分析,并联系西方诗学和诗论进行整体透视,把中国诗歌与西方诗歌放在同一的人类文学史和文化史上进行认识和比较,也为现代比较文学和中西诗学的比较研究开创了先

---

[1] 郑振铎:《中国新文学大系·文学论争集(导言)》,《中国新文学大系·文学论争集》,上海:上海良友图书公司1935年版,上海文艺出版社1981年影印,第13页。
[2] 鲁迅:《估〈学衡〉》,《鲁迅全集》第1卷,北京:人民文学出版社1981年版,第377—379页。

例。放在现代学术史上看,亦不失为一篇真正具有理论深度和学术高度的文学论文。以此来看《学衡》,则可见其应有的学术史价值。胡适指其为"学骂"是不严肃的。[1]

但如果仅仅纠缠于学术观点和文学观念上的正误、对谬,胡先骕《评尝试集》一文无疑是对新文学成就的全盘否定,特别是把胡适《尝试集》所开创的白话诗传统和"诗体大解放"运动,从是否真正是诗或是否真正是文学的高度进行辨析和批评,一方面强调了传统文学及诗歌艺术自身发展的规律性,另一方面则明显地否定了现代白话诗歌的文学特质和艺术实践之路。这是新文学倡导者所不能认可的。("五四"以后以新月派为代表的新诗格律化主张和实践,部分证明了胡先骕观点的正确性)

具体而言,胡先骕《评尝试集》从"声调格律音韵与诗之关系"出发,对"文言白话用典与诗之关系""诗之模仿与创造""古学派浪漫派之艺术观与其优劣""中国诗进化之程序及其精神"等问题,从文学史的高度,以其"中西合璧"的理论视野给予了较为详尽的辨析。进而对胡适《尝试集》的性质、价值和效用做出了评判。今天看来,其论述是具有较宏观的学术视野和一定的理论深度的,持论也富于理性色彩。尽管涉及新旧文学对立的问题,多以旧文学的立场做出评判,但如果仅作学术性的理解,其见解也未可厚非。其中,胡先骕指责胡适《尝试集》中《周岁》《上山》《我的儿子》《威权》《应该》等篇"仅为白话而非诗"。并说:"其中虽不无稍有情意之处,然亦平常日用语言之情意,而非诗之情意也。夫诗之异于文者,文之意义,重在表现(Denote);诗之意义,重在含蓄(Counate)与暗示(Suggest)。文之职责,多在合于理性;诗之职责,则在能动感情。"站在诗或文学本体论的立场上看,这样的评判也较中肯。

其中,胡先骕着眼于诗与文的差别,就诗作为"语言的艺术"而论诗之特性,指出:"夫对仗之功用,正与句法之整齐,音韵之谐叶,与夫双声叠韵,

---

[1] 1922年2月4日,胡适在日记中作"打油诗"一首,题《学衡》:"老梅说:'《学衡》出来了,老胡怕不怕?'(迪生问叔永如此。)老胡没有看见什么《学衡》,只看见了一本《学骂》!"胡适:《胡适日记全编(3)》(曹伯言整理),合肥:安徽教育出版社2001年版,第549页。

同为增加诗之美感之物。"所谓"'句法太整齐了,就不合语言的自然',以为中国之诗一变而为长短句之词,为一大进步"。胡先骕则认为:"词之所以较诗为高者,即以句不整齐而近乎语言之自然之故。然则何以有句法不整齐之元曲之后,乃一变而有句法整齐之剧本弹词,与乡民之曲本乎?且词曲之格较弹词剧本为高,此吾人所承认者。杂剧退化始成今日未调之剧本,传奇退化始成今日之弹词。文学退化之趋向,为解放,为舍难就易,为减少人为的,而增加自然的。而结果如此,是诗歌句法整齐,反较不整齐为自然也。胡君不察此理,妄谓句法整齐为不自然,乃以语言为证。殊不知诗出于歌谣,文出于语言,而歌谣与语言,一发原于情感,一发原于智慧,皆为初民同时所共有之才能,非歌谣出于语言也。……今取语言以况诗歌,是待不同类之物以相比较,无怪其无往不误也。"

胡先骕指出:"中国诗以五言古诗为高格诗最佳之体裁,而七言古五七言律绝与词曲为其辅。如是则中国诗之体裁既已繁殊,无论何种题目何种情况,皆有合宜之体裁,以为发表思想之工具,不至如法国诗之为亚力山大体所限,尤无庸创造一种无纪律之新体诗以代之也。"近代中国"诗学不昌",不在"工具不善",在"实质不充"。而不能"以实质之不充,遂并历代几经改善之工具而弃去之破坏之也"。他说:"文学之死活,以其自身之价值而定,而不以其所用之文字之今古为死活。"其评胡适《尝试集》,直谓:"胡君之尝试集死文学也。以其必死必朽也,不以其用活文字之故,而遂得不死不朽也。物之将死,必精神失其常度,言动出于常轨。胡君辈之诗卤莽灭裂趋于极端正其必死之征耳。"[1]

胡先骕判定胡适及《新青年》派诸新诗为"必朽",在于认定其"漫无限制","要之趋于极端之弊耳",认为"纠正之道"在"笃守中庸"。他引白璧德的话说:"凡真正人文主义(Humanistic)方法之要素,必为执中于两极端。其执中也,不但须有有力之思维,且须有有力之自制,此所以真正之人文主义家,从来稀见也。""若欲重振人文主义,必对于19世纪所特有之浪漫主

---

[1] 胡先骕:《评尝试集》,《学衡》第1期,1922年1月。

义、科学、印象主义,与独断主义,皆有几分之反动也。"以此观之,胡先骕认为:

> 尝试集之价值与效用,为负性的。夫我国青年既与欧洲文化相接触,势不能不受其影响,而青年识力浅薄,对于他国文化之优劣,无抉择之能力,势不能不于各派皆有所模仿。然以模仿颓废派之故,至有如是之失败,则入迷途之少年,或能憬悟主张偏激之非而知中道之可贵,洞悉溃决一切法度之学说之谬妄,而知韵文自有其天然之规律,庶能按步就班力求上达也。且同时表示现代之文学尚未产出,旧式之名作,亦有时不能尽餍吾人之望。虽今日新诗人创作新诗之方法错误,然社会终有求产出新诗之心。苟一般青年知社会之期望,而勤求创作之方,则虽"此路不通",终有他路可通之一日。是胡君者真正新诗人之前锋,亦犹创乱者为陈胜吴广而享其成者为汉高。此或尝试集真正价值之所在欤。〔1〕

就《尝试集》之文学价值而言,胡先骕此论不无道理。新月派诗人朱湘在评《尝试集》中对胡适的批评,可资参证。〔2〕对于胡先骕的批判和否定,1922年3月,胡适在《〈尝试集〉四版自序》中曾有讽喻,他说:"这几句话(按:指上引胡先骕谓'胡君之尝试集死文学'语),我初读了觉得很象是骂我的话;但这几句话是登在一种自矢'平心而言,不事嫚骂,以培俗'的杂志上的,大概不会是骂罢?无论如何,我自己正在愁我的解放不彻底,胡先骕教授却说我'卤莽灭裂趋于极端',这句话实在未免过誉了。至于'必死必朽'的一层,倒也不在我的心上。况且胡先骕教授又说:'陀司妥夫士忌、戈

---

〔1〕 胡先骕:《评尝试集(续)》,《学衡》第2期,1922年2月。
〔2〕 朱湘评《尝试集》认为,胡适诗之弊在"矫揉的背景""平庸的思想"和"诗的经验主义"。其"内容粗浅,艺术幼稚"实足以全盘否定。朱湘:《新诗评·尝试集》,《晨报副刊·诗镌》第1期,1926年4月1日。

尔忌之小说,死文学也。不以其轰动一时遂得不死不朽也。'胡先骕教授居然很大度的(地)请陀司妥夫士忌来陪我同死同朽,这更是过誉了,我更不敢当了。"〔1〕

　　成立于1921年的文学研究会,以沈雁冰、郑振铎等为代表,亦曾加入对学衡派的论争。1922年,沈雁冰在《时事新报·文学旬刊》发表《评梅光迪之所评》《驳反对白话诗者》等文章,指出梅光迪否认文学进化论,"极力慕古",提倡"模仿古人","崇拜古人"是"颠倒系统"。标榜西学,却"以一人之嗜好,抹煞普天下之真理","以自己的嗜好抹煞西洋半世纪来评论界的'定评'","见一隅而不见全体"。关于文学进化论问题,沈雁冰认为:"文学进化论大别有两种解释:一是指文学的形式的进化,如叙事诗歌之于歌剧等等。一是把达尔文进化论的原理应用在文艺上,把文艺看作一个生物。这两说:前者由来已久,众说纷呶,现尚未有定论;(梅君文中只混指文学进化论,未曾分别言之,已觉太含糊。)梅君引韩士立〔2〕为证,未免类乎'灯草撞钟'。因为韩士立逝世将及百年,这百年中,各大家对于文学进化论的研究,又精深了许多。梅君引百年前人对于当时文学进化论的批评以驳百年后的见解,非颠倒系统而何?"(沈雁冰此论犹见新文化派唯新是崇的倾向。)针对梅光迪在《评今人提倡学术之方法》中指责新文学家"言西洋文学,则独取最晚出之短篇小说独幕剧及堕落派之著作,而于各派思想艺术发达变迁之历史与其比较之得失,则茫然无知",并引钱斯德顿(G. K. Chesterton)〔3〕之言为证。沈雁冰指出:"梅君既知言文学当研究'各派思想艺术发达变迁之历史',而'比较其得失',亦知钱斯德顿乃现代最有名的反对新思想的怪杰乎?梅君可引一极端的钱斯德顿以为痛骂新思想的'人证',则他人亦可引克鲁泡特金之言以为西洋皆无政府党,或引德国 George Kaiser(按:乔治·凯泽,德国剧作家)以为德国皆表现派;请问梅君能承认么?梅君有志批评西洋近代思潮,而引钱斯德顿,未免找错了人,未免陷于

---

〔1〕　胡适:《〈尝试集〉四版自序》,《尝试集》,北京:人民文学出版社1984年版,第8页。
〔2〕　韩士立,今译"黑兹利特"(William Hazlitt,1778—1830年),英国随笔作家。
〔3〕　吉尔伯特·基思·钱斯德顿(G. K. Chesterton,1874—1936年),英国作家。

'见一隅而不见全体'的谬误!"[1]另外,沈雁冰认为,反对白话诗者以为诗应有"声调格律",应该"运用声调格律以泽其思想",然而"思想怎样可以运用声调格律来'泽'他"呢?"难道一有了声调格律,不好的思想就会变成好的么?"或说白话之为诗,再好也只是散文而已。这是"只认过去的某种形式的为诗,而把诗之所以为诗的原意忘掉了!如果我们只认形式是诗,那么,'仄仄平平仄/平平仄仄平/仄平平仄仄/平仄仄平平'便是极好的诗了!请问通么?"沈雁冰表示,复古派视白话诗为"洪水猛兽"并非坏事,"文学上越多反对的声浪,便越见得文坛上热闹,有进步,有发展"。[2]诚然。但从学术史上看,立场才是观点和方法的决定因素。

郑振铎《新与旧》一文认为:"所谓'新'与'旧'的话,并不用为评估文艺的本身的价值,乃用为指明文艺的正路的路牌。"文学本无新旧,但旧文体就如旧皮囊,"已是不合于现代人的装进新酒之用了"。"用旧的皮袋来装[新]酒是最笨的事。"他说:

> 我们要知道旧的形式既已衰敝而使人厌倦,即使有天才极高的人,有意境极高的想象,而一放在旧的形式中,亦觉的拘束掣肘,蒙上了一层枯腐的灰色尘,把好意境好天才都毁坏无遗,王国维君曾有一段话说得极好:
>
> 四言敝而有楚辞,楚辞敝而有五言,五言敝而有七言,古诗敝而有律绝,律绝敝而有词。盖文体通行既久,染指遂多,自成习套,豪杰之士亦难于其中自出所意,故遁而作他体以自解脱,一切文体所以始盛终衰者,皆由于此。
>
> ——《人间词话》
>
> 在现在古律诗词曲,俱已敝,章回体的小说与死板板的传奇杂剧也都已敝之时,如尚有人去学无名氏的古诗十九首,去学曹

---

[1] 郎损(沈雁冰):《评梅光迪之所评》,《时事新报·文学旬刊》第29期,1922年2月21日。
[2] 郎损(沈雁冰):《驳反对白话诗者》,《时事新报·文学旬刊》第31期,1922年3月11日。

植陶渊明的五言诗,去学杜甫的律诗,李白的歌行,李煜、冯延巳的词,乃至王实甫的戏曲,曹雪芹的小说,虽至精至肖,亦不过如纸做的古鼎,碧玉雕的绿叶,永不曾有自己的生命。如果有一个英国人,居今之世,摹用孝素(Chaucer)时代的诗体与语言去写作他的诗,如果有一个印度的人用古代桑士克里底文去写作他的文章,他们同国的人必定要哗然的笑之。为什么现代的我们同辈的人却还有许多人努力在学什么古?[1]

综上所述,新文学派与学衡派之争以观念之争为主,在新、旧问题上互相颉颃,少有学术性问题及研究方法论的探讨。(新文学派的反批评实则尤现偏执)吴宓曾在《学衡》发表《文学研究法》一文,介绍"美国文学研究之分派",着眼于"西洋文学研究法",求其以中国文学研究"互相发明","融会贯通,择善取长以用之耳"。其中,他把美国文学研究者分为四派:"商业派""涉猎派""考据派""义理派"。其述"商业派":"此派文人藉文章为营利之途","一意趋奉时好,博众欢迎。大率腹中空空,自无主见,或则千篇一律,不耻摹仿,或则今是昨非,不嫌变节。只图成功而已"。"涉猎派":"此派人于文章一道,未尝刻苦用功,博览群籍。仅随意涉猎,略行翻检,即信口谈论,自称文人。""考据派":"此派之人于学问不事博通,而能专精,但流于干枯狭隘。盖皆熟悉文字之源流,语音之变迁,其于文章惟以训诂之法研究之。一字一句之来源,一事一物之确义,类能知之,而于文章之义理结构词藻,精神美质之所在,以及有关人心风俗之大者,则漠然视之。"吴宓认为:"考据家之误,在以科学之法术,施之文章,而不知文章另有其研究之道也。此派之人,除己所治之数种古文外,万事万物,皆不关心。其视文章,如解剖学家之视死兽,矿物学家之视石块。惟欲精通古文古语,非强记苦读,耗去多年心血,不能有成。""谓其成绩与研究文学者,不无裨助,则可;

---

[1] 西谛(郑振铎):《新与旧》,《文学》(按:《时事新报·文学旬刊》,第81期起更名《文学》,第172期起更名《文学周报》)第136期,1924年8月25日。

然以此为研究文学之惟一正轨,则大谬也。""义理派":吴宓推崇备至,盛赞之曰:

> 此派文人,重义理,主批评,以哲学及历史之眼光论究思想之源流变迁,熟读精思,博览旁通,综合今古,引证东西,而尤注意文章与时势之关系,且视文章为转移风俗,端正人心之具。故用以评文之眼光,亦即其人立身行事之原则也。此派文人,不废实学,而尤重识见,谓古今文字,固必精通娴习,以求词义无讹,而尤贵得文章之旨要,及作者精神之所在。然后甄别高下精粗,于古之作者,不轻诋,不妄尊;于今之作者,不标榜,不毁讥。平心审察,通观比较,于既真且美而善之文,则必尊崇之,奖进之。其反乎是者,则必黜斥之,修正之。盖能守经而达权,执中以衡物。不求强同,亦不惧独异。本其心之所是,审慎至当而后出之。故其视文章作家,必当以悲天悯人为心,救世济物为志,而后发为文章。作文者以此志,而评文者亦必以此志。盖其所睹者广,而所见者大。其治学也,不囿于一国一时而遍读古今书籍。平列各国作者,以观其汇同沿革,而究其相互之影响。至其衡文也,悬格既高,意求至善,常少称许;其待人接物也,风骨严正,而又和蔼可亲,盖希踪于古哲,深得文章之陶镕者之所为。其治世也,以崇文正学为本务,教育必期养成通人。化民成俗,必先修身正己,以情为理之辅,情须用之得宜,而不可放纵恣睢。谓幻想可助人彻悟,而不可堕入魔障。凡此毫厘之别,切宜注意,而非拘泥固执,以及囫囵敷衍者之所可识也。惟然。故此派文人,如凤毛麟角,为数甚少。……盖棺论定,异日文学史上,江河万古流,则必为此派之魁硕无疑。而此派者,实吾侪研究文学所应取法者也。

无论此论依据何在,则用心可嘉。然亦理想主义之自诩者也。而在吴宓看来,"自新文化运动以来,吾国学生热心研究西洋文学者甚多,然盲从一偏,殊多流弊"。故"正告"之曰:"(一)勿卷入一时之潮流受其激荡,而专读一时一派之文章。宜平心静气通观并读,而细别精粗,徐定取舍。(二)论文之标准,宜取西洋古今哲士通人之定论,不可专图翻案而自炫新奇。(三)研究文学之方法精神,宜从上所言第四派(按:义理派)之行事。"[1]

义理化研究犹显学衡派学术理想及文化风骨之所在。其代表者,或可谓文学中之吴宓与历史学中之陈寅恪。在《论新文化运动》中,吴宓由西视中,以古鉴今,抛却种种观念、意气,论争及怨怼,寄情其理想中的新文化:

> 历来世变最烈,新旧交替之时,宗教道德必衰微失势,而物本主义大行。吾国之孔孟,西洋之苏格拉底、柏拉图,其所处之时势皆是也。西洋自16世纪以来,耶教大衰。……故今日救世之正道,莫如坚持第二级之道德,昌明人本主义。则即可维持教化,又可奖励学术,新旧咸宜,无偏无碍也。西洋既如此,吾国自当同辙。宗教之事,听其自然。既不定孔教为国教,则可永远不用国教,各教平视,悉听其自由传布。孔教之地位,亦不必强为辩定。……实则今日者,无论何教苟能得势,皆人群之福。个人如能崇信一教,则比之无宗教之人,内心实较安乐。但信教必以诚,不可伪托形式耳。吾国既不用宗教,则亦当坚持第二级之道德,昌明人本主义。孔孟之人本主义,原系吾国道德学术之根本,今取以与柏拉图、亚力士多德以下之学说相比较,融会贯通,撷精取粹,再加以西洋历代名儒巨子之所论述,熔铸一炉,以为吾国新社会群治之基。如是则国粹不失,欧化亦成。所谓造成新文化融合东西两大文明之奇功,或可企致。此非旦夕之事,亦非三五人之力。其艰难繁钜,所不待言。今新文化运动,如能补偏趋正,肆力

---

[1] 吴宓:《文学研究法》,《学衡》第2期,1922年2月。

于此途,则吾所凝目竚望,而馨香感谢者矣。[1]

此论与梁漱溟之说若合符契,但犹有异同确当之别。从现代学术史上看,激进派之高歌猛进与保守主义者之消极退守适成对比,胜王败寇之论不绝于书。然则两相比较,与其凌厉浮躁,不若回归理性,持守中庸。庶几文化尚得保存,锐气新风得渐其中。不因现代而弃绝传统,不因现实而菲薄历史,不因政治而毁弃学术,不因合群而抛却自我,不因趋时而放弃持守。犹如陈寅恪挽王国维文所说:"士之读书治学,盖将以脱心志于俗谛之桎梏,真理因得以发扬。思想而不自由,毋宁死耳。""惟此独立之精神,自由之思想,历千万祀,与天壤而同久,共三光而永光。"

第三节 民族主义意识形态化及"西化"与"本位化"之争

一、民族主义意识形态化:"三民主义"文艺与民族主义文艺运动

1927 年蒋介石国民党政府成立以后,为了安定人心和巩固政权,遂以"三民主义",而主要是民族主义表达自己的意识形态诉求。

首先是文艺领域。1928 年 8 月,国民党改组派刊物《革命评论》发表廖平《国民党不应该有文艺政策吗》一文,援引苏俄为例,认为"苏俄统一以后,召集全国文艺团体以及政治要人讨论文艺政策",而"国民党治下的中华民国"却没有对于文艺的适宜的态度,只要一看"上海文艺界的情形就可以知道了"。他说:"上海文艺的情形大略可以分为共产派,无政府派,以及

---

[1] 吴宓:《论新文化运动》,《学衡》第 4 期,1922 年 4 月。

保守派,至于我党的文艺上的刊物可谓寥若晨星了。""共产派用阶级斗争的假意识迷惑人民;同样无政府派一方拿无政府的态度煽惑人民,一方苟且偷活,跟割据式的武人政客相狼狈;至于保守派,则天天闻着臭国粹,做梦话,思想堕落到了不得。"廖平认为,"我们党政府及党人"也要真正注意到文艺方面,"第一:我们国民党的文艺界要联合一起,成一个大规模中国国民党文艺战争团,再推而广之,和世界上被压迫民族文学家,文人联结一致,成一个世界被压迫民族的文艺团,发出世界被压迫民族的空前的反抗的大呼声,大共鸣。第二:政府要给这种团体相当的援助,以及指导。此外对于一切反革命派的刊物,要检查,禁止,以免影响青年,致有错误的思想"。对此,他解释说:"文艺是一个时代的流行心理用文字表现出来而成形的观念形态(Ideology)","我们中国此刻流行的心理","对内是打倒割据的军阀以求政治统一,打倒传统的官僚政治,以建设民主主义的政治;至于对外,则必然的脱离帝国主义统治,以求民族之自由独立——经济的独立与政治的独立"。"这是环境造成的自然而然的各人心中的要求,即人生的向上表现。"文艺"自然不敢说有绝对统一的可能,然而有某一种文学成为主干的可能,而且有监视其它(他)反革命的文学的必要"。[1]

1929年6月,在叶楚伧主持下,国民党中央宣传部召开全国宣传会议,确立"本党之文艺政策案":第一,"创造三民主义之文学"(发扬民族精神、阐发民治思想、促进民生建设之文艺作品);第二,"取缔违反三民主义之一切文艺作品"(斫丧民族生命、反映封建思想、鼓吹阶级斗争等之文艺作品)。[2] 会议通过的决议案中拟定:"一、各省特别市县党部宣传部,应遴选有艺术素养之同志若干人,组织艺术宣传设计委员会。二、省市特别党部宣传部在可能范围内应根据本党之文艺政策,举办文艺刊物、画报音乐会、绘画及摄影展览会、戏剧电影幻灯、化装讲演及仿制民间流行之俗谣鼓词滩簧通俗故事等。三、中央对于"三民主义"之艺术作品,应加以奖励。

---

[1] 廖平:《国民党不应该有文艺政策吗》,《革命评论》第16期,1928年8月。
[2] 南京《京报》,第1版第4张,1929年6月6日。

四、中央应制定剧本电影审查条例,颁发省及特别党部宣传部遵行。五、一切诲淫萎靡神仙怪诞及反动作品,应由当地高级党部宣传部予以严厉之取缔。"[1]

关于国民党"三民主义"文艺政策的解释,有官方话语和非官方话语两种系统。官方话语主要来自国民党中央宣传部长叶楚伧和曾任国民党中央党部秘书长、中央组织部长的陈立夫。1930年,叶楚伧在上海《民国日报》发表《三民主义文艺观》一文说道:"确定文艺的中心,当以主义之合理为要。我们所以要提倡三民主义文艺的原因,就是:(一)为三民主义而提倡。(二)为文艺需要三民主义而提倡。"他认为:"历来中国文艺都受了传统思想的束缚,而变为传统思想的俘虏。所以现在一般人的作品,也都处俘虏的地位了。我们要使他由俘虏变为主人,就不得不借重三民主义的力量!"文艺解放的途径,一是文艺人格的建设:"有独立自由的文艺,便有独立自由的人格;没有独立自由的人格,不会产生出独立自由的文艺。以俘虏的人格,只能产生俘虏的文艺,不能产生独立自由的文艺。……所以要有独立自由的文艺,非要有相当的合乎主义的人格修养而后可。"二是建设文艺于三民主义基础之上:"三民主义是不愿意中华民族做人家的俘虏,也不愿意俘虏别一个民族!三民主义是讲民族平等的,三民主义的民族是一个纯粹的民族,不容许某一个阶级垄断,不做某一阶级的俘虏;并且要消灭阶级的俘虏,打破想做俘虏的力量,促进中国做一个自由独立的民族,不俘人,也不为人俘。……三民主义是上下古今,无所不包,不为一种学说所拘束,容纳吞吐各学说而为一说。非一人所有,实为世界所共有。"而且,"三民主义是从人类内心而来,是心之表现。三民主义是人类所需要的,三民主义的文艺也是人类所需要的。三民主义文艺不附属于三民主义,不是三民主义所产生的。三民主义就是三民主义文艺。三民主义文艺,就是三民主义。只有三民主义的文艺,能解放历来俘虏的文艺,造成独立、自由中华

---

[1] 南京《京报》,第1版第4张,1929年6月7日。

民族所需要的文艺！"[1]

　　将"三民主义"解释为一种"普适价值"，使文艺的"独立自由"与三民主义价值观合而为一是叶楚伧思想观念的特征。他认为，"凡是运动，必有确定的方向和不变的步骤。方向不妨定得远而重。……我们艺术上的根本思想，无疑的应该建设在三民主义的立场上。三民主义的根本精神，包含着博爱、牺牲、和平、奋斗、自由，……种种美德"。然而，尽管"三民主义"在叶楚伧那里犹如一面高妙的旗帜，内容却空空如也。但王平陵认为，叶楚伧是"懂得艺术"的。[2] 他谈文艺的"独立自由"，谈文艺的源泉是生命，不过从最宽泛的角度，规定文艺的原则和主旨，反对文艺为某种特定的政治利益服务而已。但恰给"三民主义"文艺政策和主张带来了空泛性。

　　陈立夫站在官方政治立场上，着力倡导"中国文艺复兴运动"。他认为，"中国的文艺运动，自经共产党利用它作为斗争的工具以来，可算是中国文艺上遭了一个莫大的厄运。文艺之神，早就在那里号泣了。几年来中国文艺界所能看得见的东西，是残忍、刻薄、悲哀、颓废，以及标语式的口号和喧嚣。我们到何处去发见文艺的生命呢？我们需要的是和平是伟大的爱，是上十字架的精神。我们需要听悲壮激昂的诗歌，我们需要看沉毅雄伟的戏剧，我们需要鉴赏庄严圣洁的绘画。在我们中国，不希望产生提倡色情狂的歌德，不希望产生挑拨杀机的新克来，我们但希望能够有讴歌人道主义的托尔斯泰，提倡世界和平的拉马克"[3]。字里行间渗透着不言而喻的民族主义意识形态色彩。

　　一些具有御用文人色彩的知识分子，则多从抗拒普罗文学运动的目的出发，用三民主义政治术语图解社会矛盾现象，论证三民主义文学的正当性。如说：文艺在形式上和实质上"都是表现人生，批评人生，指导人生和

---

[1] 叶楚伧：《三民主义文艺观》，上海《民国日报》，第3张第2版，1930年12月2日。
[2] 王平陵：《叶楚伧先生的〈艺术论〉》，南京《中央日报·文艺周刊》第14号，第3张第1版，1931年1月15日。
[3] 陈立夫：《中国文艺复兴运动》，南京《中央日报·文艺周刊》第19号，第3张第1版，1931年2月19日。

描写社会,指导社会,创造社会的"。"因为现实社会经济制度的不良,酿成社会上贫富不均的现象,发生要求衣食住行的民生问题的解决,所以文学中有描写社会生活中的经济活动的实况,竭力打倒资本主义;因为现实社会政治制度的黑暗,酿成社会上少数统治者对于大多数平民的压迫行动,于是发生要求人人在政治上平等的民权问题的解决;所以文学中有描写社会生活中的政治活动的实现,根本铲除专制主义;因为现实社会国与国的互相往来,强抑弱,富制贫,酿成国际上帝国主义压制弱小民族,于是发生要求各国在国际上平等的民族问题的解决,所以文学中有描写社会生活的民族自决运动的实况,消灭帝国主义。我们现在要确定这个目标,以现社会的中心问题为对象,用文学的力量暴露其弱点,促进革命的完成,来建设三民主义文学的基础。"所谓"革命文学和无产阶级革命文学,还有大多数文学、农民文学、平民文学、大众文学等等",皆背离"创立新文学的最高理论和定则",都是"非驴非马的文学"。"究竟革命文学的定义是什么?革命文学的范围是什么?革命文学的实质包含有何种思想和元素?革命文学的形式是用何种体制表示确当呢?""非常含混和空虚",没有时代性和确定的对象。"无产阶级革命文学"更是舶来品。"在中国社会里,本就没有资产阶级与无产阶级的对垒现象,当然没有无产阶级文学的产生的需要。""它所根据的社会进化的原则是错误的,当然用此原则所观察的社会现象是不真实的,不可靠的;……离了社会的环境和基础,根本已失去了文学本身的意义和价值。""所以我们的主张,是打倒革命文学和无产阶级文学,根据中国现社会的状况和世界潮流的倾向,建设三民主义的新文学!"[1]另有论者承认三民主义文学只是娘胎里的孩子,面目并不清楚,"是男是女都不知道",较之"那煽惑着共产主义与阶级独裁的新兴的无产阶级文学",是"如何地脆弱无力与慌乱踟蹰"。"他的慌乱惶恐,脆弱无力当然为了没有党底有余的具体地领导,和努力的同志的阵线,又时为猛力扑来而像巨兽似地国内普罗文学的猖狂而益发散乱而不一致。但是,最大的原因却在没

---

[1] 郭全和:《三民主义的文学建设》,上海《民国日报》副刊《觉悟》,1930年11月19、26日。

有他的中心底理论。"然而,"我们在三民主义底新国家实现底期待和奋斗中,我们的生活便相当于这种的期待,相当于这种奋斗,我们的感情,便建立在相当于这种期待和这种奋斗的人生观上。因为以我们中国的民族情形,政治情形,经济清形,是只有实行三民主义才可到达我们的要求的政治,经济,国际,——这三者的地位平等的目的。所以,从这种生活,这种人生观,这种感情中所自然生养的艺术资料,便造成了相对于这种社会,这种时代的三民主义文学。而且这种三民主义底文学,也已为这社会底需要,这时代底憧憬的产物。因其在这社会和时代里,最高最善最伟大的艺术,是三民主义底艺术,而且只有这三民主义底艺术,才是值得做的有价值的艺术的"。因为"在政治底、经济底背景中所结合成的车轮里,三民主义底文学,全同样地和你们一般地由革命而遂行了的智底变革,大众的自发性的增大,眼界的巨大的扩张等等的相关,而必然的立刻就要惊人地产生而且大大的展开了。但是,当现在正在期待和要求中,我们应负孵育的责任。我们要根据着我们的理想社会的要求,时代的憧憬来给他们制造一种固定的本质上的模型"。但不可将其如"鸟笼中的鸟,铁栅中的虎"一般禁锢起来。"我们始终不可像普罗作家一样地忘记了他是神圣的高洁的艺术。我们不过是就我们同一的思想,同一的生活,同一的政治底经济底背景,来作一种预想,或者可说是预言。但是我们却可万分地肯定说:是三民主义底的。决不是反三民主义底,或离三民主义底的!"像"期待着分娩的母亲",但"他生的一定是孩子,决不是猴子。"[1]

　　上述两论中,透过一连串兜圈子般咬文嚼字的话语可知,一方面是用三民主义文学来否定"革命文学"(无产阶级革命文学),一方面仍然在历史所形成的革命话语(三民主义革命话语)系统中阐释三民主义文学的性质和内容。因此,除了否定阶级斗争,三民主义的文学话语系统与无产阶级革命文学的话语系统若相符契,都是相应政治观念的产物。但在具体的理

---

[1] 张帆:《三民主义的文学之理论的根据》,上海《民国日报》副刊《觉悟》,1930年10月22、29日,11月5、19日。连载第二篇起更名为"三民主义文学的理论基础"。

论、方法、内容上却明显地缺乏左翼文学话语的明晰性、具体化和针对性。前论中对"革命文学"的质疑,不仅表现出对左翼文学话语的疏离,亦反映了自身言说中三民主义政治话语的悖论。但同时,它对文学自由性和民族本位化的强调堪称特色,这也是日后三民主义文学向民族主义文学发展的理论基础。

非官方的三民主义文学话语主要来自具有改组派立场的国民党人士及其知识分子,则多能从文学的历史形态、现实特征和发展规律等方面,论证三民主义文学的建设问题,论析其发展要求和价值理念。有论者指出,三民主义文学并非历史上民族文学(如爱尔兰文学)、民权文学(如"卢梭的文学")和民生文学(如俄国十月革命后的文学)的简单组合,"而是一种革命的,科学的,整个的,世界的,适应时代的文学"。"科学性和革命性"是三民主义文学最基本的特征,因其反映了"现代文学的趋势及其批评"的要求。"文学的演进,是跟着时代进化的,而进化的基点,是在反映着人生为求生存或为满足欲望而表现的一切动作。""我们知道自工业革命后,海上的竞争霸王权,日益紧张。于是乎遂由帝国主义者之互争殖民地,而产生弱小民族之辗转呻吟的呼声。再由世界潮流之汹涌,人权学说之鼓吹,自由平等的声浪,几乎贯彻云霄,于是乎产生了民权运动之要求。至于现在因工业革命的结果,遂发生了社会问题,所以我们现在的时代,可谓百疮俱发,无论哪个弱小民族,都是没有一个不发生此三种问题,而急待解决。"故此,论者认为,"凡是能尽量表现这三种问题——民族民权民生——的文学,那才是真正的时代文学,凡是能解决这三种问题的文学,那才是真正的革命文学,由这原则,我们现在可以批评任何种文学"。他还说,"现在的时代——是革命的时代",三民主义文学本质上仍然是"革命文学"。"至于我们现在的中国文坛上,所谓革命的文学,实在寥若晨星,只有近年来,所要(谓?)无产阶级文学——第四阶级文学而已,其余的平民文学,国语文学,那不过是断片的革命文学吧!""至于第四阶级文学,他们虽曾这样说:文学!文学是表现时代的精神,同时也是表现社会的现实生活,那才是真正的文学,革命文学,是具有反抗一切旧势力的精神,而且是站在被压迫阶级做出发点的文学,那才是真正的革命文学,而第四阶级文学,是具有上面的条件,所以第四阶级文学,是现代最革命的文学。其实我们根据了上面的原则,那么,它们——第四阶级文学——何足以配称为革命文学?而且我们知道社会生活,是人类一切经常相互关系的生活,而时代精神,是人类为应付了这一切经常相互关系,以求一个人或民族的生存所表现的。所以一时代的真正文学,非一阶级的生活所能表现的,而是综合全人类为求生存的生活,才能表现的。由上二论点,足使第四阶级文学,不能立足于革命文学的领土上。所以我们所需要的文学,是三民主义文学,那才是真正的时代文学,那才是真正的革命文学。"[1]

较之前述各论,上论具有一定的理论明晰性。由于改组派知识分子反对蒋介石独裁,与南京政府若即若离,他们对三民主义文学的提倡仍着重于其中的革命性,如他们对孙中山民权思想的解释,就包含有否定蒋介石独裁的内容。民族问题方面,则着重于反抗帝国主义(将苏俄亦视为"赤色帝国主义")。如认为,要改变我们民族既受天然力压迫,更受人力压迫的状况,"中国现在最重要的问题,就是民族问题,所以我们第一期应该创作民族主义的文学,鼓起民族的精神,先去争回民族的自由平等,以后才及民权,民生的文学创作,次递解决下去"。并特引孙中山之语云:"世界主义不是受屈民族所应该讲的;我们受屈民族,必要把我们民族自由平等的地位恢复起来之后,才配讲世界主义。"[2]这多少又暴露了其民族观念的狭隘性。

"三民主义文艺"在抗战时期亦屡被提及,总体上看,虽有口号,鲜有成果;有理论,而少实践。抗战时期协助张道藩主持国民党中央文宣工作的赵友培对此即竭力鼓吹。赵友培、王集丛、黎明、吴竞、许钦文等在《三民主义半月刊》《大路》《时论分析》《民族文化》《时事半月刊》《福建青年》等刊物发表多篇文章,宣扬三民主义文艺的"基本要求""理论基础""理论体系",

---

[1] 林德周:《建设"三民主义文学"的研究》,《四中周刊(广东)》第58期,1929年6月20日。
[2] 郑宁民:《我们要创作三民主义的文学》,《台中半月刊》(广东台山中学)第35、36期,1931年10月10日、11月7日。

阐释其"民族性""领域性""批评论"等，倡导三民主义的"战争文学""青年文学"等。王集丛编辑的《三民主义文学论文选》（时代思潮社1942年3月初版）和赵友培编著的《三民主义文艺创作论》（正中书局1944年1月初版）抗战后期先后出版。从内容上看，前者分"必要""原理""戏剧""批评""写作"五组，收录：（一）《走向三民主义的中国文学》（王集丛）、《三民主义文艺的建设》（赵友培），（二）《三民主义艺术论大纲》（刘镇涛）、《三民主义文艺的理论体系》（赵友培）、《三民主义文学论》（白枫）、《三民主义的新写实主义》（刘镇涛），（三）《戏剧艺术的新动向——走向三民主义》（李殿黄）、《三民主义与戏剧》（陆曦），（四）《三民主义文学批评论》（王集丛）、《论我国文艺家及其作品》（郑学稼）、《关于"新民主主义的文艺"》（白枫），（五）《给三民主义文艺工作者》（王集丛）、《创造三民主义的青年文学》（许钦文）。后者有"绪论""三民主义文艺的理论体系""三民主义文艺的创作纲领""三民主义文艺的实践之路"及"结论"共五章。在《三民主义文艺创作论》一书"绪论"中，赵友培对从近代文学变革到新文化运动，直至抗战时期的文学状况进行了回顾，总体上视之为一片纷乱。他说：从北伐到抗战，"毋庸讳言：那时，本党（国民党）在政治上虽是成功的领导者，但因致全力于国计民生的设施，故对于文艺宣传，只给予最小限度的注意，未能发挥积极的领导作用；甚至，不易控制。放任吧，越闹越厉害；查禁吧，太消极，且易激起社会的反应；因为越是查禁的作品，越容易惹人注意，而它的销路，也就越好"。在此种情况下，"中国文艺形成了三个方向"：

> 站在"以文艺为游戏"或"以文艺为商品"这个方向的人，居最多数：他们怕谈"左倾""右倾"，不管"国家""民族"；上焉者，风流自赏，下焉者，唯利是图；这是一班文化的败类。
>
> 站在"以文艺为阶级斗争武器"这个方向的人，居次多数：他们开口斗争，闭口革命，却昧于中国国情和世界大势，妄想达到某种心的企图，不惜骗取青年，欺蒙民众；这是一般社会的公敌。
>
> 只有站在"以发扬民族精神和意识为文艺最高使命"这个方

向的人，虽占少数；但他们却能认识真理，把握时机，不矫情，不盲从，不自暴自弃；这是我们民族的战士！"[1]

赵友培认为，抗战爆发改变了文艺（文学）发展的态势。"第一，在作家方面，不再造谣生事，以骂人捧己为能事；不再拾取外人的唾余，自鸣得意，工作虽然忙，但忙得高兴；生活虽然苦，但苦得清高；很少放弃自己写作的岗位。第二，在地域方面，由于抗战阵地的移转，使文艺打破了从前集中都市一隅的现象，更广泛地深入农村，深入边地，协助了民众动员的工作。第三，在内容方面，国家观念，代替了个人主义；兴奋严肃，代替了颓废浪漫；文艺不再是自我欣赏的花冠，不再是香艳肉感的写照。第四，在技术方面，朗诵诗，街头剧，演讲小说，代替了看不懂的书本；文艺跳下了女神的宝座，成为国民精神的护士。"问题则在于"缺少正确的、统一的、中心的文艺指导理论"，造成了"抗战八股"的"战时文学论者"，"模拟因袭"的"通俗文艺论者"，"鸡零狗碎"的"报告文学论者"，及主张"新的写实主义和革命的浪漫主义"相结合的文艺论者、"主张运用民族形式""旧瓶装新酒"的文艺论者等，但也"没有一个文艺工作者，反对抗战建国！""没有一个文艺工作者，怀疑三民主义！"[2]

因此，赵友培强调，"毫无例外地，现在党治国家，谁也不能不重视她自己的文艺政策，在平时如此，在战时更如此；苏联且以文艺组织与党的组织并重。这可充分证明：文艺是阐扬主义、推行国策，实现总动员以及抵制敌人思想侵略的最高精神武器。目前，我们正为抗战建国而艰苦奋斗：抗战固然需要文艺的宣传，建国尤其需要文艺的鼓励；因为文艺不应仅具有'破坏性'和'煽动性'，必须更具有'建设性'和'创造性'，然后消极地才能扫荡抗战过程中一切障碍，积极地方能增长建国过程中新的力量。我们抗战的目的，既然为了建国的百年大计，我们抗战的工具既然要以精神力量补助

---

[1] 赵友培：《三民主义文艺创作论》，重庆：正中书局，1944年，第10—11页。
[2] 赵友培：《三民主义文艺创作论》，重庆：正中书局，1944年，第11—14页。

物质之不足,而抗战建国的最高准绳,又确为总理所创造的伟大的三民主义及其遗教";故有重倡"三民主义文艺之必要"。

他分析过去失败的"教训"道:

> 可是,本党先进也曾写过有关三民主义文艺的论文,为什么始终没有展开三民主义文艺的伟大运动呢? 主要的原因是:
> 甲、未能建立三民主义文艺的理论体系;
> 乙、未能提挈三民主义文艺的创作纲领;
> 丙、未能筹设三民主义文艺创作的机构;
> 丁、未能印行三民主义文艺的定期刊物。
> 还有两种次要的原因:
> 甲、在心理方面。第一,以为文艺乃雕虫小技,无足轻重,只要有堂皇的文告,就可以宣扬三民主义,何必一定要什么三民主义文艺? 第二,以为文艺内容,只要不违背三民主义的立场就行,何必画蛇添足,冠以"三民主义"四字? 第三,以为给文艺加上"三民主义"的头衔,反足以使人一望而存戒心,妨害了主义的宣传。
> 乙、在人事方面。第一,本党先进对于新文艺能尽言者,类皆公务冗繁,无暇着笔;第二,未能培养大批文艺干部,从事于三民主义文艺的创作;第三,未能集中长于写作的文艺工作者,为三民主义而服务。[1]

赵友培认为,上述"教训太深刻了!""(到今天)走遍各大书店,我们能买到一本有关三民主义文艺'创作方法'或'理论体系'的著作吗? 不能。我们能买到一本专门发表三民主义文艺创作的刊物吗? 也不能。可是,'异于三民主义'或'无关三民主义'的这类书籍呢,有的是。不必列举名称,不信,可以自己去看。"他认为,"过去,在文艺的领域里,我们无疑地做

---

[1] 赵友培:《三民主义文艺创作论》,重庆:正中书局,1944年,第14—15页。

了附庸;最初'漠然忽视'和'鄙夷不屑'的态度,让别人代替了我们应有的地位;后来'防止'和'限制'的结果,又替别人做了义务的宣传。今天,愤怒地责骂,或是灰心地慨叹,我们不需要而且不应该,最要紧的是,自己站出来"!他说:

> 爱好新奇,追求理想,重视创造……原是热血的革命青年普遍的现象;如果我们的文艺,还沿用着旧的或是改良的形式,没有新的生命,自然要受淘汰。固然,糖衣里面也许包着毒药,然而它有新的刺激,我们不必责备爱好新文艺的青年们"饥不择食",只怪我们没有负责供给他们的"三民主义精神食粮"![1]

然而他未尚明白的是:真正的文艺(文学)也许需要的并非"三民主义精神食粮",而是自由——"革命青年"们爱好的也许并非文艺,而是自由。尽管赵友培在书中把重倡"三民主义文艺"与抗战建国的"百年大计"结合起来,进行了方方面面理论完备的论述,但仍流于空洞无物。一种缺乏社会基础和文学实践价值的官方意识形态架构,所谓"教训"终成一种难于摆脱的魔咒。

1930年"左联"成立后,为对抗以马克思主义为意识形态的左翼文学运动,"三民主义文艺"的倡导转换为"民族主义文艺运动"。1930年6月1日,"中国民族主义文艺运动者"在上海集会,讨论"民族主义文艺"问题,以强化民族主义"中心意识"为号召,发表了《民族主义文艺运动宣言》,[2]其中说:

> 中国的文艺界近来深深地陷入于畸形的病态的发展进程中。

---

[1] 赵友培:《三民主义文艺创作论》,重庆:正中书局,1944年,第15—16页。
[2] 《民族主义文艺运动宣言》,《前锋周报》第2、3期,1930年6月29日、7月6日。其最初发表于上海《申报》,1930年6月23日;另载《开展》(月刊)第1期,1930年8月8日;《前锋月刊》第1卷第1期,1930年10月10日等。

这种现象在稍稍留意于我国今日的艺坛及文坛的人必不会否认。在今日,当前的现象,正是中国文艺的危机。

"宣言"认为,危机的根源来自两个方面:一是"在这新文艺时代下,还竟有人在保持残余的封建思想"。二是"那自命左翼的所谓无产阶级的文艺运动,他们将艺术呈现给'胜利不然就死'的血腥的斗争"。"在这样的两个极端的思想中","今日中国的新文坛艺坛上满呈着零碎的残局"。"假如这种多型的文艺意识,各就其所意识到的去路而进展,则这种文艺上纷扰的残局永不会消失,其结果将致我们的新文艺运动永无发挥之日,而陷于必然的倾圮。""突破这个当前的危机底唯一方法,是在努力于新文艺演进进程中底中心意识底形成。"

通过追溯艺术史的历程使他们感到,艺术作品"不是从个人的意识里产生而是从民族的立场所形成的生活意识里产生的",如埃及金字塔显示了"埃及的民族意识",希腊的建筑和雕刻表现了希腊民族"勇猛活泼的精神"等等。"在文学上,文学之民族的要素,也和艺术一样地存在着。"如希腊的伊利亚特和奥德赛,日尔曼的尼伯龙根,英国的伯华尔夫,法国的罗兰之歌,中国的诗经等。文艺复兴以后欧洲民族文学的繁荣更是开启了西方近代"灿烂的文学时代"。"文艺底起源"揭示了"文艺底最高使命,是发挥它所属的民族精神和意识",即"文艺的最高意义,就是民族主义"。

同时,他们还指出,"民族主义文艺底充分发展,一方面须赖于政治上的民族意识底确立,一方面也直接影响于政治上民族主义的确立"。就前者而言,"民族文艺底充分发展必须有待于政治上的民族国家的建立,民族文学底发展必伴随以民族国家底产生",这正是近代民族文学形成的规律。1815年维也纳会议以后,欧洲国家民族主义运动风起云涌。"欧洲的民族,已经认明他们唯一的出路是民族主义",便不顾道路崎岖,勇往直前。于是有普法战争后德意志民族国家的建立,意大利民族国家的形成,以及巴尔干各国的民族运动等。他们看待1917年的俄国革命,也是一场民族主义运动——不仅芬兰、波兰、拉托维亚、立陶宛、爱沙尼亚等国家脱离了沙俄而独立,乌克兰、白俄罗斯、南高加索、突厥和乌兹别克等民族也都建立了"自主的民族国家"。同时,近代中国、土耳其、印度、菲律宾、朝鲜、越南等亚洲各国也都相继展开民族独立运动等。世界民族主义潮流浩浩荡荡,"足见民族主义的力量是恒久的伟大"。"故近代文艺,因此也满呈着民族主义底运动,诚如政治上的出路是民族主义,故文艺发展底出路也集中于民族主义。"

从保罗·塞尚所代表的法国印象派/立体主义绘画,到德国的表现主义戏剧,意大利的未来主义艺术等,这些艺术创造的特征,他们认为,本质上都是民族主义的:"很可以明了,文艺底进展随着政治底进展。故民族文艺底确立,必有待于民族国家底建立。"而"文艺上的民族运动的直接影响及于政治上民族主义底成立"的典型代表则是巨哥斯拉夫(Yugoslavia,即南斯拉夫)民族艺术运动:"巨哥斯拉夫底民族艺术运动较巨哥斯拉夫民族国家底诞生为先。巨哥斯拉夫底民族艺术运动集中于麦司屈洛维克(Mestrovic)[1],1905年成立底南斯拉夫艺术家联盟,是巨哥斯拉夫民族艺术具体的组织的活动底开端,他们集中他们表现于南斯拉夫民族底历史的烈风和其民族的意志。由于巨哥斯拉夫民族艺术的确立,我们在欧战后就看见有巨哥斯拉夫民族国家的出现。""艺术和文学,因之必须以民族为其基础,这事实是不容否认的了。"而"民族主义的目的,不仅消极地在乎维系那一群人种底生存,并积极地发挥那一群人底力量和增长那一群人底光辉。""宣言"又说:

> 艺术和文学是属于某一民族的,为了某一民族的,并由某一民族产出的,其目的不仅在表现那所属的民族底民间思想,民间宗教,及民族的情趣;同时在排除一切阻碍民族进展的思想,在促进民族的向上发展底意志,在表现民族在增长自己的光辉底进程

---

[1] 麦司屈洛维克(Ivan Mestrovic,1883—1962年),今译"梅斯特罗维奇",南斯拉夫雕刻家,1947年定居美国。

中一切奋斗的历史。因之,民族主义的文艺,不仅是表现那已经形成的民族意识;同时,并创造那民族底新生命。

前者如"德意志的表现主义,俄罗斯的原始主义,及法兰西的纯粹主义";后者如"意大利的未来主义及巨哥斯拉夫的现代艺术"。

"宣言"最后宣告:

> 现今我们中国文坛艺坛底当前的危机是在对于文艺缺乏中心意识。那么,我们要突破这个危机,并促进我们的文艺底开展,势必在形成一个对于文艺底中心意识。从历史的教训,我们须集中我们此后的努力于民族主义的文学与艺术底创造。我们此后的文艺活动,应以我们的唤起民族意识为中心;同时,为促进我们民族的繁荣,我们须促进民族的向上发展的意志,创造民族的新生命。我们现在所负的,正是建立我们的民族主义文学与艺术重要伟大的使命。[1]

由于倡导者多有国民党官方背景,这场"民族主义文艺运动"一般视之为"三民主义文艺"运动之外国民党官方的又一种意识形态喧嚷,如潘公展、朱应鹏、范争波、傅彦长、王平陵、黄震遐、张道藩等。其中,潘公展(1894—1975)曾任国民党上海特别市党部常务委员、上海市教育局长等职。朱应鹏(1895—?)曾任国民党上海特别市党部监察委员,《申报》《时事新报》编辑,《神州日报》主笔,《光华日报》社长等,本人是画家,并在中国公学、复旦大学等校任职、任教。范争波(1901—1983)曾任国民党上海市党部常务委员、江西省党部常务委员、江西省反省院长等。傅彦长(1891—1961)是音乐家,曾留学日、美,回国后任教于中国公学、同济大学等,及任上海《音乐界》杂志编辑、上海音乐会会长等,与国民党官方无直接关系,但

---

[1]《民族主义文艺运动宣言》,《前锋周报》第2、3期,1930年6月29日、7月6日。

与朱应鹏等友善,政治和文化立场相睦。王平陵(1894—1964)是作家,曾任教南京美术专科学校、上海暨南大学等,主编上海《时事新报》副刊《学灯》、南京《中央日报》副刊《大道》《青白》,中国文艺社《文艺月刊》(三民主义文艺的主要阵地)等,长期任职国民党官方舆论机关。黄震遐(1907—1974)早年从军,曾入国民党中央军官政治学校,蒋冯战争时在陇海线一带参战,其小说《陇海线上》、诗剧《黄人之血》被视为民族主义文学的代表作。张道藩(1897—1968)在英法留学时结识陈立夫等,参加国民党,回国后从政,时任国民党组织部秘书、南京市政府秘书长等。另外,据称"宣言"由徐蔚南与叶秋原分别起草,正式发表"系叶秋原手笔"。[1] 徐蔚南(1900—1952)是著名散文家、学者、报人,早年留学日本,与邵力子友善,曾任教上海复旦大学、大夏大学等,时任上海世界书局编辑。叶秋原(1908—1948)早年留学美国印第安纳大学主修政治,回国后任教复旦大学等,曾任国民政府立法委员,申报主笔,著有《艺术之民族性与国际性》(1929)等。

然而,民族主义虽是三民主义的内容之一,并与"三民主义"相呼应,但民族主义文学(文艺)与"三民主义文艺"实有较大区别。在"三民主义文艺"中,就改组派一方面而言,"民族主义"是以反帝反侵略,争取民族"独立自由",同情弱小民族等为主要内容的。"民族主义文艺运动者"则主要强调"民族意识"的获得,以及用文艺的方式强化民族国家的认同,因而是与世界范围内的民族主义思潮相联系的。因此,民族主义所建构的话语体系和文学意识,较之三民主义具有淡化政治意识形态色彩而强化民族主义文化价值观的意义。朱应鹏认为,"三民主义文艺"是一种"党的文艺政策","民族主义文学"相对于"普罗文学",则以反对"阶级斗争",强调"民族斗争"为内容,[2]是一种更具普泛性的政治文学话语。

历史上三民主义与民族主义文学的交集,左翼文坛曾指出此乃源于国民党内部以"西山会议派"为后台的中央宣传部长(叶楚伧)与由陈立夫、陈

---

[1] 参见《文坛消息12·民族主义文艺运动宣言的作者》,《出版消息》(上海)1930年第8、9、10月号,第90页。
[2] 参见《朱应鹏氏的民族主义文学谈》,《文艺新闻》第2号,1931年3月23日。

果夫兄弟(CC系)所控制的中央组织部的分立和矛盾。[1] 但显而易见的是,民族主义文学(文艺)较之三民主义文学(文艺),一者作为政治意识形态具有强化思想统一的效能,一者作为文化价值观在知识分子阵营及其文学艺术活动中起着建构"中心意识"的作用。从历史上看,民族主义的政治文化观与国际主义的政治文化观,于此形成为左右翼知识分子文化价值观及其意识形态的分水岭。(民族主义与自由主义,亦在传统与现代的立场上形成分野)

在理论上,民族主义文艺的倡导者且极力弥合其与三民主义文艺之间的裂痕,基于三民主义政治立场解释民族主义文学(文艺)口号的合理性,争取更高的话语权。潘公展曾解释道:

第一,"中国现在是国民革命时期,在革命过程中间,文艺既然是时代和环境的产物,当然是需要一种富于革命情绪的文艺,以与国民革命的进展相适应。单是空洞无物的白话诗文,固然决不能负起这个使命;那虚伪投机欺世盗名的普罗文学和普罗艺术,满染着阶级斗争的色彩的,也适足以分散国民革命的阵线,阻碍国民革命的进展。不但此也,中国国民革命的主要目的,在求中国的自由平等,它的入手方法,首在恢复中国固有的道

---

[1] 据思扬《南京通迅》说:1929 年,叶楚伧、王平陵等倡导"三民主义文艺"时,南京政府基础未固,未有对文艺政策的注意。1930 年春,"上海普罗文化一时的澎湃",国民政府才议决了"三民主义文艺政策案",开始三民主义文学的"建设":"按月支给大洋一千二百正,开办中国文艺社,发行文艺月刊。这是宣传部的事。但宣传部向来是握在西山会议派手里的,(如叶楚伧、刘芦隐前后为部长)这于国民党内后起的更资产阶级化的陈派(陈果夫、立夫兄弟,任组织部长)自然是不高兴的;然后抱着'他干我也要干'的心意,'反正有的是钱'的自信,于是三民主义的文艺政策,就在此分了两路。"同时,国民党上海党部的朱应鹏,邀集了"在党"的范争波、潘公展,及文艺界的一帮"死尸"(陈抱一、傅彦长)、"新鬼"(向培良、王道源),"于 1930 年 6 月 1 日在上海立会,遵从国民党政策,以'民族主义文学'为号召。同时潘公展、朱应鹏'系统'上又为'陈派',而且潘、朱又皆与陈为同乡人,所以,民族主义文学,是国民党组织部的"。遂利用"党的权"(范争波为上海警备司令部职员,与朱应鹏、潘公展同为市党部委员),"流氓的势"(范争波为黄金荣徒弟),"以查禁普罗文学为口实,以封闭书店为手段,以逮捕枪杀作家向书贾敲竹杠,强迫书店出版机关刊物为目的。于是:前锋、南风、现代文学评论……的发行;北新等书店被封,被敲诈钱财,左翼作家被屠杀;中间作家被控制、恐嚇……"见《文学导报》第 1 卷第 4 期,1931 年 9 月 13 日。《文学导报》即 1931 年夏创刊于上海的左联机关刊物《前哨》(第 2 期起更名为《文学导报》)。

德,以恢复中国民族的地位,故在目前要使国民革命加速度地完成,非有一种从民族主义出发而以唤起中国民族的自觉为目的的新文艺,在全民族的生活里灌注着民族的新血液不可"。

第二,"中国国民革命是三民主义的革命,三民主义是整个的","新文艺运动所从而出发的民族主义必须是三民主义中的民族主义,而非先前大斯拉夫主义大日耳曼主义等等的民族主义,然后那民族主义的文艺运动才可以救中国而不致使中国重陷于错误,蹈人家已往狭隘的民族主义的覆辙"。

第三,从"文艺的性质和要素"看,"文艺原来是民族的,故只有民族主义的文艺运动才是顺理成章,事半功倍。所谓文艺的性质,原是人生的表现,批评和创造,因此,我们可以知道文艺是离不了人生的,尤其是离不了作家的个性。……一个作家固然有他的个性,而同时他所体验的人生,却是某民族某时代某环境的人生"。Taine(丹纳/泰纳)用他著名的种族、环境和时代的公式去解释文学:"所谓种族,即指那一个民族的遗传气质和性习;所谓环境,即指那一个民族的气候,地理,政治,和社会情况等等;所谓时代,当然指那一个民族发展史上的某一阶段的时代精神。所以,一个文艺作家,尽管是天才,有他独异的风格,他的作品总显然地充满着民族精神,唯其如此,我们才有所谓希伯来精神或希腊精神等等;也唯其如此,才有所谓希伯来文学或希腊文学等等。……文艺的富于民族性既如此,那末,我们要把某一个民族复兴起来,要把某一个民族的文化复兴起来,例如中国目前的情形,怎么可以不把民族主义作为文艺运动的中心思想呢?怎么可以不把文艺运动作为恢复民族地位的自然的基本工作呢"?

第四,"从历史上看,坚强的民族意识往往为文艺所唤起"。"文艺构成的要素,第一是血统,第二是生活,第三是语言文字,第四是宗教,第五是风俗习惯。……唯有文艺,可以用其民族自己的语言,把自己的生活,宗教,风俗习惯为背景,描写着这一个血统之下的一群人的状况,因而唤起那一群人的民族感情和民族意识来。……在一个民族的民族意识消沉的时期,……最能深入全民族的心坎的莫过于文艺。""民族性的感觉,像其他心理的特性一样,愈当被打击的时候是愈强烈。……在中国目前那样情形之下,民族的受压迫,已经到忍无可忍的地步,在理,民族性的感觉,应当愈趋强烈,然而还有抛开了整个民族的利益来争个人利益的军阀,政客,土匪,流寇,和阶级利益的共产党徒,继续不断的蠢动。这是因为没有民族主义文艺去适应那已被激发着的民族意识的要求,从而把握住那个民族意识,使他发扬光大起来的缘故。所以,目前推进国民革命的责任,应该由文艺作家担任起来,努力地创作那以唤起民族意识为中心思想的文艺。"

第五,从整个三民主义立场看来,"民族主义的文艺运动,实在是推进国民革命的一种重要而又切实的基本工作。"其一,"我们确切地承认三民主义是一贯的,是连环性的","是整个的"。但事实上和理论上,却均有一个先后。中山先生在革命初期,首先使他感受着刺激的,是"中国民族受了满族人和帝国主义者两重外族势力的压迫的事实","感觉中国民族独立运动的必要"。"就二三百年以来,尤其是最近八十多年以来,中国所最需解决的问题而论,还是一个民族问题。"中山先生最初革命的动机在求民族独立,其遗嘱上还说:"余致力国民革命,凡四十年,其目的在求中国之自由平等。""故三民主义尽管是一贯的,尽管是连环的,但这个一贯的连环却统有一个起点,那便是民族主义。……三民主义的革命,在一方面,固然待最后的民生主义的实现,而后可认为完全成功;在另一方面,却必先从最初的民族主义入手,而才是切于实际。故要求政治上的平等,经济上的平等,必先求整个民族在国际地位上的平等;换言之,我们固然用政治运动去促成民权主义的实现,可以用社会运动去促成民生主义的实现,可是不能不先致力于民族自决的运动,以促成民族主义的实现。三民主义诚然是整个的,可是实现三民主义的工作在事实上不能不分工合作,以收殊途同归的效验。所以民族主义的文艺运动,实在就是民族主义各种方法中间一种必要而且根本的工作罢了。"其二,"三民主义中的民族主义和大日耳曼主义、大斯拉夫主义等等不同。他们这些民族主义,都是拥护少数特殊阶级的利益,……对外只知唯我独尊,而不许别的民族自决。……三民主义中民族主义的演进,它最初的含义只有'驱除鞑虏恢复中华',到了辛亥革命建立共和以后,才承认国内各民族应平等,应该各有其自决权,更到了民国十三年中国国民党改组以后,才承认必须联合世界上一切被压迫民族,共同起来打倒帝国主义,各争他们的民族自决权利。故现在三民主义中的民族主义,其目的已经不是在单纯的中国民族自求解放而已,更不是单纯的排满而已,乃是领导世界民族革命的原则。……新文艺运动必以这种民族主义为中心思想,然后凭籍(借)了文艺的作品,一方面可以发扬中国国内各民族的优良特性因而陶融同化造成整个的中国民族,激发中国人的民族感情因而使他们都有坚确明了的民族意识,再进一步而中国民族所将持以独立生存的民族自信力就会完全养成,另一方面可以提倡中国民族向来富有的王道精神,忠孝仁爱信义和平的道德,普遍宣传,发扬光大,使这个霸道横行的世界为之改观。故文艺运动所应该把握着的民族主义,决不是狭隘的国家主义,也决不是强凌弱,众暴寡的蚕食鲸吞的帝国主义者的世界主义,乃是民族自决的原则造成民族一律平等的世界主义"。正如中山先生所说:"如果民族主义不能巩固,世界主义就不能发达。""民族主义的文艺运动,就是唤起中国人的民族意识为恢复民族地位打基础的一种切要的工作。"

潘公展最后呼吁:"总之,我们现在确实需要那些以发扬民族善良特性和唤起民族感情和意识的文艺作品。有了这种文艺作品,然后那分裂中国人为几个阶级鼓吹着阶级斗争的普罗文艺,引导中国人到颓唐衰废的路上去的浪漫派的文艺,和回恋过去染有封建色彩的古典派的文艺,自然为扫荡一空。我们对那方才萌芽的民族主义的文艺运动,实抱有无穷的希望。希望它有精密的理论,有丰富的创作!"[1]

更有朱大心(朱应鹏)《民族主义文艺运动的使命》、傅彦长《以民族意识为中心的文艺运动》、周子亚《论民族主义文艺》、叶秋原《民族主义文艺之理论基础》等,竞相从文艺与政治的关系,文艺民族意识的历史价值与地位,文艺的时代性、民族性及其内涵,以及民族主义文艺的创作方法和原则

---

[1] 潘公展:《从三民主义的立场观察民族主义的文艺运动》,《民族文艺论文集》(吴原编),杭州:中正书局1934年8月版,第77—85页。原载《湖北教育厅公报》第1卷第7期,1930年7月31日。

等各方面,阐释民族主义文艺运动的必然性、重要性、实践性和历史价值等。1934年吴原编选的《民族文艺论文集》出版(杭州中正书局1934年8月初版),算是对这一运动学术成果的历史总结。

不可否认的是,民族主义作为一种意识形态观念在中国现代社会文化体系中明显属于保守主义思想体系,但它却涵盖了与国民党政权有关联,文化观念上具有不同保守性的现代知识分子的大多数,将其在政治上与国民党意识形态隔离开来。所以,此时的"民族主义文艺运动"便带有了诸多知识分子化的"民间性"。由于"五四"时代激烈的反传统思潮,民族主义在中国新文学和现代学术文化领域一度被大多数受过新式教育的知识分子所否弃,但20世纪20至30年代之际,随着外在民族危机和内部激进主义政治势力的兴起,新文化派系的知识分子再度走向分化,这便是民族主义文学运动产生的社会历史因缘。但是,无论在自由主义还是左翼知识分子中,世界主义和国际主义仍是更具时代色彩的话语及思想体系。接踵而至的"全盘西化"与"中国本位化"之争,便成为发生在自由主义和民族主义知识分子之间现代与传统的观念之争,从而也是激进民族主义与保守的民族主义者之间的一场思想交锋。

二、激进与保守的民族主义:"全盘西化"与"中国本位化"之争

正值民族主义文艺运动挟官方之威企图大有作为时,1933年12月29日,岭南大学社会学教授陈序经应邀在中山大学发表了著名的《中国文化之出路》的演讲,次年1月先后揭载于《中山大学校报》(1934年1月11日),《广州民国日报·现代青年》第826、827期(1934年1月15、16日)。演讲中,陈序经撮述有关中国文化的主张,分之为三派:"(一)复古派——主张保存中国故有文化的;(二)折衷派——提倡调和办法中西合璧的;(三)西洋派——主张全盘接受西洋文化的。"从"对复古派的批评"开始,陈序经认为:"复古是中国人数千年的传统思想。""复古派的结晶,孔子是代

表。""……唯我独尊。排斥异己,使中国的思想没由发达。这种盲目排除异端的态度,推演下去便成为排外的心理。"而"近世的复古言论,在国内可算以梁漱溟的势力为大,在国外则以辜鸿铭影响为多"。但都不足为凭。"从现在的趋势看来,委实不能容许我们去复古。……我们忘记了这二三百年来,我们太落后了!我们太不长进了!落后唯有直追,不当踌躇退后;不长进唯有对着现代世界的文化迎头赶上,不当开倒车的去复古!"对于"折衷派",陈序经的批评是:"折衷派"主张调和的办法,约有七种意见。"(一)道和器。"这派主张以"西洋之器,调和中国之道",曾国藩、李鸿章是其代表。"其实每一种器,必由一种道而来。设若中国之'道',是要靠西洋之'器'来保护才能够存在,试问还有什么存在之价值?从科学之道,原则,和信仰,而得到物质之器;中国无此'道',安能得此'器'?""(二)体和用。这种主张是以'中学为体,西学为用'的。"张之洞的《劝学篇》便持这种观点。"此种主张,好像以中学为机体,西学为功能。又有些以为中学好比一张檯,西学好比一张椅;这显然是很不通的。好像耳之体不合眼之用,眼之体不合耳之用一样。体和用是不能够调换;因为无论那一种机体,都同时有它的功能;体和用是没法分得开的。""(三)物质和精神。这种思想,是以为中国的是精神的文化,西洋的是物质的文化。……我们对这种见解的批评,是以为所谓物质文化和精神文化,不外都是二而一,一而二的东西。为的是物质文化所表现之处,便是精神文化所寄存之处。视察其精神文化,同时也可懂得其物质的文化。它们的关系正如一个人的肉体和他的灵魂的关系,两者处处都是互相为用,而不可以分开的;纵能分开,也不能使我国非物质的精神生活,和西洋的物质文化相溶。""(四)动和静。再有些人把文化分作动的文化和静的文化。……他们不晓得文化的本身是动的而不是静的;所以没有不进不退的文化。""(五)动物和植物。更有些人把文化分作'动物'和'植物'两种。……他们的看法,以为中国人的主要食品是五谷菜蔬,因此中国的文化是植物的文化;而西人所吃喝的是牛肉牛乳,因此西洋的文化是动物的文化。照此法看来,难道中国南方蓄牛,便说南方是牛的文化,北方牧马,便说北方是马的文化?况且植物是无意识的,而动物是有意识的;这样,岂不是动物文化较植物文化为高一层吗?! 畜牧民族的文化较之农业民族的文化为优一等吗?""(六) 人的文化和物的文化。这是南京亚细亚学会的人们所主张的,照他们的解释,人是'仁道',物是'霸道'。中国的文化是仁道,西洋的文化是霸道。可是实际上西洋的文化,并不尽是霸道;因为它也有康德和基督教的王道。好像我们的文化,也不尽是人道一样。""(七) 科学的方法。还有些人主张用科学的方法,去分析文化的特质,把我国固有的文化全盘托出,然后看那种特质是好,那种不好,而决定取舍的方针。但试问这样便能把东西文化调和了吗? 比方我们应用这样办法去寻出大家庭制度,是中国文化的一种特征;其次再去估量它的好处和缺点:好处是互助的精神,而缺点是倚赖的惰性;最后便看世界的趋势对于这种大家庭的价值是怎样;其结果则证明大家庭制度不适宜于这种趋势,而没有办法在这种趋势下生存。主张此说的人们,可算是个好理想家,只可惜在实际上也是行不通了吧。"[1]

然后,陈序经申述其关于"彻底全盘西化"的数条理由。

> 现在世界的趋势,既不容许我们复返古代文化,也不容许我们应用折衷调和的办法;那么,今后中国之出路,唯有努力去跑向彻底西化的途径。上面我们已解释了第一条路(复古派)和第二条路(折衷派)都不能跑得通;唯有第三条路(西洋派)才是我们当行或必须行的途径。第一条路和第二条路的缺点是:前者(复古派)昧于文化发展变换的道理;而后者(折衷派)昧于文化一致及和谐的真义。前者误以为环境时代是不变的,所以圣人立法,可以用诸万世,而施诸四海;而后者则误以为文化的全部,好像一间旧屋子,我们可以拆毁它,看看那块石,或是料木,随便可以留用。但是他们简直忘却了文化各方面的特质,是不过我们的假定;在

---

[1] 陈序经:《中国文化之出路》,《全盘西化言论集》(吕学海编),广州:岭南大学青年会1934年4月版,第1—10页。

文化本身上,并没有这么的一回事。其实文化是完全的整个,没能分解的。总之,无论积极方面,或消极方面,都可以证明中国文化之出路,是要去彻底的西化。照主张彻底全盘西化的人们的见解,以为目下我们的政治,经济,教育,社会,事实上,都已采用西洋的方法,这就是不只在思想上,并且在实行上,都已趋于完全采纳西洋的文化。他们的主张,有下面的两个理由:

(一)西洋文化,的确比我们进步得多。

(二)西洋现代文化,无论我们喜欢不喜欢去接受,它毕竟是现在世界的趋势。[1]

对此,陈序经做了理论和实际上的阐释。他认为:"从比较上看来,中国的道德,不及西洋;为的是中国的道德家本身不好。中国人无论公德私德都不好,教育亦的确落后。法律的观念薄弱。一国之本的宪法,素来也不很讲究。哲学也不及西方的思想,如柏拉图哲学之有系统。物质方面,更不用说。……西洋文化是不断的创新与发展,而成为现代化,和世界化。"对于现代世界文化,如若不像日本一样主动接受,"亦会被迫着去接受;因为文化的趋势是不能逆倒的"。像美洲土著那样,不接受先进的文化,就难免于被淘汰的命运。"我们若以为帝国主义是西洋文化的产物,我们若想打倒可恶的帝国主义,决不能以王道来打倒它,却反过来要用帝国主义去打倒帝国主义。因为无论在理论上,或是实际上,非此便无法为中国的文化找到一条出路。"[2]

至于文化与民族的关系,陈序经认为,"文化是由人类所创造;过去的文化,只是前人努力得来的结果。现代和将来的文化,还要今日的我们善继善承的不歇地去发展与创造。(文化是人类适应时境以满足其生活的努

---

[1] 陈序经:《中国文化之出路》,《全盘西化言论集》(吕学海编),广州:岭南大学青年会1934年4月版,第11—12页。
[2] 陈序经:《中国文化之出路》,《全盘西化言论集》(吕学海编),广州:岭南大学青年会1934年4月版,第13—14页。

力的结果和工具)文化的本身,是整个人类所共有共享的东西,而不是任何一国家,任何一民族的专有或专利品;所以文化亡,并不见得民族也随之而亡。试看东邻的日本明治维新以来尽量的采纳西化,结果便一跃而跻于富强之域,他们不但种族因之而兴盛,他们祖宗所遗下的文化也因之而光荣。这就是一个很好的反证。但有些人以为西洋人也尝研究中国的文化,为什么我们要忽视我们的文化?可是我们该要知道西洋人之来研究我们的历史,只不过是为了研究而研究,并不是为要来仿效我们的;正好像他们跑去非洲研究该处的文化,而没有去想着研究采纳该处的文化一样。更有些人以为我们若不去发展中国的文化,便恐怕将来在历史上没有了位置。我则以为这是未免过于忧虑。因为中国文化,老早已成为世界文化的一部分。现下若有人来写世界史,而不把中国史也放在里面,那人的知识便是不大广博的。即使数千年后,中国的历史仍必有它相当的位置。中国是世界的一部分;那么,我们委实不忧中国的文化将来会被人们忘掉了的。"[1]

最后,陈序经把"这个彻底全盘西化的责任"寄托"在南方的青年学生身上"。他说:"不单在政治上,南方是个新文化的策源地。西洋文化的输入,从地理上看,多是在南方。"他指出,历史上广州地处中西交通的前沿,近代以来广东人才辈出,容闳、梁启超、黄遵宪、孙中山堪称一代豪杰。近代城市运动、劳工运动、女权运动,都以广州为最。不仅是梁启超的"新民说","孙中山先生的思想,根本上也是西化的思想。他的理想中国人是美国的华盛顿。西洋文化,是他的革命环境。他反对中国的旧文化,推翻专制的政体,而建立共和的民国"。这都足以证明"南方是新文化的策源地",南方青年是先进思想的传播者。[2]

陈序经此论一出,竟也一呼百应。实则1930年前后,岭南大学聚集了一批主张"西化"(欧化)的学者,他们多留学英美,以文化眼光看待东、西方

---

[1] 陈序经:《中国文化之出路》,《全盘西化言论集》(吕学海编),广州:岭南大学青年会1934年4月版,第14—15页。
[2] 陈序经:《中国文化之出路》,《全盘西化言论集》(吕学海编),广州:岭南大学青年会1934年4月版,第16—18页。

社会之优劣,如卢观伟、陈受颐等。他们曾先后多次举行集会,发表演讲,和陈序经一道,引导"岭南的教授与学生们,对于这个问题,不断的加以讨论"。[1]《全盘西化言论续集》编者冯恩荣1933年12月在岭南大学学生自治会期刊《南风》上著文说:"这是四五年前的事了。当我进来这里的第一个学年,正是陈受颐先生和陈序经先生刚刚回校服务的时候。大家都知道这几位先生在校里是提倡风气的人,记得在某一个大学晨会当中,卢观伟先生曾经提出过一个关于东西洋文化的问题,在一连三个晨会的演讲,把中国印度和欧洲文化的特质作一个简短的批评和分析。他的结论诊定东方的文化(尤其是中国),有着很多根本的缺陷,要是和西欧的文化比较起来,真是望尘莫及了。这个演讲过了不久,不知是有意或是无心,便是陈受颐先生的演讲了,不久又是陈序经先生的演讲了,大家说的都是集中在文化的身上,大家都是主张彻底地接受西洋的文明,而在陈受颐先生的讲辞里,他甚且把中国的固有文化当作'莽园'看待,于是'全盘接受西洋文化'的呐喊,便在这个时候颤动了一般岭南人的耳鼓。"[2]

1934年,陈序经的演讲直接催生了一场在广州的文化论战。《广州民国日报》"现代青年"栏目在刊登陈序经演讲之后,更刊出了不少质疑和批判陈序经观点的文章,如谢扶雅《为中国文化问题进一解》,张磬《中国文化的死路》《为中国文化问题再进一解》《在文化运动战线上答陈序经博士》等。谢扶雅认为主张全盘西化是丧失了民族自信心的"媚外"的表现。"媚外的程度日甚一日,自蔑的程度亦日甚一日,其结果是:无论什么事凡西洋的统统是好的,凡中国的统统是不好的。"[3]张磬认为全盘西化论者"不言手段,只标目的笼统的宣传,必至一般青年们盲目的崇拜西化,以至穿西装是西化,吃西菜是西化,住洋楼是西化……"他指出:"人类的生活,既建筑

---

[1] 陈序经:《一年来国人对于西化态度的变化》,《国闻周报》第13卷第3期,1936年1月13日。

[2] 冯恩荣:《"全盘接受西洋文化"的意义》,广州:岭南大学学生自治会编《南风》(广州)第9卷第1期,1933年12月15日。

[3] 谢扶雅:《为中国文化问题进一解》,《广州民国日报·现代青年》第831期,1934年1月22日。

在经济基础上头,无论谁,都跳不出经济的圈子,而受所支配。而文化就是人类的生活表现。所以,文化当然要受经济势力所决定。"他以经济决定论来解释文化发展的规律,认为经济基础发展到相当的阶段,便产生新社会、新文化,"关于中国文化问题,如不从经济基础上着眼,徒然对于旧文化的拥护与抹杀,实在全是多事;而他们高唱全盘接受西洋文化者,更属滑稽"!"西化"就是物质化,是"过去消费教育、西化教育种下的祸根"!应该在"日常物质生活上,一切均以国货为原质,禁穿西装,禁用外货,使我们的民族意识,在平日一衣一食、一举一动的点点滴滴中,随时随地在眼前呼唤,在脑底盘旋。"[1]

陈序经在《广州民国日报·现代青年》上发表《关于中国文化之出路答张磐先生》对之进行辩驳。陈序经指出,张磐的观点无非袭用马克思的"经济史观","单以经济原因来说明文化,是很容易陷于错误的,何况经济的本身,不外是文化很多方面的一方面。经济的势力,固可以影响于文化的其他方面;文化的其他方面势力,也常常影响于经济的制度和观念"。他认为:"张先生误解我最大的地方,是他把'西化'来和'西货'混为一谈。我虽是极力主张全盘和彻底的'西化',却不主张盲目的全盘和彻底接受'西货'。"他援引自己1928年在《再开张的孔家店》(《广州民国日报》副刊1928年11月17日)一文中的观点为证:"晚近以来,我们每听一般人说:西方的物质文明是优过东方的。他们对于物质文化是愿意采纳,但是他们极力提倡东方的精神文化。我们承认'文化'二字是包含精神和物质二方面,然若一方面提倡西洋的物质文化,他方又提倡东方的精神文化,是行不去的。……因为物质文化和精神文化,是不能分开的。所以物质文化的演化,是随着精神文化的演化。我们差不多可以说物质的文化是精神文化的表现。史家称中世纪为黑暗时代,精神文化既沉于坠落的境地,物质文化也没有发达。数千年的中国,受困于专制思想的淫威之下,得过且过。所谓精神的文化既走不出二千年前的精神文化的圈子,结果二千年后的物质

---

[1] 张磐:《中国文化的死路》,《广州民国日报·现代青年》第834期,1934年1月25日。

文化并没有什么精彩过二千年前的物质文化。"所以,"专去采取西洋物质文化,不但是一件行不得的事情,而且是一件最危险的事。……数十年来我们所谓利益外溢,国境日穷,一方面固由于外国之侵略政策所使然,一方面亦未尝不因我们只知提倡物质文化,只会享受物质文化,而不知求物质文化所以成为物质文化所由来"。这足以证明自己"并非一个主张徒事享受西洋货的人"。其所谓"全盘"是"彻底",而非徒有其表。他说:"张先生要明白一般青年们之穿西装、吃西菜、住洋楼,并非是受过我主张全盘西化影响而来。我主张全盘西化虽则不会反对人穿西装、吃西菜、住洋楼,然而若说全盘西化不外是穿西装吃西菜住洋楼……,那么张先生所解释的全盘西化,是张先生自己的全盘西化,并非我主张的全盘西化了。"[1]

张磬继作《在文化运动战线上答陈序经博士》一文回应,陈序经则著《关于中国文化之出路再答张磬先生》。[2] 随着论争的继续,为着给予反对者一个总的答复,陈序经撰写了《对于一般怀疑全盘西化者的一个浅说》一文,刊于1934年4月岭南大学青年会出版的《全盘西化言论集》(吕学海编),系统阐述了自己对于全盘西化的观点,具体论列如下:

(1)中国问题与文化问题。陈序经认为,"中国的问题,根本就是整个文化的问题",主张"中国的问题只是经济的问题"是"一知半解"。"质言之,经济的问题只能当作中国好多的问题之一,此外政治上的腐败,教育上的落后,以及文化的其他方面的没有进步,都是中国之所以弄到这个田地的原因。"故反对者(张磬)亦懂得除开展经济上的生产教育之外,"还极力提倡民族意识和军事教育"。

(2)文化基础与基础文化。陈序经指出,"中国的问题的观点的误会",源于"文化的基础的观点的误会"。"以经济为文化唯一的基础的人的错

---

[1] 陈序经:《关于中国文化之出路答张磬先生》,《广州民国日报·现代青年》第836期,1934年1月29日。
[2] 张磬文载《广州民国日报·现代青年》第840期(1934年2月2日),陈序经文"现代青年"因"改组"未登,后刊1934年4月岭南大学青年会出版的《全盘西化言论集》(吕学海编)。

误,正像历史上或现代一般专以道德或专以宗教或专以政治为文化的唯一的基础的人一样的陷于错误的地位。……他们的错误,就是忘记了所谓道德,宗教,政治,经济的本身就是文化。"文化是"整个的",从"旧文化"到"新文化"也是"整个的"。对此,他引张磬"纺车上产生不出电力"的观点进行阐释:

> 纺车上产生不出电力,我也许可以同情于张先生,文化是筑在文化的基础上,张先生好像有了这个认识,然而我们不要忘记这种同情和这个认识是附带了条件的,这就是纺车固是人类利用他的脑和手所造成的,电力也是人类利用他的脑和手所发明的。发明电力的人,无疑的能够造作纺车,造作纺车的人的脑和手也无疑的能够发明电力或是能够学晓和利用电力,虽则这些电力不必是由他发明的。这就是说,人类的脑和手是没有什么差异的,非然者,西洋为什么能够从纺车的文化而产生出电力的文化呢?而所谓纺车上产生不出电力,不外是说,在纺车的社会里的人们是心满意足于纺车的文化,而不想他求;或者说,纺车的社会里的纺车文化,是受了这个社会里的文化其他方面所限制而不能有所变更。换言之,纺车上所以产生不出电力,是受了这个社会的文化的限制,这就是所谓文化的文化基础。然而这个基础之所以能够维持其状态而不变者,也是有了条件的,这就是没有外来的电力的文化和她接触。假使有了电力的文化来和她接触,那么,她总不免会自动的或是被动的受了影响,其结果是必至于不用电力而不止。这个结果的迟速,常常和其固有的文化的崩溃的迟速成正比例。因此之故,我们可以承认张磬先生所说的凝定了的旧文化对社会有其惰性的反作用,和我们的见解有了多少相近。可是他接着说道,"而没有基础的新文化对社会只有相当的影响而已"太过糊涂。因为这里所谓没有基础的新文化这句话的本身,就已不通。须知新的文化若没有其基础,她怎能成新的文化呢?新的

文化之所以成为新的文化,就是因为她的本身上有了基础。若说新的文化移植到旧的文化的社会里而和旧的文化的基础不相融洽,所以说它没有基础,那么,我们的要务就要快快的把这个旧的基础打破得干干净净,以免对于新的文化的接受有所阻碍。我们之所以主张绝对的打倒顽固的复古派和折衷派所恋恋于一部分的旧文化,就是这个原故。[1]

至于所谓文化的"地理的基础""生物的基础""心理的基础"等,陈序经以为,一方面证明文化的基础不是唯一的,另则必须看到,这些所谓"基础"的影响力,在低层次文化中也许是明显的,在高层次文化中则日渐趋同。中国人的"民族意识"也不会永远建构在"糊涂"的基础上而不似欧美人的"自觉"。中国所谓"重精神轻物质"的文化基础,"这个仅可以在闭关时代苟延残喘的文化基础,是丝毫值不得留恋的。何况她却正是处在现代世界基础文化之下的窒碍物呢?所谓基础文化,不外是一种可应付而适宜于某一种时代或某一种环境的文化。现在稍有理性的人,没有否认中国要现代化。因为不现代化,却[即]不能适应于这个时境之下。然而所谓现代化的根本干体,就是近代西洋文化。西洋文化既是现代化的根本和干体,西洋文化,也可以说是现代的基础文化。……我们以为现代化之所以为现代化,虽经过三四百年以上的时间,但是创之者难,效之者易,我们苟能虚心诚意来西洋化,则三十年内也可以达到西洋人所达到的地位"。

(3) 全盘西化与皮毛西化。陈序经说:"所谓全盘西化,在消极方面,是……对于中国的固有的文化不要丝毫的留恋;在积极方面,是要彻底的西化。"全盘西化是"医治皮毛西化的良剂"。从鸦片战争到洋务运动,"七十年来的西化运动,完全是皮毛的。原因是由于提倡的人对于中国文化的病症和对于西洋文化的优越,未能洞悉;结果是所谓西洋文化,是器物文

---

[1] 陈序经:《对于一般怀疑全盘西化者的一个浅说》,《全盘西化言论集》(吕学海编),广州:岭南大学青年会1934年4月版,第91—92页。

化,是功用文化,是物质文化;以至五四运动时所说,是科学文化,是民治文化,均不过是片面的见解"。这种理论上的"不彻底"是"实际上的西化运动"不彻底的根源。

(4) 全盘西化与接受西货。陈序经着重指出,全盘西化是彻底的"西洋化",不是只享受"西洋的货",是要有"我们自己所创造的西洋文化"。数十年来只见"西货"不见"西化",中国落后如旧。

(5) 全盘西化与笼统西化。陈序经指出,反对者以为西洋文化"花样杂出五光十色,青年人们见之,必至目眩心迷,应接不暇,故谓全盘西化为笼统西化"。实则所谓"目眩心迷"者,在于"对西化的认识太过浅薄"。"在西洋人的文化花园里,虽是五光十色,斑驳陆离,然他们却有其共同的基础,共同的阶段,共同的品色,共同的要点。"凡到过欧美或阅读过相关书籍的人都是能了解的。

(6) 全盘西化与中国国情。什么是"中国国情"?陈序经认为,国情"虽然可以包括一切的天然,气候,地理,物产,人种——以及文化的情况,然而事实上所指明的根本却只能说是文化方面"。在文化进步的社会里,自然、物质方面的影响微乎其微。"没有经过现代化的中国,不外是旧的中国。"旧的中国的教育才需要"新化""现代化",若使"新教育中国化"(合于国情),"其结果若不是新教育的退后化,至少也有新教育的古董化的危险"。"教育固是如此,文化的其他方面也是如此。"

(7) 全盘西化与民族意识。陈序经指出:"文化是人类适应时代环境以满足其生活努力的工具和结果。文化既是人类的创造品,不外是人类的工具,人类的灵魂精神固可以从文化中见之,然而她的真谛并非保存文化,而在于创造和改变文化。""我们五千年前的祖宗,曾做过茹毛饮血的生活,然而四千五百年前的祖宗,却放弃茹毛饮血而做熟食的生活,……可知某种文化生活可以放弃改变,然而这种放弃改变,民族并不因此而沦亡。""我们以为我们的文化和西洋的文化的差别,既只有程度的不同,而非种类的各异,则我们之全盘采纳西洋文化,不过是做进一级的文化生活,安能叫作蔑视轻鄙自己的文化?""世间只有承认自己的缺点和错误而求改良与纠正的

人才算好汉。"为此,他进一步阐述道:

> 进一步来说,所谓全盘西化正所以重视我们的文化,……设使我们而能自己赶紧全盘西化,再后而发展之,扩大之,则不但我们自己占有世界文化的优越地位,就是我们祖宗在历史上所做过的成就和所得到的光荣,也赖我们而益彰。则今日外人之所以因鄙视我们的文化而鄙视我们的祖宗的文化,也能因为他日重视我们在世界文化所占的重要位置而重视及我们的祖宗与其文化。
>
> ……只有享受祖宗所遗下的文化而不想再有振作的人,乃是自暴自弃的人。[1]

今日的民族危机(指"九一八"之后),陈序经认为:与其说"是由于西化,不如说是由于没有全盘彻底的西化"。"中国之所以弄到这个地步,原因是由于顽固成性不愿西化,结果是要被人迫而始化。"他指出:

> 总而言之,我们既不承认西洋的民族意识是先天的,而是文化所形成的;那么,中国民族意识之所以没有发展,也非先天的,而是中国固有文化所形成的。想有足以生存于现代世界的民族意识,消极方面,就要放弃过去的固有文化,以及其所形成的颓靡不振的民族意识;积极方面,就要全盘彻底去西化。能够全盘彻底的西化,就是激动起一种新的民族意识而适宜于现代的世界。
>
> 相信中国可以全盘彻底的西化的民族,是有自信心最强的民族。因为相信中国可以全盘彻底西化的民族,是相信西洋民族所能创造的文化,中国人也能创造。只有相信中国民族有了这种创造的能力的人,始能自信中国将来的文化不但可以和欧美并驾齐

---

[1] 陈序经:《对于一般怀疑全盘西化者的一个浅说》,《全盘西化言论集》(吕学海编),广州:岭南大学青年会1934年4月版,第117页。

驱,且可以超越在欧美所成就之上。全盘西化有损于民族自信心之谬说,可以不攻而自破矣。[1]

(8) 全盘西化与"五四"运动。陈序经认为,中国的"西洋文化运动""至少有了七十年的历史",至于"全盘西化",确实并非"五四"时代人们的主张。"在所谓思想领袖的陈仲甫和胡适之先生的著作里,好像也找不出全盘西化的话类。其实不但这个名词不容易找出来,就是这种思想他们也是没有的。"他说:

> 我们正是见得所谓五四运动的领袖者,对于西洋文化的认识上,尚欠深刻和彻底,而生出东西合璧以至皮毛西化的结果,所以"贸然"主张全盘西化。[2]

他认为,"五四"运动"不是一个全盘而彻底的西化运动"。不可误会"全盘西化,乃皮毛西化,采纳西货";亦不可误会"五四运动早已做了我们宣传的全盘西化的试验事业"。

(9) 物质文化与精神文化。陈序经指出,不是"精神文化是物质文化的表现",相反,"物质文化是精神文化的表现"。实际上"她们的关系,正如一个人的肉体和他的灵魂的关系,两者处处都是互相为用而不可以分开的"。"物质所表现之处便是精神所寄存之处。""西洋不但有其物质文化,而且有其精神文化,而且科学既是精神文化,近代的物质文化差不多可以说是由于科学发达而来。所以说物质文化的演化是随着精神文化的演化。"对此,陈序经强调自己是"从文化本身的观点来解释文化",而和受过杜威影响极力提倡科学的胡适"所谓以文化来分为精神与物质两方面来做东西文化合

---

[1] 陈序经:《对于一般怀疑全盘西化者的一个浅说》,《全盘西化言论集》(吕学海编),广州:岭南大学青年会1934年4月版,第120—121页。
[2] 陈序经:《对于一般怀疑全盘西化者的一个浅说》,《全盘西化言论集》(吕学海编),广州:岭南大学青年会1934年4月版,第124页。

璧的论调"并非一致,胡适所谓"精神的文明必须建筑在物质的基础之上"[1]的观点,恰是他论说的短处。[2]

总之,以陈序经为代表的"全盘西化"论者强调文化的整体性,反对经济决定论,对近代及五四以来"西化"运动的不彻底性企图有所校正,从而提出从文化上彻底"西化"的主张。因此遭到保守派民族主义者的反对是显而易见的。但是,"西化"派本质上仍是民族主义者,他们和"五四"时代的知识分子一样,所谓世界化、现代化眼光中蕴含的仍是"国富民强"的物质性诉求。但是,在反传统的问题上,他们不仅继承了"五四"时代《新青年》所开创的政治文化批判的启蒙传统,而且将其从伦理道德批判引向了社会生活和文化批判,从历史批判转向了现实批判。他们认为,文化问题不是一个历史问题而是一个现实问题,不是一个渐进的过程而是一种当机立断的选择,即"全盘西化"。因此,单纯文化上的"国民性批判"和物质性的"师夷之长技以制夷"便为这种器、用合一,物质、精神统而得之的"西化"论所取代。较之"五四"时代的启蒙知识分子,陈序经等"全盘西化"论者是新文化派中的功利主义者和现实主义者;较之其反对者,即是更为激进的民族主义者。

民族主义不仅是现代中国政治文化思潮的底蕴,也是从"五四"到20世纪三四十年代学术文化思潮中的最强音。但是,一般而言,由于保守主义者和激进主义者的民族认同心理迥然有别,一般研究中趋向于将保守主义者视为民族主义者,而将激进主义者视为启蒙主义者、自由主义者和社会主义者。前者的民族认同心理具有封闭性,后者的民族认同心理具有开放性。就后者而言,启蒙主义者是总体的文化决定论者,自由主义者是个人主义者或文化改良论者,社会主义者是以阶级论为思想基础的政治革命论者。与此相区别,激进的民族主义者是着眼于物质形态的文化决定论者,亦即民族主义中的现实主义者。他们着眼于民众的物质利益和社会的

---

[1] 胡适:《我们对于西洋近代文明的态度》,《现代评论》第4卷第83期,1926年7月10日。
[2] 陈序经:《对于一般怀疑全盘西化者的一个浅说》[(1)—(9)总注],《全盘西化言论集》(吕学海编),广州:岭南大学青年会1934年4月版,第124—132页。

文化需求，因而其文化眼光具有实在性，其对社会物质利益具有着本体化与真实性的追求（文化移植），反对简单的舶来和非利益性的文化诉求。因而他们的文化思想中具有着急功近利的目标，他们的学术表达也因此缺乏深厚的理性主义色彩。

在"全盘西化"论争中，站在陈序经立场上的冯恩荣、吕学海和反对者王峰、陈安仁之间曾就孙中山三民主义的文化属性问题展开论争，针对王峰等否认"孙中山先生的三民主义'根本是西洋的东西'"的观点，冯恩荣引《〈民报〉发刊词》中孙中山的阐述说：

> 余维欧美之进化，凡以三大主义：曰民族，曰民权，曰民生。罗马之亡，民族主义兴，而欧美各国以独立。洎自其帝国，威行专制，在下者不堪其苦，则民权主义起。18世纪末，19世纪之初，专制仆而立宪政体殖焉。世界开化，人智益蒸，物质发舒，百年锐于千载，经济问题，继政治问题之后，则民生主义，跃跃然动。[1]

据此，冯恩荣认为，三民主义即可视为"西化"之根，"西化"之源。所以，吕学海明确指出："三民主义的政治哲学，根本是西洋的思想，并非中国固有的。"[2]

就民族主义而言，实则孙中山思想中包含着激进与保守的二重性，这正是保守主义者和"全盘西化"论者均欲从中寻找理论根据的原因。但同时也说明，二者均是孙中山式民族主义思想的演绎者。从陈序经不同意"五四"时代的启蒙主义者为"全盘西化"论者可见，在于他们的启蒙目的，即民族主义情怀不似"全盘西化"论者的清晰明朗。故此，陈序经便若有会

---

[1] 冯恩荣：《评对于一般怀疑"全盘和彻底的西化"的批评》，《全盘西化言论集》（吕学海编），广州：岭南大学青年会1934年4月版，第67—68页。
[2] 吕学海：《评中西文化讨论的折衷派》，《全盘西化言论集》（吕学海编），广州：岭南大学青年会1934年4月版，第78页。

心地指出,"五四"以后说到"西化"而谓之"全盘"者唯有梁漱溟一人。[1]

但是,正是"五四"新文化运动以伦理/思想革命的方式开启了知识分子"西体西用"的文化思维模式,使之通过现代教育的普及和文学运动的开展,成为新的广泛的社会文化基础,才有"全盘西化"论者的激进社会文化主张。因此,不仅"五四"是"全盘西化"论者的先声,而对于"全盘西化"论者最表同情的也必然是经历过"五四"激进文化风暴洗礼的启蒙主义者。胡适正是这样的代表。随着所谓东西文化论战的深入,胡适被推上了历史的潮头。他是一个个性意识鲜明的自由主义者,由于不满于陈序经将自己视为"保守的折衷派",于是挺身而出,为自己的"全盘西化"主张辩诬,从而使自己的文化身份由一个启蒙自由主义者转换为自由民族主义者。

1935年3月,在《独立评论》第142期《编辑后记》中,胡适谈到吴景超、陈序经视其为"折衷派"时,颇为不屑,提及自己1929年为《中国基督教年鉴》撰写的《中国今日的文化冲突》一文,说道:"我很明白的(地)指出文化折衷不可能。我是主张全盘西化的。但我同时指出,文化自有一种'惰性',全盘西化的结果自然会有一种折衷的倾向。例如中国人接受了基督教的,久而久之,自然和欧洲的基督徒不同:他自成一个'中国基督徒'。……现在的人说'折衷',说'中国本位',都是空谈。此时没有别的路可走,只有努力全盘接受这个新世界的新文明。全盘接受了,旧文化的'惰性'自然会使他成为一个折衷调和的中国本位新文化。若我们自命做领袖的人也空谈折衷选择,结果只有抱残守缺而已。古人说:'取法乎上,仅得其中;取法乎中,风斯下矣。'这是最可玩味的真理。我们不妨拚命走极端,文化的惰性自然会把我们拖向折衷调和上去的。……我是完全赞成陈序

---

[1] 在《对于一般怀疑全盘西化者的一个浅说》中陈序经认为:"在一般国人的著作里,除了主张'复古'的梁漱溟先生用过'全盘'两个字外,既不容易找出全盘西化的字样。"(《全盘西化言论集》(吕学海编),岭南大学青年会1934年4月版,第123页。)此即梁漱溟在《东西文化及其哲学》中提出对于世界文化三种路向的态度时所谓:第一"要排斥印度的态度",第二对于西方文化要"全盘承受"。(梁漱溟:《东西文化及其哲学》,《儒学复兴之路——梁漱溟文选》(曹锦清编选),上海:上海远东出版社1994年版,第118页。)

经先生的全盘西化论的。"他表示自己将作专文探讨这个问题。[1]

数月之后,在抨击"中国本位文化"派的同时,胡适发表了《充分世界化与全盘西化》一文,重申了自己在《中国今日的文化冲突》一文中表达过的观点。他说:中国人对于"西化"问题"有三派的主张:一是抵抗西洋文化,二是选择折衷,三是充分西化。……抗拒西化在今日已成过去,没有人主张了。但所谓'选择折衷'的议论,看去非常有理,其实骨子里只是一种变相的保守论。所以我主张全盘的西化,一心一意的(地)走上世界化的路"。他认为"全盘西化"之所以受到批评,在于"这个名词的确不免有一点语病"。"因为严格说来,'全盘'含有百分之一百的意义,而百分之九十九还算不得'全盘'。……我赞成'全盘西化',原意只是因为这个口号最近于我十几年来'充分'世界化的主张;……'全盘'的意义不过'充分'而已,不应该拘泥作百分之百的数量的解释。"于是他呼吁:

> 所以我现在很诚恳的(地)向各位文化讨论者提议:为免除许多无谓的文字上或名词上的争论起见,与其说"全盘西化",不如说"充分世界化"。"充分"在数量上即是"尽量"的意思,在精神上即是"用全力"的意思。

他进而解释道:"第一,避免了'全盘'的字样,可以免除一切琐碎的争论。……这里面本来没有'折衷调和'的存心,只不过是为了应用上的便利而已。""第二避免了'全盘'的字样,可以容易得着同情的赞助。""第三,我们不能不承认,数量上的严格'全盘西化'是不容易成立的。"这在于"文化的惰性"。"西洋文化确有不少的历史因袭的成分,我们不但理智上不愿采取,事实上也决不会全盘采取。"[2]

很明显,作为新文化运动的开创者之一,胡适一贯的理性主义立场阻

---

[1] 胡适:《编辑后记》,《独立评论》第142期,1935年3月17日。
[2] 胡适:《充分世界化与全盘西化》,《大公报·星期论文》,1935年6月23日。

遏了其激进主义思维,但并没有流于文化保守主义。在"西化"问题上,其态度是鲜明的,但对于传统,胡适从未有陈独秀式的决绝。作为一个自由主义者,对于一切哪怕是对立面的东西,能够保持一种容忍的雅量。但其不容历史倒退的目标和"睁眼看世界"的勇气是坚定不移的。带着"重造文明"的理想和重建文化的希望,胡适的民族主义情怀超越于激进主义与保守主义者之上,不仅具有一种与人为善的乐观主义,还更具有着鲜明的理想主义色彩。

陈序经并不同意胡适的看法,他说:"我以为在精神上,我们若用'全力'去西化,结果是在消极方面,必至否认中国固有的文化;在积极方面,还是趋于全盘西化。但是所谓'充分'或'尽量'这些名词,不但很为含混,而且很容易被了一般主张折衷,或趋于复古者,当作他们的护身符。"他不主张在观点上有任何含混或伸缩性,并说:"'在这优胜劣败的文化变动的历程之中',理智往往也是'无所施其技'的。"[1]这就和胡适的自由主义立场形成了区别。在《答陈序经先生》中胡适仍做出了两种劝勉:(一)"充分""尽量"等字眼较"全盘"稍有伸缩性。如陈序经先生所说:"'在所谓百分之九十九或九十五的情形下,还可以叫做(作)全盘。'那就是他也承认'全盘'一字可作活用,也可以稍有伸缩余地了。……至于有人滥用'充分''尽量'等字,来遮盖他们的复古倾向,那是不可避免的,我们尽可以不必介意。"(二)"理智"的作用不"像陈序经先生说的那么眇小"。"文化上的大趋势、大运动,都是理智倡导的结果。""凡文化上的惰性都是情感的成分居绝大部分,其中很少理智的分析与了解。今日倡导复古的人们都是不能充分运用理智来征服他们自夸或苟安的情感。""我们理想中的'充分世界化',是用理智来认清我们的大方向,用理智来教人信仰我们认清的大方向,用全力来战胜一切守旧恋古的情感,用全力来领导全国朝着那几个大方向走,——如此而已。"[2]事实胜于雄辩,纠缠于概念是无益的。若用胡适的

---

[1] 陈序经:《全盘西化的辩护》,《独立评论》第160期,1935年7月21日。
[2] 胡适:《答陈序经先生》,《独立评论》第160期,1935年7月21日。

观点来对照,激进和保守的两翼都难免情胜于理的虚妄和偏执。同样,用"理"便有学术,以"情"则生意气,唯有徒劳的争执。陈序经并不明了胡适文化选择上的自由主义立场,把文化理性与折衷妥协混淆起来了,同时也暴露了自己观念上的非理性主义偏执。

20世纪30年代的东西文化之争,关键是"全盘西化"与"中国本位文化"之争。这实质上是前述三民主义和民族主义文学运动中民族主义意识形态化在学术和文化思想领域的扩充:一方面是以民族主义为意识形态的思想文化和学术观念体系粉墨登场,引起"西化"派的激进反弹;一方面是保守主义文化势力挟官方之威对于各种性质的"西化"论加以全面打压。1935年1月王新命等十教授在上海《文化建设》月刊[1]发表《中国本位的文化建设宣言》,使之趋向高潮。

"十教授宣言"声称:"在文化的领域中,我们看不见现在的中国了。""中国在文化的领域中是消失了;中国政治的形态、社会的组织和思想的内容与形式,已经失去它的特征。由这没有特征的政治、社会和思想所化育的人民,也渐渐的不能算得中国人。所以我们可以肯定的(地)说:从文化的领域去展望,现代世界里面固然已经没有了中国,中国的领土里面也几乎已经没有了中国人。""要使中国能在文化的领域中抬头,要使中国的政治、社会和思想都具有中国的特征,必须从事于中国本位的文化建设。""要从事中国本位的文化建设,必须用批评的态度、科学的方法,检阅过去的中国,把握现在的中国,建设将来的中国。"

就"检阅过去的中国"论,"宣言"指出,"中国在文化的领域中,曾占过很重要的位置。从太古直到秦汉之际,都在上进的过程中。春秋战国形成了我们的希腊罗马时代,那真是中国文化大放异彩的隆盛期。但汉代以后,中国文化就停顿了。宋明虽然还有一个新的发展,综合了固有的儒、道和外来的佛学,然而并未超出过去文化的范围,究竟是因袭的东西。直到

---

[1]《文化建设》月刊1934年10月创刊于上海,综合性文化时政刊物,"中国文化建设协会"主办,有"两陈"C.C.派背景。创刊号载有陈立夫《中国文化建设论》,及吴铁城、吴醒亚等人的文章。1937年7月抗战爆发后停刊,共出版34期。

鸦片战争才发生了很大的质的变动。……于是古老的文化起了动摇,我们乃从因袭的睡梦中醒觉了"——曾国藩李鸿章的"洋务"运动,康有为梁启超的"维新"运动,孙中山的"革命"运动发生了。但唯有"孙中山先生所领导的辛亥革命。他以把中国固有的'从根救起来',把人家现有的'迎头赶上去'为前提,主张对中国的社会、政治、经济作彻底的改造"。然则"革命顿挫",内忧外患,"一般人以为政治不足以救国,需要文化的手段,于是就发生了以解放思想束缚为中心的五四文化运动。经过这个运动,中国人的思想遂为之一变"。再经"伟大的国民革命",虽有种种波折,"政治改造终于达到了相当的成功"。而"当前问题在建设国家。政治经济等方面的建设既已开始,文化建设亦当着手,而且更为迫切。但将如何建设中国的文化,确是一个急待讨论的问题。有人以为中国该复古,但古代的中国已成历史。历史不能重演,也不需要重演;有人以为中国应完全模仿英美,英美固有英美的特长,但地非英美的中国应有其独特的意识形态,并且中国现在是在农业的封建的社会和工业的社会交嬗的时期,和已完全进到工业时代的英美,自有其不同的情形;所以我们决不能赞成完全模仿英美。除却主张模仿英美的以外,还有两派:一派主张模仿苏俄,一派主张模仿意、德。但其错误和主张模仿英美的人完全相同,都是轻视了中国空间时间的特殊性"。

  各种主张在冲撞竞走,造成了文化和思想的混乱,需要"一个总清算"。——"把握现在的中国,建设将来的中国"——"我们怎么办"? 就是进行"中国本位的文化建设"。对此,"宣言"宣称:

  在建设的进程中,我们应有这样的认识:

  1. 中国是中国,不是任何一个地域,因而有它自己的特殊性。同时,中国是现在的中国,不是过去的中国,自有其一定的时代性。所以我们特别注意于此时此地的需要,此时此地的需要,就是中国本位的基础。

  2. 徒然赞美古代的中国制度思想,是无用的;徒然诅咒古代的中国制度思想,也一样无用;必须把过去的一切,加以检讨,存其所当存,去其所当去;其可赞美的良好制度伟大思想,当竭力为之发扬光大,以贡献于全世界;而可诅咒的不良制度卑劣思想,则当淘汰务尽,无所吝惜。

3. 吸收欧、美的文化是必要而且应该的,但须吸收其所当吸收,而不应以全盘承受的态度,连渣滓都吸收过来。吸收的标准,当决定于现代中国的需要。

4. 中国本位的文化建设,是创造,是迎头赶上去的创造;其创造目的是使在文化领域中因失去特征而没落的中国和中国人,不仅能与别国和别国人并驾齐驱于文化的领域,并且对于世界的文化能有最珍贵的贡献。

5. 我们在文化上建设中国,并不是抛弃大同的理想,是先建设中国,成为一整个健全的单位,在促进世界大同上能有充分的力。

要而言之:中国是既要有自我的认识,也要有世界的眼光,既要有不闭关自守的度量,也要有不盲目模仿的决心。这认识才算得深切的认识。

循着这认识前进,那我们的文化建设就应是:

不守旧;

不盲从;

根据中国本位,采取批评态度,应用科学方法来

检讨过去,

把握现在,

创造未来。

不守旧,是淘汰旧文化,去其渣滓,存其精英,努力开拓出新的道路。不盲从,是取长舍短,择善而从,在从善如流之中,仍不昧其自我的认识。根据中国本位,采取批判态度,应用科学方法来检讨过去,把握现在,创造未来,是要清算从前的错误,供给目

前的需要,确定将来的方针,用文化的手段产生有光有热的中国,使中国在文化的领域中能恢复过去的光荣,重新占着重要的位置,成为促进世界大同的一支最劲最强的生力军。[1]

"十教授宣言"署名者:王新命、何炳松、武堉干、孙寒冰、黄文山、陶希圣、章益、陈高佣、樊仲云、萨孟武。

"宣言"发表后,胡适、陈序经等分别著文批评。胡适指出,所谓"中国本位的文化建设","正是'中学为体西学为用'的最新式的化装出现。说话是全变了,精神还是那位《劝学篇》的作者的精神"。"十教授在他们的宣言里,曾表示他们不满意于'洋务''维新'时期'中学为体西学为用'的见解。这是很可惊异的!""'维新'时代的人物也不完全是盲目的抄袭,他们也正是要一种'中国本位的文化建设'。""他们的失败只是因为他们的主张里含的保守的成分多过于破坏的成分,只是因为他们太舍不得那个他们心所欲口所不能言的'中国本位'。"帝制倾覆,革命震荡,"始终没有打破那个'中国本位'","老成持重的人们却至今还不曾搁下他们悲天悯人的远虑"。胡适进而指出:

> 十教授口口声声舍不得那个"中国本位",他们笔下尽管宣言"不守旧",其实还是他们的保守心理在那里作怪。他们的宣言也正是今日一般反动空气的一种最时髦的表现。时髦的人当然不肯老老实实的(地)主张复古,所以他们的保守心理都托庇于折衷调和的烟幕弹之下。对于固有文化,他们主张"去其渣滓,存其精华";对于世界新文化,他们主张"取长舍短,择善而从":这都是最时髦的折衷论调。[2]

---

[1]《中国本位的文化建设宣言》,《文化建设》第1卷第4期,1935年1月10日。
[2] 胡适:《试评所谓"中国本位的文化建设"》,《大公报·星期论文》,1935年3月31日。另载《独立评论》第145号,1935年4月7日。

胡适认为:"萨、何十教授的根本错误在于不认识文化变动的性质。文化变动有这些最普遍的现象:第一,文化本身是保守的。凡一种文化既成为一个民族的文化,自然有他的绝大保守性,对内能抵抗新奇风气的起来,对外能抵抗新奇方式的侵入。这是一切文化所公(共)有的惰性,是不用人力去培养保护的。""第二,凡两种不同文化接触时,比较观摩的力量可以摧陷某种文化的某方面的保守性与抵抗力的一部分。其被摧陷的多少,其抵抗力的强弱都和那一个方面的自身适用价值成比例:最不适用的,抵抗力最弱,被淘汰也最快,被摧陷的成分也最多。""第三,在这个优胜劣败的文化变动的历程之中,没有一种完全可靠的标准可以用来指导整个文化的各方面的选择去取。十教授所梦想的'科学方法',在这种巨大的文化变动上,完全无所施其技。至多不过是某一部分的主观成见而美其名为'科学方法'而已。例如妇女放脚剪发,大家在今日应该公认为合理的事。但我们不能滥用权力,武断的(地)提出标准来说:妇女解放,只许到放脚剪发为止,更不得烫发,不得短袖,不得穿丝袜,不得跳舞,不得涂脂抹粉。政府当然可以用税则禁止外国奢侈品和化妆品的大量输入,但政府无论如何圣明,终是不配做文化的裁判官的,因为文化的淘汰选择是没有'科学方法'能做标准的。""第四,文化各方面的激烈变动,终有一个大限度,就是终不能根本扫灭那固有文化的根本保守性。这就是古今来无数老成持重的人们所恐怕要陨灭的'本国本位'。这个本国本位就是在某种固有环境与历史之下所造成的生活习惯;简单说来,就是那无数无数的人民。那才是文化的'本位'。那个本位是没有毁灭的危险的。物质生活无论如何骤变,思想学术无论如何改观,政治制度无论如何翻造,日本人还只是日本人,中国人还只是中国人。……今日的大患并不在十教授所痛心的'中国政治的形态,社会的组织,和思想的内容与形式,已经失去它的特征'。我们的观察,恰恰和他们相反。中国今日最可令人焦虑的,是政治的形态,社会的组织,和思想的内容与形式,处处都保持中国旧有种种罪孽的特征,太多了,太深了,所以无论什么良法美意,到了中国都成了逾淮之橘,失去了原有的良法美意。"因此,他指出:

我的愚见是这样的：中国的旧文化的惰性实在大的可怕，我们正可以不必替'中国本位'担忧。我们肯往前看的人们，应该虚心接受这个科学工艺的世界文化和它背后的精神文明，让那个世界文化充分和我们的老文化自由接触，自由切磋琢磨，借它的朝气锐气来打掉一点我们的老文化的惰性和暮气。将来文化大变动的结晶品，当然是一个中国本位的文化，那是毫无可疑的。如果我们的老文化里真有无价之宝，禁得起外来势力的洗涤冲击的，那一部分不可磨灭的文化将来自然会因这一番科学文化的淘洗而格外发辉光大的。[1]

陈序经在《评"中国本位的文化建设宣言"》中断言，十教授宣言是一个"复古与守旧的宣言"。他说："我以为十教授的最大错误，是不明白文化是人类的适应时境以满足其生活的努力的结果和工具。时境变了，文化也变。""现在的文化，根本上虽然是西洋的文化，然而经过我们自己的仿造以后，就是我们的文化。"既然"中国正是趋于完全进到工业时代的英美的路上"，赞成也好，不赞成也好，"是不成问题的"。反觉得所谓"决不能赞成完全模仿英美"之语，"成了反时代趋势的空言"。"十教授既不赞成势必所至的英美，又不赞成有样可仿的德意，却只提出'不守旧，不盲从，检讨过去，把握现在，创造将来'，一类最抽象而无具体的空调出来，以为中国本位文化的建设，这真是玄之又玄了！"[2]

1935年5月14日，"十教授"在《大公报》上发表了"总答复"，申言："我们所揭示的中国本位文化建设，在纵的方面不主张复古，在横的方面反对全盘西化，在时间上重视此时的动向，在空间上重视此地的环境，热切希望我们的文化建设能和此时此地的需要相吻合。"并说："此时此地之需要：第

---

[1] 胡适：《试评所谓"中国本位的文化建设"》，《大公报·星期论文》，1935年3月31日。另载《独立评论》第145号，1935年4月7日。
[2] 陈序经：《评"中国本位的文化建设宣言"》，《全盘西化言论续集》（冯恩荣编），广州：岭南大学学生自治会出版部1935年版，第95—103页。

一,人民的生活需要充实;其次,国民的生计需要发展;最后,民族的生存需要保障"来应对各种批评之声。[1] 1935年4月,"十教授"之一何炳松就胡适在《试评所谓"中国本位的文化建设"》一文中的批评演讲申辩。他说:"我对于胡先生批评我们宣言文章的总批评有两点。一方面是他出于误会我们的意思;一方面是他太重主观的成见,不是客观的批评。"就其"中国本位"与胡适所谓"固有文化",他指出:"实在说起来,我们说的是中国本位,不应误为固有文化。胡先生把我们认为建设,他以为是保守;我们主张中国本位文化,他以为固有文化,这是不通的。""中国固有的文化,已经有孔子、老子、诸先儒建设好了,用不着在民国二十四年再来建设。""读经与祀孔,应根据科学的客观的态度去研究。我们不能凭主观的成见,认为读经祀孔就是一种反时代的罪恶。……胡先生强要说我们主张建设中国本位文化是陈济棠、何健、戴传贤诸公的烟幕弹;那么,胡先生所主张的全盘西化的文化,不也就是史太林、希特勒和墨索里尼诸人的烟幕弹吗?何况我们并未主张完全保存固有文化。"对于胡适所说文化的四种现象,何炳松申辩说:第一,保守性,说明文化是累积的;惰性,却不尽然——"文化是需要人力去培养保护的"。第二,两种文化接触时抵抗力强弱的问题:文化高者并不一定"摧陷"文化低者——基督教发源于犹太,却兴盛于罗马,统一了欧洲,然而犹太文化并非高于罗马文化;佛教从印度传播到中国也约略等同。第三,优胜劣败并非文化选择的标准。"文化不是道德","本身无所谓优劣";文化之消长存亡,在于"合乎时代需要和适应环境"与否。第四,"文化等于生活习惯,等于无数无数人民",这种说法更有流弊——"推而言之,就是中国亡了也不要紧,因为还有无数无数的人民存在"。故此,何炳松认为,胡适的观点总体上主观褊狭,"贫乏薄弱"。[2]

1935年6月23日,胡适在《大公报·星期论文》发表《充分世界化与全

---

[1] 参见《中国本位文化与"全盘西化"之论争》,《申报月刊》第4卷第7期,1935年7月15日,第296页。
[2] 何炳松演讲:《建设中国本位文化问题——并答胡适之先生》(高芝生记),《大夏周报》第11卷第24期,1935年4月29日,第667—670页。

盘西化》,声言一切论争"不过名词上的争论",表示放弃"全盘西化"之论,认同"十教授"在"总答复"中提出的"充实人民的生活,发展国民的生计,争取民族的生存"三个标准,以"充分世界化"消解分歧,求取共识。[1] 至此,胡适的理性民族主义立场再一次发挥了持守宽容、消弭对立的作用。

然则有批评者认为,所谓"充实人民的生活,发展国民的生计,争取民族的生存","这三条原则初与文化没有什么关系,更与'中国'无甚联系,更也不能算作本位。所以说它正像政党政治国家里普选时张挂在公园街市上的标语,以吸引选民的投票一样。就随便奉送给世界上哪一个弱小民族被压迫者,都没有什么不可之处的"。[2] 实则这只是政治的口号而非文化的标准。而以国计民生为着眼点,由"十教授"的答复到胡适的认同,反映出民族主义者共有的心态是社会政治诉求而非精神文化诉求。民族主义者的文化诉求本质上是政治诉求。"十教授"的"文化本位"论乃是意识形态色彩的官样文章。

另外,对于"十教授宣言"的响应与批判之声亦在其主要阵地《文化建设》月刊等刊物上形成碰撞,形成一定的学术讨论之势。1935年2月10日,《文化建设》月刊刊发了一组"中国本位的文化建设宣言批评",含叶青、李麦麦、许性初、潘光旦、漆琪生五篇署名文章。叶青的文章说:1月19日他们在上海举行"文化建设座谈会",到会者有"十教授"中数人及叶青、刘湛恩、舒新城等。[3] 由何炳松"报告各日报对该宣言的评论",叶青等发表了感想或感言。叶青的文章即为其"感想"之所发挥。叶青认为,中国文化经历了春秋战国的"黄金时代",而"由汉武帝至清道光"转入"黑暗时期",

---

[1] 胡适:《充分世界化与全盘西化》,《大公报·星期论文》,1935年6月23日。
[2] 卞镐田:《动荡一年来的中国本位文化问题的回顾与前瞻》,《文化与教育》旬刊第77期,1936年1月10日。
[3] 潘光旦《谈"中国本位"》一文谓"文化建设座谈会"举行的时间为1月21日,发言中有欧元怀、俞寰澄、黎照寰、黄任之、李浩然、陶百川、何西亚、谢俞三、邰爽秋、吴子敬等,及撰写"中国本位的文化建设宣言批评"诸人。另据《申报月刊》报道,上海"文化建设座谈会"举行时间为1935年1月19日,见《一月来之中国与世界·大事日记》,《中国本位文化与"全盘西化"之论争》(《申报月刊》第4卷第7期,1935年7月15日,第293—296页)。

类似于欧洲的中世纪,"完全是封建主义的东西",至与近代欧洲文化相遇而大显其拙劣。于是产生了两种意见,即主张采用欧洲文化和保守中国文化。"后一种意见是因前一种意见而有。"二者互相争论,"事实上,前一种意见,业已获得胜利;可是经过很多曲折,后一种意见时时都企图抬头起来"。各种论争中,"在文化界呈出了五花八门,莫衷一是的样子"。就"中国本位论"而言,"是含有国家主义气味的,不仅这样,而且含有中国主义的气味"。但在具体主张上,其不偏不倚的"解释"却成为"文化的实在论和辩证论之应用",显示出它的"科学性"和现实性,"原则上"无可厚非。叶青以布哈林对社会主义之"现实性和特殊性"的论点佐其论断,认为"宣言"指示了实践"大同理想"之健全的路径,"证明了中国一般人的理论水准之比从前进步",不拘于"感情的和道德的解释",而具有了"科学的意味"。继之,叶青分析了"宣言"所具有的"历史意义"和"社会意义"。"历史意义"是它正确地指出了1927年以后中国的道路是"资本方面",因而"文化建设""就必然是在社会进化史上封建时代以后接着的一个阶段之中了"。其"社会意义"则在于它是"一种文化的民族主义"——"在封建割据和新式农民战争均于整个的意义中为中国倾向统一的历史车轮所打落以后",现实的"文化建设"即是资本的民族主义。在叶青看来,尽管无论"中国本位论"者还是全盘西化论者,在政治上都是倾向于资本主义的,但"宣言"则透露出一种"活动性"(灵活性)。同时他认为,凡"活动性"都有其模糊性,"今天的文化问题,是在对个人主义与非个人主义(Collectivism)决定态度。《文化建设》月刊意识到了这点,所以定出一个资本主义文化与社会主义文化的题目号来征求各方面人的意见"。"宣言"则用笼统的"创造"回避了这一具体的意识形态问题。叶青指出,这是不应该的。——他所表明的态度在于:应抛弃欧美的个人主义。在叶青看来,"宣言"自然是一种理论,而不是实行的方案,其就"座谈会"所见有人主张"不要空谈只须实干",他认为,"我却期期以为不可":

> 我以为在文明时代,特别是科学昌明的时代,实践要以理论

> 为向导。盲目动作的时代已经过去了。所以在实践之前弄一个清楚,是很必要的。理论不是别的,就是给我们弄一个清楚,它是实践的说明。

他认为"宣言"尽管仅为"理论之部"而欠"实践之部",但把"科学、批评、创造""与中国本位联合起来成为建设文化的原则"是一大创举。[1]

李麦麦的文章认为,"十教授宣言"的"基本精神"有一种"二律相背",他说:

> "宣言"的标题叫作"中国本位的文化建设宣言"。这"中国本位"四字,就很容易使人联想"中学为体"思想上去。"本位"作何解释?单纯作"中国需要"解释么?那就无批评之可言。因为谁会出来反对中国文化建设应合乎中国需要呢?但是"中国本位"四字,除了作合乎中国需要解释外,它还有第二种绝然不同的解释。这就是中国文化为"本"和"中国的政治社会和思想都具有中国特征"的解释。也就是我所谓宣言的"基本"精神"二律相背"的地方。

> 按"宣言"的第一种精神,结论应该是而且已经是:"中国应'迎头赶上去'……中国的社会政治经济作彻底的改造。"就是说,中国文化应当欧化近代化。按"宣言"的后一精神,结论是:"中国的政治社会和思想都具有中国的特征。"这就是说中国应保留东方文化。然则中国文化运动究应欧化近代化呢?抑应保留其东方文化特色呢?

在李麦麦看来,二者的不兼容是肯定的。"因为一定的文化形态不仅是基于一定的社会基础,而且要与一定的社会基础相适合。""彻底改造"与

---

[1] 叶青:《读"中国本位的文化建设宣言"以后》,《文化建设》第1卷第5期,1935年2月10日。

"中国特征"存在难以调和的矛盾。他问道：

> 中国的文化果然值得我们作为"特征"么？
>
> 我们要使中国的政治具有中国的特征么？作为中国"特征"的政治上有两种：封建和专制。封建政治已成为中国民族的桎梏。专制政治之名虽废于辛亥革命，但专制政治之实至今仍危害中国。这类政治还值得作为今后政治特征么？
>
> 我们要使中国的社会具有中国的"特征"么？不用我们劳心，五十年来的思想文化运动并没有把中国社会改变多少。走到内地各省一看，除经济衰败和破产以外，一切都是古色古香的保持着中国社会的"特征"：简陋的手工业、落后的农业、男女不平等、多妻制、奴婢、辫发、束胸、缠足，这一切都是中国社会特征之特征，今后的中国社会还要保存这类特征么？
>
> 思想的"特征"么？奴隶、屈从、迷信、安命、保守，说好的，忠、孝、贞操、守寡，都是中国的思想的"特征"。这些特征因不适近代生活早已被有革命意义的"五四"新文化运动扔到厕所去了，我们现在还用得着把扔了的东西拾起来作为中国的"特征"么？若然，现在的文化运动不是"五四"文化运动的否定么？不是回到"皮毛的和改良的""中学为体西学为用"时代去了么？

李麦麦指出，"宣言"以日本画色彩强烈的特色为例说明"文化建设"的特色化问题，实则大谬不然。艺术上的问题只是特例，日本文化的选择恰在"日本能彻底的（地）模仿西洋文化"。他说："我不否认中国过去数千年的文化遗产中有应保存和应宏大的文化遗物，但这要在我们的文化已经欧化近代化之后才有可能，这犹之数千年的中医虽保有一部分医药的经验，但要发扬这一部分医药经验却非待中国的新医学发达之后不可。不这样，而强使现在的文化建设'具有中国的特征'，定会阻止中国走向近代文明之路。"至于中国究应仿效英美、苏俄或意德，李麦麦认为，"问题的提出，不应是'完全'模仿英美或模仿苏俄或模仿意德;问题的提出应当是现在的中国文化运动还是应西洋化近代化抑是应保留东方的特征。假如说,'巨舰大炮带来的西方文化消息''威胁中国'非'步入新时代'不可,那么,中国文化运动之欧化和近代化目的是应明白提出的。而中国文化运动之反东方化任务亦同时提出"。他认为俄罗斯近代史上彼得大帝的改革和列宁领导的"十月革命",代表了对保守主义的"斯拉夫派"和"民粹派"的胜利。"历史的车轮已把俄国的'斯拉夫派'和'民粹派'的意见化为历史的讽刺画,我们现在是否还用得着制造这种讽刺画呢?"最后他说:

> 人类虽创造他们自己的历史,但人类并没有选择历史环境的自由。人类只能在历史的必然前提下加以努力。我们固不能说,历史上天才的权威是傀儡喜剧,但是违背历(史)的努力不免变为滑稽。[1]

许性初的文章赞赏"十教授宣言"提出"中国本位"简单扼要,有利于"提醒国民意识,集中国民意识的文化运动"。"可以使人民于'各种不同主张的血战'中把握住一个简捷扼要的战斗方案。""不应当以一般流行的空洞口号来看。"他将其与"五四运动的批判精神"相提并论,认为"五四运动之批判精神是侧重破的方面,而'一十宣言'之批判精神则侧重立的方面"。故引黑格尔"辩证宣言:一切发展都是经'正反合'的三步历程"以资其证:"若把中国的固有文化作为'正',五四的新文化运动看为'反',则今日十教授的'一十宣言',就是'合'。"与唯物辩证法之"'否定的否定'法则"若合符契。所谓"由批判而批判,批判之方法前后相同,而所以批判的态度则彼此各异也"。"正如黑格尔所讲的'奥伏赫变'(Aufheben)","完全是本着社会科学方法中的'舍取法'而产生的。"毋须责其内容空洞:"历史上的一切运

---

[1] 李麦麦:《评"中国本位的文化建设宣言"》,《文化建设》第1卷第5期,1935年2月10日。

动——尤其是文化运动,凡能影响成风者,都不过是一种态度之提出与方法之指示而已。""易简"可以造成风气,"易则易知,简则易从"。康德有谓弟子曰:"我没有教你们什么哲学,亦没有教你们什么历史,我只给了你们一个研究哲学与历史的方法。"布哈林解释唯物史观说:"唯物史观并没有给我们什么具体方案,它只是给了我们一个观察社会与改革社会的方法。""不应当以内容空洞来责难他们。"[1]

潘光旦的《谈"中国本位"》一文则指出,所谓"本位"难于确切,故"座谈会"中观点纷纭。"如刘湛恩先生一面看到民族自信心的重要,一面却也提出'基督教本位'的意见;欧元怀先生提出的是'科学化、标准化、普通化'的'三化原则';俞寰澄先生主张以农村为本位;黎照寰先生也申说'科学化'的重要;叶青先生则主张现代化;黄任之先生很看重中国旧有文化因素的分析与选择;李浩然先生注意的是城乡的平衡发展;陶百川、何西亚、谢俞三先生都主张以三民主义为最高的原则;邰爽秋先生又以为应特别注意三民主义中的民生主义;吴子敬先生特别提出纪律化与脚踏实地的两点;李麦麦先生说'我们应接受欧化,应肯定的宣示资本主义文化'"……凡此种种,潘光旦认为:"许多发言人中间,有的就压根儿没有顾到它,有的把它和原则、标准等事物混为一谈;有的似乎于中国的大本位之外,又提出了一些小本位来;有的并且发为和'本位'观念根本上相冲突的议论。"故此,特就"中国本位"的意义及"内容或方面"抒发自己的见解。他说:

> "本位"二字原是不难了解的。物有本末,事有先后,明白得这一点,古人称为"近道"。以中国为本位,是以中国的治安与发展为先务。本末也有主客的意思,所以本位就等于主体。也有轻重的意思,所以本位所在就等于重心所寄。也有中心和边缘的意思,所以以中国为本位就无异以中国为中心,译成英文,是 Sino-

---

[1] 许性初:《从五四运动说到一十宣言》,《文化建设》第1卷第5期,1935年2月10日。

centric。"中国"的称号原有这个意思,但同时也养成了一种妄自夸大的心理。今而后此种自大的心理应去,而自恃自爱自尊的态度却不能不培植。本末也有常变的意思。中国是一种常数 Constant,世界文化潮流的动荡终究是一些变数 Variables。我们决不能因变数的繁多,而忘却了常数的存在。我们更应该以变的迁就常的;常的对于变的事物,虽宜乎不断的选择、吸收,以自求位育,但也不宜超越相当程度,使外界对于它的个性,发生怀疑、错认甚至于根本不认识的危险。本末也有体用的意思。以前提倡"洋务"时代张之洞"中学为体,西学为用"的两句话,也不能说是全无道理。

所谓"本位",潘光旦认为,具体来说有"三个方面或三个因素":

一是我们个别的地理与物质环境;二是我们个别的历史文化与社会组织;三是我们的也是比较个别的民族性格。真要讲中国本位,这三者便全都得认识。中国的地理与物质环境自有它的特殊之点,不能和别国的完全相提并论;以前大家总以为我们地大物博,可以举办任何事业,创造任何格式的文化,但近年来地质学家再三告诉我们说,中国地虽大而物不博,农业经济家又说,中国就可耕的面积而论,并且连地都并不很大——这便是一些关于第一种因素的本位上的认识。中国的历史文化更有它的特殊之点,更不便和任何别的国家混为一谈。在以前讲社会与文化改革的人,动辄主张把旧的全盘推倒,把新的从根再造,真好像创造文化是和造屋一般的简单容易;但近年以来,这种主张已不大听见,大家已经逐渐明白一个民族的经验,好比一个个人的阅历与记忆,要完全不认账是不可能的,也是不相宜的。这就是关于第二个因素的一些本位上的认识。记得梁任公先生曾经说过一句比较自负的话,他说我们闹了好多年的维新运动,别无成绩,总算把科举推翻了。我们今日看来,这便是一句不大认识历史与文化本位的话。后来美国孟禄博士在他的《中国:一个演化中的国家》一书里,认为科举取消得太快,弄得新旧教育制度与人才所由产生的机括青黄不能衔接,实在是一件遗憾。孟禄博士这种见地,足证他虽然是一个外国人,但是对于"中国本位",却很有一些认识。说也奇怪,就我们平日听见与读到的议论而言,这种"中国本位"的认识,倒往往是外国人表见得充分;大约是隔江观火,特别来得清楚罢。在本国思想界里,近来很不可多得的一例是梁漱溟先生在《中国民族自救的最后觉悟》一书里所发表的议论。

至于本位的第三个因素——民族性格,……这样东西,无论我们把它当作一种后天的习惯看或先天的遗传性看,终究是很实在的,并且它的个别性的显著,也不在地理与历史两个因素之下。依我们的愚见,我们并且相信这种民族性不能全没有先天的根据,这种根据一部分可以推源到民族所由组合而成的各个种族的原先有的特质,一部分乃是历史期内自然淘汰与文化选择的产果。……沈有乾先生在最近期的《教育杂志》里,发表了一篇《中国民族性之一斑》,报告他试用美国朋路透氏品性测验法的结果;他所得的结论也许一时还不能认为定论,但也不能说与事实完全不切。[1] ……江山易改,本性难移,无论是为好为歹,我们总不能不明白承认民族性格是本位中的一大因素。

---

[1] 引按:沈有乾根据朋路透(Bernreuter)品性测量方法,对杭州多所中学学生进行问卷调查(由浙江大学学生刘景琦完成),并将调查结果与美国男女中学生相关数据进行比对,按照不同数据所显示的比例,得出具体结论。以此分析推论中国民族性问题。其基本结论是:"中国人比较的善于顺应环境而不善于征服环境,善于保守而不善于进取,善于模仿而不善于创造,洁身自爱而不善于互助合作,安分守己而不善于组织领导。"其称这是第一次运用"客观的根据"讨论中国民族性问题,尽管是"相对的和不完全的",足可证明前人部分观察的正确性。见沈有乾:《中国民族性之一斑——一种品性测验的试用结果(附表)》,《教育杂志》第25卷第1期,1935年1月10日。

最后，潘光旦指出，就上述因素而言，"宣言"虽对一、二两种因素有所认识，但并未讨论中国民族性格问题，却提"现在中国的需要"。但"需要是一事，满足此种需要的条件与能力又是一事，条件应求诸我们个别的地理环境与文化背景，能力应求诸我们的民族性格。我们要科学，我们要组织，我们要工业化……那一件近代国家所由强大的法宝我们不要？但我们的条件能力究竟能否满足，和满足到若何程度，大家却没有问。不问能力与条件而谈需要，结果等于不谈；不问能力与条件而言文化建设，即使有些微成就，也决不是'中国本位'的文化建设"。[1]

漆琪生的文章以"经济决定论"为依据，认为近代以来中国一切社会（文化）运动兴起的背景都是"经济发展之历史的成果"。"时至今日，基于中国国运的殖民地化危机之日益迫切，中国国民经济机构诸体制之日趋解体，经济发展之日趋畸形，遂使近来的中国文化亦日加混乱而凌夷。五四运动以还的资本主义文化运动，终因中国国民经济之健全的资本主义化绝对无望。经济发展只能局限于殖民地化的买办经济之畸形方向，于是遂使欧美列强的资本主义文化之建设亦不可能，而只能输入其皮毛残渣，形成中国现成的洋泾浜式的奴才文化。"社会主义革命机运未充分成熟，社会主义文化运动"只是出现一时社会科学文献肤浅的翻译与幼稚的介绍之狂潮"。"健全的资本主义文化既不能产生，成熟的社会主义文化又无从实现，新文化运动次第失败，文化领域的混乱局面遂愈演愈烈。"他指出：

> 输入外国文物的各种新文化运动无成绩的结果，自然促进了年来的整理国故的复古运动之抬头。久为国人所弃舍的封建古装，现在又被许多痛心欧化提倡国粹的人们穿带起来，而且这种尚古务旧的倾向，大有与日俱增之概。

---

[1] 潘光旦：《谈"中国本位"》，《文化建设》第1卷第5期，1935年2月10日。

那么,"中国文化往何处去"?漆琪生认为:"在中国现阶段的历史运命之下,如像过去的一味醉心迷恋外来的文化,不顾中国经济和社会的特殊关系而生僵的强加输入,固是失败而无益,但是如像一般顽固强项的闭户自大,不顾中国经济的发展趋势,务旧不前,亦是枉然而不必。""中国须有中国本位的文化!"但"何谓中国本位的文化"?"第一,必须以适应于中国经济社会现时之需要为本位;第二,必须以有利于中国经济社会当前之发展为本位;第三,必须以适合于中国经济社会之特殊条件为本位。""在现今中国前资本主义之农业经济社会中,当前最切要的,是障碍农业发展的前资本主义因子之扬弃,与资本主义经济发展的领导权之把握,以及未来的社会主义经济建设之准备。"[1]如此等等,"经济决定论"和唯物主义世界观是其认识基础。

凡此种种,有利于全面认识和理解这场激进与保守之间的民族主义大论战。联系到同一时期的社会史论战和哲学论战等,则可见学术思想文化领域的纷乱及意识形态干预的困境。

"五四"以后中国学术文化走向保守主义与激进主义的对立,一方面,在民族主义旗号下聚集着不同的意识形态诉求:全盘西化的激进民族主义和"中国本位论"的改良民族主义,执迷不悟的复古派已被历史所摒弃。另一方面,政治意识形态的"西化"倾向随着社会史论战分化出两大阵营:资本主义论者和社会主义论者。但在某种意义上,资本主义和社会主义的历史联系及其理想的社会发展前景为更多知识分子所悟认。因之,以经济决定论和马克思社会发展史观为代表的辩证唯物主义和历史唯物主义成为广大热衷于政治理论和社会革命理想的知识分子竞相采用的理论公器及进行相应政治表达的话语方式。其左、右翼之分仅在认可中国当时社会政治环境为合乎历史规律的必然阶段与否,及中国社会的政治前途为欧美模式抑或苏俄模式上。在此基础上,保守的民族主义者成为既定社会政治秩

---

[1] 漆琪生:《中国本位文化运动的历史意义与实质》,《文化建设》第1卷第5期,1935年2月10日。

序的维护者,亦即相应意识形态论争中的主流派;反之,激进主义及"西化"的自由主义者成为既定社会政治秩序的破坏者与反对者,亦即反民族主义意识形态的非主流派。显然,随着社会政治形势的变化,二者亦存在着相互转化的内在机理。

因此,当保守主义作为一种意识形态的面目出现的时候(无论其内涵是什么),其所代表者即为现行社会政治的维护者,其内涵的意识形态即具有政治主流化或官方话语色彩——这正是"中国本位文化"派的历史特征,从而使全盘西化派(激进派)隐匿了其特定的民族主义诉求,与"五四"时代的知识分子一样,走上一条"非民族化"的思想路线。而实际上,就保守主义而言,唯其只认可民族化的历史与想象,不认可"西化"的事实与前途,其民族主义思维即被赋予了政治合理性的色调;就激进主义而言,唯其只认可"西化"的事实与前途,不认可民族化的历史与想象,其民族主义思维即被现实政治所否弃,从而被赋予非意识形态或反意识形态化的非理性主义色彩。

较早把"西化"和"中国本位化"联系起来的是黎锦熙。1935年10月,他在《宋元明思想学术文选前编总目并叙例》中借阐释佛学的中国化历程说道:"从东汉(1世纪末)到宋朝(11世纪初),佛教经论的逐渐译行,佛学思想的逐渐演变,整整地经过了一千年的酝酿,才产出来一种新文化运动——戴着旧面具的新文化运动;换一方面说,也可以说是'改头换面'(宋僧宗杲与张九成书中语)的佛化运动:这就是宋元明的理学。"他以此类比现代的"西化":

> 比方吃饭:汉末晋初的译经初期是上街买菜;晋宋之际,北什南远,译经结社,还只是淘米下锅;直到隋唐之间,各宗云起,自创教义,才算围坐而食,狼吞虎咽起来;唐末宗密诸僧出,就到了酒足饭饱,嚼荳蔻,吸淡巴菰以助消化的时期了;北宋程门诸子起,然后由胃入肠,被毛细管吸收为滋养料。一千年来的"全盘西化",到此就成了"中国本位"了!这一顿饭整整地吃了一千

年!所以有外国人下了几句比较确切的批评:"何以致之?汉民族有一种不可思议的性质,有一种隐忍不挠的国民性,是不容易'时间地'来论断,是短命的他民族所不容易透彻的。……在性急的近代人和现代人是终于想像(象)不到的。要理解中国文化的真相,这正是其几微处。"[1]说到这里,我想现在"中国本位"和"全盘西化"这个文化建设问题的论争,可以观往以知来,得个相当的解决了。敢下断语:"全盘西化"就是"中国本位",只看你消化不消化。不过现在还打算一千年才吃完这一顿饭是等不及的了;好在买菜淘米之类当然会比从前迅速些,只看这庞然大物现在的消化力如何,或者要吃点健胃药;平日讲究卫生,多做点儿运动。不然,"本位"在嘴里,并没有咽下去;食而不化,"番菜"也只能增加胃病。[2]

黎锦熙视宋明理学为佛学的中国化,即历史上"全盘西化"的代表。现在的"西化"运动,亦将产生"全盘"新的中国思想、中国文化,即"中国本位"的"西学"。显然,这是一种达观的比拟和推论,目的还在于调和二者的矛盾。

第四节 战国策派与战时民族主义

一般而言,民族主义在文化观念上是保守主义的,在学术思想上是本位主义的,但在某些特殊历史条件下,民族主义也可以向激进主义和"文化扩张主义"转化。抗战时期的"战国策派"就代表了这种独特的民族主义倾向。

---

[1] 原注:见日本渡边秀方氏的《中国哲学史概论》"近世哲学"第一编第一章;这是达旨,本书已有刘侃元先生的译本。
[2] 黎锦熙:《"全盘西化"就是"中国本位文化"——宋元明思想学术文选前编总目并叙例》,《文化与教育》第70期,1935年10月30日。

战国策派以林同济、雷海宗、陈铨为代表。他们均曾任西南联大教授，1940年在昆明创办《战国策》半月刊（1941年1月出上海版，为月刊），1941年在重庆《大公报》开辟《战国》副刊，实为其主要阵地。另外，林同济与雷海宗合著《文化形态史观》一书，林同济主编《时代之波》及雷海宗所著《中国文化与中国的兵》等，亦在同一时期出版。三人中，林同济、雷海宗为政治学、历史学教授，陈铨为文学家，后者出版有《中德文学研究》及创作剧本《蓝蝴蝶》《野玫瑰》等。三人均在1920年代通过清华留美预备学校先后公费留学美国，陈铨并在德国获得博士学位。

战国策派的形成有社会历史和学术文化方面的双重原因。社会历史原因即为第二次世界大战列强争霸造成世界范围内"列国纷争"，弱肉强食，人类社会处于类似中国历史上的"战国"时代。学术文化方面的原因则在于新一代历史（政治）、文化学者接受并产生了不同于"五四"一代人的新的历史观和社会文化观，企图以"学以致用"的新的眼光重塑自己的学术使命，校正进化论社会史观的不足。最明显的特征是他们系统接受了斯宾格勒文化形态史学观念的影响。

总体上看，以斯宾格勒、汤因比为代表的20世纪欧洲文化形态史学，通过强调对于历史的文化形态研究，把历史研究上升到历史哲学层面，形成了具有形而上学性质的文化史学理论及其研究路径。这一研究在方法论上讲求逻辑推理而不注重实证考察，反对以民族、国家为单元做出分门别类的研究，不承认历史进化的线性逻辑。他们强调历史进程存在于不同的文化形态中，即不同的文化体在各自的历史生存演进中形成了独特的品质和个性，可视之为不同的文化有机体，并以青春、生长、成熟、衰落等来概括其生理节律即历史进程，认为各有其别，不相统属。有如作为有机体的人一样，文化体均遵循各自特定的生理节律。不同文化形态之间可以进行分析比较，但不能强求一律。由于文化体本身的成长节律是独特的，兴衰成败不以人的意志为转移，因而没有时间上的统一性和事实上的可比性，盛衰起伏不一而足。为此，斯宾格勒在《西方的没落》一书中将世界历史解析为八种（埃及、巴比伦、印度、中国、古希腊罗马、墨西哥、阿拉伯及西欧文化)文化形态的兴衰更替,汤因比《历史研究》更划分出了二十一种"文明形态"。[1] 他们以此反对"欧洲中心论"史学观,反对整体性的世界历史观及研究方法(称之为"历史的托勒密体系")。汤因比认为"大一统"信念是一种"幻觉",是文明崩溃的产物,等等。

应该说,在20世纪世界史学史上,文化形态史学开创了历史研究的哲学化、文化化的新局面,有利于在理论和实践上把历史研究引向深入,同时也校正了实证主义和进化论史学中微观化、模式化、机械论等诸多弊端,因此有史学史上的"哥白尼革命"之称。但由于过于强调文化形态的有机性,否定世界历史的整体性及人类文化的共同前景,一方面以文化形态的自我调节和自我完成为视点,强调文化体之间的竞争和战争,视文化体之间的交流碰撞为"挑战"与"应战";另一方面则把文化的没落衰败看成历史的终极,陷入历史宿命论和文化悲观主义。当然,这也赋予他们一种新的认识世界和历史的方式。

文化形态史学作为一种历史观,虽然以反线形进化论史观著称,但在世界观上则受生物进化论,特别是社会达尔文主义影响甚深。他们把历史看成一部不同文化形态依其生命周期生长盛衰的历史。如同人的生命体一样,它们"有生就有死,有青春就有老境,有生活一般地就有生活的形式和给予它的时限"。[2] 因此,斯宾格勒认为,"西方的没落"使这个人类最后的文化体陷入危机,其标志便是陷入了列国纷争的"战国时期"。"这个战国时期始于拿破仑和他的横暴手段。"其结果将是战争的意志压倒一切。对西方而言,"在它们争夺整个世界遗产的这些战争中,各个大陆将被孤注一掷,印度、中国、南非、俄罗斯、伊斯兰将被召集,新技术与新战术

---

[1] 这二十一种文明包括:西方文明、拜占庭文明、俄罗斯文明、伊朗文明、阿拉伯文明、印度文明、远东文明、希腊文明、叙利亚文明、古代印度文明、古代中国文明、朝鲜日本文明、米诺斯文明、苏美尔文明、赫梯文明、巴比伦文明、埃及文明、安第斯文明、墨西哥文明、于加丹文明、玛雅文明。有时说26个,甚至37个。
[2] 斯宾格勒:《西方的没落(上册)》(齐世荣等译),北京:商务印书馆1963年版,第66页。

将被互相使用。主要的世界都市的权力中心将随意处置较小的国家——它们的领土、它们的经济以及它们的人民"。尽管要求民族和解、世界和平的呼声会一再响起,这些只是属于文学。"我们必须有勇气面对事实的真相"——"生活如果要成为伟大的,应是坚强的;它只允许在胜利与毁灭之间进行选择,而不允许在战争与和平之间进行选择。"这样的时代中,历史将呼唤出"那些恺撒类型的人物","强者支配世界"。[1] 世界历史将回到一个新的"帝国时期",如同历史上的罗马帝国、奥斯曼土耳其帝国、秦汉帝国等一样。历史将如此周而复始。

在斯宾格勒看来,"现代是一个文明的时代,断然不是一个文化的时代"。放弃世界和平的幻想确乎是一种悲观主义,但"我们是文明的人,不是哥特式或罗可可式(Rococo)的人;我们必须考虑到一种晚期生活的冷酷事实,与它平行的不是伯里克里斯时期的雅典,而是恺撒时期的罗马"。"如果注定要失望的恰恰是人们所最珍视的希望,那么,一个稍有价值的人是不会因此手足无措的。"他希望被他所打动的读者"从而委身于技术而不委身于抒情诗,委身于海洋而不委身于画笔,委身于政治而不委身于认识论"。[2] 这就有点近似于尼采的"超人"哲学了。

在中国,最早对斯宾格勒学说产生兴趣的是学衡派。1923年10月,《学衡》杂志在吴宓主持下发表了李思纯的《论文化》一文,其中介绍了斯宾格勒《西方的没落》一书(译名《西土沉沦论》),认为"论文化之盛极必衰,衰极必亡,而持论最有力者,有德国现代哲学家斯宾格勒氏 Spengler。斯氏有感于欧洲文化之趋于死途,常冥思默想而成一书曰《西土沉沦论》Undergang der Abendland"。[3] 1928年,张荫麟翻译的《斯宾格勒之文化

---

[1] 斯宾格勒:《西方的没落(上册)》(齐世荣等译),北京:商务印书馆1963年版,第676、677—678、681页。
[2] 斯宾格勒:《西方的没落(上册)》(齐世荣等译),北京:商务印书馆1963年版,第66—67页。
[3] 李思纯:《论文化》,《学衡》第22期,1923年10月。引文中英文书名据原文。

论》在《学衡》第61、66期先后发表,吴宓撰写了"编者识"。[1] 他说:"按欧战而后,西人对于本土文化纷起怀疑,其最深澈而亦最悲观者,莫如德国历史哲学家斯宾格勒 Oswald Spengler 之论。氏著一书,名《西土沉沦论》。Der Untergang des Abendlandes 综括世界历史之全部,而以详赡之事实,证明(一)各文化之发展大体上皆循一定之途径,(二)文化恰如一个有机体,有生、长、灭三期,因而推断(三)近世欧美之文明,将达其不可逃之命运,距其灭亡之期只二三百年耳。此书于一九一八年七月出版,全欧震动。初版销行至九万部,批评及攻诋者蜂起,至今犹争辩不绝。其影响当时之大,达尔文种源论以来所未有也。"并介绍说:"据斯宾格勒原著自序,谓著此书费时三载,一九一四年欧战将起时即已告成。又细加增改,于一九一八年七月问世,故实作于欧战以前。书中主旨及结论已早定,并非由于欧战之影响。特就观察事实所得,以推测未来,所持论乃不期然而与欧战后一般人士之见解与情感相合耳。……又谓吾作此书,实受葛德 Goethe 与尼采之影响。葛德示吾以方法,而尼采则教吾以勇敢之怀疑。务必彻底探求真理,言人之所不敢言,而无所恟怯也云云。"其中,吴宓亦以学衡派眼光赞赏斯宾格勒持论之长,认为:"在能超出欧美寻常人士思想感情之范围之外;在能破除当前社会之偏见及习俗之藩篱;在能不以科学为万能,不以进步为常轨及定理;在能不拘于时间空间,而从大处着眼,静观历史,而发见其各部分真正之异同;在能了悟国家社会民族文化有盛有衰有起有灭,而不以一族一国为天下之骄子,可常役使他国他族而自保其安富尊荣;在能洞见文学艺术宗教哲学政治经济风俗等等发达之迹象,寻出其相互之关系,而沿溯其兴灭之轨辙。"

此外,吴宓更从民族主义角度解释了斯宾格勒《西方的没落》一书的立

---

[1] 张荫麟译《斯宾格勒之文化论》为美国学者葛达德(E. H. Goddard)和吉朋斯(P. A. Gibbons)合撰之《文明还是诸文明》(Civilization or Civilizations),为斯宾格勒《西方的没落》一书的摘要及概述。此文同期亦在《国闻周报》第4卷第48、49期,第5卷第10、21—23、30—34期发表。参见张广智:《西方文化形态史观的中国回应》,《复旦学报(社会科学版)》,2004年第1期。

场,认为:"(一)则斯氏之攻讦欧洲文明,未尝以德国为例外,其所指之缺点及病象,皆欧美各国之所同。(二)则斯氏序中固已明言其著作成于欧战未起之时也,然斯氏划分欧洲文明为:(1)上古之希腊罗马(2)中世之基督教(3)近世之日耳曼或条顿民族之三段,谓其根本不同,而以(1)Apollo(2)Magi(3)Faust之精神(soul)分别代表之。所谓近世欧洲或西洋之文化者,实即日耳曼之文化,其主要精神为趋向于无限之扩张。故其基本科学为数学,其基本艺术为音乐。重知识而轻行为及修养,务抽象分析而不求综合,皆Faust精神之表现也。斯氏书中推重德意志之处,不一而足。自序中且赞许己之学说为德国派哲学,谓此足以自豪。"均说明"其国家观念之过重",民族主义立场之鲜明。

同时,吴宓认为:"斯宾格勒论中国文化亦颇有卓见,然终嫌所知不多。深望吾国宏识博学之士,采用斯氏之方法,以研究吾国之历史及文化,明其变迁之大势,着其特异之性质,更与其他各国文明比较。而确定其真正之地位及价值,则幸甚矣。"[1]

1934年,汤因比的《历史研究》(1—3卷)出版,张君劢1936年在香港《宇宙》旬刊发表《明日之中国文化》[2]略具其说,引起各方反响,文化史学研究在中国渐成气候。

就文化史学研究而言,张君劢《明日之中国文化》即是梁漱溟《东西文化及其哲学》一书文化史研究思维的深化和拓展,更有对斯宾格勒、汤因比文化形态史学等西方史学研究方法的吸收和借鉴——或者说因此而有了对前者的突破。该作刊行前,张君劢发表了《明日之中国文化自序》,兹录如下:

当欧战之后,梁漱溟先生尝著《东西文化及其哲学》一书。试

---

[1] 吴宓:《斯宾格勒之文化论(编者识)》,《学衡》第61期,1928年1月。其中Apollo、Magi、Faust今分别译为"阿波罗""麦琪""浮士德"。引文中英文内容据原文。
[2] 张君劢《明日之中国文化》为长篇讲稿,1936年1月在香港《宇宙》旬刊第4卷第1期发表,1936年8月商务印书馆出版单行本。

第二章　民族主义与现代学术

翻此书而读之,求中印欧三方文化之沿革,不可得焉;求三方面各派哲学之内容,不可得焉;盖漱溟先生之目的,在以持中、向后、向前之三点,说明中印欧文化之特质,至于三方面文化之历史的研究,本不在漱溟先生视线范围之内也。自今日上溯于漱溟先生书出版之时,已十余年矣,国家之形势愈危岌矣,凡念及吾族之将来者,莫不对于文化之出路问题,为之绕室彷徨,为之深思焦虑。于是有复古之说,有中国本位之说,有全盘西化之说,乃至就文化某方面提出一种口号者,曰德谟克拉西曰赛恩斯曰苏俄主义曰法西斯主义,犹之病者命已垂危,侍之者乱投杂药,以求万一之有效,岂惟不能祛病,正所以速其死耳。中华民族之在今日,如置身于生死存亡之歧路中,必推求既往之所以失败,乃知今后所以自处之道,必比较各民族在历史中之短长得失,乃知一己行动之方向。吾人研求三四千年中,中印欧民族生活之经过,于是得一结论曰:以精神自由为基础之民族文化,乃吾族今后政治、学术、艺术之方向之总原则也。此原则之所以立,鉴于今日吾民族之劣败与欧洲之胜利而知之;鉴于吾族思想上之束缚驰骤与欧洲学术上之辉煌腾达而知之;鉴于印度喀斯德(按:caste,种性制)吾国家族主义之流弊与欧洲独立自尊之人格之养成而知之;鉴于国人之自扫门前雪与欧人之各为其己而忘国家之急难而知之。诚举国上下,识之真而持之以定,循此方针,以养成四万万独立人格为祈向。其终也,人人以诚恳真挚之心,形诸一己之立身,形诸待人接物,形诸团体生活,形诸思想与政治,形诸国际之角逐,何患吾族文化不能自脱于沉疴而臻于康强逢吉乎?愿今日之当局与在野之学者,共深长思之。[1]

在《明日之中国文化》中,张君劢首先介绍了西方人类学家、文化史学

---

[1] 张君劢:《明日之中国文化(自序)》,《新民》第 1 卷第 7、8 期合刊,1935 年 12 月。

家有关文化起源、类型,及文化与种族、地域关系的诸种学说和观点。其对汤因比(Toynbee,张译作"陶尹皮")关于"世界二十一文化单位"的分布,及其中"文化集团"与种族之关系、特征等,详为论列,评说其得失优劣。如张君劢认为,汤氏分类"重复之处颇多"。文化上非以宗教划界,同一宗教区域被分成若干文化单位,"如耶教与欧洲分为二单位;而耶教之中,又分为二,曰欧洲之耶教,曰俄国之耶教"。以地理划分文化单位亦嫌繁复,如"亚洲之文化单位竟分为三,曰中国本土,曰日本高丽,曰亚洲南部;三者何妨合而为一单位,以此三地文化皆由中国来也"。因此他认为,汤因比的"二十一文化单位之说","还以归纳为四较为方便:(一)欧洲,(二)小亚细亚,(三)远东,(四)南美"。各"文化单位"之间相近或相似的文化现象,应予比较甄别。如发现于墨西哥境内的文字和雕刻,古埃及的楔形文字与中国象形文字的相似处等。总体上张君劢认为,"陶尹皮(引按:汤因比)既反对独以地理或独以人类解释文化发生之原因,乃创为'挑战与反应说'(Challenge and Response),谓环境向人类挑战,人类必须谋所以应之,然后方能发生文化。埃及人以尼罗河为对象而谋所以应之,吾国以黄河为环境而谋所以应之。所谓挑战与反应说,先以两种因子为前提,一曰人,二曰地理。故陶氏曰:文化产生之原因,非单纯的,而复杂的,非体素(Entity),而关系也。简单之,不但求之于人,亦不但求之于地,而求之于二者之关系"。故认为此较各说"为合于事理"。[1]

以此为基础,张君劢则分别对印度文化、欧洲文化、中国文化做了详细的讨论,最终归纳出全书的要旨:"明日之中国文化"——从政治、学术、宗教、艺术四个方面检讨现在,规划未来。他提出的基本主张是:"造成以精神自由为基础之民族文化"——"复古"不足道,"创新"诚可求。他说:

> 一时代之社会,自有一时代之哲学为其背景。吾族今日所处

---

[1] 张君劢:《明日之中国文化》,《宇宙旬刊(香港)》第4卷第1期,第8页,1935年1月15日。

之时代,所遇之邻国,既与昔异,除吾民族具有一种勇气另辟途径外,另无可以苟且偷生迁延度日之法。其在政治上,当有卢梭陆克辈之理想,以辟政治上之途径;其在哲学上,当如笛卡儿及康德辈以立哲学之系统;其在科学上,当如加利雷、奈端(按:牛顿)、达尔文之勇于探求真理;与夫19世纪初年德国科学家于各方面之努力。诚能如是,则新文化之基础,自不难于成立。有此新基础,国民对于祖宗之遗产,有增益而无消费,其崇敬之心,亦有增而无减。所谓于创新之中,以求保存之法者,即此义也。不观德人乎,在科[学]哲学上时有发见,而对于路德、哥德、俾士麦等,未尚少减其崇拜。英人之科学哲学同在创新之中,而米而顿、莎士比亚与夫休谟、穆勒之书,未尚不家喻户晓。可知在日新之中,则继既往开未来,自能出于一途也。

新文化之创造,亦曰对于国民生活之各方面,如政治,如学术,如宗教等等,指示以标准,树立其内容;先之以言论,继之以事实;由一二人之思想,以成社会之制度。欧美十六七世纪以降之文化,即由兹以成;而吾国今后之途径,亦不外此而已,亦不外此而已。[1]

显而易见,纵论中西古今的文化视野,使张君劢的民族主义立场显得较为理智、豁达和明晰。但实无梁漱溟式的精湛和深刻。就其附会笼统而言,亦乏真正文化史家的洞察力。

20世纪40年代初期,在抗战处于相持阶段,民族生死存亡的历史背景下,怀抱民族主义情怀的中国知识分子,愈益以文化的眼光关注中国的历史和现实,激发出强烈的历史忧患意识和学术责任感。在民族主义立场上,一种迥异于"五四"时代的文化反思精神油然而生。这就是立于民族本

---

[1] 张君劢:《明日之中国文化》,《宇宙旬刊(香港)》第4卷第1期,第42、46页,1935年1月15日。

位反思历史,以世界眼光辨析传统文化脉理,求取思想更新和新的价值认同的文化批判理路和学术创造激情。以林同济、雷海宗、陈铨为代表的"战国策派",正是这样一个独特的学术文化群体。

总体上看,战国策派的学术文化思想决定于他们的民族主义立场和文化历史观。就前者而言,他们对民族命运的忧患意识及其历史反思与文化批判精神并不亚于"五四"时代的新文化派,但思维方式却从"西学"本位转向了民族本位。就后者而言,他们主要吸纳了以斯宾格勒、汤因比为代表的文化形态史学的观点和方法,并将其民族主义内涵发扬光大,杂以尼采的超人哲学和西方法西斯种族主义政治学说,在民族主义文化观上有其合理性,在政治社会观上则有其偏狭性。

诚如"十教授宣言"所指,"五四"以后中国社会的政治走向,即有主张"模仿英美""模仿苏俄"和"模仿意德"之辩。左翼主张"模仿苏俄",自由主义者主张"模仿英美",民族主义者则要求坚守"中国本位"。所谓主张"模仿意德",在战国策派出现之前似乎只是一股暗流,未见政治和文化思想上的行为主张,而战国策派的产生,似乎"坐实"了这一出人意料的判断。但显而易见的是,以"模仿意德"为政治指向,是一种极端的民族主义思潮。

战国策派从政治属性上讲,无疑属于一种极端化的民族主义思潮。若说没有最终流于法西斯主义,主要在于他们只是一个学术派别,在当时政治意向纷纭的社会环境中,其极端化的主张孤掌难鸣。但抛开其政治立场毋论,其基于新的文化视野的学术造诣,及犹如张君劢所言,其于民族生死存亡之际徒生焦虑,"犹之病者命已垂危,侍之者乱投杂药,以求万一之有效"者,[1]其良苦用心,灼灼可见。

从学术文化史上清理战国策派的学术遗产,可以看到,战国策派的思想脉络,是以对世界形势的一种历史化认同为始基的,这就是"战国"。由此推及中国既往的战国时代,提出了"战国时代重演"的理论。如林同济在《战国时代的重演》中所说:

---

[1] 张君劢:《明日之中国文化(自序)》,《新民》第1卷第7、8期合刊,1935年12月。

我们必须了解时代的意义。

民族的命运,只有两条路可走:不是了解时代,猛力推进,做个时代的主人翁,便是茫无了解,即或了解而不彻底,结果乃徘徊、分歧、失机,而流为时代的牺牲品。

现时代的意义是什么?干脆又干脆,曰在"战"的一个字。如果我们运用比较历史家的眼光来判断这个赫赫当头的时代,我们不禁要拍案举手而呼道:这乃又是一度"战国时代"的来临![1]

林同济解说道:"战本来是任何时代都有的现象,并不是战国时代的专有品。战国时代之战,所以大异于其它(他)时代之战者,有三个大趋向在。""(一)战为中心。……战国时代,战争中心。所谓战争中心者,战不但要成为那时代最显著最重要的事实,而且要积极地成为一切主要的社会行动的标准。……一向所谓信仰、企业、社会改造等等大事情都要逐步地失去独立发展的自主权;战的威力反要加紧地、加速地、取得主动的地位,而积极决定其它(他)一切的内容与外表。""(二)战成全体。……战国时代,战乃显著地向着'全体化'一条路展进。全体化的形势与程度,各体系的文化虽然各自不同;但尽其文化内在条件的可能范围,都一致力求'人人皆兵,物物成械'。……在中国的战国七雄中,比较能彻底推行全体战的,便是秦国。现代所谓全能国家如德、意等等,都可说是'秦之续'而变本加厉。正所谓恶作剧的时代,一方面是投机而生,一方面还要挟时而进的。浅见者流,到了今天还要死把整个全能的组织意义,当作一种专对民主潮流而生的反动而讨论,……真迂泥极了。""可作'战国之战',乃是任何民族的至上需求,先决条件。""民主政体应有不应有,再也不是你我哲理上较长比短所能决定;……民主与全体战本不必有先天注定的冲突;在某种意义下,可说是全体战的一种好条件。……目前的若干全能国家,尽管他们的发言代

---

[1] 林同济:《战国时代的重演》,《文化形态史观》(林同济、雷海宗著),上海:大东书局1946年版,第78—85页。原载《战国策》(昆明)第1期,1940年4月1日,另载《战国策》(上海)第1期,1941年1月15日。收入《文化形态史观》一书时有所增补。

表人如何解释,在客观的基本历史作用看去,说是为了要民主而全能,毋宁说是要全体战而全能。""'一切为战,一切皆战',这是全能国家的根本历史意义与作用。我们要知时势,用不着捧出那班实验派的专家,请他们调查统计,来一五一十地在纸上苦作推敲。但看十数年来全能国家跟着一个[个]呱呱坠地,我们可以无疑地判断天下大势是不可遏止地走入'战国作风'了。""(三)战在歼灭。""战有两种:一曰取胜之战,一曰歼灭之战。前者结局,最多也不过赔款割城。后者结局,则非到敌国活力全部消灭不止。在我们国史上,春秋时代七大战都是属于前者。吴越战争,开始露出歼灭的倾向。到了战国时代,便愈战而愈显出歼灭的本色,齐桓公'兴灭继绝'的半封建作风,晋文公'退避三舍'的贵士豪概,有如岳阳黄鹤一去不返了。""所以然者,春秋时代之战,目的尚在维持国际的均势:大国对大国,只求名义上'让执牛耳';大国对小国,也多半只要他'听命'而不对它'占领'。到了战国时代,乃有一种崭新的欲望产生——即所谓'囊括四海,并吞八方'之心了。换言之,就是统治世界的企图。""惟其如此,胜者对败者的要求,绝不是割城赔款所能满足;即使满足,也是暂时又暂时,不转瞬间,'起视四境而秦兵又至'了。如此一次又一次,必到你全部消灭而后已。……演到最后的一阶段,两雄决斗,一死一生,而独霸独尊的'世界大帝国'告成。我们古代的国史如此。希腊罗马史也如此。目前以欧洲文化为基础的世界史,它此后的发展,是否可以独成例外呢?这只有让时间供答案。目前的事实,是歼灭战已开始展开。"

同时,林同济指出:"用战的方式来解决民族间,国家间的各种问题,论理是'不道德',也'不经济'的。在这一点上,我们'仁义派'的孟子与'功利派'的墨子之反战论,与现各国思想家的和平主义,根本原无二致。"但"理论自理论,事实自事实。理论家和平呼声喊得最高之时,也正是战国局面急转直下之顷。""战国的灵魂乃竟有一种'纯政治'以至'纯武力'的倾向,充满了'非道德''非经济'的冲动的。"他指出,较之历史上的"战国",现代的"战国之战,可以本着空前的科学发明以及科学的组织法,而百分之百地把国家的一切物力人力向着一个中心目标全体化起来"。"今战国的歼灭方法",“则经济榨取之外,还加上微妙的奴化教育。"如日本式的"本着它的'准武士道'的原始残忍而推广其毒化政策"。"今战国……所形成的大帝国",一并再并之后将或成为"全世界的'大一统'"。——"莫谓这种'大狂妄',绝对没有实现的可能。"[1]

可见,以一种"狂妄"的心态看待当时的世界战争,也以一种无法自已的"狂妄"的激情期盼整个民族无条件地投身这场世界性的生死决斗,乃是战国策派战时民族主义的精神情怀和思想特征。因此,他们既非以中国传统士人的道德眼光品评这场几乎给整个世界带来灭顶之灾的世界大战,也并非从现代知识分子的理性精神出发,对这场具毁灭性的世界战争做出正义与非正义的评判,而是要求勇敢地面对,积极地投入。在当时,这种声音确乎少了一点中国知识分子应有的道德情怀,也遗失了经历过启蒙的现代知识分子必有的理性担当。因之他们的声音在学术和思想上是非理性主义的,在文化上也有着明显的"唯政治化"倾向。

从文化形态史学观出发,林同济认为,现代"由欧洲文明扩大而成的世界文明,是充满了所谓'浮士德的精神'的,是握有一种无穷的膨胀力,无穷的追求欲的。像我们这般'中庸为教'的中国人,也许对这种大企图,始终难于了解"。然而"生于斯世,为斯世人,我们所要关心的尚不是五百年后谁得天下。最重要的,我们要承认自今日起,列强已经无情地开始了'战国式的火拚'!"——"两种程序已经展开:强国对强国的决斗,强国对弱国的并吞。"若此,便决不是讲道德正义、求和平苟安的时代。"歼灭战是无和平可言的。某些人所称'天下无不和之战',对取胜战,可说得通;应用到强国对弱国的歼灭战,便是妖言误国。"他因此驳斥主和派道:"偏偏有一辈惯为臣妾之徒,以为天地间总有侥幸可图,只须三跪九叩,人家即可饶命。于是想凭着双手空空,向人家'还我河山'。天下事哪有如许便宜!人家举家来扑,你竟梦想'三寸舌以退秦师'。生在战国时代而要效春秋时代的烛之武,无怪乎弄巧成拙,签卖国契者签卖国契,仓皇逃命者也只得仓皇逃命

---

[1] 林同济:《战国时代的重演》,《战国策》(昆明)第1期,1940年4月1日。

也。""这是我们必须认清的:战国时代来到,再也没有一个国家可以躲避歼灭战的尝试。在这种情势下,小国弱国终没有侥存的余地;即使幸存,也不过我们'战国七雄'时代的宋、鲁,对当时的大政治,毫没有过问的能力,到了最后一顷刻,人家挥刀,他们只有引颈就戮而已。"因此,这"是无情的时代,充满了杀伐残忍之风。却也是伟大的时代,布遍着惊人的可能。惟其无情,所以伟大。惟其伟大,所以无情。人类的大运所趋,竟已籍手于东邻的蛮横行为迫着我们作个最后的决定——不能伟大,便是灭亡,我们更不得再抱着中庸情态,泰然抚须,高唱那不强不弱,不文不武的偷懒国家的生涯"!而且,"战国时代的国际政治绝不是根据于所谓意识形态之一物。十年来满耳哦哦的意识形态的对垒——民治对全能,社会主义对资本主义等等——到今日已烟散云消。意识形态是战国作战的一种手段,合用则留,不合用随时可以弃捐!如果你我把它当作天经地义,还捧着它以解国释际的合纵连横,那就不免死眼看活戏了"。最后,林同济宣告:

> 我们文化的生命,早已踏过了我们的战国时代而悠悠的(地)渡过了二千多年的"大一统"的生涯。我们的一般思想的立场,无形中已渗透了"大同"局面下的"缓带轻裘"的态度。直到今天,我们还不免时时刻刻要把大一统时代的眼光来估量新战国的价值。这点恐怕是我们最大的危险。时代的意义,我们必须彻底地接受。象征地说法,我们必须要倒走二千年,再建起战国时代的立场,一方面来重新策定我们内在外在的各种方针,一方面来重新估量我们二千多年来的祖传文化![1]

在《文化形态史观·卷头语》中,林同济指出中国"百年来"的"基本问题"是"为了图求适应西洋文化以取得新生的难产问题",必须及时调整"大一统皇权"的中国"固有文化"以自动"适应""列国高峰"的西洋现代文化。

---

[1] 林同济:《战国时代的重演》,《战国策》(昆明)第1期,1940年4月1日。

中西问题各有其"核心"："西洋问题的核心是如何调剂五百年来列国阶段内若干形态的矛盾；中国问题的核心是如何起治二千年大一统皇权下种种形态积成的痼疾。换句话说西洋文化个性焕发与国命整合两潮流下相荡相激地急烈发展，其毛病在'活力乱奔'。中国文化在官僚传统僵化一切下支持绵长，其毛病在'活力颓萎'。""救大一统文化之穷，需要'列国酵素'！在西洋今日，或愁列国酵素太多，在中国今日则欠缺正在这里。也就是说，个性焕发与国命整合两大潮流所表现的种种价值与制度必当尽量吸收。让一般时贤喃喃苦念着'中国本位'或是'全盘西化'，我们可不问中西，只问如何能把这个蹒跚大一统的末程文化，尽可能地酿化为活泼健全的'列国型'！"

所谓"列国酵素"，林同济认为："从古今各体系文化所各有的列国阶段内，都可资取。但最当注意的渊源，应是下列两处：（一）最丰富的渊源——文艺复兴以来的西洋；（二）最亲切的渊源——春秋战国时代的中国。"[1]这成为林同济、雷海宗等文化形态史研究的出发点和原动力——以西洋文化史为参照，借助文化形态史观研究中国文化史，特别是以战、和关系及文、武之道为重点的"兵文化"史，雷海宗的《中国文化与中国的兵》一书堪称卓越。

雷海宗早年留学芝加哥大学主修历史学，副修哲学。1927年获得哲学博士学位，同年返国。回国后曾历任南京中央大学史学系副教授、教授、系主任，兼任金陵女子大学历史系教授和中国文化研究所研究员；1931年任武汉大学史学系和哲学系教授；1932年之后任清华大学及西南联合大学历史系教授、历史系主任、文学院代理院长。20世纪20年代发表过《克罗齐的史学论——历史与记事》《评汉译〈世界史纲〉》《孔子以前的哲学》等文章。20世纪30年代发表的文章主要有《殷周年代考》《皇帝制度的成立》《中国的兵》《无兵的文化》《断代问题与中国历史的分期》《中国的家族制

---

[1] 林同济：《文化形态史观·卷头语》，《文化形态史观》（林同济、雷海宗著），上海：大东书局1946年版，第1—4页。

度》等。其《中国文化与中国的兵》一书1940年由商务印书馆出版。同期其他文章多收入与林同济合著的《文化形态史观》一书。

依循其战时民族主义文化思想逻辑，雷海宗的文化历史研究形成了自己独特的观点和思路，撮述如下。

一、中国历史的分期

在历史观上。雷海宗反对一元论或整体性的"世界史"观，尝试以文化史学的方法进行新的历史分期。像斯宾格勒一样，他认为"文化是个别的"，"不能把几个不同的个体混为一谈"。断代必须"以每个独立的文化为对象"，不能笼统地划分历史阶段或单元。中国历史的分期应该依循自己的文化史逻辑和历史规律。他认为："中国四千年来的历史可分为两大周。第一周，由最初至公元383年的淝水之战，大致是纯粹的华夏民族创造文化的时期，外来的血统与文化没有重要的地位。第一周的中国可称为古典的中国。第二周，由公元383年至今日，是北方各种胡族屡次入侵，印度的佛教深刻地影响中国文化的时期。无论在血统上或文化上，都起了大的变化。第二周的中国已不是当初纯华夏族的古典中国，而是胡汉混合、梵华同化的新中国，一个综合的中国。虽然无论在民族血统上或文化意识上，都可说中国的个性并没有丧失，外来的成分却占很重要的地位。"[1]

他把"第一周"除"史前期"以外分为五个时代："(1) 封建时代（公元前1300—771年）；(2) 春秋时代（公元前770—473年）；(3) 战国时代（公元前473—221年）；(4) 帝国时代（公元前221—公元88年）；(5) 帝国衰亡与古典文化没落时代（公元88—383年）。"其中，"封建时代"开始于公元前1300年盘庚迁殷，"这是中国历史上第一个比较确定的年代"。于此，"真正的封建制度与封建帝国才算成立，已不是许多实际独立的部落所组成的松散帝

---

[1] 雷海宗：《断代问题与中国历史的分期》，《伯伦史学集》，北京：中华书局2002年版，第139—140页。原载《社会科学（北平）》1936年第2卷第1期。

国。商王是所有部落的共主,又称天子,……但无论当初的部落,或后封的诸侯,内政则大致自由,诸侯的地位都是世袭的"。至公元前1027年周灭商,"武王、周公相继把东方的领土大部征服,然后封子弟功臣为诸侯。所以周王的势力大于前此的商王,周的封建帝国也较商为强"。[1]

"约在公元前900年左右,封建帝国渐呈裂痕。诸侯的势力日愈强大,上凌共主的天子,下制国内的贵族。经过长期的大并小强兼弱之后,少数的大国实际变成统一的国家与独立的势力,天子不能再加干涉。"——平王东迁以后,"封建共主的周王从此就成了傀儡。我们已进到列国为政治重心的春秋时代"。"实际独立的列国并争,开始有了一个国际的局面。齐、晋、秦、楚四方的四个大国特别强盛,中原有一群小国成了大国间争夺的对象。这种争夺就是所谓争霸或争盟。""封建的贵族虽仍存在,诸侯在各国内部都已成了最高的实力者,贵族只得在国君之下活动,帮助国君维持国力。平民仍未参政,在国君的统治之下,贵族仍包揽政治。所以春秋可说是封建残余的时代。但贵族的势力,在各国之间也有差别。例如在秦、楚二国,贵族很为微弱;在晋国,贵族势力就非常强大,世卿各有封土,国君只有设法维持世卿间的均势才能保障自己的地位。"

因此,雷海宗认为:"春秋时代的战争是维持均势的战争,大国之间并不想互相吞并。""吴的兴起是春秋的大变局。""吴越的战争,性质不同。吴仍有春秋时代的精神,虽有机会,又有伍子胥的怂恿,但并未极力利用机会去灭越。然而越国一旦得手,就不再客气,直截了当地把第一等大国的吴一股吞并。这是战国时代的精神,战国的战争都是以消灭对方为目的的战争。所以春秋末期的变化虽多,吴越的苦战可说是最大的变化,是末次的春秋战争,也是初次的战国战争。越灭吴之年(按:公元前473年)是最适当的划分时代的一年。"

雷海宗指出,春秋时代也是一个思想文化大变革的时期。起先,"封建

---

[1] 雷海宗:《断代问题与中国历史的分期》,《伯伦史学集》,北京:中华书局2002年版,第140—142页。

时代的精神生活为宗教所包办。自然界的各种现象都被神化。风伯、雨师、田祖、先炊、河伯以及无数其他的神祇充满天地间。最高的有无所不辖的上帝,与上帝相对的有地上最高灵祇的后土。除此之外,人与神的界限并不严明。所有贵族的人死后都成神,受子孙的崇拜"。"但到末期,大局发生剧变,独立的思潮开始抬头。对时局肯用心深思的人大致分为三派。第一为迎合潮流,去参加推翻旧势力的工作的人。这种人可以邓析为代表,是专门批评旧制,并故意与当权者为难的人。第二为悲观派,认为天下大局毫无希望,只有独善其身,由火坑中求自己的超脱。这种隐士,孔子遇见许多;楚狂接舆、长沮、桀溺都是这一流的人。第三,就是孔子的一派,崇拜将要成为过去的,或大半已经成为过去的旧制度文物,苦口婆心地去宣传保守与复古。每到剧变的时代,我们都可遇到同样的三种人:为旧制辩护的人,反对旧制的人与逃避现实的纠纷的人。"[1]

政治上,"战国初期的一百年间是一个大革命的时代。三家分晋与田氏篡齐不过是最明显的表面变化,骨子里的情形较此尤为紧张。各国内部,除政治骚乱外,都起了社会的变化。封建残余的贵族都被推翻,诸侯都成了专制独裁的君主。所有的人民最少在理论上从此都一律平等,任何人都可一跃而为卿相,卿相也可一朝而堕为庶民。……人民既然平等,就须都去当兵,征兵的制度开始成立。当兵已不是贵族的权利,而是全体人民的义务。所有的战争都是以尽量屠杀为手段,以夺取土地为目的的拚命决斗。周天子名义上的一点地位也无人再肯承认,一切客气的'礼乐'都已破坏无遗。这是中国历史上惟一全体人民参战的时代"。

"战争最烈的时代也是中国思想史上的黄金时代。各家争鸣,都想提出最适当的方案,去解决当前的严重问题。各派都认为当设法使天下平定,最好的平定方法就是统一。但统一的方策各自不同。除独善其身的杨家和道家与专事辩理的名家外,儒、墨、法、阴阳四家都希望人君能实行他

---

[1] 雷海宗:《断代问题与中国历史的分期》,《伯伦史学集》,北京:中华书局2002年版,第142—145页。

们的理想以平天下。……最后平定天下的仍是武力。但秦并六国后却承认阴阳家的五德终始说,自认为以水德王。"

秦统一之后"二千年间统一是常态,分裂是变局。但在二千年的统一中,以秦、西汉及东汉中兴的三百年间的统一最长,最稳固,最光荣。二千年来的中国的基础可说都立于这三个世纪。秦始皇立名号,普遍的设立郡县,统一度量,同文,同轨。一般讲来,这都是此后历朝所谨守的遗产。中国疆土在汉武帝时立下大致的规模,此后很少超出这个范围"。[1]

"社会制度也凝结于此时。传统的宗法社会在战国时代颇受打击。商鞅鼓励大家族析为小家族的办法,恐怕不限于秦一国,乃是当时普遍的政策。为增加人民对国家的忠心,非打破大家族、减少家族内的团结力不可。这种政策不见得完全成功,但宗法制度必受了严重的摇撼。到汉代就把这种将消未消的古制重新恢复。在重农抑商的政策之下,秉持宗法的大地主阶级势力日盛。同时,儒教成为国教后,这个事事复古的派别使宗法社会居然还魂。丧服与三年丧是宗法制度的特殊象征。这种在春秋时代已经衰败,在战国时代只是少数儒家迂夫子的古董的丧制,到汉代又渐渐重建起来。"

思想文化方面,雷海宗认为:"帝国成立之后,争鸣的百家大半失去存在的理由,因而无形消灭。若把此事全都归咎于秦始皇的焚书,未免把焚书的效能看得太高。只有儒、道、阴阳三家仍继续维持,但三者的宗教成分都日愈加重。孔子虽始终没有成神,但素王也演化为一个很神秘的人格。道家渐渐变成道教;鬼神、符箓、炼丹、长生的各种迷信成了它的教义。阴阳家自始就富于神秘色彩,至此儒道两家都尽量吸收它的理论。汉的精神界可说是儒、道、阴阳合同统治的天下。"

政治上,东汉"和帝以下,帝国的衰退日益显著。内政日坏,外族的势力日大,最后北部边疆的领土实际都成了胡人的殖民地。民族的尚武精神

---

[1] 雷海宗:《断代问题与中国历史的分期》,《伯伦史学集》,北京:中华书局2002年版,第144—146页。

消失,帝国的军队以胡人为主干。……三国鼎立之后,晋虽临时统一,但内部总不能整顿,外力总不能消灭。勉强经过三国魏晋的百年挣扎之后,胡人终于把中原占据,汉人大批的渡江南迁"。

然而雷海宗指出,精神方面的萎靡和困顿是文化上最为突出的问题。"儒教枯燥无味,经过几百年的训诂附会之后,渐渐被人厌弃。比较独立的人都投附于一种颓废的老庄学说,就是所谓的清谈。平民社会的迷信程度日愈加深,一种道教会也于汉末成立。在这种无望的情形下,佛教暗中侵入。当初还不很惹人注意,但自汉末以下势力日大,与无形中侵蚀土地的胡人同为威胁传统中国的外力。"

因此,公元383年的"淝水之战是一个决定历史命运的战争"。当时汉族在南方的势力尚未稳固,若果苻坚取胜,"汉族势力实有完全消灭的危险"。结果"东晋在淝水虽占了上风,中国所受的冲动已是很大。此后二百年间,中国的面目无形改变。胡汉两族要混合为一,成为一个新的汉族,佛教要与中国文化发生不可分的关系。中国文化已由古典的第一周进到胡人血统与印度宗教被大量吸收的第二周了"。[1]

关于中国历史的"第二周",雷海宗亦分为五期:"(1) 南北朝、隋、唐、五代(公元383—960年);(2) 宋代(公元960—1279年);(3) 元明(公元1279—1528年);(4) 晚明盛清(公元1528—1839年);(5) 清末中华民国(公元1839年以下)。"尽管"第二周的各代之间仍是各有特征,但在政治社会方面一千五百年间可说没有什么本质的变化,大体上只不过保守流传秦汉帝国所创设的制度而已。……最近百年来,西化东渐,中国文化的各方面才受了绝大冲动,连固定不变的政治社会制度也开始动摇"。其中,"南北朝、隋、唐、五代是一个大的过渡、综合与创造的时代。南北朝二百年间,北方的胡族渐与汉人同化,同时江南的蛮人也大半被汉族所同化。到隋统一宇内的时候,天下已无严重的种族问题,所以这个新的汉族才能创造一

---

[1] 雷海宗:《断代问题与中国历史的分期》,《伯伦史学集》,北京:中华书局2002年版,第146—148页。

个媲美秦、汉的大帝国。同时,在南北朝期间,新旧文化的竞争也在夷夏论辩与三教合一的口号之下得到结束"。种族混一与儒、道、佛合流创造了"伟大的隋、唐帝国与灿烂的隋、唐文化"。[1]

然而,"历史上的平淡时代可以拉得很长,但光荣的时代却没有能够持久的"。隋、唐的伟大时代在不到二百年后因安史之乱而宣告终结。"藩镇、宦官与新的外祸使帝国的统一名存实亡;五代时的分裂与外祸不过是晚唐情形的表面化。在文化方面发生了复古的运动,韩愈、李翱一般人提倡一种新儒教,以老牌的孔孟之道相号召。佛教虽仍能勉强维持,极盛的时期却已过去,宋代的理学已经萌芽。所以南北朝、隋、唐、五代代表一个整个的兴起、极盛与转衰的文化运动。""宋代的三百年间是一个整理清算的时代。"政治上缺乏"健全的组织"。经济上财政紊乱,人民负担繁重。军事上国力屡弱,无力收复失去的国土,只求苟安。"隋、唐短期间所实行的半征兵制度的府兵早已破裂,军队又成了不负责任的流民集团。"文化上,"隋、唐时代的科举制度至此已成为死攻儒经的呆板办法,真正的人才难以出现,国家的难题无人能出来应付"。"王安石变法代表一个面面俱到的整理计划,处处都针对着各种积弊,以图挽回中国的颓运。"但无奈"消极、破坏与守旧的势力太强","以致变法的运动完全失败"。思想方面,"宋代理学的整顿工作,可说是一种调换招牌的运动。在以往,中国参考原有的思想,尤其是道家的思想,已创了一个中国式的佛教。现在中国人要把这种中印合璧的佛教改头换面,硬称它为老牌的古典文化,就是儒教。宋代诸子最后调和了中国式的佛教,原有的道教,与正统的儒教,结果产生了一种混合物,可称为新儒教。这种结果的价值难以断定,但最少不似政治社会方面整顿计划的那样明显的失败。"

元明两代则是"一个失败与结束的时代。一百年间整个的中国初次受制于外族。五胡、辽、金所未能实现的,至此蒙古人达到目的。这是过度保

---

[1] 雷海宗:《断代问题与中国历史的分期》,《伯伦史学集》,北京:中华书局2002年版,第148—150页。

守、过度松散的政治社会的当然命运"。蒙古人欺压汉族,拒绝汉化,但"不久却也腐化,所以不到百年就被推翻"。"明是唐以后惟一的整个中国自治统一的时代。"收复失地,维持了二百年的壮大。但"表面上的光荣却不能掩盖内里的腐败"。诛戮功臣,宦官专权,政治黑暗,科举制度僵化。"有明三百年间,由任何方面看,都始终未上轨道,整个的局面都叫人感到是人类史上的一个大污点。并且很难说谁应当对此负责。""在这种普遍的黑暗之中,只有一线的光明,就是汉族闽粤系的向外发展。"郑和下西洋以后,移民海外的活动与日俱增。"汉人本为大陆民族,至此才开始转换方向,一部分成了海上民族,甚至可说是尤其宝贵难得的水陆两栖民族!"

从文化上看,"元明两代的思想界也与政治界同样缺乏生气"。程、朱理学渐成正统。直到公元1500年左右,王阳明的出现才"打破了沉寂的理学界。王阳明是人类历史上少见的全才。政治家,军事家,学者,文人,哲学家,神秘经验者:一身能兼这许多人格,并且面面独到,传统的训练与八股的枷锁并不能消磨他的才学,这是何等可惊的人物!他是最后有贡献的理学家,也是明代惟一的伟人,他死的1528年可定为划时代的一年,那正是明朝开始衰败,也正是将来要推翻传统中国的魔星方才出现的时候。约他死前十年,葡萄牙人来到中国的南岸。后来使第二周的中国土崩瓦解的就是他们所代表的西洋人"。[1]

雷海宗指出,明朝的衰落不仅是国力的衰颓,更其是政治文化的衰败。"晚明盛清是政治文化完全凝结的时代。……明末以下三百年间并没有产生一个惊人的天才,也没有创造一件值得纪念的特殊事业,三个世纪的功夫都在混混沌沌的睡梦中过去。""明末一百年间,海上的西洋人势力日大,北方前后有鞑靼、日本与满洲的三个民族兴起。这四种势力都有破灭日见衰颓的明朝的可能。……最后成功的是满洲,整个的中国第二次又亡于异族。但满人与蒙古人不同,并不想摧残中国传统的文化,他们自己也不反

---

[1] 雷海宗:《断代问题与中国历史的分期》,《伯伦史学集》,北京:中华书局2002年版,第150—153页。

对汉化。他们一概追随明代的规模,一切都平平庸庸。但有一件大事,可说是满清对汉族的一个大贡献,就是西南边省的汉化运动。"清世宗(雍正)"行改土归流的政策,鼓励汉人大批移植",促进了边地的汉化。文化方面,"王阳明以后,理学没有新的进展。盛清时的智力都集中于训诂考据。这虽非没有价值的工作,但不能算为一种创造的运动;任何创造似乎已不是此期的人所能办到"。

而"鸦片战争以下的时代"在雷海宗看来尚未结束,前途未卜。"满人经过二百年的统治之后,也开始腐化。在政治社会方面,不见有丝毫复兴的希望;精神方面也无一点新的冲动。在这样一个半死的局面之下,青天霹雳,海上忽然来了一个大的强力。"这就是西洋人的侵略势力。他认为,随着社会"西洋化"程度的日益加深,"中国文化的第二周显然已快到了结束的时候"。是否还会迎来一个"第三周的希望"呢?[1]

二、中国的兵和兵制

在上述历史认知及分期的基础上,雷海宗对中国历史上的兵制及其"兵文化"进行了细致考察,力求从兵的构成、性质、特征及心理等方面,明了民族盛衰的根源。他说:春秋时代兵的主体是士族,春秋时代的军队和西周一样仍是"贵族阶级的军队"。[2] 战国时代"传统的贵族政治与贵族社会都被推翻,代兴的是国君的专制政治与贵贱不分,最少在名义上平等的社会"。"各国似乎都行军国民主义;虽不见得人人当兵,最少国家设法鼓励每个男子去当兵。"这是一种"近乎征兵的制度",以重利为诱惑,驱使多数人尚武习兵。"战国时代的战争非常残酷","斩首与大规模的坑杀成为常事"。"战争都是灭国的战争,为达到灭国的目的,任何手段都可采取。""民间自然有厌战的心理发生","墨子、宋钘一班人的奔走和平,不过

---

[1] 雷海宗:《断代问题与中国历史的分期》,《伯伦史学集》,北京:中华书局 2002 年版,第 154 页。
[2] 雷海宗:《中国文化与中国的兵》,北京:商务印书馆 2001 年版,第 6 页。

是最惹当时与后世注意的厌战表现"。"总之,战国时代虽是战争极烈,但由军心民气方面看,两种不健全的现象也萌芽于此时:一是上等阶级的文武分离与和平主义的宣传提倡,一是一般人民中厌战心理的渐渐发生。……后代军民隔离、社会解体的没落局面都孕育在这两种不甚惹人注意的现象中。"雷海宗认为,这乃是中国历史上文化趋于和平主义,军事政治趋于内向性的根源。

秦统一以后,秦以重兵驻关中,其它各地籍驰道贯通,"只有轻兵镇压"。另以逋亡(流民)、赘婿(奴婢)、贾人(卑贱的商人)充边塞。"缴天下械,征发流民,一方面是与秦有利的政策,一方面恐怕也正合乎一般厌战人民的心理。"健全的兵制不复存在了。[1]

关于秦的灭亡,雷海宗认为:"六国遗民的复国思想,秦代用民的过于积极(按:《史记·秦始皇本纪》.'盗多,皆以戍、漕转,作事苦,赋税大也'),是秦亡的两个主要原因。各地起兵叛秦的多是乌合之众。……在起事的人中,只有项羽、刘邦两人的兵比较可用。两人起事的地方(沛与会稽)都是战国时代楚国的旧地。楚在战国末期是秦以外最强的国家。"史上未有秦国大肆屠杀楚军的记载;秦时主要用兵北方,无暇南顾;楚国虽亡,散兵游勇较其他六国为盛。"楚虽三户,亡秦必楚"是有事实依据的。巨鹿之战中项羽坑杀了章邯率领的二十万秦军,代表着最后一支战国时代征兵制度遗留下来的训练有素的国家军队就此覆灭了。"各地起事的人虽打着六国的旗号,实际他们谁都不代表,只代表他们自己。军队并不属于任何国家或任何地方,只属于他们自己。此后的军队都是个人的军队。军队的品格、纪律、战斗力等等都靠主帅一人。主帅若忠于国家,他的军队临时就是国家的军队。主帅若要反抗国家,十有八九他的军队是牺牲国家而拥护主帅的。列国并立时所激荡而生的国家主义到统一之后渐渐衰弱。"

西汉在兵制上恢复了"战国时代流行而秦代临时间断的征兵制"。"在乡间当差称'更卒',在中央当差称'正卒'。""汉初在理论上虽仍行征兵制,

---

[1] 雷海宗:《中国文化与中国的兵》,北京:商务印书馆2001年版,第8—16页。

实际所行的已是募兵制,不过尚未有募兵的名义而已。秦代发流民的临时政策到汉代就成了国家法定的制度。"汉初军力羸弱,无法有效抵御匈奴的入侵,被迫实行和亲政策。"到汉武帝时(公元前140—87年),兵制上各种不健全的办法都发展成熟;所以武功虽盛,却是建在不稳固的基础之上。因为一般人不肯当兵,武帝就开始正式募兵。……募兵与屯兵仍有时感到不足用,就大批的发囚徒,甚至雇用外族人当兵。一方面由于汉初六十年的养息,一方面由于武帝能牢笼人才,在种种的畸形发展下中国历史上居然有空前绝后纯汉族的大帝国出现。"

汉武帝设期门、羽林代替原来的南北军拱卫京师,"所选的都是关西六郡(陇西、天水、安定、北地、上郡、西河)的良家子弟,从此六郡多出名将"。另设八校尉,委以重任。文帝时用晁错之策在边境屯田,武帝时大规模实行,在西北先后置武威、酒泉、张掖、敦煌等郡,徙民六十万屯田,西域得到开发。卫青、霍去病大败匈奴后,敦煌以西又随地置屯亭,有田卒数百人,由使者校尉负责,"一方面为汉在西北的驻防军,一方面又可接济中国遣往西域的使臣"。屯兵是汉武帝时最重要的边防军。此外,汉武帝时还有匈奴降卒等组成的"外国兵",以及胡骑、越骑等少数民族军队。发囚徒为兵也是通常的做法。总之,到汉武帝时,"兵与民隔离的局面已经非常明显。……从兵的身份上说,都不是直接由民间产生的,大半都是民间的流浪分子,甚至外族的浪人。他们既不直接出于民间,与一般的人民自然没有多少感情上的联系"。互相轻视乃至侮蔑就成为常态。"好铁不打钉,好汉不当兵"这种鄙视军人的心理大约就是从汉时开始的。[1]

进而雷海宗认为,武帝之后屯兵制度依旧,并且范围日广,但由于匈奴分裂,边疆大患消灭,屯兵日渐农民化,屯田变得有名无实。于是,便有东汉光武帝废除郡国兵的政策:"罢轻车骑士材官楼船士及军假吏,令还复民伍。"(《后汉书·光武帝纪下》)因此,"东汉只有中央军,没有地方军",称"北军五营"。东汉虽无地方兵,但东汉时代豪族发展,地方割据势力加重,

---

[1] 雷海宗:《中国文化与中国的兵》,北京:商务印书馆2001年版,第16—28页。

直至出现了不受中央节制的"私军"。

东汉窦固、窦宪曾先后率军大破北匈奴,据史载,所用多是外族兵。对此,雷海宗指出:"我们对东汉能驾御外族、以夷制夷的政策能收大功,不能不表示钦佩。但军队不是汉人的军队却也是不可掩蔽的严重事实。"至于班超的平定西域,雷海宗说:"班超当初所用的只有三十六个人,后来政府发给他的也不过一千多囚徒和义勇兵。班超所以制服西域,一方面靠他个人特殊的将才与超人的勇敢,一方面还是靠以夷制夷政策的大规模利用,西域各国的军队互相攻击。"然而,雷海宗认为:"这种专靠外族的办法极其危险。"一旦外族反叛或不肯受利用,我将束手无策。东汉后期就屡屡遭到这样的麻烦。

历史分合不定,国的观念日渐淡化。雷海宗认为,汉人并非不知兵械,"但只有保护自己的家乡才肯出力,并且还必须有领袖指导。若无勇敢的领袖,即或家乡被扰,大家也都是驯羊"。这正是东汉末年天下大乱的根源。据此,雷海宗指出:"汉代的问题实际是中国的永久问题,东汉以下兵的问题总未解决。只有隋及盛唐承袭北朝外族的制度,百余年间曾实行半征兵的府兵制,这也是汉以后中国自治的惟一盛强时代。"[1]

自唐天宝至五代二百年间,历史又进入外族扰乱中国的时代。宋虽名为统一,但无力收复北方土地,苟安残喘于外族强邻之侧,最后整个中国亡于蒙古。明朝统一了中国本部,但除太祖、成祖的极短时期外,也缺乏应付外侮的能力,一度受到倭寇威胁,最后亡于满洲。满清初起军力强盛,"道光以下满汉并衰,中国又感到有被西洋吞并的危险。自己的力量不足,清末以下就又借外力,不过方式随着时代略有变化。现在借的不是外兵,而是外国的军器军火与军事顾问。正如历代靠番兵不足以抵抗外番,西洋的军器军火与军事顾问也不足以抵抗西洋或彻底西洋化的国家。二千年来中国总是一部或全部受外族统治,或苟且自主而须忍受深厚的外侮。完全自立又能抵抗外族甚至能克服外族乃是极少见的例外。这种长期积弱局

---

[1] 雷海宗:《中国文化与中国的兵》,北京:商务印书馆2001年版,第37—48页。

面的原因或者很复杂,但最少由外表看来,东汉以下永未解决的兵的问题是主要的原因"。[1]

三、中国的家族

宗法大家族及其文化制度体系的形成和发展,是中国政治社会发展和建构的重要基石。雷海宗认为:"春秋以上是大家族最盛的时期,战国时代渐渐衰微。汉代把已衰的古制又重新恢复,此后一直维持了二千年。""大家族有固定的组织法则,称宗法。士族有功受封或得官后,即自立一家,称'别子'。他的嫡长子为'大宗'称'宗子';历代相传,嫡长一系皆为大宗,皆称宗子。宗子的兄弟为'支子',各成一'小宗'。小宗例须听命于大宗。只大宗承继土地和爵位;族人无能为生时,可靠大宗养赡。但除大宗'百世不迁'外,其它(他)一切小宗都是五世而迁,不复有服丧与祭祀的责任。'迁'就是迁庙。""宗法的大家族是维持封建制度下贵族阶级地位的一种方法。"战国时代贵族制度被推翻,宗法也就随之消灭,各国成了统一专制的国家。秦国商鞅变法的重点就是废除大家族,施行"公民训练"。"禁止私斗,提倡公战。""公民观念代替了家族观念之后,一般人认为一人无子,国家不见得就没有人民。"

然而,任何制度有一利必有一弊。"小家庭制度盛行多子观念薄弱之后,杀婴的风气必所难免。"而且还流行节制生育的"房中术"(又称玄素术、阴阳术、容成术、彭祖术)。各国因此甚至发生人口过少的恐慌。而"战国时代家族破裂,国家不似家族那样亲切,号召人心的力量也不似家族那样强大。于是个人主义横流,种种不健全的现象都自由发展"。道家的独善其身,杨子的"重生""贵己",以及种种盛行民间的"个人养生享乐的潮流",都表现出人的"自私心过度发展"。[2]

---

[1] 雷海宗:《中国文化与中国的兵》,北京:商务印书馆2001年版,第48—49页。
[2] 雷海宗:《中国文化与中国的兵》,北京:商务印书馆2001年版,第56—67页。

秦至两汉,"战国时代一般的潮流仍旧"。同时,与"尊儒术"的政治策略相适应,即"不断地设法恢复前此几近消灭的大家族制度"。政治上看,大家族制度可以促进社会稳定,维护天下安宁。儒家的孝道与多子多孙的观念始而大行其道。"孝的宗教,到东汉时可说已经成立。""大家族重建的运动已经成功,魏、晋清谈之士谩侮礼教,正足证明旧的礼教已又复活。""东汉以下二千年间,大家族是社会国家的基础。大家族是社会的一个牢固的安定势力。不只五胡之乱不能把它打破;此后经过无数的大小变乱,社会仍不瓦解,就是因为有这个家族制度。"

因此,雷海宗认为,家族社会"大小两制,各有利弊","是否能尽量接受历史上的教训,去弊趋利;这种万全的路径,是否可能;大小两制是否可以调和",或许"只有未来的人才能解答"。[1]

四、中国的元首

四千年间中国国君的称号甚为简单。"当初称王,王下有诸侯。其后诸侯完全独立,各自称王。"秦并吞列国,统一中国后始称皇帝,随之沿用下来。战国以前,列国"最少在名义上都尊周室为共主"。"春秋时代国际政治的中心问题是'争盟'或'争霸'",列强"以周室为护符——挟天子以令诸侯"。周室也利用他们以维护"国际均势",巩固自己的地位。"到春秋末期战国初期这种情形大变","世族或被推倒,或势力削弱",国君任用的多是地位低贱而有政治谋略的文人。"国君在血统上仍是古代的贵族,但在性质上他现在已不代表任何阶级的势力,而只知谋求他一人或一家的利益。"其称号也纷纷由诸侯改称王。列国称王有两种意义:"第一是各国向周室完全宣布独立;第二是各国都暗示想吞并天下,因为'王'是自古所公认为天子的称号。"当时齐、秦各称霸东西,公元前288年约定平分天下,"秦昭襄王称西帝,齐愍王称东帝,除楚国外,天下由二帝分治"。尽管后来先后

---

[1] 雷海宗:《中国文化与中国的兵》,北京:商务印书馆2001年版,第71—74页。

取消了帝号,但地位上还是自视为"天子"。至此,"王"的称号渐又被"帝"所取代。

秦并六国后,秦王嬴政下令"议帝号","始皇与臣下计议的结果,名号制度焕然一新。君称'皇帝',自称'朕',普遍地行郡县制与流官制,划一度量衡,书同文,车同轨,缴天下械,治驰道,徙富豪于咸阳"。天下一统,政权归一。"从此以后,皇帝就是国家,国家就是皇帝。"然而,专制制度并非尽得人心,昔日文人政客与六国王孙遗臣难免大失所望。"文人政客个人自由的欲望与六国遗人地方独立的欲望两相混合",正是日后亡秦的主要势力。故雷海宗认为,秦亡与其说是由于暴政,不如说是两种政治经验的兴替:秦是传统政治经验的代表,汉高祖是毫无政治经验的流氓小吏。故又经过几十年混乱局面,到汉武帝时"汉室的政治训练才算成熟"。[1]

汉初以秦亡为教训,行"无为"之治。从政治经验看,汉必反秦之道而行之,故董仲舒"罢黜百家,独尊儒术"。统一的局面得以维持下来,基本的政治制度也沿袭秦制。楚汉之际,列强上表劝汉王刘邦上皇帝尊号,说明各路诸侯已不愿继续战国局面,自觉臣服。"汉室虽是平民出身,皇帝的尊严并不因之减少,反而日趋神秘。秦、汉都采用当初齐国人的宣传,行封禅,并按五德终始说自定受命之德。皇帝的地位日愈崇高,日愈神秘。"视天下为私产,臣民为奴婢。古来"阶级分明的权利政治"转化为"全民平等的独裁政治"。"皇帝既然如此崇高,臣民既然如此卑微,两者几乎可说不属于同一物类。臣民若属人类,皇帝就必属神类。汉代的皇帝以至后妃都立庙祭祀。""不只已死的皇帝为神,皇帝生时已经成神,各自立庙,使人崇拜。"这种皇帝自我神化的现象,雷海宗认为"与宗教本身关系甚少",但却反映了一种不同以往的政治社会状况,影响深远。

从民众方面讲,神化皇帝是为了强化与皇帝之间的连锁。因为皇帝成了民众唯一的信仰,他代表着一种无上的权力。"天下如此之大,而皇帝只有一人,所以皇帝、皇室的庙布满各地是震慑人心的一个巧妙办法。

---

[1] 雷海宗:《中国文化与中国的兵》,北京:商务印书馆2001年版,第78—88页。

经过西汉二百年的训练,一般人民对于皇帝的态度真与敬鬼神的心理相同。皇帝的崇拜根深蒂固,经过长期的锻炼,单一的连锁已成纯钢,内在的势力绝无把它折断的可能。若无外力的强烈压迫,这种皇帝政治是永久不变的。""皇帝的制度可说是由皇帝的积极建设与人民的消极拥护所造成的。"

西汉末年,因广建宗庙不合儒家定制,汉元帝下诏罢郡国庙及皇后太子庙。东汉诸帝多不立庙,遵循儒家庙制。这实则说明"当初的政策已经成功,皇帝的地位已无摇撼的危险。在一般人心理中,皇帝真与神明无异,所以繁复的祭祀反倒不再需要。因为皇帝的制度已经稳固,所以皇帝本人的智愚或皇朝地位的强弱反倒是无关紧要的事"。皇帝的形象既已神化也趋于抽象化,一般心理以为"万岁"等"过于崇高的名词只能适用于皇帝,他人不得僭妄擅用"。两汉以降直至清末,"二千年间皇帝个人或各朝的命运与盛衰虽各不相同,然而皇帝的制度始终未变"。宋以下皇帝的地位更为尊崇,人民散漫的程度不断加深。除了家的观念和对皇帝的忠诚,人民缺乏真正的集体意识和民族意识。然而,辛亥革命结束了中国二千余年的皇帝制度。"废旧容易,建新困难。在未来中国的建设中,新的元首制度也是一个不能避免的大问题。"[1]

五、无兵的文化

雷海宗认为,中国历史以秦为界,"秦以上为动的历史,历代有政治社会的演化更革。秦以下为静的历史,只有治乱骚动,没有本质的变化,在固定的环境之下,轮回式的政治史一幕一幕的更迭排演,演来演去总是同一出戏,大致可说是汉史的循环发展"。"这是一个完全消极的文化,主要特征就是没有真正的兵,也就是说没有国民,也就是说没有政治生活。"[2] 这

---

[1] 雷海宗:《中国文化与中国的兵》,北京:商务印书馆2001年版,第90—99页。
[2] 雷海宗:《中国文化与中国的兵》,北京:商务印书馆2001年版,第102页。

即他所谓"无兵的文化"。

在雷海宗看来,秦以后中国整体上是一个"无阶级的社会",即缺乏有组织的共同体和各种实力派。但中国社会自汉以下却有两种"比较强大的组织",就是士大夫和流氓。

士大夫渊源于战国时代的百家争鸣,但"这种团体的实现是汉武帝废百家,崇儒术,五经成为作官捷径后的事。隋唐以下,更加固定的科举制度成立,愈发增厚士大夫的团结力量。儒人读同样的书,有同样的目标,对事有同样的态度,并且因为政治由他们包办,在社会上他们又多是大地主,所以他们也可说有共同的利益。虽无正式的组织,他们实际等于一个政党,并且是惟一的政党。……皇帝利用儒人维持自己的势力,儒人也依靠皇帝维持他们的利益。这些士大夫虽不是一个世袭的贵族阶级,却是惟一有共同目标的团体,所以人数虽少,也能操纵天下的大局"。因此也可以说,这是一个在文化上依附于皇帝的群体,是皇帝政治在精神上的依靠力量。士大夫群体的弱点是:"以每个分子而论,他们都是些文弱的书生,兵戎之事全不了解,绝对不肯当兵。太平盛世他们可靠皇帝与团体间无形的组织维持自己的势力。天下一乱,他们就失去自立自主的能力,大权就移到流氓的手中。士大夫最多只能守成,并无应付变局的能力。每次天下大乱时士大夫无能为力的情形就暴露无遗。乱世士大夫的行为几乎都是误国祸国的行为。古今绝少例外,他们的行为不外三种。第一是无所谓的结党误国。东汉末年的党祸,宋代的新旧党争,明末的结党,是三个最明显的例子。""第二种行为就是清谈。"典型的例子是"魏晋时代的清静无为主义",这是"一种逃避现实的行为"。而"今日弄世丧志的小品幽默文字,与一知半解的抄袭西洋各国的种种主义与盲目的号呼宣传,可说是两种不同的20世纪式的清谈"。"第三种行为就是作汉奸",而且是"第一等的汉奸"。如刘豫、张邦昌、洪承畴等。

流氓团体源于战国时代的游侠之士(类似于日本的武士)。"他们都肯为知己的人舍身卖命,多为无赖游民出身。"汉代曾致力铲除侠士活动,"但这种风气始终没有消灭,每逢乱世必定抬头"。东汉以后,流民也有了宗教性的组织，"利用宗教迷信与神秘的仪式"使民众团结。历代末世的变乱，都与这种组织和活动有关。这基本上是一种"流氓、愚民与饿民的团体。流氓是基本分子，少数愚民被利用，最后饿民大批入教"。"太平时代，流氓无论有组织与否，都没有多大的势力。但惟一能与士大夫相抗的却只有这种流氓团体。""强盗、窃贼、扒手、赌棍以及各种各类走江湖的帮团的敲诈或侵略的主要对象就是士大夫。"流氓平时并无多大经济势力，但有患难相助的江湖传统，乱世则具有一定的凝聚力。流氓团体中"几乎都是毫无知识的人，难成大事"。一般情况下，士大夫采取"以夷制夷"的政策，就能分化约束他们。"但遇到乱世，士大夫所依靠的皇帝与组织失去效用，流氓集团就可临时得势。天下大乱，大则各地割据的土皇帝一部为流氓头目出身，小则土匪遍地，官宪束手，各地人民以及士大夫都要受流氓地痞的威胁与侵凌。"多数流氓或流氓团体因为愚昧无知难成大事，"但一二流氓的头目因老于世故，知人善任，于大乱时期或能成伟人，甚至创造帝业"，如汉高祖刘邦和明太祖朱元璋等。他们成事须靠士大夫的帮助，执掌政权以后更要靠士大夫的力量保守成业。

雷海宗指出，历史上"一治一乱之间，并没有政治社会上真正的变化，只有易姓王天下的角色更换"。这种历史上"循环不已的单调游戏"，原因何在？"大概不外三种，就是皇族的颓废、人口的增长、与外族的迁徙。"历史上的论述多偏重于第一种，即"皇族的退化"。"皇族的颓废化是一个自然的趋势，有两个方面：一是生物学的或血统的，一是社会学的或习惯的。"世界上任何国家的王族或皇族，"因受制度的维护，往往不致短期间就死或丧失地位，但血统上各种不健全的现象却无从避免"。欧洲各国的王族由于不操纵实权，即使有一般生理和身体上的缺陷亦无关紧要。但中国的历代君王个人权力至高无上，一旦因生理和身体上的缺陷造成低能和愚昧，就事关一个王朝的兴衰。从中国历史上看，"在社会方面皇帝与实际的人生隔离，也是一个大的弱点"。[1]

---

[1] 雷海宗：《中国文化与中国的兵》，北京：商务印书馆2001年版，第112—118页。

六、中国与外族的关系

由于军事上的孱弱，或重文轻武的积习，中国屡次沦为外族征服者之手。而"中国虽屡次被征服，但始终未曾被消灭，因为游牧民族的文化程度低于中国，入主中国后大都汉化"。这种情况在近代发生了根本变化：

> 鸦片战争以下，完全是一个新局面。新外族是一个高等文化民族，不只不肯汉化，并且要同化中国。这是中国有史以来所未曾遭遇过的紧急关头，惟一略为相似的前例是汉末魏晋的大破裂时代。……汉末以下侵入中国的武力与文化是分开的，武力属于五胡，文化属于印度。最近一百年来侵入中国的武力与文化属于同一的西洋民族，并且武力与组织远胜于五胡，文化也远较佛教为积极。两种强力并于一身而向中国进攻，中国是否能够支持，很成问题。并且五胡与佛教入侵时，中国民族的自信力并未丧失，所以仍能得到最后的胜利：五胡为汉族所同化，佛教为旧文化所吸收。今日民族的自信力已经丧失殆尽，对传统中国的一切都根本发生怀疑。这在理论上可算为民族自觉的表现，可说是好现象。但实际的影响有非常恶劣的一方面：多数的人心因受过度的打击都变为麻木不仁，甚至完全死去，神经比较敏捷的人又大多盲目地崇拜外人，捉风捕影，力求时髦，外来的任何主义或理论都有它的学舌鹦鹉。这样说来，魏晋南北朝的局面远不如今日的严重。

对比古埃及和巴比伦，雷海宗预感到在这种局势下，民族与其文化双重灭亡的危险性："中国是否也要遭受古代埃及与巴比伦的命运？"消极地看，"中国有两个特点，最后或有救命的效能，使它不至遭遇万劫不复的悲运"。一是中国地广人多，"与古埃及、巴比伦的一隅之地不可同日语"。亦如古代社会中,汉族总有谋求偏安的机会,通过励精图治,图谋东山再起。但这只是援引旧例,现代社会条件下是否适用不得而知。"另外一个可能的解救中国文化的势力就是中国的语言文字。汉文与其它(他)语文的系统都不相合,似乎不是西洋任何的语文所能同化的。""语言文字若不失掉,民族必不至全亡,文化也不至消灭。"历史上,中国民族的最后胜利都在于以制度文化同化异族,但今天亦得采取新的策略:"西洋文化中国不妨尽量吸收,实际也不得不吸收,只要语言文字不贸然废弃,将来或者终有消化新养料而复兴的一天。"[1]

抗战初期,雷海宗发表《此次抗战在历史上的地位》[2]一文,对抗战的形势做出了积极的判断。他从中国文化由北而南的迁移发展史中,领悟到中国文化的新的周期律——"二千年来民族元气南移,南方劲旅多于北方",中国抗战的重心已由北方转向了南方。此次抗战与历史上的淝水之战一样,成为决定民族命运的生死一战——"此次抗战是我们第二周末的淝水战争,甚至可说比淝水战争更为严重。成败利钝,长久未来的远大前途,都系于此次大战的结果。"愿能创造奇迹,"打破自己的非常纪录",抗战建国:"结束第二周的传统文化,建设第三周的崭新文化。"[3]

综上所述,纵观雷海宗的文化史观和历史论述,既有其鲜明的战时民族主义文化心理投影,又渗透着特定的文化理性和历史洞见。这样的文化认知和史学研究无疑不失其既有的学术历史价值。

雷海宗之外,林同济亦以"由大夫士到士大夫"来概括中国历史上的政治文化,视之为"国史上的两种人格型"。他说:"从整个的体相上看,西周以至春秋大部分的社会政治是大夫士中心,秦汉以后的社会政治是士大夫中心,而春秋末世与战国时期则可说是转捩时代,过渡时代。战国以前,没有士大夫;战国以后,没有大夫士。""中国的社会与政治由大夫士类型转变

---

[1] 雷海宗:《中国文化与中国的兵》,北京:商务印书馆2001年版,第125—128页。
[2] 雷海宗《此次抗战在历史上的地位》一文原载汉口《扫荡报》,1938年2月13日。
[3] 雷海宗:《中国文化与中国的兵》,北京:商务印书馆2001年版,第176—178页。

到士大夫类型,乃我们民族文化发展路程上一切之一切的关键。这个转变不仅是一种结构的更改,乃尤是一种动力的换质。"所谓"大夫士"和"士大夫",他说:"大夫士是贵族武士,士大夫是文人官僚。前者是封建的层级结构的产物,后者是大一统的皇权专制下的必需。"鉴于此,他着重分析了历史上"大夫士"的诸种特性,以与"士大夫"相对照,明其衰变轨迹。他认为:"大夫士社会的特征,纵的方面是'世承',横的方面是'有别'。所谓有别者,上下的社层,原则上不容逾越而必须各守其'分'。所谓世承者,这种不容逾越之'分',由父传子,代代不变,士之子恒为士,农之子恒为农。"它发展出两种重要的传统或风尚:"贵士传统"或"贵士风尚"。"贵士传统或风尚可说是根据在那世承有别的事实上所逐渐产生的一种统治者的人生观或道德观。古所谓'君子威仪'者是。"基本点在"'世业'的抱负与'守职'的恒心"。"荣誉是标准的'贵士情绪'",即所谓"义"。"礼""乃是荣誉意识的一种自然表示。""礼可说是'荣誉之规',即'义之规'也。""礼的最大实际作用是维持当日社会的层级结构,但礼的基础必定要建筑在荣誉意识上头。"礼派生出"一套相当复杂丰富的立身行事的标准",即"义的四大则":忠、敬、勇、死。"忠是一种对上之诚","敬是一种持诚之道","勇是一种致诚之力","死可说是生力之志"。由此铸就大夫士"刚道的人格型"。相反,"士大夫""柔道的人格型"反映了"大一统皇权的本质":皇帝之下兆民"无别",官非世业。官僚制度下,"士乃变为做官的准备,大夫乃成为做士的目标。功名观念代替世业观念,升官念头代替守职念头"。秦汉以降,"在这种弥漫八方的'官僚风气'上,却又加上一种'文人化'的倾向。汉武帝时代,士已与'文藻'开始结缘。经过六朝的'浮词'的熏陶乃有隋唐科举的出现。有了科举,士变成文字的'雕刻匠'。以'斯文'的品质来任当帝王的官僚,皇权乃得到一个理想的合用工具了"。"文人官僚就是我们所惯称的'士大夫'。"他们另有一套"世训":"'义'流产为'面子','礼'流产为'应酬'。'忠、敬、勇、死'的四位一体观,巧变为'孝、爱、智、生'的四德中心论。"由此造就士大夫"柔道的人格型","以适应他们在皇权专制下猎取'功名',企图

'闻达'的大欲望"。[1]

　　林同济是政治学者,他的文化历史研究不似雷海宗的系统细密,但也多有一种政治文化视野中单刀直入的直截和深炽。

　　对于战国策派文化史学研究的学术历史特征,林同济曾赋予其"第三期中国学术思潮"的意义。他认为,"五四"以来中国学术思潮曾经历过两个阶段:第一阶段是1919—1929年,为"经验实事"阶段,胡适《中国哲学史大纲》(上卷)堪称代表。"这时代的学术,中心目标在搜求事实,而标准方法则为经验主义(Empiricism)。除了一二杰出的例外著作(如梁漱溟的《东西文化及其哲学》一书),国内一般有成就的学者抱着所谓'实事求是'的态度,运用着一种迫近机械式的实验方法,先标出种种个别的,零星的,以至暧昧的'问题'(Problems)而到处搜罗其所谓有关的'事实'或'材料',然后再就一大堆的乱杂事实与材料而类别之,分析之,考据之,论断之。风尚所据,居然弥漫一时。这一般风尚,在一方面看去,是外接英美正宗学派(尤其是美国派)的结果;但另方面看去,实更是上承清代三百年考证传统而推波助澜。惟其如此,所以整个经验主义潮流在英美的一切学术以及一般生活上虽曾经产生了充分的功效,而在我们中国,其成绩好像竟局限于'整理国故'的一途径。《古史辨》各集,可以当做(作)这个时代的恰当象征。片断史实的争辩,片断史实的否认或证明,当然都有它可贵的价值——只是,不免太片断!"第二阶段是1929年至全面抗战。这一阶段的主题是中国社会史论战。郭沫若的《中国古代社会研究》堪称范例。马克思的唯物史观"成为一般'有声有色'的作家直接间接的圣经。是'辩证革命'(Dialectic—Revolutionary)时代。大多数'新作家'的脑后,都隐隐的(地)蹲立着一个普罗革命的神像。前期所高唱的那套'实事求是''为知识而知识'的自由派科学谈,到此时乃一贬而被斥为一种布尔乔亚免避现实麻醉人生的丑技。革命——普罗革命——必须是一切写作的目的。方法不成问题,当然是

---

[1] 林同济:《大夫士与士大夫——国史上的两种人格型》,《天地之间——林同济文集》,上海:复旦大学出版社2004年版,第96—102页。原载《大公报·战国副刊》(重庆)第17期,1942年3月25日。

正、反、合的黑格尔一套。本着这一套而产生的研究作品,品质高的虽是寥寥,但从量上讲,的确澎湃可观"。对于两个阶段的评价,林同济说:"第一期的功绩,在扫荡千余年道学面孔的淫威,捧出冷酷的'事实'来打碎那鳞甲千秋的'载道''设教'的老偶像。细验此中,乃含有一般纯理智的精神,与欧洲18世纪的启蒙运动,绰约可拟。然而,那种经验实事的作风,终究不免'有所蔽'"。第二阶段中郭沫若写出《中国古代社会研究》一书,原是要"知其所以然"的——他批判经验派只知其"然",不知其"所以然"。由此,"第二期的功绩,恰在提醒了认识背景认识全体的必要。局部必须与全体钩连,单个的社会现象必须把它放在整个社会轮廓,文化架格里,安排之,审察之,而估量之,然后可以知其'所以然',然后可以真正知其'然'。轰动一时的中国社会史论战,如果在中国学术思潮史上而有永在的意义的话,那就因为了它乃一种认识中国社会整个轮廓的初次尝试,初步尝试。只可惜一般参战之士,不是蔽于政治的成见,便是囿于舶来的衣钵,在肯定了认识全体为必要之后,却偏又碍于一种定命式的因果论硬把'全体'两字缩化为'唯物'一局部,把社会轮廓一词,差不多缩化为经济结构的别名。经过了这番'缩化工夫'之后,乃更退一步,株守着无产阶级的立场,来硁硁然估量古往今来的一切经济结构,以及一切人为价值。这种办法,为促进普罗革命起见,或许是个应有的政治策略;但从科学方法论上看去,终是武断,终是有心,终不免要阻碍了全体认识的可能"。至于"第三期学术思潮"的展开,林同济认为,莫不依循以往借今鉴古的思维,以一种居高临下的"鸟瞰姿态","办法是要取得一个民族文化的'全体观'"——"无以名之,欲名之曰文化综合(Cultural Synthetic)或文化摄相(Cultural Configuration)时代。"其特质在于:不把全体当作局部的总和,或其放大与延长。"全体"自有它"超于局部之外,超于局部的总和之上"的"独具的母题,独到的价值"。所谓"文化摄相"之"相",不是"皮相",而是"体相"。"体相者,构成全体的各局部相互关系间所表现的一个整个母题以及综合作用也。"——取"全景"而观之,"给予一个比较近实的估量,高者高之,低者低之,大者大之,小者小之,在这个高低大小恰得其所的估量中,再摄取了全景的整个母题,综合作用"。其谓之"综合法"。林同济由此归纳出"三期中国学术"的总特征:第一期是"事实"(Facts),第二期是"立场"或"观点"(Stand point or Viewpoint),第三期是"体相"。因此,他提出:"认识体相。""而在那万般体相的认识中,民族文化体相的认识大约要把握着整个思潮的中心!"渗透其中的是一个在林同济看来时代的最强音:"国家至上,民族至上。"他说:"在'全面战'的中国,就像在'全体战'的世界一般,要的是一种全体观的学术,全体观的思潮。"[1]在他看来,这也代表着思想界的转向:"由个人的个性解放到民族的集体认识。"要义则有:"(一)从自由到皈依","(二)从权利到义务","(三)从平等到功用","(四)从幻想到现实","(五)从理论到行动","(六)从公理到自力","(七)从理智到意志"。[2] 这无疑是为其文化形态史观及其文化史学张目的观点。

文化形态史观及其史学研究之外,战国策派的文学认知及其研究与创作,也是其战时民族主义文化思想的重要体现。其中最突出的,是陈铨所倡导的民族主义文学运动。

陈铨1921年考入清华留美预备学校,1928年赴美留学,入奥柏林大学攻读文学,并习德文,获文学学士、硕士学位。1930年赴德国基尔大学就读,后转柏林大学,以中德文学研究完成其博士论文。1934年回国,先后任教于武汉大学、清华大学,抗战时期任西南联大外文系教授。

陈铨早年即以文学创作著称,1928年曾出版长篇小说《天问》,留学美、德前后完成并出版的长篇小说有《革命的前一幕》《恋爱之冲突》《死灰》《彷徨中的冷静》等。抗战时期则主要致力于戏剧创作,发表和出版的主要作品有:《蓝蝴蝶》《无情女》《黄鹤楼》《野玫瑰》等。在文学研究方面,

---

[1] 林同济:《第三期的中国学术思潮——新阶段的展望》,《天地之间——林同济文集》,上海:复旦大学出版社2004年版,第14—26页。原载《战国策》第14期,1940年11月1日。

[2] 林同济:《廿年来中国思想的转变》,《天地之间——林同济文集》,上海:复旦大学出版社2004年版,第27—33页。原载《战国策》第17期,1941年7月20日。

出版过《中德文学研究》《文学批评的新动向》,以及哲学著作《从叔本华到尼采》等。

和战国策派其他成员一样,陈铨的文学创作和批评饱含战时民族主义激情。首先,在思想上他从德国哲学家叔本华、尼采思想中吸取营养。他说:"德国19世纪,有两位哲学家,一位是叔本华,一位是尼采,叔本华是消极的,尼采是积极的,叔本华对人生是否定的,尼采对人生是肯定的。"叔本华是对尼采有重大影响的哲学家,尼采早年的思想"差不多完全受叔本华支配",但后来"尼采渐渐感觉到叔本华的悲观主义,不是人生的真理,最后他毅然走到极端相反的一面"。[1] 陈铨认为:"尼采思想的演变,有三个显明的时期:第一时期,尼采的哲学以艺术为中心,我们可以叫它做'艺术时期'。第二时期,尼采对于科学发生极浓厚的兴趣,一切问题,都以科学为出发点,我们可以叫它做'科学时期'。第三时期,尼采摆脱科学,提倡超人,我们可以叫它做'超人时期'。"[2] "在第一个时期,影响尼采思想最伟大的两个人物,就是叔本华和瓦格勒(按:今译"瓦格纳"),叔本华的"唯意志论",艺术至上的"遁世主义",以及瓦格纳对叔本华哲学的艺术表现,成了尼采思想的灯塔和自我觉悟的起点。"叔本华悲观主义的根据是意志",尼采也"认为人生世界一切痛苦的根源,就是永远不能满足的意志。然而意志痛苦的解除,就是艺术的创造和欣赏。所以艺术就是尼采的理想,然而这个理想,他发现在瓦格勒歌剧中有了充分的表现"。"但是这一艺术理想的前提,自然是悲观主义的。""艺术理想,是悲观主义者决不可少的工具,悲观主义是艺术理想决不可少的源泉。"在尼采看来,"只有悲观的艺术家,才能够产生悲观的艺术,所以瓦格勒是最好的艺术家"。尼采1871年完成的《悲剧的诞生》(陈铨译名为《悲剧的降生》)是献给瓦格纳的,"因为这本书主要的内容,是说明希腊的悲剧和瓦格勒的艺术相互的关系"。1876年,尼采写作了《瓦格纳在拜洛伊特》(陈铨译名为《瓦格勒

---

[1] 陈铨:《从叔本华到尼采》,《清华学报》第11卷第2期,1936年4月。
[2] 陈铨:《文学批评的新动向》,《陈铨代表作》,北京:华夏出版社1999年版,第348页。

在摆罗》》[1]长文,寄给瓦格纳,并应邀到拜洛伊特观摩瓦格纳的排演,但旋即离开。实则此时尼采思想上已形成了对瓦格纳的批判。陈铨说:"实际上从1874年起,尼采对于叔本华、瓦格勒的思想艺术,已经渐渐采取一种批评的态度,语言学家的尼采,已经渐渐转变成思想家的尼采。"他不同情叔本华的遁世主义,"他利用叔本华的悲观主义,来反对19世纪科学的乐观主义"。"至于瓦格勒的音乐,他早已经感觉巴黑(按:今译"巴赫")和伯拖奋(按:今译"贝多芬")表示更纯洁的本性,对于瓦格勒音乐的理论,他有好些出入甚至于反对的地方。他发现瓦格勒的天才和个性中间,有些时候缺少节制。然而最要紧,就是瓦格勒的歌舞剧,根本就是叔本华哲学的结晶。消除意志,摆脱人生,是他努力的方向。他音乐迷人的美丽,使我们忘记了人生世界,进入一种陶醉的状态。然而这一种趋势,根本是否定人生,是一种生命力减少人类堕落文化灭亡的不良现象。假如19世纪欧洲的文化,已经在腐化,叔本华的哲学和瓦格勒的艺术,将更[是]摧毁他最后的力量,使他更加腐化,走到灭亡的路径。"[2]"尼采是文化哲学家,依他的观察,欧洲文化已经陷入腐败堕落的时期,他满心想籍(借)叔本华的哲学,来看清人生的痛苦,和一般人的肤浅浮夸,他更想籍(借)瓦格勒的音乐,来拯救世界。然而他现在发现叔本华的哲学,只有消灭生活的力量,瓦格勒的音乐,不过使人类暂时陷入麻醉的状态,他不能不抛弃一切,另寻新的办法。"于是,"尼采完全抛弃了第一时期的思想,开始踏入新的阶段"。他"不谈形而上学,不谈艺术"。"尼采说:形而上学是一种'处理人类的错误好像它基本[是]真理'的科学。真正的哲学家,必须要避免'人类的太人类的'观念,从事平常踏实的研究。人类的产业,人类的价值,人类的观念,必须要取消,因为他们都是人类的,太人类的。叔本华的问题,关于世界人生的价值,宇宙的悲观主义或者乐观主义,属于不应提出因此不能答复的问题。

---

[1] 尼采的《瓦格纳在拜洛伊特》与《告白者和作家大卫·施特劳斯》、《论历史对于生命的利弊》及《作为教育家的叔本华》1876年结集为《不合时宜的考察》一书出版。
[2] 陈铨:《文学批评的新动向》,《陈铨代表作》,北京:华夏出版社1999年版,第350—353页。

哲学必须成为纯粹的科学。以前的哲学家,用他们个人对于问题的态度,作为不可磨灭的真理,他们都是科学家的退化。科学的哲学,就是要用科学的方法,来处理宗教艺术文化和道德。这些对象,经过科学的洗刷,它们的面目和从前就不一样了。"1881年完成的《黎明》和1882年完成的《快乐的科学》"代表尼采第二期的思想"。"从艺术时期到科学时期,尼采已经从悲观主义到乐观主义,从否定人生到肯定人生,然而尼采个人的生活,在这一时期,却渐渐走入寂寞痛苦的状态。……也许因为他身体不好,他以后不写文章,只写一段一段的短语。在他寂寞步行的时候,一有思想,他立刻就写下来。"他"成了一个寂寞无依不安定的灵魂,一会在意大利,一会在德国,从这儿到那儿,没有朋友,没有爱人,只有在寂寞中去寻求真理"。"在这一种生活状况下,尼采保持他的乐观主义。……他实事求是,研究自然,不问它最后的目的。然而这一种态度,就算可以寻求真理,真理对人生又有什么好处呢?艺术文化道德宗教,在科学研究之下,都被摧毁了,然而科学家过的生活,又有什么意义呢?""尼采要的是人生,然而科学的研究,仍然是离开人生。尼采渐渐感觉,他又走了错误的道路。"于是,尼采走到最后的超人时期。"在第二时期,尼采的口号是'人生为真理',在第三时期,尼采的口号是'真理为人生'。"[1]"尼采的生活愈寂寞,思想愈深刻,他唯一的朋友,就是他新创造的萨亚涂斯贾(按:通译查拉图斯特拉)。他籍(借)萨亚涂斯贾来宣传他的超人主义。1884年,他完成《萨亚涂斯贾这样说》(按:现译《查拉图斯特拉如是说》)。这一本书,一般人认为是尼采最精彩的著作,代表他最成熟的思想。""这一时期,尼采把科学思想,完全抛弃了。然而第二时期的乐观主义,他却仍然保存,第一时期的意志观念,他又重新恢复。人类行为的基础,仍然是叔本华所指出的意志,但是不仅是求生存的意志,乃是求权力的意志。生存并不痛苦,意志更不应该消除。我们应当接受人生,使人生发扬光大进步,我们要使人类达到最高级的发展,

---

[1] 陈铨:《文学批评的新动向》,《陈铨代表作》,北京:华夏出版社1999年版,第353—356页。

这一种最高级的发展,就是超人。"[1]关于尼采的超人,陈铨归纳出如下四种内涵:

> 第一,尼采的超人,就是理想的人物,就是天才。照尼采的看法,社会的进步,是要靠天才来领袖。没有天才,人类一切的活动,就会陷于停滞的状态。19世纪科学的研究,和平民政治的提倡,使一般的趋势,只求平等,不求提高,因此对于天才,无形中施以极大的压迫,使他们不能发展。尼采恨极了平庸,恨极了平等,他不要禽视鸟息的人生,他要精彩壮烈丰富进步的人生。对于人类的幸福,他要求的不是"量",乃是"质"。……
>
> 第二,尼采的超人,就是人类的领袖。人类是不平等的,智识能力永远不会相同。领袖是社会上最优秀的分子,他们的智力,既然高于群众,群众必须受他们的指挥,才能够建设伟大的事业。超人和普通人类的差异,就像人类和猴子的差异一样。……
>
> 第三,尼采的超人,就是社会上的改革家。超人不能相信社会上已经有的价值,他们自己会创造新的价值。他们要把文化上一切的价值,重新估定。我们都知道,社会上一切的事物价值,一般的群众,决没有智识勇气,来推倒反抗,只有先知先觉,才能够发现他们的缺点,从事改革。……
>
> 第四,尼采的超人,就是勇敢的战士。狭义来说,尼采是主张战争的。因为战争是无情的,然而战争的好处,就在无情,因为它淘汰弱者,使强者生存,人类社会,才可以进步。超人就是战场上的壮士,他们战胜一切,征服一切,摧毁一切。广义上说,社会上的先知先觉,常常都被愚盲的群众误解反抗。因为他们随时要创造新价值,群众总是不愿意接受,所以他们常常都要奋斗牺牲,但是他们并没有半点追悔,哪怕天崩地裂,他们也不低头,哪怕刀砍

---

[1] 陈铨:《文学批评的新动向》,《陈铨代表作》,北京:华夏出版社1999年版,第357页。

斧伤,他们也不屈服,他们要凭他们天生的本事,打出一个新的世界。

接着,陈铨说:"尼采对于旧的传统,新的偶像,尽量攻击。""然而尼采的思想,却逐渐风行。……中国处在生存竞争的时代,尼采的哲学,对于我们是否还有意义,这就要看我们愿意做奴隶,还是愿意做主人,愿意做猴子,还是愿意做人类。""因为尼采的著作,根本不是替奴隶猴子写的。"[1]

以此为基础,陈铨进一步阐说了"尼采的政治思想""尼采的道德观念"等,在《论英雄崇拜》中,基于对尼采思想的理解,陈铨首先用"意志"来解释人类活动的特性及人类历史的本质,进而认定:"英雄是群众意志的代表,也是唤醒群众意志的先知。群众要没有英雄,就像一群的绵羊,没有牧人,他们虽然有生存的意志,然而不一定能够得着最适当生存的机会。""人类意志是历史演化的中心,英雄是人类意志的中心。"他认为:"人类生存的意志,是平等的,所以他们生存的权利,应当平等,但是人类的智力,是不平等的,所以他们担任的工作,不应当平等。人类社会上无论任何方面的事业,创造领导,都只有靠少数的天才,他们是群众的救星,他们是宇宙伟大的现象。天才就是英雄。英雄不仅是武力方面,政治宗教文学美术哲学科学各方面,创造领导的人,都是英雄。""英雄是受人崇拜的,是应当受人崇拜的。""英雄崇拜"的心理,第一,"发源于惊异"。英雄的人格具有"一种神秘伟大的力量"。第二,是"诚恳的惊羡"。"英雄崇拜和奴隶服从是两样的","没有利害的关系存乎其间"。第三,"起源于人类审美的本能"。"英雄是伟大的,凡是伟大的对象,都是一种美。"英雄崇拜是无条件的崇拜,因而是"高尚的崇拜"。陈铨认为,历史上士大夫阶级的腐化,满脑子"升官发财"的梦想,现代"个人主义的变态发展",以及"二十年反对英雄崇拜的近代教育",使中国人不能崇拜英雄也难以产生英雄。但为了抗战,必须"发扬中

---

[1] 陈铨:《文学批评的新动向》,《陈铨代表作》,北京:华夏出版社 1999 年版,第 357—358 页,第 369 页。

国民族潜在的精神","养成英雄崇拜的风气"。[1]

在《再论英雄崇拜》中,陈铨指出他的"英雄崇拜"论"根本是一个历史观的问题"。历史的演进是靠"人"还是靠"物"来推动,这是一个观念的问题。遵循从叔本华到尼采的"意志哲学","要把人类的意志作为历史演进的中心","作为物质世界的主人,不断进化的原素"。"英雄就是群众的领袖,就是社会上的先知先觉",亦即群众意志的天然代表。他说:"一个不知崇拜英雄的时代,一定是文化堕落民族衰亡的时代。人人都自以为天才,人人都不佩服别人的天才,人人都想取得领导的地位,人人都没有领导的能力,仇恨嫉妒,争权夺利,高尚的行为不可能,团体的生活涣散,到了这种局面,就有英雄出来,也不能挽回世运。"英雄虽有"光明磊落的心事,超群绝类的才能",也难免于孤立无援、遗世独立,或遭受屈辱的命运。于是他呼吁:随着"新时代"的来临,"我们需要新的观念,我们需要新的人物。我们需要'金''银'的分子,处在领导地位,我们需要一种健全的向心力,使中国成为一个有组织有进步有冷有热的国家。极端的个人主义,无限的自由主义,必须剪除。'天赋人权'极端的学说,平等的理论,必须加以正当的解释。'英雄崇拜',不仅是一个人格修养的道德问题,同时也是一个最迫切的政治问题。中华民族能否永远光荣地生存于世界,人类历史能否迅速地推进于未来,恐怕要看我们对这个问题能否用新时代的眼光来把握它,解决它"。[2]

可见,所谓"英雄崇拜"论,对陈铨而言即是对尼采超人哲学的一种实用主义阐释和理解。着眼于抗战救亡的实际,他呼唤的英雄和英雄崇拜便是一种对于民族凝聚力、向心力的期待,此外难有深意。这也成为他日后倡导"民族文学运动"的主旨。

---

[1] 陈铨:《论英雄崇拜》,《时代之波:战国策派文化论著辑要》,北京:中国广播电视出版社1995年版,第291—301页。原载《战国策》(昆明)第4期,1940年5月15日。
[2] 陈铨:《再论英雄崇拜》,《时代之波:战国策派文化论著辑要》,北京:中国广播电视出版社1995年版,第312—318页。原载《大公报·战国副刊》(重庆)第21期,1942年4月21日。

1943年7月,在《战国策》《战国副刊》相继停刊后,陈铨主编的《民族文学》月刊在重庆出版。陈铨以编者名义发表《民族文学运动》一文,从"文学的性质""民族与文学的关系""五四以来中国文学三阶段""民族文学运动的意义"几个方面进行阐释。他认为:"时间和空间,对文学有伟大支配的力量。时间就是时代精神,空间就是民族性格。抛弃了这两个条件来谈文学,我们就不能真正了解文学。""文学和科学性质两样。科学求同,文学求异。科学寻求超时空的基本原理,文学表现当时此地特殊的情状。原理是抽象的,情状是具体的。假如一种科学只限于一时一地的个别事物,那么科学的价值就不高。一种文学只能描绘抽象的规律,文学的价值也有限。这就是为什么世界上有民族的文学,而没有民族的科学,有时代的文学,而没有时代的科学,就算有,也是过去的陈迹,后人已经取而代之。在科学方面,往往是后来者居上;在文学方面,近代的文学却不一定比古代高明。"[1]

在此需要指出的是,陈铨强调的文学的"时空性",莫若混淆了现象和本质、"精神"和"事件"的界限。文学作为叙事或抒情的表现和描述,固有其时间和空间上的具体性和特殊性,但"时代精神"和"民族性格",并非仅仅由具有一定时间和空间的特殊事件来呈现。如果"时代精神"和"民族性格"都完全并分别呈现在文学的时间和空间上,即事件或故事的具体性和特殊性上,表现具有同样时间和空间的事件的文学,就一定有相同的"时代精神"和"民族性格",这显然是虚妄的。"时代精神"和"民族性格"属于文学的精神方面,即本质性的东西,并非与具有一定时间和空间的具体的事件或故事直接有关。另外,陈铨关于文学与科学问题的见解也存在简单粗略之处。科学并非仅仅是抽象原理的表达,而且近现代科学多属应用性技术。任何应用性的科学都具有一定时间性和空间性。相反,文学的内容(具体的时空)虽常常是个别的,具体的,但本质却往往是抽象的,普泛的。显然,陈铨所谈的科学仅属原理型科学,不含应用型科学;所谈的文学则抽离了普遍的情感本质和人类审美共性,只着眼于其具体的历史特征,从而

---

[1] 陈铨(编者):《民族文学运动》,《民族文学》第1卷第1期,1943年7月7日。

是经不起推敲的似是而非之论。

陈铨认为:"文学是要受时间和空间的限制的,但是这种限制,不惟不减少文学的价值,反而增加了文学的价值。因为文学的使命,是要表现特殊的事物。"这更是谬论。固然,任何文学创作都有其时空上的具体性,但本质却具有超越性。近代美学和艺术理论中,对文学审美超越性的强调基本上是一致的。文学不受时空限制的真正价值,往往在于它的超越性,而不是它表现了"特殊的事物"。陈铨表达的这种观点,完全是为了说明文学在时空范围,即具体内容上的特殊性,为他所倡导的"特殊的"民族文学运动张目。故他反对"仿效"——对古人、今人的仿效,要求天才的独创,但着眼点全都在时空化的内容和形式上,即具有他所谓时间上的"时代精神"和空间上的"民族性格"。[1]

关于"民族意识",陈铨认为,就是大多数国民"首先要感觉,自己和旁人不同,而且这一种不同的地方,就是他们自己可以骄傲的地方"。而"所谓世界文学,并不是全世界清一色的文学,或者某一个民族领导,其余的民族仿效的文学,乃是每一个民族发扬自己,集合拢来成功一种文学。我们可以说,没有民族文学,根本就没有世界文学;没有民族意识,也根本没有民族文学"。由于"五四"时代张扬文学的"人性"和"人民性",文学的世界性基本表现在"求同"——本质的求同,这里陈铨强调"存异",固有其针对性。但仍然是忽略本质,只重现象的浮泛之见。他又说:"世界上许多伟大的文学运动,往往同伟大的民族运动同时发生,携手并进。意大利是这样,法国是这样,英国德国也是这样。"并借《民族运动与文学运动》一文进行具体阐释。固然,其基本见解是合乎历史实际的,但所强调的重点在民族运动,还是给人以文学实用主义之嫌。最终他所强调的还是文学为政治服务的问题。如其所说:"在近代社会里,文学和政治常常是分不开的,因为政治支配一切,每一个民族都是一个严密组织的政治集团。文学家是集团中的一份子,他的思想生活,同集团息息相关,离开政治,等于离开他自己大部分的思想生活,

---

[1] 陈铨(编者):《民族文学运动》,《民族文学》第1卷第1期,1943年7月7日。

他创造的文学,还有多少意义呢?"尽管他所谈的政治是所谓"大政治",即事关国家生死存亡的战争政治,但这种观点,也免不了其政治功利主义本色。

在此基础上,陈铨所倡导的"民族文学运动"就是从建构民族意识出发,确立社会"中心的思想,中心的人物,中心的政治力量,来推动一切,团结一切"。这与当年的"民族主义文艺运动"不啻若相符契。为此,他把"五四"以来中国文学的发展分为三个阶段:"第一阶段是个人主义,第二阶段是社会主义,第三阶段是民族主义。"个人主义阶段文学崇尚自由,摹仿西洋。"诗歌学美国的自由诗,戏剧尊崇易卜生的问题剧,一部分浪漫主义中间包含的感伤主义,弥漫于各种文体之间。"个人主义成为这一阶段的"时代精神",却缺失健全的民族意识。第二阶段,社会自由的意识压倒了个人自由的意识,从社会主义的原则出发,强调政治平等、经济平等。文学仍然是"摹仿外国"。"俄国的作家成了最时髦的作家,描写的对象,说来说去,永远离不了阶级斗争。"民族意识更其薄弱。只有"到了第三阶段,中国思想界不以个人为中心,不以阶级为中心。中华民族是一个整个的集团,这一个集团,不但要求生存,而且要求光荣的生存。在这一个大前提之下,个人主义社会主义,都要听它支配,凡是对民族光荣生存有利益的,就应当保存,有损害的,就应当消灭。我们可以不要个人自由,但是我们一定要民族自由;我们当然希望全世界的人类平等,但是我们先要求中国人和外国人平等。中国人自有中国人的骄傲,不能听人宰割,受人支配"。"在这一阶段中间,中华民族第一次养成极强烈的民族意识。他们第一次看清楚自己,中国的文学,从现在起,一定有一个伟大的将来。"——"只有强烈的民族意识,才能产生真正的民族文学。"[1]

也许,基于"民族文学"的狭义理解,陈铨的观点并无不妥,这正是其作为战时民族主义文学思潮的特征。高涨的民族意识,政治化的文学运动,正是其战时民族主义文学思想的体现。如其所说:"真正民族意识强烈的发展,实在是最近几年的事情。政治和文学,是相互关联的。有政治没有

---

[1] 陈铨(编者):《民族文学运动》,《民族文学》第 1 卷第 1 期,1943 年 7 月 7 日。

文学,政治运动的力量不能加强;有文学没有政治,文学运动的成就也不能伟大。现在政治上民族主义高涨,正是民族文学运动最好的机会;同时民族政治运动,也急需文学来帮助它,发扬它,推动它。"他如此定义"民族文学运动"的概念:"第一,民族文学运动,不是复古的文学运动。"他说:"新时代有新时代的环境,我们应当就地取材,不能再在故纸堆中,去描写与现代无关的陈腐对象。新时代有新时代的形式技术。诗歌不必遵守旧的格律,戏剧不必墨守成规,小说尽可废弃章回,散文更不必恢复桐城,揣摩史汉,明了当地此时,不向时代开倒车,才是真正的民族文学运动。"——显然,现代题材,新的形式技术,加上"此时此地"的内容,正是标语口号类政治化文学的特征。如此限制明确的文学的规定性,除了"运动",岂有文学?大概,除了陈铨自己的创作,在当时情景下,无人附会此说,因而竟无"运动"之可言!"第二,民族文学运动不是排外的文学运动。"他说:"一个民族的文学,性格要特殊,内容要丰富。特别有悠久历史的文学更需要旁的民族的文学来充实它,培养它。"接受外来影响,"如果善于利用,对本身是有益无损的"。"对于外来的文学,不能奴隶式地仿效,也不能顽固地拒绝。"从他所举话剧的例子来看,其所谓接受"外来文学"的着眼点主要在于形式方面。他说:"即如戏剧,中国只有歌舞剧,没有话剧。西洋的话剧,正可以补充中国戏剧的内容。不过我们需要中国的语言,中国的情节,中国的人物,创造中国的新技术,不能够生吞活剥,把西洋的戏剧搬上中国戏台。"抗战时期陈铨身体力行,大量创作反映其民族意识,民族主义时代精神的话剧,可谓这方面的典范,但也极明显地昭示出其局限性——一种狭隘和实用主义的民族文学创造。"第三,民族文学运动不是口号的文学运动。"他说:"文学是具体的,不是抽象的,是创造的,不是摩仿的。……民族文学运动需要埋头创造,用有形的方式,表现高尚的思想,最好是不用口号,惹人嫌厌。"尽管陈铨如此标榜,但一种文学的内容和形式仅是战时群情激昂的情绪或"英雄崇拜",这种高度政治化的民族意识就难免不是单调和乏味的,所产生的文学也只是一些如陈铨自己的创作式的虽非标语口号,也相去不远的观念化的产品。联系当时有关的文学论争,这个问题其实早就仁智互见。

"第四,民族文学运动应当发扬中华民族固有的精神。"这包括"战斗的精神""道德的精神"。陈铨认为:"中国历来开国的君主,都勇敢善战,到天下太平以后,他们就废武功,谈文治,所以国力削弱,渐至乱亡。"必须"恢复先民勇敢善战的精神,才可以在现今战国时代达到光荣生存的目的"。这明显来自雷海宗的战国史观。道德方面,陈铨指出,"国际政治和国内政治,根本是两件事情,国际政治,有时因为民族生存利害的关系,强食弱肉的局面,不能不采取现实政治,但是在国内的政治,人人必须奉公守法,诚实忠信"。不能像旧时"圣贤"那样,"满口的道德仁义,满肚的奸诈邪淫"。"第五,民族文学运动应当培养民族意识。"他说:"民族文学运动,最大的使命就是要使中国四万五千万人,感觉他们是一个特殊的政治集团。他们的利害相同,精神相通,他们需要共同努力奋斗,才可以永远光荣生存在世界。他们有共同悠久的历史,他们骄傲他们的历史,他们对于将来的伟大创造,有不可动摇的信心。对于祖国,他们有深厚的感情,对于祖国的自由独立,他们有无穷的渴想。他们要为祖国生,要为祖国死,他们要为祖国展开一幅浪漫,丰富,精彩,壮烈的人生图画。有了这样的民族意识,伟大的民族文学运动才可以成功。""第六,民族文学运动应当有特殊的贡献。"一方面,"要采中国的题材,用中国的语言,给中国人看。这三个原则,是民族文学运动的规矩准绳"。另一方面,"民族文学需要一种运动,来创造一种智识潮流,使中国的文学天才向正当有效的途径发展"。所谓"智识潮流",陈铨说:"就是合乎时代精神的正确思想。"否则"天才也有走错路的时候"。[1]

在《民族文学》创刊号《编辑漫谈》中,陈铨说过:"民族文学运动,自从去年在《大公报》正式提出后,引起各方面许多的同情和攻击。"实则战国策派"民族文学运动"的倡导肇始于1942年1月,林同济在重庆《大公报·战国副刊》发表《寄语中国艺术人——恐怖·狂欢·虔恪》。文章中,林同济仿效尼采《查拉图斯特拉如是说》的格调,提出"恐怖、狂欢、虔恪"三大文学母题,"寄语中国艺术人"。他要求文学艺术家们放弃春花秋月的描画,体

---

[1] 陈铨(编者):《民族文学运动》,《民族文学》第1卷第1期,1943年7月7日。

验"恐怖",表现"狂欢",讴歌"虔恪"。他说:"恐怖是人们最深入,最基层的感觉。"时空无穷,"生命看出了自家最后的脆弱,看出了那终究不可幸逃的气运——死亡、毁灭"。"狂欢是恐怖的正对头","生命必须重新发现狂欢":"摸着宇宙的节拍","唱出你独有之歌腔,追随着整个宇宙奔驰、激起、急转、滑翔"!"狂欢是流线交射,是漩涡汇集,是万马腾骧,是千百万飞机闪电。狂欢是动,是舞——一气贯下的百段旋风舞。""狂欢是铿锵杂音,是锣鼓笙簧,是狼嗥虎啸,糅入了燕语莺歌,是万籁奋发齐鸣,无所谓节奏而自成节奏。狂欢是音乐,是交响曲的高浪头。""一切史——真正的史——都是狂欢,都是恐怖。""对无穷的时空要永远感验到彼此宇宙性的孽缘:本体是一种无由隔绝之亲,意志上却是两个不共戴天之敌!'自我'与'无穷'永远在斗法。恐怖是无穷压倒了自我,狂欢是自我镇服了无穷。""狂欢必须大酒醉","狂欢必须异性伴"。"街上俗徒没有见地来体验狂欢,道德先生没有活力来接受狂欢。""不要忘记了醉酒之香,异性之美!"——"狂欢乃是征服恐怖的创造。""狂欢是自我毁灭时空,自我外不认有存在。恐怖是时空毁灭自我,时空下自我无存在。虔恪呢? 虔恪是自我外发现了存在,可以控制时空,也可以包罗自我,由是自我与时空的战场上,降下了一道濯濯白旗,彼此鸣镇收鼓。"虔恪是在"自我与时空之上,发现了一个绝对之体! 它伟大,它崇高,它至善,它万能,它是光明,它是整个!"在"神圣的绝对体面前严肃肃屏息崇拜","猛把恐怖、狂欢、虔恪揉着一团画出来!"[1]诸如此类,无非是表达了一种激昂沉醉——浪漫主义的民族主义情绪。

  从创作上看,作为战国策派文学创作的代表,陈铨的抗战戏剧及小说等,主要通过编造一些曲折离奇、浪漫惊险的锄奸故事,表现民族主义对个人主义,自由主义的胜利,概念化倾向明显。作者不仅用一些特定的政治术语装饰正面人物的思想,还将人物内外不同的情感冲突纳入战与和、情与理的矛盾之中进行观念化演绎,主题色彩单调,内容模式化,大致属于政

---

[1] 林同济:《寄语中国艺术人——恐怖・狂欢・虔恪》,《大公报・战国副刊》(重庆)第8期,1942年1月21日。

治化的通俗文学一类。这正说明了作者基于自身战时民族主义意趣,对文学理解的狭隘和创作思想的浅陋。

在文学批评方面,陈铨曾从叔本华和尼采的角度,分别对《红楼梦》进行阐释。从叔本华的角度看待《红楼梦》,陈铨认为,叔本华和《红楼梦》的人生哲学,都是悲观主义。"在思想方面,叔本华和曹雪芹,有一个同一的源泉,就是解脱的思想。"二者都体验到了一个作为"人类心灵的幻觉"的"观念的世界"和"一种无目的,无趣味,无自由,充满了痛苦的意志世界",其解脱之道便在于"消灭生存意志"。[1] 然而,陈铨指出:"根据叔本华来看《红楼梦》,我们只觉得曹雪芹的'是',根据尼采来看《红楼梦》,我们就可以觉得曹雪芹的'非'。尼采和曹雪芹,代表对人生态度极端相反的两个方向"。"曹雪芹和尼采,是人生的两个极端,《红楼梦》和萨亚涂师贾(按:查拉图斯特拉),始终对天才说法。天才是人类的精华,是推动文化社会进步的原动力,是指挥群众的司令官。他们到底采取曹雪芹的态度,还是尼采的态度;愿意作贾宝玉,还是愿意作萨亚涂师贾;愿意过消极解脱的人生;还是愿意过积极精彩的人生;就是社会文化上最严重最迫切的问题了。"鉴于尼采后期对叔本华的超越:"叔本华哲学中间最严重的问题,就是摆脱意志,尼采哲学中间最严重的问题,就是怎样鼓励意志。"陈铨认为:"尼采绝对乐观绝对肯定的人生态度,拿来同《红楼梦》的理想比较,真像北极和南极的距离。"从而指出:"《红楼梦》是佛家道家精神的结晶,他完整的艺术形式,使悲观厌世的思想,极端的个人主义,深入人心。处着现在的中国,假如我们的心还没有全死,假如我们感觉人生的戏剧,不能不唱,假如我们清楚认识,生命不可消亡,那么《红楼梦》作者的人生观宇宙观,我们就不能再表示同意。"而"尼采的思想,固然有许多偏激的地方,他积极的精神,却是我们对症的良药"。[2]

由于心仪德国的狂飙运动,陈铨不仅充分肯定了狂飙运动对于古典主

---

[1] 陈铨:《叔本华与〈红楼梦〉》,《时代之波:战国策派文化论著辑要》,北京:中国广播电视出版社1995年版,第277—283页。原载《今日评论》第4卷第2期,1940年7月14日。
[2] 陈铨:《尼采与〈红楼梦〉》,《陈铨代表作》,北京:华夏出版社1999年版,第379—384页。

义的胜利,及其在政治、思想、文化各方面促进德国民族意识觉醒的重大功绩,更是对歌德笔下的浮士德精神给予了高度赞扬。他说:"歌德的浮士德,是一个对于世界人生永远不满意的人";"歌德的浮士德,是一个不断努力奋斗的人";"歌德的浮士德,是一个不顾一切的人";"歌德的浮士德,是一个感情激烈的人";"歌德的浮士德,是一个浪漫的人"。[1]他认为:"浮士德的精神,就是狂飙时代的精神。"[2]这可以救治中国数千年来乐天安命,知足不辱的保守主义人生观;改善情感生活不彰,精神萎靡困顿的社会生活状况;破除满足、懒惰、懦弱、虚伪、安静的习惯。因此,陈铨希望于他所倡导的"民族文学运动",正是一场中国式的"狂飙运动"。

可以说,以陈铨为代表的战国策派"民族文学运动"不同于战前的"民族主义文学",总体上属于一种具有一定自发性质的战时知识分子的爱国思想文化运动,虽然存在这样那样的认知误区和历史局限,但对于这一运动及整个抗战时期战国策派的战时民族主义学术思想文化应给予充分的肯定。它表现了中国知识分子固有的家国观念及道德承担,以及更为重要的"五四"以后中国现代知识分子的文化反思精神。但是,现代社会是一个政治与文化日益走向殊途和分离的社会。个人主义、自由主义、社会主义、资本主义等,都在各自特定的意义上决定着文化的发展方向,强求一律不符合历史的潮流。相反,民族主义、国家主义等,只能在某些特定的历史时期——譬如战争形势下民族危亡的关头,产生一定的思想感应及凝聚民族精神的作用。一般情况下,社会文化的发展,总是会像政治经济本身一样,趋向多元和多样化。文学和学术,只有在创造新的文化思想,丰富和深化现实和历史认知,以及探索自然和人性的本质奥秘等方面,发挥独特而深远的作用,才是有益于历史和社会的。

---

[1] 陈铨:《浮士德精神》,《时代之波:战国策派文化论著辑要》,北京:中国广播电视出版社1995年版,第363—366页。原载《战国策》第13期,1940年4月1日。

[2] 陈铨:《狂飙时代的德国文学》,《时代之波:战国策派文化论著辑要》,北京:中国广播电视出版社1995年版,第358页。原载《战国策》第13期,1940年10月11日。

第三章
自由主义与现代学术

第一节　胡适与现代自由主义学术文化传统

在自由主义思想文化领域,胡适的思想方法和学术造就,始终作为中国现代自由主义学术文化的一座重镇,引领着一部分同样具有自由主义思想观念的知识分子在各自的学术思想领域做出不同的开拓,产生不同的成就。由于自由主义者没有完全同一的思想信念,在学术上也没有完全统一的思想指针和一成不变的方法论原则,所以,清理自由主义学术文化源流,只能依据其不同的学术造就,做出相应的评判。在中国现代学术文化史上,一般来说,自由主义思潮主要活跃在从"五四"时代到1949年以前的各个具有现代教育文化体制的大学和专门研究机构,所以,这一学术思潮流派可以总称为"学院派"。胡适无疑是这一学院派自由主义知识分子群体的典型代表。

首先,欧美教育背景与相应的知识观念体系对于中国现代自由主义知识分子的成长及其学术生活的确立具有重要的作用,这也决定了他们在学术道路的选择和基本研究方法及思路上具有某种共性和共同特征。于此,胡适堪称典范。从《先秦名学史》的写作和"整理国故"运动中可以看出,一方面,胡适确立自己的学术志向,就是要以实验主义的"科学"方法,从历史的土壤中寻求因缘,"以最有效的方式吸收现代文化,使它同我们的固有文化相一致、协调和继续发展"[1]。另一方面,以"大胆的假设,小心的求证"为宗旨,致力于学术开拓与思想创造,为新文化添砖加瓦。在方法尚实,思想求真的意义上,运用自己的聪明才智,锲而不舍地创设研究领域,开辟学术新路。

1920年代,以《先秦名学史》为开端,胡适首选的研究领域是中国哲学史,这也是他1917年任教北京大学时开设的主要课程。其著述1918年完成部分书稿,1919年2月交由商务印书馆出版,题名为《中国哲学史大纲(卷上)》,至1929年共出15版。1931年收入商务印书馆"万有文库"版本时更名为《中国古代哲学史》。胡适说,他当时正撰著《中国中古思想史(长编)》,决定不再用《中国哲学史大纲(卷中)》的名称了,即将其以《中国古代哲学史》为名单行,以后著述另称《中国中古思想史》《中国近世思想史》。[2] 这是他中国哲学史研究的一个总体规划。最终除完成《中国哲学史大纲(卷上)》外,《中国中古思想史(长编)》未完稿1930年在上海中国公学出过油印本,部分章节在一些刊物上公开发表,全书手稿本1970年代在台湾影印出版。值得留意的是,胡适的中国哲学史研究在1930年代转向为中国思想史研究。1942年胡适在美国时,于一本英文杂志《亚洲研究》(Asia Magazine)上发表了《中国思想史纲要》一文,可以一窥其研究思路和基本设想。[3]

在中国哲学及古代思想史研究学术史上,《中国哲学史大纲(卷上)》一书无疑具有着重要的开拓性。蔡元培在为其撰写的序言中指出,除了在材

---

[1] 胡适:《先秦名学史》,《胡适学术文集·中国哲学史(下)》(姜义华主编),北京:中华书局1991年版,第774—775页。
[2] 胡适:《〈中国古代哲学史〉台北版自记》,《胡适学术文集·中国哲学史(上)》(姜义华主编),北京:中华书局1991年版,第3—4页。
[3] 原题为"Chinese Thought"(《中国思想》),译成中文时改题。胡适厘定中国思想史研究的目标在于清理中国的"理智遗产",包括"人文主义精神、合理的精神及自由政治批判的精神",及其对虚无主义、出世哲学的胜利。

料上去伪存真的功夫,胡适的《中国哲学史大纲(卷上)》于"形式"上填补了中国古代学术历来无史的空白。由于旧有之学及古人之述无所依傍,胡适不可避免地采用了西洋哲学史的撰述体例及方法。这也是中国现代系统性学术研究在形式和方法上西洋化的表现。由于胡适出身"世传'汉学'的绩溪胡氏",又留学美国"兼治文学哲学",这是他的学力功底及优势所在。对他在学术方法和观念上的创新蔡元培总结出四大"特长":"第一是证明的方法。"对于一个哲学家,考实其生存的时代,辨析其思想的来源,辨别其遗著的真伪,对此多下功夫,"不但可以表示个人的苦心,并且为后来的学者开无数法门"。"第二是扼要的手段。"从"一半神话,一半政史的记载"中"截断众流,从老子孔子讲起","抽出纯粹的哲学思想,编成系统","认定所讲的是中国古代哲学家的思想发达史,不是中国民族的哲学思想发达史",诚为胡适撰著的高明之处。"第三是平等的眼光。"传统哲学尊儒崇孔,意气争讼。胡适"此编,对于老子以后的诸子,各有各的长处,各有各的短处,都还他一个本来面目",学术态度"平等"公允。"第四是系统的研究。"胡适撰著不似古人旧学之"平行法",而于诸子之学"排比时代,比较论旨,都有递次演进的脉络可以表示",乃其"系统法"的优胜。[1]

直至晚年,胡适对于自己研究中国古代哲学史所自诩的是:"我这本书的特别立场是要抓住每一位哲人或每一个学派的'名学方法'(逻辑方法,即是知识思考的方法),认为这是哲学史的中心问题。"他对哲学所真正关心的问题是知识论性质的方法问题,即逻辑思维的问题。在他看来,不仅历史上的诸子百家争鸣是一个"名学方法的争论",至于朱熹、王阳明关于"格物"的不同解释,也是存在"名学方法"上的根本分歧。因此,他理解的中国哲学史不是各家的杂陈,而是思维方法的不同解说与辩护,以及知识论性质的对于社会历史的不同认识与观察,因而都难免带有经验论色彩,都有客观的和主观的依据可循。认识世界的思维方法的不同,解释社会历

---

[1] 蔡元培:《中国古代哲学史大纲(序)》,《胡适学术文集·中国哲学史(上)》(姜义华主编),北京:中华书局1991年版,第1—2页。限于篇幅,以下略去胡适《中国哲学史大纲(卷上)》的述论,拟作单行。

史的知识观念的差异,才是哲学的根本问题。实则这也是胡适在对于杜威思想的接受中所获得的带有经验主义和实证主义色彩的哲学世界观,以此解释和研究中国哲学史,亦必使其充满了经验主义和实证主义色彩。在经验论的意义上,胡适只承认各家学说有不同的来源,及不同的认识和实践价值,不承认其有高下等级。各种经验(知识)之间是可以排比和互证的,因而不能彼此分割。历史上关于诸子百家的不同解释,正是基于互相割裂,以儒家思想为准绳判定其高下的偏颇,方法上的不同和对立才是根本问题。所以,必须"推翻'六家'、'九流'的旧说,而直接回到可靠的史料,依据史料重新寻出古代思想的渊源流变"。他认为:"这个治思想史的方法是在今天还值得学人的考虑的。"[1]

在对于中国哲学、思想史的研究中,胡适以思想方法为重点,按其所理解的近代西方哲学的基本精神,即所谓"为反对独断主义和唯理主义而强调经验,在各方面的研究中充分地发展科学的方法,用历史的或者发展的观念看真理和道德",归纳和阐释中国哲学(思想)史的发展历程。他认为,从远古到汉代,"古典时代"的儒学是充满生机和活力的。而中古时代(唐代及以前),佛教的传入和道教的兴盛,把中国人的思想导入各种非理性主义的宗教狂热。反对经验,逃避现实,儒学也便在这中间渐渐失去原有的光彩,中断了它的生命力。宋明的新儒学派企图以两种不属于儒家的逻辑方法重新解释死去很久的儒学,意在"复兴儒学"。一是宋代程朱理学的"格物致知"。宋儒学派对"格物"的提倡使儒学关注的中心重新回到经验层面,但其逻辑方法却有三大错误:"(1) 缺乏实验的程序,(2) 忽视了心在格物中的积极作用、指导的作用,(3) 最不幸的是把'物'的意义解释为'事'。"[2]因而也没能走上如西方近代哲学那样建立哲学与科学的必然联系的道路,失去了它应有的社会价值。另外,明代王阳明的"心学"是对宋

---

[1] 胡适:《〈中国古代哲学史〉台北版自记》,《胡适学术文集·中国哲学史(上)》(姜义华主编),北京:中华书局1991年版,第5—6页。
[2] 胡适:《先秦名学史》,《胡适学术文集·中国哲学史(下)》(姜义华主编),北京:中华书局1991年版,第775页。

儒学派的一种反动,也是一种发展。他提出的"致良知"把人的思维方法引向"心学"一途,提出"万物皆备于心","心外无物",却在"独断主义和唯理主义"的意义上误入歧途。以儒学为中心的传统哲学这一长期的发展进程,并没有对现实社会政治产生任何实际的促进作用,乃是宋儒"格物致知"的学说引导了清代由"汉学"所代表的学术昌炽,发展了一种在当时世界堪称先进的学术研究的科学方法,大概这才是它在传统文化史上的实际效应。

然而在胡适看来,孔子所代表的儒学却是最积极的社会哲学。孔子是最伟大的社会改革家。在春秋社会大变动的特殊时代,他最先把由老子所开创的柔懦的"儒"发展成为刚毅进取的儒学。他不仅为老子学说中那个"无名"的"道"找到了最实际的"名"——"仁(人)",并且旗帜鲜明地在"为政"与"为人"两条道路上提出"正名"。倡言"名不正则言不顺,言不顺则事不成",即其先于政治重建的思想重建与道德重建的观念。他在求知的道路上尚"简"崇"易",把老子消极的物质运动观(自然社会观)发展为积极的社会实践理论和教育哲学。在《易经》一书中,他用一种在当时来说极具有代表性的科学方法解释宇宙万物的生成变化,为他的哲学思想提供理论依据。

在《说儒》一文中,胡适依据仅有的史实不惜笔墨地塑造了一个作为思想家和社会改革家的孔子形象,寄寓自己的现实情怀和政治理想,借古人之樽浇自己的块垒。首先,他根据有限的材料论证老子和孔子都是殷商遗民的后裔,他们所执的"礼"原本都是殷礼。在春秋之际列国纷扰,"礼崩乐坏"的时代,老子首先以"柔懦"的姿态厌世避世,力主回复小国寡民的原始状态。而继起的孔子则反其道而行之,力求"入世"。"举逸民","继绝世"。努力实践殷商民族亡国后流传着的"五百年必有王者兴"的"救世圣人"的预言。他为政为教,只在贯彻一个"礼"字,但在"礼"的问题上他没有老子似的保守和偏执。他相信周公文武当年伐纣是顺乎天命的,数百年前的殷礼也变成实际的周礼,所以他感慨道:"郁郁乎文哉,吾从周!"他最高贵的品质就在于克服了一个保守"柔懦"的殷商遗民的靡废心态,坚信"天生德于予"。不仅在鲁国贵族的议论中,更在他自己的心灵里执着于一个信念:"圣人之后,必有达者,今其将在孔丘乎!"他为人仁爱温厚,旷达乐观。"道不行,乘桴浮于海!"他周游列国,四处碰壁之后专心执教后生,令受教者仰之曰:"以予观乎夫子,贤于尧舜远矣!"在其崇拜者眼中,他仍葆有一副"素王"的面目。一部《论语》使他仪容俱在,传输着后世对他的景仰。他的"克己"姿态使他谆谆从事于文化事业,整理出《诗》《书》《易》《礼》,以为后世"复礼"之凭据。以其未竟之志写作了微言大义的《春秋》,寄托对现实政治的愤懑之情,令后世乱臣贼子惧。及终,他慨叹之曰:"凤鸟不至,河不出图,吾已矣夫!"在胡适看来,作为"素王"的孔子这种"不满意"的结局,多么像犹太民族亡国之后应命而生对其民族实施精神拯救的耶稣。大哉孔子!胡适写道:"他抱着'天下其孰能宗予'的遗憾死了,但他死了也'复活'了:'人能弘道,非道弘人。'他打破了殷周文化的藩篱,打通了殷周民族的畛域,把那含有部落性的'儒'抬高了,放大了,重新建立在六百年殷周民族共同生活的新基础之上:他做了那中兴的'儒'的不祧的宗主;他也成了'外邦人的光','声名洋溢乎中国,施及蛮貊,舟车所至,人力所通,……凡有血气者莫不尊亲'。"[1]在胡适看来,孔子所"复活"的并不仅仅是一种带优势性的文化,而是成就了一场存在于殷周民族之间颇有意义的文化上的"反征服"。

改革家的人格魅力与"调和三代文化"的开放精神,以及"仁(人)"的人文主义观念,是胡适从近现代政治文化意义上推崇孔子的思想基础。与此相对应,在胡适的心目中,老子的地位便与孔子大相径庭。胡适在其论述中把老子的活动和哲学思想,视为孔子及其学说产生的"背景"。据胡适论证,老子生活的公元前6世纪初,是由诗人和"辩者"构成的"古代中国的启蒙时代"。老子就像古希腊的普罗塔哥拉,"是他那个时代的最大的批评者,并且他的批评总是带破坏性和反权威性"。从近代哲学与政治意义上

---

[1] 胡适:《说儒》,《胡适学术文集·中国哲学史(下)》(姜义华主编),北京:中华书局1991年版,第657页。

来说,他便是一个"哲学上的虚无主义者"和政治上的"放任的无政府主义者"。然而,老子是"中国哲学的始祖",他的哲学思想"全是当时社会政治的现状所唤起的反动"。[1] 在他的思想中,为寻找一个世事万物的根本而提出了"道",并设定其内涵是"无为"和"无"。因而"他主张废除一切由文明创设的人为约束和制度返回到自然状态中去"。从《老子》一书中老子抨击时政的观点看,他的学说的产生可谓一场革命。但他毕竟是一个"殷商老派的儒",以"柔懦"为本色,奉其"不争"之道。"损不足以奉有余"的世道人心使他"从一个最拘谨的丧礼大师,变到了一个最恣肆无礼的出世仙人"。[2] 但仍不改其"柔懦"本色。他尚沉思,反对行动,认为"不出户,知天下;不窥牖,见天道。其出弥远,其知弥少"。他倒退的历史观"使他关于变化的概念不大像是从'简单'和'细致'到'复杂'和'困难'的一个连续展开,却成为一个可以周期地倒退到最初的和原始的状况的循环过程"。为了强调"无名"的自然状态的优越性,他过于看重事物的相对性而使"名"的概念变得不真实,如此等等。在胡适看来,老子哲学恰好代表了一种"诡辩"时代哲学上的非逻辑性,而有待发展到孔子哲学所代表的"逻辑时代"。并且,为维护这种理论上的逻辑性,胡适在研究中反复论证并坚持老子及其《老子》一书在时间上先于孔子及其著述的观点。

不仅是哲学、思想史研究,胡适的文学史研究成果卓著,古典小说研究包罗万象。他把自己关注的重点放在俗文学史序列,在于他要以自己的方式,通过搜罗历史材料,重新解释中国文学史的发展规律,求证他在文学革命中提出的"白话为中国文学正宗"的观点。《白话文学史》一书正是他演绎自我观念,寻求学术支撑,建构文学(文化)革命思想体系的重要实践。胡适认为:"白话文学史是中国文学史的中心部分。"文学革命乃是中国的"文艺复兴"。因为处处要拿"传统的死文学(按:文言文学)来做比较",以

---

[1] 胡适:《中国哲学史大纲(卷上)》,《胡适学术文集・中国哲学史(上)》(姜义华主编),北京:中华书局1991年版,第43页。
[2] 胡适:《说儒》,《胡适学术文集・中国哲学史(下)》(姜义华主编),北京:中华书局1991年版,第671页。

阐明白话文学进化的背景,一部白话文学史在胡适笔下俨然一部货真价实的"中国文学史"。其撰述中常能上下求索,旁征博引。实质上,胡适的《白话文学史》是一部在其历史观念指涉下的中国文学由文言到白话的演化史。而且,在书中胡适对"白话"做了宽泛的解释:"'白话'有三个意思:一是戏台上说白的'白',就是说得出,听得懂的话;二是清白的'白',就是不加粉饰的话;三是明白的'白',就是明白晓畅的话。"[1]就研究方法上说,除了筚路蓝缕的开创之功,审慎的态度和实证的方法亦使这部著作增色不少。研究中,胡适坚持用材料说话,不尚空谈,尽管为着演绎观念用心良苦,但总体上并不给人空泛突兀之感。通过这部书的写作胡适坚定了两个文学史上的基本观念:(一)"一切新文学的来源都在民间",[2](二)"国语文学乃是一千几百年历史进化的产儿"。[3] 不同于激进主义者对于历史的断章取义和粗暴拒绝,胡适以自己的学术成就证明了中国文化革命的基因是潜伏在自己民族的血脉和历史源流中的,现代文化革命乃是"中国的文艺复兴"。

以"中国文艺复兴"的思想来建构自己的新文化理念,是胡适学术文化活动的特征所在。在这个意义上,一方面,胡适认为中国现代文化不是外来文化,它必须建构在自己文化历史的深厚根基上,另一方面,中国现代文化也不是传统文化,它在思想和方法上必须接受现代世界文化的汰洗,达到"充分的世界化"和真正的现代化。他说:历史上存在着"近一千年的'中国文艺复兴运动'。从西历纪元一千年到现在,将近一千年,从北宋开始到现在,这个九百多年,广义的可以叫作'文艺复兴'。一次'文艺复兴'又遭遇到一种旁的势力的挫折,又消灭了,又一次'文艺复兴',又消灭了。所以我们这个四十年前所提倡的文艺复兴运动,也不过是这个一千年当中,中

---

[1] 胡适:《白话文学史·自序》,《胡适学术文集·中国文学史(上)》(姜义华主编),北京:中华书局1991年版,第142页。
[2] 胡适:《白话文学史·自序》,《胡适学术文集·中国文学史(上)》(姜义华主编),北京:中华书局1991年版,第143页。
[3] 胡适:《白话文学史·自序》,《胡适学术文集·中国文学史(上)》(姜义华主编),北京:中华书局1991年版,第144页。

国文艺复兴的历史当中,一个潮流、一部分、一个时代、一个大时代里面的一个小时代"。他认为,新文化运动所进行的"革命"其实是复活和再生,即"文艺复兴"(Renaissance),这亦是傅斯年等当年所订《新潮》英文刊名的由来,胡适极为赞赏。白话在胡适看来则"是我们老祖宗的话,是我们活的语言,人人说的话"。白话文学就是以"全中国百分之九十的区域,百分之七十五的人口所说的话"为基础的文学,就是国语文学。以"文艺复兴"的观点来看,胡适把千百年来中国文学的发展,看成是一种双重进化与替代的历史:"一个是上层的文学,一个是下层的文学。"上层文学是"贵族文学,文人的文学,私人的文学","大部分我们现在看起来,是毫无价值的死文学,模仿的文学,古典的文学,死了的文学,没有生气的文学"。其结果必然是"死"。下层文学"是老百姓的文学。是活的文艺,是用白话写的文艺,人人可以懂,人人可以说的文艺"。譬如儿歌,民间的山歌、情歌;《今古奇观》、"三言二拍"、《三国演义》、《水浒传》那样的小说。其产生既不关个人功名利禄,流行于民间亦无补于人们建功立业。宋元以降,"话本""弹词""戏曲"等都"是由老百姓唱的'情歌''情诗''儿歌'这些东西变来的"。这就是我们新文学的基础。以此为基础的新文学的产生就是"文艺复兴"。因此,所谓"中国的文艺复兴",胡适解释道:

> 我们老祖宗已经做的事体我们拿来提倡,我们学他们的样子,我们来发扬光大。我们从前以为这是老百姓的东西,士大夫看不起,我们当初大学教授们号称为学者,都是从古文里面打了跟斗出来,从古文里面洗了澡出来。在古文里面,无论是古文,无论是古诗都站得住了,在社会上已经有了地位了,我们愿意解放这一种古诗古文,我们愿意采用老百姓活的文字,这是我们所谓的革命;也可以说不是革命,其实还是文艺复兴。我们的资本——这个语言的资本,是我们的几万万人说的语言,是我们文学的资本,文学的范本,文学的基础;几百年来,一千年来,老百姓改来改去,从无数的无名作家,随时改来改去,越改越好,这些名

著这些伟大的小说做了我们的资本。所以说文艺复兴,正是我们的老祖宗,给我们的材料,给我们的基础。[1]

"新文化"也好,"新文学""新文艺"也好,在胡适看来只要从历史中重新择取,重新判断其优与劣,重新掂量其是与非,让已泯灭的再生,让被压制否弃的恢复应有的地位,就是我们的现代文学和现代文化。其中需要我们重新建构的,仅仅是新的方法和观念。对于文学革命,胡适强调的是"国语"的观念建构。他说:在现代欧洲文学发展史上,文学的语言必定是一国的"国语",任何"国语"都必须是文学创作的最佳工具。"大凡一种方言被选择为一国的国语",需要有三个条件:"第一,这方言是该国最普遍使用的方言",即"它必须是该国最流行的语言。在中国,后来被尊为'国语'的'白话',原是'官话'。它是中国最普遍使用的方言"。第二,"最好这个方言之中曾产生过一些文学"。如但丁写作《神曲》所用的意大利多斯加尼的方言。"中国的'官话'包括北京方言、华北方言、长江中上流域的方言。纯'北京话'曾产生过像《红楼梦》和《儿女英雄传》等小说名著。'普通话'也曾产生过许多小说,最早的像《西游记》和《儒林外史》。这许多大部头的官话小说,使中国的'官话'具备了足够的资格作为中国的'国语'。"第三,"是一个方言之内的文人学士,对该方言的文学价值的有意识的肯定"。这正是"五四"文学革命之功。文学革命就是改变了人们对于语言与文学的观念,以白话为工具,创造了"国语的文学"和"文学的国语"。就更广大的"新文化运动"("新思想运动")而言,犹如欧洲的文艺复兴,是促进"新文学、新文艺、新科学和新宗教之诞生",及现代民族国家之形成。亦如"国语"的观念一样,其最高的建构亦必然是"国家"的观念。对此,胡适指出:新文学的产生适应了人们自我表达的要求,白话成为"新的自我表达的工具"。在这个基础上,中国和欧洲的文艺复兴"还有一项极其相似之点,那便是

---

[1] 胡适:《中国文艺复兴运动》(1958年5月4日胡适在台北中国文艺协会八周年纪念会上的演说辞),《胡适学术文集·新文化运动》(姜义华主编),北京:中华书局1991年版,第286、288—290页。

一种对人类(男人和女人)解放的要求,把个人从传统的旧风俗、旧思想和旧行为的束缚中解放出来。欧洲文艺复兴是个真正的大解放时代。个人开始抬起头来,主宰了他自己的独立自由的人格,维护了他自己的权利和自由"。与此相适应的,"五四"时代便有周作人提出"人的文学"的观念。因此,人们开始讨论"人类的性生活、爱情、婚姻、贞操等等问题",以及"个人与国家、个人与家庭与社会的关系"等各种问题。"家庭革命""伦理革命"等口号应运而生。这种"新潮"便是文艺复兴的潮流。"科学"和"民主",胡适认为只是一种不同以往的生活方式和思维习惯。他说:"在我看来,'民主'是一种生活方式,是一种习惯性的行为;'科学'则是一种思想和知识的法则。科学和民主两者都牵涉到一种心理状态,一种行为的习惯,和一种生活方式。"一方面,"因为我们拥护德先生,我们必须反对儒教,反对旧家庭传统,旧的贞操观念,旧的道德和旧的政治。因为我们拥护赛先生,我们一定要提倡新文学、新艺术和新宗教,正因为我们要拥护德、赛二先生,我们只有去反对所谓'国粹主义'。"但另一方面,这一切作为"新思潮的意义",则只在于"一种新态度",这种新态度就是"评判的态度",即尼采所谓"重新估定一切价值"。对于"新文化运动"而言,其最重要者在于:"第一是研究当前具体和实际的问题",第二是"输入学理",第三是"整理国故"。用新的观念来认识国家,重建政治——"民主";用新的方法来研究历史,重构文化——"科学"。这乃是胡适"中国文艺复兴"思想的核心和目标。[1]

在中国现代思想史上,余英时认为,胡适代表了中国新兴资产阶级建构自己意识形态的要求,他"从资本主义的美国带回来的实验主义便恰好能满足这个阶级的精神要求"。这一方面使近代以洋务运动为标志的"中体西用"的保守主义文化观念发生了颠覆性的改变,一方面使"五四"以后新文化运动的开展能够在一定程度上和一定范围内克服激进主义困扰,循

---

[1] 胡适:《胡适口述自传》(唐德刚整理/翻译),合肥:安徽教育出版社2005年版,第181—183、185—186、187—188、202页。

序渐进地沿着自己既定的目标前行。正如余英时所说,胡适之后,"'中学''西学'的旧名词基本上便为'中国文化''西方文化'之类的概念所取代了"。旧的思想僵局被打破,从文学革命、整理国故到中西文化讨论,胡适倡导的"评判的态度"和所开创的以考据和实验主义科学方法相结合的新的治学门径,在知识界和现代学术史上树立了新的典范,开辟了新的道路。余英时提到,胡适晚年《口述自传》里曾列举了1954年大陆对"胡适思想"所进行的系统的"批判",包括"哲学思想""政治思想""历史观点""文学思想""哲学史观点""文学史观点""历史和古典文学的考据",以及《红楼梦》研究"等项目。"这一事实充分地说明了胡适思想的全面性——它几乎触及了广义的人文学科的每一方面。"余英时同时指出:"但是这并不等于说,胡适在这许多专门学术上都有高度的造诣。以他个人的研究业绩而言,我们可以说,他在中国思想史和文学史(特别是小说史)方面都起了划时代的作用。这种开新纪元的成就主要来自他所提倡的方法、观点和态度。这也就是上文所说的'新典范'的问题。正是在这个层面上——也可以称为方法论的层面——他的思想影响才扩散到他的本行以外的广大领域中去。"究其原因,余英时认为:"胡适思想影响的全面性主要由于它不但冲激了中国的上层文化,而且也触动了通俗文化。"胡适对通俗文化的倡导目的在于"改革中国语文以普及教育"。这是他"在美国受了七年的民主洗礼之后",理智上"已改变了'我们'士大夫轻视'他们'老百姓的传统心理","毫不迟疑地要以白话文学来代替古典文学,使通俗文化有驶驶乎凌驾士大夫文化之上的趋势。这一全新的态度受到新兴知识分子和工商阶层的广泛支持"。而"白话文学之所以激起当时守旧派的强烈反感也正是由于通俗文化的提倡直接威胁到士大夫的上层文化的存在"。在上层文化方面,儒学作为意识形态的地位已根本动摇,但经学领域,"古文学派和今文学派正处于尖锐对峙的状态:前者有章炳麟、刘师培,后者有廖平、康有为、崔适,都卓然成家"。另有梁启超、王国维在子学和文学方面的重大影响。他们不仅各有所成,且正努力开拓新的学术疆土。"但是他们的精神凭借和价值系统基本上则多来自儒家。"胡适在学术方法上一方面继承了乾、嘉以来考据、辨伪的"汉学"传统,一方面把西方哲学和哲学史的观念及研究方法带进了现代学术领域,开辟了新的传统。余英时说:在新文化运动中,"如果胡适仅以提倡白话而轰动一时,那么他的影响力最多只能停留在通俗文化的领域之内。上层文化界的人不但不可能承认他的贡献,而且还会讥笑他是'以白话藏拙'。蔡元培一再推重胡适在乾、嘉考证学方面的造诣,正是针对着上层守旧派的这种心理而发的。胡适……在《中国哲学史大纲》中用那么多的篇幅讨论有关考证、训诂、校勘的种种问题,恐怕多少也和这一心理背景有关。他的工作方向事后证明是有效的。他在考证方法上的新突破弥补了他在旧学方面功力和火候的不足。他运用西方的逻辑知识来解释《墨经》,尤其受到时流的推重。梁启超治诸子虽远在胡适之前并且对胡适有启蒙之功,但是这时他反而因为受到胡适的影响而重理旧业了。他的《先秦政治思想史》和《墨经校释》是在胡适的《中国哲学史大纲》和《墨经新诂》的刺激之下而撰写的。1920年梁启超综论清末的考证学竟以胡适为殿军"。[1] 谓之:"而绩溪诸胡之后有胡适者,亦用清儒方法治学,有正统派遗风。"[2]

一方面,以白话文学的倡导为标志,重视文学在"破除迷信,开通民智"方面的启蒙价值,走现代文化的大众化之路;另一方面,通过整理国故运动的倡导,以中国哲学思想史研究为突破口,改造传统学术,以科学的方法"小心的求证",以实验主义精神"大胆的假设"。现代文学的雅俗共赏和现代学术的自由生发至此成为一种新的文化传统和价值观念。作为自由主义者,胡适在学术造就和学术文化创设上具有显著的特点:第一,站在启蒙主义立场上,胡适注重方法论而不认同思想的绝对性。在《介绍我自己的思想》中,胡适说:"我的思想受两个人的影响最大:一个是赫胥黎,一个是杜威先生。赫胥黎教我怎样怀疑,教我不信任一切没有充分证据的东西。

---

[1] 余英时:《中国近代思想史上的胡适——〈胡适之先生年谱长编初稿〉序》,《胡适之先生年谱长编初稿(一)》(胡颂平编著),台北:联经出版事业公司1984年版,第8、23—24、26—27、30、34页。
[2] 梁启超:《清代学术概论》,上海:上海古籍出版社1998年版,第7页。

杜威先生教我怎样思想,教我处处顾到当前的问题,教我把一切学说理想都看作待证的假设,教我处处顾到思想的结果。"他认为实验主义和"辩证法的唯物史观"的区别,就在于前者基于科学的进化论,"教我们明了生物进化,无论是自然的演变,还是人为的选择,都由于一点一滴的变异,所以是一种很复杂的现象,决没有一个简单的目的地可以一步跳到,更不会有一步跳到之后可以一成不变"。后者出于黑格尔哲学,"是生物进化论成立以前的玄学方法",流于简单和武断。[1] 第二,作为实验主义者,胡适所接受的杜威哲学乃是一种"存疑的唯物论"。这使其在学术文化创设中"不看重任何'新奇之学说'和'高深之哲理',而专注意一个'术'字"。在"留学日记"中胡适曾说:"今日吾国之急需,不在新奇之学说,高深之哲理,而在所以求学论事观物经国之术。以吾所见言,有三术焉,皆起死之神丹也:一曰归纳的理论,二曰历史的眼光,三曰进化的观念。"对"我所关心之问题",胡适记曰:"近来所关心之问题,如下所列:(一)泰西之考据学,(二)致用哲学,(三)天赋人权说之沿革。"[2] 就实验主义而言,余英时指出,实验主义在胡适心目中的"基本意义仅在其方法论的一面,而不在其是一种'学说'或'哲理'"。除了作为方法论的科学及实验主义哲学,胡适对于任何西方哲学学说都没有发生理论的兴味,自己也似乎无意于创设一种哲学学理作为金字招牌。他关注的哲学(科学)方法论都是一种对象化的学以致用。在任何方面,他仅仅是一个研究者而非学问家。他的非"玄学"的观念使学术在他那里永远是"术"而非思想理论之"学"。这样,以此为渊源,中国现代学术文化在胡适的引导下很大程度上脱离了究理穷经,以"学"为学的轨道,一直沿着以"术"代"学","术"以致用的道路前进。作为实验主义的信徒,正如余英时所说,胡适对于杜威哲学本身也并"没有追源溯始的兴趣——也就是说,没有运用'历史的方法'来加以分析。他只强调

---

[1] 胡适:《介绍我自己的思想》,《胡适文集(5)》(欧阳哲生编),北京:北京大学出版社1998年版,第507—508页。
[2] 胡适:《胡适日记全编(1)》(曹伯言整理),合肥:安徽教育出版社2001年版,第222—223页。

实验主义是达尔文进化论在哲学上的应用,因而使人觉得它是最新的科学方法。他曾不止一次地说过,实验主义的优越性在于它一方面接受了达尔文的进化观念,另一方面则抛弃了黑格尔辩证法的影响"。这实质上是忽略了杜威早年受黑格尔思想影响的一面。如果不是胡适对杜威哲学了解的不足,则说明他"对杜威的实验主义只求把握它的基本精神、态度和方法,而不是墨守其枝节。他是通过中国的背景,特别是他自己在考证学方面的训练,去接近杜威的思想的。从这个背景出发,他看到实验主义中的'历史的方法'及其'假设'和'求证'的一套运作程序,一方面和考证学的方法同属一类,但另一方面又比考证学高出一个层次,因此可以扩大应用于解决一切具体的社会问题。他深信这便是科学方法的最新和最高的形式"。

余英时认为,方法论的观点是胡适思想的核心。他的"思想中有一种非常明显的化约论(Reductionism)的倾向,他把一切学术思想以至整个文化都化约为方法"。在对中国哲学史的研究中,"他所重视的永远是一家或一派学术、思想背后的方法、态度和精神,而不是其实际内容"。他认为思想和学说是主观的,需要与时变易;"但是方法,特别是经过长期应用而获得验证的科学方法,则具有客观的独立性"。他说:"一切主义,一切学理,都该研究,但是只可认作一些假设的见解,不可认作天经地义的信条;只可认作参考印证的材料,不可奉为金科玉律的宗教;只可用作启发心思的工具,切不可用作蒙蔽聪明,停止思想的绝对真理。如此方才可以渐渐养成人类创造的思想力,方才可以渐渐使人类有解决具体问题的能力,方才可以渐渐解放人类对于抽象名词的迷信。"[1]故此,胡适习惯于"把一切学说都当作'假设''印证的材料'和思想的'工具'看待;也就是一切学说都必须约化为方法才能显出它们的价值",即成为"创造的思想力"。20世纪以降,"不断有人曾怀疑世界上是否真的存在着这样一种悬空的方法论? 更有人曾质疑人文现象和自然现象的研究

---

[1] 胡适:《三论问题与主义》,《胡适文集(2)》(欧阳哲生编),北京:北京大学出版社1998年版,第273—274页。

是否真能统一在一种共同的'科学方法'之下？但是胡适的答案始终是肯定的"。余英时说：

> （胡适）坚强信心建筑在他早期成功的历史上。他提倡文学革命，开辟国学研究的新疆域，以至批判中国的旧传统，都用的是实验主义的方法。在方法论的层次上，他的确不折不扣是杜威的信徒。无论我们是否接受或同情他的立场，我们都必须承认，他所提倡的实验主义方法论的确和其它（他）成套的学说（如马克思主义）不在同一层次之上。方法论虽然也不可避免地要涉及价值取向，但是在一定条件下它是可以转化为中立性的工具的，自然科学方法的客观性和普遍性早已是一个不可否认的事实；只要每一门科学专业的人不越出他自己的研究范围，他的方法是"放之四海而皆准"的。甚至胡适的实验主义方法论也未尝没有可以普遍化和客观化的成分。例如……"实事求是""实践是检验真理的唯一标准"——便至少间接地和胡适的思想有渊源。[1]

在中国现代思想史上，胡适不是一个真正的哲学家和思想家，而是一个"经世致用"的实验主义信徒。他"在学术上的兴趣本在考证，不过他想比清代的考证再进一步，走向历史，特别是思想史的综合贯通的途径。他在思想上一方面提倡'科学方法'，另一方面则鼓吹民主自由，希望把中国引上他所向往的现代化方向。他在这两个方面都做的是'开风气'的工作，用现代的名词说，就是'启蒙'的工作"。[2] 胡适曾这样评价自己的长处和短处："我的长处是明白清楚，短处是浅显。……我抱定一个宗旨，做文字

---

[1] 余英时：《中国近代思想史上的胡适——〈胡适之先生年谱长编初稿〉序》，《胡适之先生年谱长编初稿（一）》（胡颂平编著），台北：联经出版事业公司1984年版，第42—43页。
[2] 余英时：《中国近代思想史上的胡适——〈胡适之先生年谱长编初稿〉序》，《胡适之先生年谱长编初稿（一）》（胡颂平编著），台北：联经出版事业公司1984年版，第52页。

必须要叫人懂得,所以我从来不怕人笑我的文字浅显。"[1]"明白清楚"是致力于文学(文化)的大众化,"浅显"则代表着观点的明晰性。但"观点"毕竟不是思想,所以胡适的思想也始终只能流于"观点"表达的层面。

故此,方法上的实证化和目的上的实用主义融集为中国现代学院派学术文化的深厚传统。胡适之后,中国现代学术文化无不沿着"浅显"的逻辑和零碎的"观点"表达踯躅前行。余英时认为,胡适的学术思维方式和传统士人一样,企求于"改变世界"而非在于"解释世界"。但就其"改变世界"的愿望而言,一旦放弃了激进主义和暴力革命,就难免受到来自社会理想和现实否定性力量的双重遏制。由此我们便"清楚地看到了胡适思想在'改变世界'方面的内在限制。他的'科学方法'——所谓'大胆的假设,小心的求证'——他的'评判的态度',用之于批判旧传统是有力的,但是它无法满足一个剧变社会对于'改变世界'的急迫要求。批判旧制度、旧习惯不涉及'小心求证'的问题,因为批判的对象(如小脚、太监、姨太太之类)已提供了十分的证据。科学方法的本质限定它只能解决一个一个的具体问题,但是它不能承担全面判断的任务"。作为实验主义者,对于"科学方法"的笃信使胡适陷入方法论的困惑之中:"科学方法要求我们不武断,对于尚未研究清楚的问题不能随便提出解决的方案,当然更不能盲目的行动。但是从个人到社会,随时随地都有许多急迫的实际问题需要当下即做决定,这些问题往往都不是事先能够预见的,更没有时间等待科学方法来个别地解决,生活既不能静止不动,那么这些决定便只有参照以往的经验做抉择了。……胡适由于深受考证学和科学方法的训练,所以常常要人在证据不足的情形下'展缓判断'。"例如关于老子年代的学术问题,更遑论 20 世纪二三十年代中国"走哪条路"的问题。"胡适的实验主义既不能提出具体而有效的行动纲领,自然便只好让位了。"[2]这不仅是现代中国自由主义知识分子的宿命,也是中国现代自由主义学术文化的宿命。

---

[1] 胡适:《四十自述》,《胡适文集(1)》(欧阳哲生编),北京:北京大学出版社 1998 年版,第 80 页。
[2] 余英时:《中国近代思想史上的胡适——〈胡适之先生年谱长编初稿〉序》,《胡适之先生年谱长编初稿(一)》(胡颂平编著),台北:联经出版事业公司 1984 年版,第 57—59 页。

第二节　抗战前后的学院派学术文化造就

在现代中国,思想文化领域的自由主义者都是科学观念的奉信者和科学文化的践行者。但在思想领域中,他们把物质科学和精神科学在认识和实践途径上既联系又区别开来,即在政治和文化上把作为价值观和方法论的科学世界观与作为目的论和实践手段的科学活动等量齐观,使其具有同样的"唯物"性;在学术研究和思想建设中,强调科学精神而反对趋利主义;强调客观实证而否定"经济决定论"。所以,当初在科玄论争中胡适婉拒陈独秀的"忠告":不信"唯物史观"为完全真理,而相信"思想知识等事也都是'客观的原因',也'可以变动社会,解释历史,支配人生观'"。即视思想文化领域的社会存在是同样可以被"物化"的社会财富和资源。[1]

正是执着于"思想知识"观念的科学化,以胡适为首的现代自由主义知识分子创造了自己的物质世界观和科学人生观。在他们那里,古今中外的文化遗产和现代"思想知识"都被赋予了科学的解释、科学的研究、科学的理解和科学的运用。所谓"社会科学"和"人文科学"的概念和思想(精神)价值观正是由此开启的。实则历史以往,思想文化无论是否科学,本质上都是作为精神现象的社会存在。但在胡适的观念中,由于强调物质、精神的一体性,通通被赋予了唯物主义的解释。即如他在解释西洋"精神文明"和"物质文明"的关系时所说:"凡一种文明的造成,必有两个因子:一是物质的(Material),包括种种自然界的势力与质料;一是精神的(Spiritual),包括一个民族的聪明才智、感情和理想。凡文明都是人的心思智力运用自然界的质与力的作品;没有一种文明是精神的,也没有一种文明单是物质

---

[1] 胡适:《科学与人生观·序二(附注:答陈独秀先生)》,《科学与人生观(一)》,沈阳:辽宁教育出版社1998年重排版,第24页。

的。""文明(Civilization)是一个民族应付他的环境的总成绩","文化(Culture)是一种文明所形成的生活的方式"。有什么样的文明,就有什么样的文化(反之亦然)。西方文明是科学文明,西方文化就是科学文化。欲达到科学的文明,就要有科学的文化。他认为,西洋近代文明不是"唯物的"文明,而是"理想主义"的"精神的"文明。"西洋近代文明的精神方面的第一特色是科学,科学的根本精神在求真理。""科学的文明教人训练我们的官能智慧,一点一滴地去求真理,一丝一毫不放过,一铢一两地积起来。这是求真理的唯一法门。"[1]为着"求真理"就必须讲求"实验的方法",大胆假设,小心求证,"实验是真理的唯一试金石"。[2] 胡适认为,作为世界观和方法论,科学的第一特色是"理智化",第二特色是"人化",第三特色是"社会化"。它使思想和文化脱离旧宗教和旧道德,建立起自己的"新宗教和新道德"——古代人为着宗教和道德"不惜牺牲理智上的要求","求得感情上的安慰",信鬼神不信自己;近世科学"并不菲薄感情上的安慰;科学只要求一切信仰须要禁得起理智的评判,须要有充分的证据,只可存疑,不足信仰"——"拿证据来!"正是"近世宗教"——科学"理智化"的表现。古代宗教使人成为自然的奴仆,科学使人成为"世界的主人翁"。在科学面前,人不能不尊重自己。信天不如信人,靠上帝不如靠自己。这正是科学的"人化"。古代宗教注重个人内心的拯救,不重现实多数人的幸福,科学征服自然以供人用,带来"最大多数的最大幸福",这正是科学"社会化的道德"。胡适这样归结东西方文明的特征及差异:"东方的文明的最大特色是知足。西洋的近代文明的最大特色是不知足。""知足的东方人自安于简陋的生活,故不求物质享受的提高;自安于愚昧,自安于'不知不识',故不注意真理的发现与技艺器械的发明;自安于现成的环境与命运,故不想征服自然,只求乐天安命,不想改革制度,只图安分守己,不想革命,只做顺民。"

---

[1] 胡适:《我们对于西洋近代文明的态度》,《胡适学术文集·哲学与文化》(姜义华主编),北京:中华书局2001年版,第190—191、193—194页。
[2] 胡适:《杜威先生与中国》,《胡适学术文集·哲学与文化》(姜义华主编),北京:中华书局2001年版,第51页。

"这样受物质环境的拘束与支配,不能跳出来,不能运用人的心思智力来改造环境改良现状的文明,是懒惰不长进的民族的文明,是真正唯物的文明。这种文明只可以遏抑而决不能满足人类精神上的要求。"反之,西洋近代文明"充分利用人的聪明智慧来寻求真理以解放人的心灵,来制服天行以供人用,来改造物质的环境,来改革社会政治的制度,来谋人类最大多数的最大幸福,——这样的文明应该能满足人类精神上的要求;这样的文明是精神的文明,是真正理想主义的(Idealistic)文明,决不是唯物的文明"。[1]

因此,为着作为"新宗教和新道德"的科学信仰,为了中国社会的"文明化"与现代化,在"理智化""人化"与"社会化"的意义上弘扬科学世界观与张扬科学文化,成为胡适式的中国自由主义者的执着追求和崇高的社会文化理想。他们并非把自己视为社会物质实践中的政治家或"科学家",他们只是科学价值观的拥护者或"科学信徒"。科学世界观不仅决定着胡适式的中国自由主义者的政治价值观和思想文化实践,也是其文化创造和学术方法论的基础。面对中国的历史和现实,他们通过反"愚昧"与"不知不识"战,与"乐天安命"和"安分守己"战。追求真理,发明真知,培植科学的人生观和世界观,解放人的心力才智。同时致力于文化的科学化而反对科学的教义化(绝对真理观),以免活的思想和方法,变成死的训诫和教条。

从"五四"以后的"整理国故"及科玄论争,到1928年前后的民主宪政之争,再到抗战胜利前后走"第三条道路"的尝试等,以胡适为首的中国自由主义者除在意识形态上维护科学的地位,在政治上持守民主宪政的理想,最重要的实践与创造均在于历史、哲学、文学等思想和学术文化领域。他们多半是具有较高社会地位的现代知识分子,博古通今,大多留学欧美、日本,具备现代学术观念和知识视野,熟稔传统文化而抱持审慎的批判态

---

[1] 胡适:《我们对于西洋近代文明的态度》,《胡适学术文集·哲学与文化》(姜义华主编),北京:中华书局2001年版,第200页。

度,对"五四"以后的中国新文化建设富于使命感。关心政治但不媚从于政治权威,注目现实担当于文化且专注于治学。在中国现代学术文化史上,他们是典型的学院派知识分子,对现代学术制度体系的建设和学科规范、学术理念的奠立与发展做出了重要贡献。

"五四"时代的北京大学作为新文化的发祥地,也是中国现代自由主义思想和学术文化的摇篮。1917年胡适回国任教于此,倡导民主科学,参编《新青年》,发动文学革命。在学术上,此时胡适正在为他的博士论文《先秦名学史》善后。蔡元培1919年在答林琴南信中说:胡适之君在北大哲学门任教中国哲学史,所著《中国上古哲学史大纲》"已出版"[1]。胡适曾说他早年有"对哲学、中国哲学和研究史学的兴趣",留学美国期间又对政治史和文学发生兴趣。[2] 显然,他是以一个学术型的哲学思想家和文学史家来自我定位的。他一生的学术兴趣点基本放在哲学思想史和宗教、文学史研究上,对象是中国古代哲学、白话文学和中西文化交流。正是他以现代科学观念和方法,以西方哲学、文学及文化史学为参照,为现代中国思想和文学史研究开辟了新路。

"五四"时代的北京大学是一个新旧思想和文化交锋的战场,背后却呈现出思想多元、学术活跃、文化繁荣的景象。经过了新文化运动,旧派势力消退了,新文化阵营也因政治和文化的不同选择发生了分化。1920年代初期由胡适倡导,以北京大学为中心的"整理国故"运动及其摧生的文学、史学研究高潮堪称现代学术文化史上的盛举。不仅胡适自己的哲学、文学史研究开创新的局面而渐入佳境,而且在其影响和推动下,傅斯年、俞平伯、罗家伦、林庚等后起之秀,竞相表现出了自己的思想和学术文化造诣,如傅斯年的古代文学史、历史史料学研究,俞平伯的《红楼梦》研究等。在文学研究中以自由个人主义眼光关注文学本质问题和历史演进

---

[1] 蔡元培:《致〈公言报〉函并答林琴南函》,《蔡元培全集(第3卷)》(高平叔编),北京:中华书局1984年版,第268页。
[2] 胡适:《胡适口述自传》(唐德刚整理/翻译),合肥:安徽教育出版社2005年版,第41—42页。

规律,力图超越进化论史观,从发生学和心理学视角解释和研究文学的是周作人。从"五四"时代提出"人的文学"观念开始,周作人力图对文学的历史与现实做出人文学意义上的探讨,以期超越政治社会学和进化论文学史观念,充分认识文学的人文本质及其思想史意义上的特殊性。历史研究中以顾颉刚、钱玄同为代表的"古史辨派"也影响和带动了一大批学术新秀,产生了卓著的学术成果。另外,自"五四"时代到1930年代,各种西洋学术之花也竞相开放,胡适留美时期的老朋友之一任鸿隽在美研习化学,是著名的《科学》杂志的创办人之一,现代科学和科学史研究方面的先驱,回国后曾任教北大,即有科学史方面的著述。化学家王星拱与地质学家丁文江同为胡适北大时期好友,在科玄论争中力争先锋,助胡适等拱卫科学门楣。王星拱的《科学概论》一书代表了中国1920年代科学史研究的成果;丁文江学识渊博,著述涉及人文、自然科学等多方面,曾协助胡适创办《努力周报》《独立评论》等,并创办了中国最早的地质调查所。任鸿隽夫人陈衡哲是胡适留美时期文友,1920年任教北大,讲授西洋史,著有《文艺复兴史》《西洋史》等。新文学运动中,西方文学、文艺理论和美学研究在中国兴起,美学、文学理论和批评开始取代传统诗学成为新兴学科。从1920年代到1930年代初,朱光潜和宗白华先后任教于北京大学和南京中央大学,在古典美学和形式美学方面开启了"北朱南宗"的局面。这些具有自由主义倾向的学者,正如胡适所言,他们研究历史,研究科学,研究哲学、文学和美学,融通古今中西,是为了给未来中国的新政治、新科学、新思想、新文学开辟出一条条新路,给中国这个"奋斗的""老英雄"一种新的"奋斗的工具",使中国历史——"这出悲壮的英雄悲剧""能够成为一纯粹的英雄剧"。[1]

  以北大而言,自由主义学术文化的重镇是历史研究、文学和哲学思想史研究。较之日后在社会史论战中兴起的"社会形态论史学"(左、右翼)

---

[1] 胡适:《中国历史的一个看法》,《胡适文集(12)》(欧阳哲生编),北京:北京大学出版社1998年版,第108页。

和战国策派的"文化形态论史学"等,"疑古派"的史学、文学研究一方面坚持科学方法论:不信历史结论,大胆假设,小心求证,把科学"求真理"的态度和中国传统的考据学(朴学)方法结合起来,实现了观念的自由表达和对历史描述的细节性还原。由于胡适的影响,无论是历史研究还是文学、哲学思想史研究,自由主义者们都志在为现代社会政治、思想文化和文学发展发掘因缘、找寻基因和开辟新路。所以,其研究观念上都体现出一种"为我所用""以我为尊"的特点,难免对史实有所穿凿附会,从而给其他立场的研究者留下批判的口实。但总体上看,他们在观点上并不抱持特定的政治或文化偏见,而依从自我的发现与发明,疑古证古,去伪存真,"洋为中用、古为今用"。观点之外常获其实,细节之中尤见其真。除了自由表达和自我发挥,他们的观点和方法并未成为束缚别人手脚的绳索,他们的研究成果亦未沦为现代学术史上的绊脚石。相反,直至今天还每每引人启迪,发人深思。这恰是其他研究和学说所不能取代的。

1920到1930年代的北京大学和清华大学,以及抗战时期的西南联大,直至1946年前后"复员"的北大和清华,流脉所系,根本相承,堪称中国现代自由主义学术文化的大本营。此外,1928年以蔡元培为首任院长创办于南京的中央研究院,以及尤为其中以傅斯年为首的历史语言研究所,为现代学术事业的专门化、规模化和体制化做出了不可磨灭的贡献。

清华大学较北京大学创校为晚,前者原为创办于1909年的游美肄业馆,后更名清华学堂,曾是清末以还胡适等留美学生的摇篮。1925年清华学堂设立大学部,创办研究院(国学门),吴宓任研究院筹备委员会主任,聘请梁启超、王国维、陈寅恪、赵元任为"四导师",李济为讲师,陆维钊、梁廷灿、章明煌为助教等。"四导师"中,梁启超是中国近代维新派代表人物,著名政治活动家、思想家,知名学者。1922年起即在清华学校兼课,任职清华国学院期间讲授课程有中国文化史、读书法及读书示例、历史研究法、儒家哲学等;指导研究范围包括:诸子、中国佛学史、宋元明学术史、清代学术史、中国文学史、中国哲学史、中国文化史、中国史、史学研究法、东西交通史等；著述有《墨子学案》《清代学术概论》《中国近三百年学术史》《先秦政治思想史》《屈原研究》《情圣杜甫》《中国历史研究法》《中国文化史》等。1927年离开清华研究院，1929年病逝。王国维早年留学日本，回国后在江苏南通等地任教，致力于文学、哲学研究。后随罗振玉入清政府学部总务司，辛亥革命后一度流亡日本。回国后改从甲骨文、金文、汉简等研究，曾为上海犹太富商哈同聘为仓圣明智大学教授，后受聘为北京大学国学门通迅导师。1923年与罗振玉等应清逊帝溥仪之召至故宫任"南书房行走"，至冯玉祥发动"北京政变"溥仪被逐。1925年受聘为清华研究院导师，教授古史新证、说文练习、尚书、仪礼等，指导经学（书、诗、礼），小学（训诂、古文字学、古韵），上古史，中国文学，金石学等。1927年自沉颐和园昆明湖。陈寅恪早年随长兄陈衡恪（师曾）赴日本，入东京弘文学院，后因足疾返国，入上海复旦公学。1910年考取官费留学，先后入德国柏林大学、瑞士苏黎世大学、法国巴黎高等政治学校等。1914年回国。1918年因得江西官费资助再度出国，游学于美国哈佛大学、德国柏林大学等，专致于东方古文字学，如梵文、巴利文、蒙古语、波斯、突厥、西夏文等，精通英、法、德语。1925年经清华国学研究院筹备委员会主任吴宓推荐，任清华研究院导师。1926年到任，教授西人之东方学之目录学、梵文（《金刚经》之研究）等，指导年历学（中国古代闰朔日月食之类）、古代碑志与外族有关系者之研究（如唐藩会盟碑之藏文阙特勤碑之突厥文部分与中文比较之类）、摩尼教经典回纥译本之研究、佛教经典各种文字译本之比较研究（梵文巴利文藏文回纥文及中央亚细亚诸文字译本与中文译本比较研究）、蒙古满州之书籍及碑志与历史有关系者之研究等。赵元任为胡适康奈尔大学同学、好友，胡适入哥伦比亚大学哲学系时，赵元任入哈佛大学亦研习哲学。赵元任先习物理，后研哲学，终治语言学，是现代中国语言科学的开山鼻祖。留美期间支持胡适的文学改良主张，与梅光迪等论辩。1925年赵元任受聘于清华研究院，主讲普通语言学、方音学、音韵练习等，指导现代方言学、中国音韵学、普通语言学、中国乐谱乐调、中国现代方言等。赞成胡适"整理国故"的主张,致力于方言研究,对中国语言理论、国语语音统一等做出了重要贡献。李济讲授人文学、考古学、人体测验等,指导中国人种考等。[1]

清华研究院设立之始,即以"研究高深学术,造成专门人才为宗旨"。"先设国学一科,其内容约为中国语言历史文学哲学等,其目的专在养成左列两项人才:(一)以著述为毕生事业者;(二)各种学校之国学教师。"关于"教授及讲师",要求聘请"宏博精深,学有专长之学者"为"专任教授","对于某种学科素有研究之学者",则"随时聘为特别讲师"。招考学生则以"国内外大学毕业生,或具有相当之程度者"为对象。研究方法"略仿旧日书院及英国大学制度。研究之法,注重个人自修,教授专任指导,其分组不以学科,而以教授个人为主。期使学员与教授关系异常密切,而学员在此短时期中,于国学根柢及治学方法,均能确有所获"。[2] 1925年9月9日,吴宓在清华研究院开学典礼上致辞,详述办学缘起及种种旨趣、规划说:

> 本校设立研究院之初意,……约分三层:(一)值兹新旧递嬗之际,国人对西方文化,宜有精深之研究,然后可以采择适当,融化无碍;(二)中国固有文化之各方面(如政治、经济、哲理学),须有通彻之了解,然后今日国计民生,种种重要问题,方可迎刃而解,措置咸宜;(三)为达上言之二目的,必须有高深学术机关,为大学毕业,及学问已有根柢者,进修之地,且不必远赴欧美,多耗资财,所学且与国情隔阂,此即本校设立研究院之初意。

---

[1] 有关清华研究院各导师讲授及指导课程,参见《清华周刊》1927年第27卷第11期所刊《研究院现状(附图表)》(任史辑)。统计时间为1926、1927年。研究院课程设置时为"普通演讲及专题研究两种。普通演讲,由教授选定题目,每星期演讲二次,或三次。本院学生,每人至少须选定四门。为一种范围较广性质普遍之演讲。专题研究,为学生本人专门研究之学科,其范围约有二十三种:经学、小学、中国史、中国文化史、中国上古史、东西交通史、史学研究法、中国人种考、金石学、中国哲学史、儒家哲学、诸子、宋元明学术史、清代学术史、中国佛教史、佛经译本比较研究、中国音韵学、中国方言学、普通语音学、东方语言学、西人之东方学、中国音乐考"。
[2] 《研究院章程》,《清华周刊》,1925年第24卷第11期。

总之，研究院所具之目的及效用，非可期之于寻常之普通专门教育者。适值本校改变政策，另订游美办法，设立大学普通专门科，研究院亦得同时实现，原拟规模甚大，兼办各科（如自然科学、社会科学等），嗣以经费所限，只能先办国学一科，且以国学之在今日，尤为重要，一切已详具于"研究院缘起"，盖以"中国经籍，自汉迄今，注释略具，然因材料之未备与方法之未密，不能不有待于后人之补正；又近世所出古代史料，至为夥颐，亦尚待会通细密之研究。其他人事方面，如历代生活之情状，言语之变迁，风俗之沿革，道德、政治、宗教、学艺之盛衰；自然方面，如河川之迁徙，动植物名实之繁赜，前人虽有纪录，无不需专门分类之研究"，而"此种事业，终非个人及寻常学校之力所能成就"。故今即开办研究院，而专修国学。惟兹所谓国学者，乃指中国学术文化之全体而言，而研究之道，尤注重正确精密之方法（即时人所谓科学方法），并取材于欧美学者研究东方语言及中国文化之成绩，此又本校研究院之异于国内之研究国学者也。研究院之地位：（一）非清华大学之毕业院（大学院），乃专门为研究高深学术之机关；（二）非为某一校造就师资，乃为中国养成通才硕学。研究院之性质：（一）研究高深学术，（二）注重个人指导（详细办法，均见"研究院章程"中）。惟其如此，故不惜经费，布置种种，专为少数人谋研究学术之便利。学生名额极少，又复从严考试录取，期望甚大，所谓在精不在多也。又于教授、讲师，则务敦聘国内硕学重望，具有上言之三种资格：（一）通知中国学术文化之全体，（二）具正确精密之科学的治学方法，（三）熟悉欧美日本学者研究东方语言及中国文化之成绩，与学生以个人接触，亲近讲习之机会，期于短时间内，获益至多。……研究院前途之声望与成绩，悉惟诸教授、讲师之学问指导，与学生之进修研究工夫是赖。……本校研究院，在中国实属创举，他校如北京大学亦设国学研究所，然组织办法，颇有不同，……所望国内名贤,以及各地好学深思之士,常赐教言,藉作指针。[1]

综合性的国立清华大学成立于1928年,首任校长为胡适北大高足罗家伦。罗家伦上任后,借鉴德国经验,立志走强校救国之路,确立了"学术独立发展"理念。他在演讲中吁求:"要国家在国际间有独立自由平等的地位,必须中国的学术在国际间也有独立自由平等的地位。"希冀校中同人"共同努力,为国家民族树立一个学术独立的基础"。[2]他提出了"廉洁化、学术化、平民化、纪律化"的办学宗旨。罗氏长校后致力于制度建设,广纳贤才,对此他说:"一个大学要办好,最重要的就是要教授得人。"[3]于是仿效当年蔡元培在北大的办法,延请了一批"有实学求进益而热心任事的专门家"来校任教。数年之中清华大学在文史哲方面即已人才济济,造就非凡。抗战爆发前先后在清华大学任教者有陈寅恪、吴宓、冯友兰、金岳霖、汤用彤、闻一多、朱自清、俞平伯、叶公超、钱端升、雷海宗、贺麟、杨树达、王力等。

冯友兰出身北京大学,受聘清华之后担任过清华大学秘书长,后则长期任清华大学文学院院长,他对中国哲学史的研究步胡适后尘,留美时期亦在哥伦比亚大学成为杜威入室弟子。虽同样以西方哲学的思路框架为理论模型来研究中国哲学史,但冯友兰的兴趣较胡适广泛,思想则比胡适保守。他师从杜威的同时又师事新实在论者孟太格,并对博格森哲学抱有兴趣。曾和到访美国的泰戈尔谈东西方文明比较,对梁漱溟的《东西文化及其哲学》热情推介。胡适的《中国哲学史大纲(卷上)》与冯友兰的《中国哲学史(上、下)》出版时间相隔十年,堪称标识中国哲学史研究门径的两块扉石。胡适之后较长时间里,冯友兰在中国哲学史研究中耕耘有成,业绩显著。

---

[1] 吴宓:《清华开办研究院之旨趣及经过(开学日演说辞)》,《清华周刊》,1925年第24卷第2期。
[2] 罗家伦:《学术独立与新清华》,《罗家伦先生文存》(第5册),台北"国史馆"、中国国民党中央委员会党史委员会1989年版,第18页。
[3] 罗家伦:《我和清华大学》,《罗家伦与张维桢:我的父亲母亲》(罗久芳著),天津:百花文艺出版社2006年版,第131页。

冯友兰在《三松堂自序》中自述其学术生涯说："我的哲学活动,可以分为四个时期。第一时期是从1919年到1926年,其代表作是《人生哲学》。第二时期是从1926年到1935年,其代表作是《中国哲学史》。第三时期是从1935年到1948年,其代表作是尚未完成的《中国哲学史新编》。"他认为自己的研究特点是"打破所谓东、西的界限",做"一种中西哲学的比较研究工作"。《人生哲学》是冯友兰1923年在哥伦比亚大学所作博士论文《天人损益论》的中文增补本,初名《人生理想之比较研究》。其立论基础是以"天然"和"人为"分别"人所经验之事物"——"人为的事物,其存在必待于人,与天然的事物恰恰相反。实际的世界,有好亦有不好;实际的人生,有苦亦有乐。此为事实,无人不知。"冯友兰认为,"哲学史中,有一派哲学家以现在之好为固有,而以现在之不好为起于人为。……又有一派哲学家,则以现在之不好,为世界之本来面目,现在之好,则全由于人力"。如中国哲学史中的性善性恶之辩,希腊哲学史中的"天然"和"人定"之争。前者其谓之"损道",后者其谓之"益道",介于二者之间者谓之"中道"。属于所谓"损道"者,有"浪漫派",如老庄("虽主损而不否认现世");有"理想派",如柏拉图(认为现实世界之上尚有一完美的理想世界);有"虚无派",如佛教及叔本华哲学(认为现在世界之上尚有一"不可思议"的完善美满世界)。属于所谓"益道"者,有"快乐派",如杨朱(注重目前快乐舒适);有"功利派",如墨家(主张牺牲目前快乐求将来远大之安全繁荣);有"进步派",如培根、笛卡尔等西方近代哲学家(主张人宜力战天然,以拓"人国")。所谓"中道"者,如儒家、亚里士多德、宋元明理学家、黑格尔等。全书则以"天、人、损、益"为线索,以"天"和"损","人"和"益"分辨其学说和类型。对此,冯友兰的结论是："天派及损道理想化天然,求好于过去,向后看;人派及益道理想化人为,求好于将来,向前看。中道则认为,过去已成过去,将来亦无把握,只该求好于现在的活动之中。"大致上看,东方盛行"天"和"损道",西方则盛行"人"和"益道"。关于自己的观点和倾向性,冯友兰说：

　　在《人生哲学》中,我把所谓十派平列起来,好像是没有什么偏向。实际上,我的偏向是很明显的,那就是"中道"。在《人生哲学》最后两章,第十二、十三章,我提出了"一个新人生论"。这就是我在当时所认为是"中道"的人生论。我说:"今依所谓中道诸哲学之观点,旁采实用主义及新实在论之见解,杂以己意,糅为一篇,即以之为吾人所认为较对之人生论焉。"

可以说,冯友兰的哲学思想就中国传统而言,具有宋明理学的建构特征;就西方思想而言,是实用主义和新实在论的结合。他认为,"实用主义和新实在论是当时在中国比较流行的西方哲学思想"。"在五四运动的时候,梁启超等人组织了一个尚志学会,约请了美国的实用主义哲学家杜威和英国的哲学家当时是新实在论者的罗素到中国讲演。我在哥伦比亚大学研究院的时候,在这个大学中,恰好也有这两个学派。杜威在那里讲实用主义,还有两位教授讲新实在论,因此这两派我比较熟悉,在我的哲学思想中,先是实用主义占优势,后来新实在论占优势。"他看待"实用主义的特点在于它的真理论。它的真理论实际上是一种不可知论"。这与胡适将实用主义(实验主义)看成一种"假设"和"求证"的科学方法论有相似之处。他解释道:实用主义者"认为,认识来源于经验,人们所能认识的,只限于经验,……所谓真理,无非就是对于经验的一种解释,对于复杂的经验解释得通。如果解释得通,它就是真理,就对于我们有用。有用就是真理。所谓客观的真理是没有的"。新实在论起源于柏拉图,"认为不仅真理是客观的,一切观念和概念也都是有其客观的对象;这些对象都是独立于人的认识而存在的。……总的来说,新实在论所讲的,是真理本身存在的问题,实用主义所讲的,是发现真理的方法的问题。所以两派是并行不悖的"。[1]

就哲学史研究而言,冯友兰把新文化运动以前的哲学家统称为"封建哲学家"。他说:"我在北京大学当学生的时候,给我们讲中国哲学史的教

---

[1] 冯友兰:《三松堂自序》,《三松堂全集(第1卷)》,郑州:河南人民出版社2000年版,第172、174—180页。

授,基本上都还没有超出中国封建哲学史家的范畴。""秦汉以后的封建哲学家们,在讲述自己思想的时候,无论有没有新的东西,总是用注解古代经典的方式表达出来。"打破这个传统的是胡适。"他用汉学家的方法审查史料,确定历史中一个哲学家的年代,判断流传下来的一个哲学家的著作的真伪,他所认为是伪的都不用了。"这就是"证明的方法"。"用这个方法,他把三皇五帝都砍掉了。一部哲学史从老子、孔子讲起。"这就是"扼要的手段"。"这对于当时中国哲学史的研究,有扫除障碍、开辟道路的作用。""中国封建历史学家的与哲学史有关的著作,从《汉书·艺文志》一直到《宋史·道学传》,都是以儒家为正统,其余各'家',或被认为是'支与流裔',或被认为是'异端邪说'。胡适废除了正统与非正统的观念,无论哪一家哪一派的哲学思想都是中国哲学的组成部分。"这就是"平等的态度"。这是胡适《中国哲学史大纲(卷上)》的"思想性"所在。"在这一点上,这部书反映了五四时期反封建的潮流。"而"系统的研究",则是指胡适的研究大致本于杜威实用主义者在研究社会现象时注重于"发生的方法","用发展的观点,研究哲学流派来龙去脉"的特点。另外,冯友兰认为,胡适的研究还凸现了一种新的主体性或主体意识,即"封建时代的著作,是以古人为主,而五四时期的著作,是以自己为主"。因而,胡适的中国哲学史研究产生了"广泛的影响",使之成为这一领域的新的开路人。[1]

以上是冯友兰作为胡适之后中国哲学史研究中卓有成就的继承者,对于蔡元培在胡适《中国哲学史大纲》"序言"中所归纳的胡适哲学史著述的四大要旨——一是"证明的方法",二是"扼要的手段",三是"平等的眼光",四是"系统的研究"——所作的阐说。冯友兰起步于1920年代中后期的中国哲学史研究,较之胡适而言,则存在诸多观念和方法上的歧异。一方面,从研究"人生哲学"起步,冯友兰与胡适的研究除了旨趣有异,方法上一则开源于北大、清华泾渭分明的学风:前者重文,后者重理;前者重史论,后者

---

[1] 冯友兰:《三松堂自序》,《三松堂全集(第1卷)》,郑州:河南人民出版社2000年版,第183—184页。

重理论;前者重考据,后者重逻辑。一则冯友兰受孟太格等新实在论哲学家的影响:讲求实证中的分析和理论的逻辑性,穿凿于多种观念和方法的运用。另一方面,如其所说:

> 在这个时候,讲中国哲学史,又多了一层难处。随着马克思主义在中国的传播,在历史工作中,唯物史观也流传开了。对于中国社会史、中国经济史的研究,正在展开,各方面不同的意见,开始论战。……唯物史观的一般原则,对于我也发生了一点影响。[1]

在《三松堂自序》中,冯友兰自述他与胡适在中国哲学史研究上的差异,略有二端:

第一,冯友兰认为,中国历史上有两个社会大转变的时代:春秋战国时代和清末中外交通的时代,两个时代中中国社会各方面所发生的根本变化,影响了中国哲学史的发展。"中国哲学史的发展和中国通史的发展,是相适应的。"由这两个大转变造成的中国哲学史,也可以相应地划分为三个阶段。他着重论述的是前两个阶段:"子学时代"和"经学时代"。"'经学'和'子学',两面对比,'经学'的特点是僵化、停滞,'子学'的特点是标新立异,生动活泼。"[2]

第二,就春秋战国时代的社会形势分析,冯友兰认为,孔子的时代先于老子。因为贵族养士之风衰败之后,士由贵族的最下层,流为"四民之首","自搞活动,自发议论",为自谋生存,在社会上兴起讲学之风。孔子是"第一个私人讲学的人,第一个私人立说的人,第一个创立学派的人。所以,应该是中国哲学史上第一个出现的人"。所以,"从孔子讲起"成为他的新的

---

[1] 冯友兰:《三松堂自序》,《三松堂全集(第1卷)》,郑州:河南人民出版社2000年版,第186页。
[2] 冯友兰:《三松堂自序》,《三松堂全集(第1卷)》,郑州:河南人民出版社2000年版,第186—187页。

选择。关于孔子与老子哪个在先的问题,他认同梁启超等的观点,而与胡适发生了分歧。他认为,在对待历史典籍及人物的真伪问题上,他不愿一般地做"疑古派",而要做"释古派"——"疑古派"以"疑"来否定和截断历史,"释古派"则倾向于以"释"来疏解真伪问题中所隐藏的历史流脉。冯友兰说:"所谓真伪问题,不过是时间上的先后问题。"[1]所以,就其对传统的态度而言,冯友兰认为,旧学者是"信古",胡适等是"疑古",他则是"释古"。

此外,冯友兰认为,他的《中国哲学史》与胡适的《中国哲学史大纲》亦存在着基于旧学传统的两个不同流脉:"宋学"和"汉学"的分野。冯友兰说:胡适的书"既有汉学的长处又有汉学的短处。长处是,对于文字的考证、训诂比较详细;短处是,对于文字所表示的义理的了解、体会比较肤浅。宋学正相反。它不注重文字的考证、训诂,而注重文字所表示的义理的了解、体会"。在"经学时代",宋学的特点即是"释",汉学的特点则是"疑"。这是两种不同的治学方法。冯友兰说:"胡适的《中国哲学史大纲》对于资料的真伪,文字的考证,占了很大的篇幅,而对于哲学家们的哲学思想,则讲得不够透,不够细。……我的《中国哲学史》在对于各家的哲学思想的了解和体会这一方面讲得比较多。这就是所谓'汉学'和'宋学'两种方法的不同。"[2]

冯友兰的《中国哲学史》上册于1931年出版,1934年出版上、下册,全书告成。这是继胡适《中国哲学史大纲(卷上)》之后中国现代学术史上第一部较为完整的中国哲学(思想)史专著。它不仅在性质上是一部哲学史研究方面的个人化学术成果,也在功能上呈现出和胡适《中国哲学史大纲(卷上)》相类似的教材化特征。但较之胡适所著,冯友兰的《中国哲学史》从对哲学的定义、内容及范畴的界定出发,颇多关于哲学本体论的知识化表达及哲学史的细节化梳理,显得更具专业色彩和研究的历史化倾向。这正是其"客观化"的特征所在。以黑格尔之历史哲学"正""反""合"的逻辑

---

[1] 冯友兰:《三松堂自序》,《三松堂全集(第1卷)》,郑州:河南人民出版社2000年版,第187—189页。
[2] 冯友兰:《三松堂自序》,《三松堂全集(第1卷)》,郑州:河南人民出版社2000年版,第190—191页。

理念解释中国哲学史的历史进程及内在规律性,也是其著述特征所在。这即与胡适之本于进化论逻辑和实用(实证)主义方法论不同。但同样的,在哲学研究中反对神秘论,对形而上学抱持相似的否定态度,则若合符节。如果说胡适哲学史研究的目的,主要在于说明中国思想(哲学)史在进化论意义上所具有的科学理性色彩及其相应的历史和认识价值,那么,冯友兰除承认哲学(哲学史)研究应有的"逻辑及科学方法"外,则重在说明哲学对于宇宙人生及社会存在的理性认识价值,及其理智化、道德化的文化(思想)内涵。在他看来,哲学家就是以理智破解神秘,以理论说明直觉而提升经验、达到真理("道理")的"智者"和"达人"。故他说:"哲学乃理智之产物;哲学家欲成立道理,必以论证证明其所成立。"[1]这必然使哲学达致最高的理性建构而后可。很明显,这是较传统化的对于哲学的理解。

关于中国哲学史,冯友兰依据孟太格的理论将其概分为"宇宙论""人生论""方法论"(知识论)三部分。其中,儒家之关于"天道"的论述即相当于"西洋哲学中之宇宙论",其研究"性命"之部分即相当于"西洋哲学中之人生论"。"惟西洋哲学方法论之部分,在中国思想史之子学时代,尚讨论及之;宋明而后,无研究者。自另一方面言之,此后义理之学,亦有其方法论。即所讲'为学之方'是也。不过此方法论所讲,非求知识之方法,乃修养之方法,非所以求真,乃所以求善之方法。"[2]这不仅为显性的中西哲学之别,也在另一方面道出了中国哲学史的真谛,即依托于"宇宙论"的"知识论"式微,依托于"人生论"的道德哲学取而代之——"伦理学"成为中国哲学的主体。[3]故此,冯友兰认为,以西方哲学和哲学史观念观照中国哲学

---

[1] 冯友兰:《中国哲学史(上)》,《三松堂全集(第2卷)》,郑州:河南人民出版社2000年版,第248页。

[2] 冯友兰:《中国哲学史(上)》,《三松堂全集(第2卷)》,郑州:河南人民出版社2000年版,第248—249页。

[3] 在《中国哲学史·绪论》中,冯友兰分"人生论"为两部:"一、研究人究竟是什么者,此即心理学所考究;二、研究人究竟应该怎么者,此即伦理学(狭义的)政治社会哲学等所考究。"冯友兰:《中国哲学史(上)》,《三松堂全集(第2卷)》,郑州:河南人民出版社2000年版,第246页。

史,实则中国本只存在"义理之学史",而无所谓"哲学史"。但毕竟哲学和哲学史是通用的学术名称及有其明确的学科属性,故在其著述中,特别强调:"所谓中国哲学者,即中国之某种学问或某种学问之某部分之可以西洋所谓哲学名之者也。所谓中国哲学家者,即中国某种学者,可以西洋所谓哲学家名之者也。"这从而也在现代学术史及文化史上,揭示了中国传统思想及学术体系化的不足,进而暴露了中国思想学术本质上存在的实用主义和功利主义品格。因此,就其认识论和知识论范畴而言,冯友兰指出:"中国哲学家之哲学,在其论证及说明方面,比西洋及印度哲学家之哲学,大有逊色。……盖中国哲学家多未有以知识之自身为自有其好,故不为知识而求知识。不但不为知识而求知识也,即直接能为人增进幸福之知识,中国哲学家亦只愿实行之以增进人之幸福,而不愿空言讨论之,所谓'吾欲托之空言,不如见之行事之深切著明也'。故中国人向来不重视著书立说。……中国哲学家,多讲所谓内圣外王之道。'内圣'即'立德','外王'即'立功'。……故在中国哲学史中,精心结撰,首尾贯穿之哲学书,比较少数。往往哲学家本人或其门人后学,杂凑平日书札语录,便以成书。成书既随便,故其道理虽足自立,而所以扶持此道理之议论,往往失之简单零碎,此亦不必讳言也。"[1]诚然。

冯友兰《中国哲学史》出版后,胡适评价书中"主要观点系正统派的",冯友兰亦不否认。但他说:"然吾之观点之为正统派的乃系用批评的态度以得之者。故吾之正统派的观点,乃黑格尔所说之'合',而非其所说之'正'。"其论以儒学为主体,以经学为中心,对于不同时代儒学发展之特点与重心及儒、道、佛各家关系,都有较为广泛的涉猎,在体例、方法及史的内容与线索梳理上,都显得比胡适的《中国哲学史大纲》犹有会心,且第一次完成了中国哲学史研究的系统工程,对于现代学院化哲学思想史研究与著述产生了一定的示范性作用及重要影响。其研究认为:"吾作此书,见历史

---

[1] 冯友兰:《中国哲学史(上)》,《三松堂全集(第2卷)》,郑州:河南人民出版社2000年版,第249—250页。

上能为一时代之大儒自成派别者,其思想学说大多卓然有所树立,即以现在之眼光观之,亦有不可磨灭者。其不能自成派别者,则大多并无新见,……历史中之'是'与'应该',颇多相合之处。人类所有之真、善、美,历史上多予以相当的地位。其未得相当的地位者,则多其不真真、不真善、不真美者也。"[1]照此说来,历史中之是非早定,吾人只需"如实记录"则可。显然这与胡适等"五四"一代学人的否定性文化视野和颠覆性历史观判然有别。所谓"为天地立心,为生民立命,为往圣继绝学,为万世开太平"的崇古心理,及"代圣贤立言"的儒家精神情怀,仍是冯友兰著书立说的力量源泉。因此,从真正学术的立场上看,观点上的"正统"与观念上的平庸恰相表里。虽然同为学院派哲学史家,胡适是用现代人的态度清理历史遗产,汰洗拣择,古为今用;冯友兰则以儒家后学自居,结合杜威的实用主义和孟太格的新实在论创立其新理学体系。因此,较之胡适对科学方法论的执迷与对"政治哲学"的重视,执着于"人生哲学"的冯友兰难免为其实用主义人生观念所左右,在历史的河流中飘浮摇摆。

抗战爆发后,在"颠沛流离"近十年的生活中,冯友兰著成《新理学》(1939)、《新事论》(1940)、《新世训》(1940)、《新原人》(1943)、《新原道》(1945)、《新知言》(1946)六部哲学专著,总称"贞元六书"。这是他作为哲学家的一次集中的精神展示及思想汇演。心系历史兴亡、民族盛衰,因而踌躇满志。旨在通过"对于中华民族的传统精神生活的反思",[2]光大宋儒"经世治用"的思想传统,本于其"格物致知"的思想体系"接着讲"。

因此,冯友兰说:所谓"贞元六书"作为整体,其实是一部书的六章。其中《新理学》则是"总纲"。"新理学"是冯友兰哲学思想体系的总称。"自然""社会""个人"成为其哲学反思的三部分。以"理""气"之论"究天人之际",以"道""器"之辨"通古今之变"。在自然观方面,冯友兰"新理学"认

---

[1] 冯友兰:《中国哲学史(下)》,《三松堂全集(第 3 卷)》,郑州:河南人民出版社 2000 年版,第 3 页。
[2] 冯友兰:《三松堂自序》,《三松堂全集(第 1 卷)》,郑州:河南人民出版社 2000 年版,第 209 页。

为,程朱理学中的"理""气","道""器"问题,本质上是一个共相和殊相的关系问题。"理"是抽象世界的共相,"气"是具体世界的共相。"形而上者谓之道,形而下者谓之器。"(《易经·系辞》)"器"是具体世界的具体事物,"形而上"之"道"则和"理"通。"道""理""气"是对共相的认识,"不能用感觉得来,只能用逻辑分析得来"。即是"思"的对象。所以,冯友兰说:"哲学的方法是'思'。"他认为,程朱理学是对"形而上"与"形而下"做出了严格区分的哲学。理学"把整个的宇宙一分为二,一个是形而上的理世界,一个是形而下的器世界"。在《新理学》中,冯友兰"称理世界为'真际',器世界为'实际'"。"理"是体,"器"是用。"理"包含于"真际"之中,"万理俱备",完善无缺。关于"理"的认识,冯友兰与程朱理学家并无区别。但关于"气"的理解,程朱理学认为"气"有清、浊之分,冯友兰则认为,作为具体世界的共相,"气"是不可言说的,亦并无清、浊之分。另外,冯友兰"新理学"与程朱理学都主张"理在事先"或"理在事上",并且"理"可以离开"气"而单独存在,故都具有"客观唯心主义"的特点。但是,冯友兰"新理学"指出,在哲学"纯思"的意义上是"理在事先"或"理在事上",而在"接着说"的意义上,他认为"理在事中"是最正确的答案,即"一个具体的共相,它的内涵就是'理',它的外延就是'事'"。认识(思维)的对立性与存在的统一性应该区别开来——在存在的问题上,"道"和"气","理"和"事"始终是一致的。因此,冯友兰说:"'真际'是人的思维从'实际'中用抽象的方法分析出来的,是有'天地境界'的人的精神生活的一部分,这是一个关于认识的问题,不是一个关于存在的问题。……就存在说,'真际'就存在于'实际'之中,不在其外,不在其先,也不在其上。就这个意义上说,'真际'就是'实际',也可以说'实际'就是'真际'。"这成为他的"新理学"的立论基础。[1]

冯友兰《新事论》是《新理学》实际应用的一个例证"。他认为,"五四"时期东西文化的论争不是一个东西的问题,而是一个"古今之异"的问

---

[1] 冯友兰:《三松堂自序》,《三松堂全集(第1卷)》,郑州:河南人民出版社2000年版,第212—216页。

题——西洋文化就是近代文化，"西化"就是近代化。他说："马克思主义历史观的一个显著的特点，是不从纵的方面看历史，而从横的方面看历史。所谓从纵的方面看历史，是着重看一个国家或民族的生成和发展，衰老和死亡。从横的方面看历史，是把社会分成为许多类型，着重的（地）看各种类型的内容和特点。……古今之分，其实就是社会各种类型的不同。"这是他初步运用马克思主义历史观的表现。他把这个问题和共相与殊相的问题结合起来，认为"某一种社会类型是共相，某一个国家或民族是殊相。某一个国家或民族在某一时期是某一类型的社会，而在另外一个时期可以转化或发展成为另一种类型的社会"。"近代化"就是一种社会文化转型，而不是"全盘西化"或对"本位文化"的守成。他觉得这样可以消解"全盘西化"和"本位文化"之争造成的思想混乱。"认识共相"是选择的前提和标准。世界中强盛的国家是什么社会性质，我们就要向什么性质的社会转化——西方是"以社会为本位的社会"，中国是"以家为本位的社会"，只有前者才能进行产业革命，实现工业化。他借用马克思在《共产党宣言》中的说法——"产业革命的结果是乡下靠城里，东方靠西方"[1]——说明"一个国家里有城乡的差别，世界上也有城乡的差别。世界上的乡下就是那些殖民地。世界上的城里就是那些统治和剥削殖民地的国家"。就"体""用"之关系而言，冯友兰指出，"在一个社会类型中，生产力等经济基础是体，政治、文化等上层建筑是用。体要改了，用会跟着改"。工业化就是"中国到自由之路"。这是冯友兰《新事论》的主要观点。[2]

《新世训》题为"生活方法新论"，提出"尊理性""行忠恕""为无为""道中庸""守冲谦""调情理""致中和""励勤俭""存诚敬""应帝王"。《新原人》

---

[1] 马克思《共产党宣言》中的原话是："资产阶级使乡村屈服于城市的统治。它创立了巨大的城市，使城市人口比农村人口大大增加起来，因而使很大一部分居民脱离了乡村生活的愚昧状态，正像它使乡村从属于城市一样，它使未开化和半开化的国家从属于文明的国家，使农民的民族从属于资产阶级的民族，使东方从属于西方。"参见：《共产党宣言》，《马克思恩格斯选集（第1卷）》，北京：人民出版社1972年版，第255页。
[2] 冯友兰：《三松堂自序》，《三松堂全集（第1卷）》，郑州：河南人民出版社2000年版，第218—220页。

是冯友兰关于"人生意义"问题的哲学思考,以"自然境界"(原始境界)、"功利境界"和"道德境界"(公私之分、义利之辨)、"天地境界"("思"的境界)分辨人的精神境界的不同层次及状态,探讨人与自然、人与社会、人与人的不同关系及特征,目的是弘扬正气。从"知天""事天""乐天""同天"的人生态度中,抽绎出"大全""群有"的至上境界,以丰富"天地境界"的内涵。《新原道》探讨了"中国哲学之精神",以"提高人的精神境界",赋予哲学以新的使命,借此开辟"新统"。《新知言》探讨了西方哲学中有关方法论的问题,以辨别"新理学"与维也纳学派的同异为基础,扩大到对整个西方哲学方法论的讨论。认为哲学作为一种理论思维,在于思维"不可思维",言说"不可言说"的东西(如"理""气""大全"等),不能被当成一种"语言和科学方法论"来理解和运用。[1]

  清华学人中,文学研究的代表人物是闻一多和朱自清。闻一多作为留美预备生在清华求学十载,1922年赴美留学,1925年回国后成为新月派著名诗人,曾任草创时期武汉大学、青岛大学中文系主任,1932年起任教于清华大学,任中国文学系教授。闻一多对中国文学的研究始于武汉和青岛时期,成于清华大学。他对中国文学,特别是上古文学史研究有浓厚兴趣。最早运用人类学、心理学理论研究神话,以及《诗经》《楚辞》等。将神话学和诗学结合起来进行古代文学和文化史研究,闻一多写出了《高唐神女传说之分析》(1935年)等著名论文。从在青岛大学时开始,他着力于研究唐诗,先期论文主要辑入《唐诗杂论》。闻一多在研究中讲求实证,从资料入手,知人论世;以总结规律为主,不局限于某种方法和理论,而试图对整个中国诗史及中国文学史做出一种清晰的理解和阐释,这是闻一多中国文学史研究的特点。关于唐诗,闻一多认为,唐诗代表中国文学,乃至世界文学的高峰,是中国诗史的顶点。追源溯流,理清其文学脉络和诗学源流,把文学史、文化史、社会政治史结合起来,以期全面认识和理解中国文学和社会

---

[1] 冯友兰:《三松堂自序》,《三松堂全集(第1卷)》,郑州:河南人民出版社2000年版,第231页。

历史文化的关系,是闻一多研究的重要目的。唐诗便成为他中国文学研究的重点。朱自清则是中国现代文学学科的开创人。1929 年,朱自清在清华大学中文系开设"中国新文学研究"课程,这是中国现代文学研究走入大学课堂的起点。为此,他编纂了一部简明的《中国新文学研究纲要》,粗略地勾勒了自《新青年》倡导文学革命至 20 世纪 30 年代中国新文学的发展历程。以"总论"和"各论"分编,从"背景""经过""影响"和"分野"等方面做"史"的叙述,再以诗、小说、戏剧、散文、文学批评串联"各论",点面结合,以作家作品研究为主体,体载史的脉络,社会学批评的方法,开创了影响深远的中国新文学研究传统。同时,朱自清还是著名的中国古典文学研究专家,他对古典诗歌散文的研究深有造诣,出版了著名的诗歌研究专著《诗言志辨》等。

1937 年全面抗战爆发后,北京大学、清华大学和南开大学在云南昆明组建西南联合大学,三校文史哲方面的专业合并成一个庞大的西南联大文学院,冯友兰任院长(杨振声、汤用彤、雷海宗等先后代理),包括中国文学、外国语文学、历史学、哲学心理学四系。中国文学系(中文系)由北京大学和清华大学中文系组成(南开大学时无中文系)。朱自清任主任(至 1940 年,罗常培、闻一多、杨振声等先后继任或代理)。教授主要有朱自清、闻一多、杨振声、罗常培、罗庸(师范学院聘)、唐兰、刘文典、游国恩、彭仲铎(师范学院聘)、浦江清、陈寅恪(与历史系合聘,1939 年离校赴英国牛津大学任教,滞留香港未竟)、王力、魏建功(1940 年离校赴四川任教)等,及副教授陈梦家、沈从文、张清常、余冠英、萧涤非、许维遹、张清常等(后期多被聘为教授),李广田、孙昌熙、阴法鲁、吴宏聪、华忱之等为助教(后多任讲师)。外国语文学系(外文系)主任叶公超(1940 年离校,柳无忌、陈福田、莫泮芹、吴达元先后继任或代理),教授主要有叶公超、吴宓、潘家洵、钱钟书、冯至、陈铨、闻家驷、吴达元、柳无忌、罗皑兰、谢文通、杨业治、陈福田、莫泮芹、袁家骅,及外籍教授燕卜荪、白英、温德等,副教授及以下职称的教师有卞之琳、徐锡良、刘荣恩、钱学熙、张振先、杨周翰、王佐良、查良铮(穆旦)、张尧年、欧阳采薇、陈祖文、夏济安、顾元、金湜等。历史学系(历史系)主任刘崇鋐

(后雷海宗接任),教授主要有傅斯年(1945年10月代理北大校长)、陈寅恪(1939年离任)、钱穆(1940年离校赴成都)、雷海宗、刘崇鋐、姚从吾、郑天挺、毛准、向达、王信忠、邵循正、蔡维藩、张荫麟、皮名举、吴晗、孙毓棠(师范学院聘)等。哲学心理学系主任汤用彤(冯文潜、冯友兰、贺麟先后代理),教授主要有冯友兰、汤用彤、贺麟、金岳霖、郑昕、冯文潜、沈有鼎、周先庚、敦福堂、王宪钧、王维诚、容肇祖、孙国华等,熊十力等为讲师,任继愈、齐良骥等为助教。

三校"大综合"的格局,教授治校,通才教育的办学方针和理念,加上战时同艰共苦的生活方式及自治自厉、自由发展、教学相长的研究和学习环境,给西南联大时期学术文化的发展创造了一种特殊的成就机制和独特空间。从新文化运动开始,中国现代学术事业伴随大学体制的完善和大学教育的发展而成长。就大学本身而言,已自觉不自觉地肩负起了开创和赓续中国新文化的使命。抗战本身关乎中国的前途和命运,"国家兴亡,匹夫有责"。但从西南联大身上,可以看到现代中国知识分子予其"责任"概念以新的诠释:政治参与固然代表着一种救国责任的担当,但文化"救亡"毕竟是自"五四"时代即已为知识分子所觉悟的新使命,独立承担且被视为一份更重大的责任和义务。非唯破釜沉舟而抛血肉之躯,毋宁退而结网以酬未竟之志。因此,西南联大的创办及其文化赓续亦可看成政治和文化间因其不同使命感达成的谅解与默契。从历史的角度看,国难当头弦歌声中偏安一隅的"联大",恰如一群怀抱担当之志的文化精英书写给社会和历史的一份郑重"承诺",一篇厚实的新文化"备忘录"。历史赋予他们以新的使命,一如既往地,他们则以别样的方式来"救亡"。

在社会和历史中,文化的选择是自由自主的选择。现代教育已脱离"学而优则仕"的道德教化功能和政治功利主义轨道,教育的目的不仅是培养人的道德水平和政治能力,更在于张扬人的本质自由和文化创造。其中,对于大学教育而言,学术的发展与创造是最重要的文化使命,它不仅代表着一个现代知识分子及其群体的知识修养和文化创造能力,更反映着一个现代国家立于世界之林的思想和文化成就,暨其贡献于世界文化之林的精神品质和独特价值。对一个学人来说,价值观的问题是一个精神品质问题,亦即学术道德问题,它并非来源于教化,而是来源于文化自觉与知识自律;对于一个民族来讲,价值观的问题亦并非反映在政治上的个人立场方面,而是反映在文化上的创造性自觉及其成就对于人类文化的影响和贡献。它决非来源于强加,而是来源于认同和理解。亦如在现实中,你要被世界所接受,你就必先接受这个世界。从学术思想上讲,要创造被世界和历史所认可与接受的文化,就必须兼容并包,"海纳百川,有容乃大"。现代社会既然是一个进化与竞争的社会,其所需要的就不仅仅是物质的影响力(经济、军事),更是文化(精神)的创造力(教育、学术)——这并非止于气吞山河的"呐喊",更需要踏踏实实地用思想和文化造就。任何时候,文化所创造的都不仅是感性价值,更是理性价值,即不仅仅是文学和艺术,更是思想和学术,这有赖于学术文化的繁荣。要达到这一点,就必须从政治入手,创造一种宽松包容的思想和学术文化环境。

抗战过程中,聚集在西南联大的一群秉持"独立之精神,自由之思想"的师生们之能成为现代中国薪火相传的学术文化精英,无疑在于他们都是一群真正的自由主义者。由于现代大学教育的关系,由平津而西南,正是北京大学、清华大学和南开大学等总体上承担了赓续中国现代教育和学术思想文化的重任。至抗战时期,尤以西南联大为代表。独立自主,兼容并包。其中,北大、清华为公立大学,南开为私立大学,办学理念和体制各有差异,但文化理想和学术风气竟无二致。自由主义传统浸润在中国大学教育的各个领域,而自"五四"时代始,胡适、傅斯年、罗家伦等,正是这一传统的开创者和继承者。自由主义文化传统和自由主义者的大学,是中国现代大学教育的真实写照,而处于战时合作机制下的西南联大,将这一传统赓续传承并发扬光大。

西南联大的学术成就秉持"五四"以后中国现代学术文化流脉,在三校原有基础上集腋成裘,经过众多学人艰苦卓绝的努力,在独立自主的意义上长足发展。总体上看,如果说自新文化运动至1930年代中期,中国现代学术文化以北大、清华为中心起步和成长,新学代替旧学卒成声势,那么,到西南联大时期正是进入了成熟期、收获期。抗战的外部环境险恶诡谲，但并未阻遏中国"新学"的发展态势，反而提供了"三校合一"的更加宽松的学术文化环境和菁英荟萃的历史际遇。以西南联大的创办为契机，战时的昆明不啻为人文荟萃之地，亦如战前的北京（北平）一样，远离政治中心而拥有自己独立的文化历史地位。"联大"的历史意义及功绩，正如冯友兰在《国立西南联合大学纪念碑文》中所说：

> 缅维八年支持之苦辛，与夫三校合作之协和，可纪念者，盖有四焉。我国家以世界之古国，居东亚之天府，本应绍汉唐之遗烈，作并世之先进。将来建国完成，必于世界历史，居独特之地位。盖并世列强，虽新而不古；希腊罗马，有古而无今。惟我国家，亘古亘今，亦新亦旧，斯所谓"周虽旧邦，其命维新"者也！旷代之伟业，八年之抗战已开其规模，立其基础。今日之胜利，于我国家有旋乾转坤之功，而联合大学之使命，与抗战相终始。此其可纪念者一也。文人相轻，自古而然，昔人所言，今有同慨。三校有不同之历史，各异之学风，八年之久，合作无间。同无妨异，异不害同；五色交辉，相得益彰；八音合奏，终和且平。此其可纪念者二也。万物并育不相害，道并行而不相悖，小德川流，大德敦化，此天地之所以为大。斯虽先民之恒言，实为民主之真谛。联合大学以其兼容并包之精神，转移社会一时之风气，内树学术自由之规模，外来"民主堡垒"之称号，违千夫之诺诺，作一士之谔谔。此其可纪念者三也。稽之往史，我民族若不能立足于中原，偏安江表，称曰南渡。南渡之人，未有能北返者：晋人南渡，其例一也；宋人南渡，其例二也；明人南渡，其例三也。"风景不殊"，晋人之深悲；"还我河山"，宋人之虚愿。吾人为第四次之南渡，乃能于不十年间，收恢复之全功，庾信不哀江南，杜甫喜收蓟北。此其可纪念者四也。联合大学初定校歌，其辞始叹南迁流离之苦辛，中颂师生不屈之壮志，终寄最后胜利之期望。校以

今日之成功,历历不爽,若合符契。联合大学之始终,岂非一代之盛事、旷百世而难遇者哉! 爰就歌辞,勒为碑铭。铭曰:痛南渡,辞官阙。驻衡湘,又离别。更长征,经峣嶙。望中原,遍洒血。抵绝徼,继讲说。诗书丧,犹有舌。尽笳吹,情弥切。千秋耻,终已雪。见仇寇,如烟灭。起朔北,迄南越,视金瓯,已无缺。大一统,无倾折,中兴业,继往烈。维三校,兄弟列,为一体,如胶结,同艰难,共欢悦,联合竟,使命彻,神京复,还燕碣,以此石,象坚节,纪嘉庆,告来哲。[1]

文、史、哲殊学别科,西南联大时期堪称其学术鼎革与建树的重要时期。不仅是中国哲学和思想文化研究,在胡适、冯友兰等均有所开创的基础上成就丰硕,另如汤用彤的汉魏两晋南北朝佛教史和魏晋玄学研究,沈有鼎的先秦名辨思想研究,容肇祖的哲学思想家研究等都取得了重要成就,形成了广泛的研究方向,奠定了初步的学科体系。此外,贺麟、郑昕、冯文潜的黑格尔、康德及西方哲学史研究,金岳霖的《知识论》等哲学理论研究与著述,孙国华的心理学研究,沈有鼎的数理逻辑哲学研究等,在哲学思想史和理论研究领域,形成了西学中用、思想会通、方法上化西入中的研究格局。特别是贺麟,以研究宋明理学起步而深谙黑格尔哲学,提出从哲学化、宗教化、艺术化出发解释中西哲学和理解中国传统文化,开辟了一条以人类思想文化的统一为视野的文化思想史研究之路。冯友兰在西南联大时期着力于创造自己的"新理学"思想体系,企图把自己的哲学研究与创新传统思想资源结合起来,为现实社会政治服务。熊十力早在1932年就写出了著名的《新唯识论》(1944年出版语体文本)。早年在北大,他继梁漱溟之后研究和讲授佛理哲学,主讲《唯识学概论》。熊氏《新唯识论》书出,其师欧阳竟无斥之为"灭弃圣言",同门学友刘衡如指其"杂取中土儒道两家

---

[1] 参见冯友兰:《三松堂自序》,《三松堂全集(第1卷)》,郑州:河南人民出版社2000年版,第300—301页。

之义,又旁采印度外道之谈,悬揣佛法,臆当亦尔"。"于唯识学几乎全无知晓。"(《破新唯识论》)其乡谊弟子、文学家废名(冯文炳)亦著《阿赖耶识论》与之辩驳。蔡元培、马一浮等则评价甚高。抗战时期,熊十力先是在马一浮主持的四川乐山复性书院开讲宋明理学,后又到梁漱溟创办的重庆勉仁书院任教,抗战后期重返北大,但卒未至昆明,唯保留在北大教席。复性书院时期,熊十力曾与马一浮因观点相悖发生冲突,在于他一意指虚即实,化古为今,反对马一浮"执古之道,以御今之有",被其斥之为"世情"化。在重庆时则得牟宗三、徐复观、唐君毅等拜师学艺,至成为日后"新儒家"的一面大旗。

史学研究在西南联大时期成就斐然。曾任清华"四大导师"之一的陈寅恪,联大期间兼任历史、文学两系课程。史学课程主要讲授"魏晋南北朝史"和"隋唐史",后成《隋唐制度渊源略论稿》(书稿曾于辗转流徙中丢失,至反复撰述而后成)、《唐代政治史述论稿》、《陈寅恪魏晋南北朝史讲演录》(学生记录整理而成)等。文学方面,陈寅恪早年在清华讲授"唐诗校释",注重以诗考史、释史,开创"以诗证史"研究方法,实现文史互通。其代表作《元白诗笺证稿》,完成于抗战后期由香港经桂林辗转至成都途中。

抗战前陈寅恪为清华中文、历史系合聘教授,后又兼任中央研究院理事、中央研究院历史语言研究所研究员等,并当选中央研究院院士。1937年"卢沟桥事变"后挈全家由北平抵昆明。1939年受牛津大学之聘拟赴英,后因太平洋战争爆发滞留香港,任香港大学客座教授。日本占领香港后,陈寅恪拒绝日人聘请,毅然返归内地,至桂林任教于广西大学,后辗转至成都任教于燕京大学。1946年重返清华。

陈寅恪治史,述文化情怀,抒忧国之志,意在"沟通东西学术",堪称"一代文化所托命之人"。[1]他之研究隋唐制度史,借历史上陇右、江左保存

---

[1] 陈寅恪:《大乘稻芉经随听疏跋》,《陈寅恪集·金明馆丛稿二编》,北京:生活·读书·新知三联书店2009年版,第289页。

汉、魏、西晋学术文化典章制度,寇日虽占有中国之土地,但中国学术文化可于西南、西北偏隅之地保存不坠,待收复失地,故有之学术文化尚可复兴如初。在他看来,史家之传史、述史,当究史明志、托古寓今。其《读哀江南赋》一文所谓:"兰成作赋,用古典以述今事,古事今情,虽不同物,若于异中求同,同中见异,融会异同,混合古今,则造一同异俱冥,今古合流之幻觉,斯实文章之绝诣,而作者之能事也。"[1]其以隋唐为中国典章文物制度之最,故予深研细究,寄寓国家民族鼎革复兴之志。其曰:"夫隋唐两朝为吾国中古极盛之世,其文物制度,流传广播,北逾大漠,南历交趾,东至日本,西及中亚,而迄今鲜通论其渊源流变之专书,则吾国史学之缺憾也。"[2]他尝谓"吾国大学之职责,在求本国学术之独立",而遍视国中学术界,西洋学理之输入"不失其真"已难能可贵,遑论有所创获。而"本国政治社会财政经济之情况,非乞灵于外人之调查统计,几无以为研求讨论之资,……至于本国史学文学思想学术史等,疑若可以几于独立者,察其实际,亦复不然。……今日全国大学未必有人焉,能授本国通史,或一代专史,而胜任愉快者。……昔元裕之(引按:元好问)、危太朴(引按:危素)、钱受之(引按:钱谦益)、万季野(引按:万斯同)诸人,其品格之隆污,学术之歧异,不可以一概论;然其心意中有一共同观念,即国可亡,而史不可灭。今日国虽幸存,而国史已失其正统,若起先民于地下,其感慨如何?"[3]所著《隋唐制度渊源略论稿》,犹如其后学王永兴所言:

> 先生此书名之为隋唐制度渊源,并不主要论述制度沿革本身,而是探讨人、社会对制度的影响,区域保存制度的可能性,人在保存制度文化中的作用等。隋唐制度之所以能够再呈辉煌,正

---

[1] 陈寅恪:《读哀江南赋》,《陈寅恪集·金明馆丛稿初编》,北京:生活·读书·新知三联书店2009年版,第234页。
[2] 陈寅恪:《隋唐制度渊源略论稿·叙论》,《陈寅恪集·隋唐制度渊源略论稿、唐代政治史述论稿》,北京:生活·读书·新知三联书店2009年版,第3页。
[3] 陈寅恪:《吾国学术之现状及清华之职责》,《陈寅恪集·金明馆丛稿二编》,北京:生活·读书·新知三联书店2009年版,第361—362页。

是由于江左、中原及河西三区域保存发展了汉魏文化,使"五百年间延绵一脉"。寅恪先生所以用这种方法研究制度,探讨隋唐制度渊源,正是由于当时国家民族生死存亡的背景。先生此书,也正是先生对于中国学术文化"惜之若命"的体现,此先生撰是书之苦心孤诣也。[1]

至《唐代政治史述论稿》一书,陈寅恪亦"专取关国家盛衰,系生民休戚,善可为法,恶可为戒"(司马光《资治通鉴·进书表》)者述论之。陈寅恪自谓,此书之作,一来补《隋唐制度渊源略论稿》专论"李唐一代法制诸端",阙于"政治史事"的不足,一循"旧史多属于政治史类"的通例,以应初学者研习《资治通鉴》等"旧史"之用。[2] 关于该书上、中、下三篇撰述体例及内容,亦可参照王永兴之所释述:

> 在我国中古时代,对国家盛衰及生民休戚起决定作用者为以皇帝为首的统治集团。统治集团有其民族性家族性与文化之不同,且有变化,斯即此书上篇《统治阶级之氏族及其升降》所以撰著也。不同的统治集团有不同的方针政策,产生不同的后果,其间错综复杂,矛盾斗争,斯即此书中篇《政治革命及党派分野》之所以撰著也。中国周边诸多民族之盛衰兴亡,有它们自身的相互关系,也有它们与中国的关系,斯即此书下篇《外族盛衰之连环性及外患与内政之关系》之所以撰著者也。[3]

故为史,陈寅恪极推重司马光;为诗,陈寅恪则嘉许杜甫、白居易。他称白居易"新乐府"为"一部唐代诗经",指出:"夫乐天作诗之意,直上拟三

---

[1] 王永兴:《陈寅恪先生史学述略稿》,北京:北京大学出版社1998年版,第149页。
[2] 陈寅恪:《唐代政治史述论稿·自序》,《陈寅恪集·隋唐制度渊源略论稿、唐代政治史述论稿》,北京:生活·读书·新知三联书店2009年版,第179页。
[3] 王永兴:《陈寅恪先生史学述略稿》,北京:北京大学出版社1998年版,第155页。

百篇,陈义甚高。其非以古诗十九首为楷则,而自同于陈子昂李太白之所为,固甚明也。"因向怀"采诗匡主之志,不数年间,遂作此五十篇之诗",韩愈谓之"作唐一经"。"不过昌黎志在春秋,而乐天体拟三百。韩书未成,而白诗特就耳。"[1]堪称"文以载道"之范例。陈寅恪嘉许之,意在扬其传谕君之道,播恤民之义。其著《元白诗笺证稿》,要在"以诗证史"。一究文体之流变,以考订诗体之承传、"文学演化之迹象";二论文人之关系,以抒道德关怀之旨趣、针贬世事之用心。其论白居易《长恨歌》,谓"欲了解此诗,第一,须知当时文体之关系。第二,须知当时文人之关系"。在其前者,如陈寅恪于元稹、白居易"新乐府"诗论中,细考其与韩愈等力倡"古文运动"之关系。认为"乐天之作新乐府,乃用毛诗,乐府古诗,及杜少陵诗之体制,改进当时民间流行之歌谣。实与贞元元和时代古文运动巨子如韩昌黎元微之之流,以太史公书,左氏春秋之文体试作毛颖传,石鼎联句诗序,莺莺传等小说传奇者,其所持之旨意及所用之方法,适相符同。其差异之点,仅为一在文备众体小说之范围,一在纯粹诗歌之领域耳。由是言之,乐天之作新乐府,实扩充当时之古文运动,而推及之于诗歌,斯本为自然之发展。惟以唐代古诗,前有陈子昂李太白之复古诗体。故白氏新乐府之创造性质,乃不为世人所注意。实则乐天之作,乃以改良当日民间口头流行之俗曲为职志。与陈李辈之改革齐梁以来士大夫纸上摹写之诗句为标榜者,大相悬殊。其价值及影响,或更较为高远也。此为吾国中古文学史上一大问题,即'古文运动'本由以'古文'试作小说而成功之一事。……而白乐天之新乐府,亦是以乐府古诗之体,改良当时民俗传诵之文学,正同于以'古文'试作小说之旨意及方法"。进而比较元、白诗之异同:"即元诗诸篇所咏,似有繁复与庞杂之病,而白诗每篇则各具事旨,不杂亦不复是也。"他认为,白居易"新乐府"诗"一题各言一事,意旨专而一,词语明白,鄙意似胜微之所作。盖新乐府之作,其本旨在备风谣之采择,自以简单晓畅为尚"。如元稹

---

[1] 陈寅恪:《元白诗笺证稿》,《陈寅恪集·元白诗笺证稿》,北京:生活·读书·新知三联书店2009年版,第124页。

与白居易同题之《山阴道》："若微之之诗，一题数意，端绪繁杂。"白居易"全诗之中，痛惜劳工，深斥奢靡。其意既专，故其言能尽。其言能尽，则其感人也深。此殆乐天所谓'苦教短李伏歌行'，遂使'每被老元偷格律'者耶"？[1]

次究"文人之关系"，曰："寅恪于论长恨歌篇时，曾标举文人之关系一目。其大旨以为乐天当日之文雄诗杰，各出其作品互事观摩，各竭其才智竞求超胜。故今世之治文学者，必就同一性质题目之作品，考订其作成之年代，于同中求异，异中见同，为一比较分析之研究，而后文学演化之迹象，与夫文人才学之高下，始得明了。"更其要者，兼以"知人论世"，臧否人物。如陈寅恪以元稹艳诗及悼亡诗为例，以"（一）当日社会风习道德观念。（二）微之本身及家族在当日社会中所处之地位。（三）当日风习道德二事影响及于微之之行为者"为据，指出：第一，"唐之中叶，即微之乐天所生值之世"，社会风习道德标准正处于变迁之中，"其不同之新旧道德标准社会风习并存杂用，正不肖者用巧得利，而贤者以拙而失败者也"。元稹之婚姻仕途足可证明其以巧得利成功，而其诗似诚实伪。以婚仕二事为重点，陈寅恪一举元稹早年以明经及第，但不意"唐代当日社会风尚之重进士轻明经"（所谓"三十老明经，五十少进士"），"而其后复举制科者，乃改正其由明经出身之途径，正如其弃寒族之双文，而婚高门之韦氏，皆不惮改辙，以增高其政治社会之地位者也"。二以元稹少居凤翔，属边鄙之地，"一般风习，仍是朴俭"，及至河中府都之域，"其所见闻，与昔迥殊，自不能不被诱惑"。其《莺莺传》尝谓"内秉坚孤，非礼不可入，以是年二十二，未尚近女色"。陈寅恪直斥："欺人之言也。及其遭遇双文以后之沉湎声色，见其前之坚贞，亦不可信。"元稹于韦氏亡后所作之悼亡诗云："唯将终夜常开眼，报答平生未展眉。"（《遣悲怀》之三）陈寅恪指出，"所谓常开眼者，自比鳏鱼，即自誓终鳏之义。其后娶继配裴淑，已违一时情感之语，亦可不论。唯韦氏亡后

---

[1] 陈寅恪：《元白诗笺证稿》，《陈寅恪集·元白诗笺证稿》，北京：生活·读书·新知三联书店2009年版，第125—127页。

未久,裴氏未娶以前,已纳妾安氏",足见其信义无状。如此等等。陈寅恪认为,元稹之为人为诗,在某种意义上正是唐代"文人无行"的代表。这也正是他于其诗论中每褒白贬元的原因所在。对此,他以鉴史知今,知人论世的态度概括道:"纵览史乘,凡士大夫之转移升降,往往与道德标准及社会风习之变迁有关。当其新旧蜕嬗之间际,常呈一纷纭综错之情态,即新道德标准与旧道德标准,新社会风习与旧社会风习并存杂用。各是其是,而互非其非也。斯诚亦事实之无可如何者。虽然,值此道德标准社会风习纷乱变易之时,此转移升降之士大夫阶级之人,又有贤不肖拙巧之分别,而其贤者拙者,常感受苦痛,终于消灭而后已。其不肖者巧者,则多享受欢乐,往往富贵荣显,身泰名遂。其故何也？由于善利用或不善利用此两种以上不同之标准及习俗,以应付此环境而已。譬如市肆之中,新旧不同之度量衡并存杂用,则其巧诈不肖之徒,以长大重之度量衡购入,而以短小轻之度量衡售出。其贤而拙者之所为适与之相反。于是两者之得失成败,即决定于是矣。"[1]显然,此论深寓陈寅恪得于历史之警悟与对于现实之针贬,以及深恶"文人无行"的沉痛感慨。

关于"以诗证史",陈寅恪的解说如下:

> 中国诗与外国诗不同之点——与历史之关系:
> 中国诗虽短,却包括时间、人事、地理三点。如唐诗三百首中有的诗短短二十余字,但……外国诗则不然,空洞不着人、地、时,为宗教或自然而作。
>
> 中国诗既有此三特点,故与历史发生关系。唐人孟棨有本事诗,宋人计有功亦有唐诗纪事,但无系统无组织。本事诗只说到一个人、一件事,一首首各自为诗。即使是某人之年谱附诗,也不过把某一个人之事记下来而已,对于整个历史关系而言则远不够。

---

[1] 陈寅恪:《元白诗笺证稿》,《陈寅恪集·元白诗笺证稿》,北京:生活·读书·新知三联书店2009年版,第85—88页,第91页。

> 有两点不综合:此诗即一件事与别事不综合,地方空间不综合,于历史上不完备。作者个人与前后之人不综合,作品亦与别人之关系不综合。
>
> 就白香山之诗而论,综合性尤嫌不够,需作再进一步之研究。综合起来,用一种新方法,将各种诗结合起来,证明一件事。把所有分散的诗集合在一起,于时代人物之关系、地域之所在,按照一个观点去研究,联贯起来可以有以下作用:
>
> 说明一个时代之关系。
>
> 纠正一件事之发生及经过。
>
> 可以补充和纠正历史记载之不足。最重要是在于纠正。
>
> 元白诗证史即是利用中国诗之特点来研究历史的方法。[1]

作为一种诗史观,陈寅恪之"以诗证史"中所欲鉴别的不仅是一种史事的真伪情状,更寓有体察诗歌抒发情感之诚伪、诗人道德操守之高下的重要目的。此则陈寅恪历史研究别具一格的独特法门和不凡用心。

整体上看,陈寅恪之史识与史观深稔儒家道统和饱蘸旧式文人情怀,但作为现代知识分子,其文化价值观和学术立场并非源于其政治上的保守性,即如吴宓、梅光迪等学衡派中人一意抗拒新文化运动的顽固性。在政治上,陈寅恪是固守自己学术立场和学者态度的自由主义者,这从他当年为王国维所作碑铭中犹可看出:"士之读书治学,盖将以脱心志于俗谛之桎梏,真理因得以发扬。思想而不自由,毋宁死耳。斯古今仁圣所同殉之精义,夫岂庸鄙之敢望。先生以一死见其独立自由之意志,非所论于一人之恩怨,一姓之兴亡。"古往今来,学术之真谛不在于一识一见之适时与合群否,而在于对真理的持守与求索。所谓真理者无他,即以历史之经验,知识

---

[1] 陈寅恪:《元白诗证史第一讲听课笔记片段》(唐筼记录),《陈寅恪集·讲义及杂稿》,北京:生活·读书·新知三联书店2009年版,第483—484页。

之修养,道德之厥则推判以往,衡估当前,瞻望未来。在陈寅恪看来,王国维之死无论其学术观点和政治立场如何,其以死明志,赴死殉义,即是一种学者的选择,士人或知识分子自由意志的强烈表达。"斯古今仁圣所同殉之精义,夫岂庸鄙之敢望!"而"惟此独立之精神,自由之思想,历千万祀,与天壤而同久,共三光而永光"。[1]

而作为自由主义者,陈寅恪以纯粹学者的立场,文化理性主义原则辨析古今人文,推判东西文明之同异,思维纯净,立论高远。1919年在哈佛大学时陈寅恪曾与吴宓讨论中西学术及文化等问题,所论所思所感富于批判性与前瞻性,鞭辟入里,洞见幽明:

中国之哲学、美术,远不如希腊,不特科学为逊泰西也。但中国古人,素擅长政治及实践伦理学,与罗马人最相似。其言道德,惟重实用,不究虚理,其长处短处均在此。长处,即修齐治平之旨。短处,即实事之利害得失,观察悉明,而乏精深远大之思。故昔则士子群习八股,以得功名富贵;而学德之士,终属极少数。今则凡留学生,皆学工程、实业,其希慕富贵、不肯用力学问之意则一。而不知实业以科学为根本。不揣其本,而治其末,充其极,只成下等之工匠,境遇学理,略有变迁,则其技不复能用,所谓最实用者,乃适成为最不实用。至若天理人事之学,精深博奥者,亘万古,横九垓,而不变。凡时凡地,均可用之。而救国经世,尤必以精神之学问(谓形而上之学)为根基,乃吾国留学生不知研究,且鄙弃之,不自伤其愚陋,皆由偏重实用积习未改之故。此后若中国之实业发达,生计优裕,财源浚辟,则中国人经商营业之长技,可得其用;而中国人,当可为世界之富商。然若冀中国人以学问、美术等造诣胜人,则决难必也。夫国家如个人然,苟其性专重实

---

[1] 陈寅恪:《清华大学王观堂先生纪念碑铭》,《陈寅恪集·金明馆丛稿二编》,北京:生活·读书·新知三联书店 2009 年版,第 246 页。

事,则处世一切必周备,而研究人群中之关系之学必发达。故中国孔孟之教,悉人事之学。而佛教则未能大行于中国。尤有说者,专趋实用者,则乏远虑,利己营私,而难以团结,谋长久之公益。即人事一方,亦有不足。今人误谓中国过重虚理,专谋以功利机械之事输入,而不图精神之救药,势必至人欲横流、道义沦丧,即求其输诚爱国,且不能得。西国前史,陈迹昭著,可为比鉴也。[1]

斯言谆谆。诚然,贬时弊务根本,反实学尚理思,固为陈寅恪治学之本。

钱穆堪称史学名家,与陈寅恪、陈垣、吕思勉并称"史学四大家"。早年入私塾读书,后自学成才。1930年受顾颉刚推荐入燕京大学任教,后受荐任教北京大学历史系,得胡适赏识,主讲中国通史。钱穆早年致力于先秦诸子研究,尚在苏、锡中学任教时即撰《先秦诸子系年》一书,并有《国学概论》《刘向歆父子年谱》等。尚考据,赞同胡适"整理国故"方法。抗战爆发后随校辗转至昆明,讲授中国通史课程,撰成《国史大纲》一书。该书1940年出版,列为国民政府教育部大学用书,是当时具有代表性的通史类著作之一。全书八编,四十六章,五十余万字,主要从政治制度、思想学术、社会经济三个方面梳理从先秦至明清中国社会发展的历程。政治制度方面,钱穆指出:从先秦封建(分封)制到秦代郡县制,政治集权制度确立;西汉中叶到东汉,宗室外戚专权的政府转变为士人政府;隋唐时期,由于科举制的推行,士族门弟入宦的制度为考试选拔的官僚制度代替,这都反映了中国政治制度的进步。其中,儒家的民治主义、德治思想起了关键作用。"文治""武功"相分离,文化脱离政治权力的制约具有了相对的独立性,对政治权力和制度文化具有持久影响力,士、农、工、商"四民社会"逐步形成,思想学

---

[1] 吴宓:《吴宓日记》(第2册),北京:生活·读书·新知三联书店1998年版,第100—102页。

术脱离宗教和政治势力走向独立发展。在经济上,从历代田制的演化中,钱穆清理出了一条中国社会经济随政治制度变迁而相应变动的历史脉络。他认为,中国社会政治制度、思想学术、社会经济三者在发展中存在一种内在和谐的关系,整体上向着促进社会进步的方向发展。钱穆认为研究历史要本着尊重历史的态度,不能妄自菲薄,因而对传统和现行史学研究方法多有批判。他不赞成传统"记诵派"的史学研究方法,谓其"缺乏系统,无意义,乃纯为一种书本文字之学,与当身现实无预"。对于胡适"整理国故"中提出的科学考订方法("考订派"),认为其弊在"割裂史实,为局部窄狭之追究。以活的人事,换为死的材料。治史譬如治岩矿,治电力,既无以见前人整段之活动,亦于先民文化精神,漠然无所用其情。彼惟尚实证,夸创获,号客观,既无意于成体之全史,亦不论自己民族国家之文化成绩也"。所谓"革新派","其治史为有意义,能具系统,能努力使史学与当身现实相绾合,能求把握全史"。但其"之于史也,急于求智识,而怠于问材料。……其于史,既不能如'记诵派'所知之广,亦不能如'考订派'所获之精。彼于史实,往往一无所知。彼之所谓系统,不啻为空中楼阁。……其绾合历史于现实也,特借历史口号为其宣传改革现实之工具。彼非能真切沉浸于已往之历史智识中,而透露出改革现实之方案。彼等乃急于事功而伪造智识者,智识既不真,事功亦有限"。在钱穆看来,从"五四"时期新文化派的反传统,到后来社会史论战中的"社会形态"论史学等,放言高论,以偏概全,使"有志于当身现实之革新,而求知国史已往之大体者,莫不动色称道,虽牵鼻而从,有勿悔矣。然竟使此派论者有踌躇满志之一日,则我国史仍将束高阁、覆酱瓿,而我国人仍将为无国史智识之民族也"。[1] 总之,钱穆于"考订派"的史学研究方法多有会心,但其社会政治观和文化史观具有保守性,反对新文化运动及"西化"派的政治文化主张,因此,在钱穆与胡适等之间终难绾合。但在自由主义学术文化领域,二者的分野毕竟只是观念的分歧,

---

[1] 钱穆:《国史大纲·引论》,《钱宾四先生全集27》,台北:联经出版事业公司1998年版,第24—27页。

并非本质差异。这一点,经其后学者余英时等的努力,终究达致谅解与会通之道。

钱穆为学之重尤在学术史一脉。自早年《国学概论》《先秦诸子系年》之编,至其《中国近三百年学术史》及诸种中国思想、文化史论著、论集出版,晚年更有多卷本《中国学术思想史论丛》行世。钱穆一生对于中国学术思想史的研究可谓著作等身,无出其右者。其关注点尤以先秦诸子和宋明理学为重,及以黄宗羲《明儒学案》,黄宗羲、全祖望《宋元学案》为楷模苦心孤诣编撰《清儒学案》一部,梳爬清理有清一代经、史之学体系、流脉。本已撰成,不意于战乱中稿轶,仅余《清儒学案序目》一篇。1930年代初,因有感于梁启超《清代学术概论》一书所论之偏至,"以意见相异"而于北大开讲"中国近三百年学术史"一课,1937年出版《中国近三百年学术史》一书。[1]于《自序》中钱穆说道:

> 窃谓近代学者每分汉宋疆域,不知宋学,则亦不能知汉学,更无以平汉宋之是非,故先之以"引论",略述两宋学术概要。又以宋学重经世明道,其极必推之于议政,故继之以东林。
>
> 明清之际,诸家治学,尚多东林遗绪。梨洲嗣轨阳明,船山接迹横渠,亭林于心性不喜深谈,习斋则兼斥宋明,然皆有闻于宋明之绪论者也。不忘种姓,有志经世,皆确乎成其为故国之遗老,与乾嘉之学,精气夐绝焉。[2]

汉、宋之学,系考据、义理两端。以梁启超之论,前者固为清学"复古"之根据。他说:清学之出发点,在"对于宋明理学之一大反动,而以'复古'为其职志者也"。自顾炎武、胡渭、阎若璩,及黄宗羲、全祖望、章学诚等启

---

[1] 钱穆:《中国近三百年学术史(一)出版说明》,《钱宾四先生全集(16)》,台北:联经出版事业公司1998年版,第1页。

[2] 钱穆:《中国近三百年学术史·自序》,《钱宾四先生全集(16)》,台北:联经出版事业公司1998年版,第15页。

蒙时代人物,至全盛期代表人物惠栋、戴震、段玉裁、王念孙、王引之等,无不弃理学而治经学。顾炎武始"倡'舍经学无理学'之说,教学者脱宋明儒羁勒,直接反求之于古经。而若璩辨伪经,唤起'求真'观念;渭攻'河洛',扫架空说之根据;于是清学之规模立焉"。故梁启超认为,清学自初期启蒙派至全盛期之正统派,无不是对宋儒的反动,二者之异仅在于:"一、启蒙派对于宋学,一部分猛烈攻击,而仍因袭其一部分;正统派则自固壁垒,将宋学置之不议不论之列。二、启蒙派抱通经致用之观念,故喜言成败得失经世之务;正统派则为考证而考证,为经学而治经学。"清学之本末在"汉学",即宗汉征经之学。"其研究范围,以经学为中心,而衍及小学、音韵、史学、天算、水地、典章制度、金石、校勘、辑逸等等;而引征取材,多极于两汉,故亦有'汉学'之目。""其治学根本在方法,在'实事求是''无征不信'。""学者以专经为尚",辨伪是务,至重演两汉今、古文之争。迄清末,有康有为、梁启超辈宗"公羊三世"论,立"孔子改制"说,"借经术以文饰其政论"。[1]

钱穆之左于梁启超的观点,在于不欲以"汉学"(乾嘉之学)立清学之本。他认为,"不忘种姓,有志经世"乃儒学本色,"宋学重经世明道,其极必推之于议政","与乾嘉之学,精气复绝焉"。而"明清之际,诸家治学,尚多东林遗绪。梨洲(黄宗羲)嗣轨阳明(王阳明),船山(王夫之)接迹横渠(张载),亭林(顾炎武)于心性不喜深谈,习斋(颜元)则兼斥宋明,然皆有闻于宋明之绪论者也。……皆确乎成其为故国之遗老",不该与后世亡国沦种之学者相提并论。故其谓:"抑余治诸家书,犹多余憾。亭林最坚卓,顾其辞荐也,则曰,'人人可出,而炎武必不可出'。二甥既为清显宦,弟子潘次耕,亲兄备受惨毒,亦俯首为清臣。梨洲晚节多可讥。晚村(吕留良)独持夷夏之辨不变,然余读其遗训手迹,缕缕数百言,皆棺衾附身事耳。独曰,"子孙虽贵显,不许于家中演戏",则无怪后人之入翰苑也。船山于诸家中最晦,其子则以时文名。习斋力唱经世干济,恕谷(李塨)乃为游幕。徐狷

---

[1] 梁启超:《清代学术概论》,上海:上海古籍出版社1998年版,第3—7页。

石(介)所谓'遗民不世袭',而诸老治学之风乃不得不变。继之以潜邱(阎若璩)、西河(毛奇龄),此国亡不复后之所谓考据学也。复继之以穆堂(李绂)、谢山(全祖望),此国亡不复后之所谓义理学也。彼其所以与晚明诸老异者,岂不在朝廷哉!岂不在朝廷之刀锯鼎镬、富贵利达哉!"[1]

钱穆所憾,显在沦种亡国之满清国运。文人士子纷为逆子贰臣,此所谓"国亡不复后"有"考据学""义理学"也。"精气夐绝",故区区不足道哉。更有甚者,"乾隆御制《书程颐论经筵札子后》有云:'夫用宰相者,非人君其谁乎?使为人君者,但深居高处,自修其德,惟以天下之治乱付之宰相,己不过问,幸而所用若韩、范(韩琦、范仲淹),犹不免有上殿之相争,设不幸而所用若王、吕(王安石、吕惠卿),天下岂有不乱者!此不可也。且使为宰相者,居然以天下之治乱为己任,而目无其君,此尤大不可也。'夫不为相则为师,得君行道,以天下为己任,此宋明学者帜志也。今曰'以天下治乱为己任尤大不可',无怪乾嘉学术一趋训诂考订,以古书为消遣神明之林囿矣。于此而趋风气,趁时局,则治汉学者必以诋宋学为门面,而戴东原氏为其魁杰。起而纠谬绳偏,则有章实斋,顾曰,'六经皆史,皆先王之政典',然为之君者即不许其以天下治乱为己任,充实斋(章学诚)论学之所至,亦适至于游幕教读而止,乌足以上媲王介甫(王安石)、程叔子(程颐)之万一耶"![2] 故对清儒一代,钱穆不似梁启超式的乐观,更不欲以"汉学"、考证为所作清学之论的重点,意甚明也。

故钱穆论清学,以宋理为宗,着力张扬清初诸儒经世致用、狷介守节之精神,所肯定者多为梁启超所谓"启蒙时代"人物。实则梁启超亦曾看到这派人物与宋学的关系,不过认为他们所开为"汉学"宗经之风气。如对顾炎武的评说,钱穆与梁启超迥然有别。

梁启超认为,顾炎武痛抵晚明学风,矛头直指王守仁(阳明):"今之君

---

[1] 钱穆:《中国近三百年学术史·自序》,《钱宾四先生全集(16)》,台北:联经出版事业公司1998年版,第15、16页。
[2] 钱穆:《中国近三百年学术史·自序》,《钱宾四先生全集(16)》,台北:联经出版事业公司1998年版,第16—17页。

子,聚宾客门人数十百人,与之言心言性。舍'多学而识'以求'一贯'之方,置'四海困穷'不言而讲'危微精一',我弗敢知也。"[1]而"凡一新学派初立,对于旧学派,非持绝对严正的攻击态度,不足以摧故锋而张新军,炎武之排斥晚明学风,其锋芒峻露,大率类是。自兹以后,王学遂衰熄,清代犹有袭理学以为名高者,则皆自托于程朱之徒也。虽曰王学末流极敝,使人心厌倦,本有不摧自破之势,然大声疾呼以促思潮之转捩,则炎武最有力焉"。顾炎武故"根本不承认理学之能独立",其曰:"古今安得别有所谓理学者?经学即理学也。自有舍经学以言理学者,而邪说以起。"(原注:全祖望《亭林先生神道表》引)故梁启超谓:"'经学即理学'一语,则炎武所创学派之新旗帜也。""然则炎武所以能当一代开派宗师之名者何在?则在其能建设研究之方法而已。"举之有三:"一曰贵创。"梁指顾炎武谓明人所著书"无非窃盗而已",倡言"必古人所未及就,后世之所不可无,而后为之"。"观此知摹仿依傍,炎武所最恶也。""二曰博证。"梁谓"炎武学有本原,博赡而能贯通","故引据浩繁,而抵牾者少"。他总结顾炎武"研学之要诀"云:"论一事必举证,尤不以孤证自足,必取之甚博,证备然后自表其所信。……此所用者,皆近世科学的研究法。乾嘉以还,学者固所共习,在当时则固炎武所自创也。""三曰致用。"顾炎武说:"孔子删述六经,即伊尹、太公救民水火之心,……凡文之不关于六经之指、当时之务者,一切不为。"(原注:《亭林文集·与人书三》)梁谓:"其标'实用主义'以为鹄,务使学问与社会之关系增加密度,此实对于晚明之帖括派、清谈派施一大针贬。清代儒者以朴学自命以示别于文人,实炎武启之。"[2]

钱穆之论顾炎武,一不究学说之统系,二不在嘉许所谓"科学的研究法"。而本知人论世之旨,考其行事,彰其气节。述其"论学宗旨","大要"两语:"一曰'行己有耻',一曰'博学于文'。"关于前者,钱穆认为,"亭林持守方严,行己整峻,真所谓有耻无愧者"。"兀傲自喜","常自处为砧砧踽踽

---

[1] 参见梁启超:《清代学术概论》,上海:上海古籍出版社1998年版,第9页。原注《亭林文集·答友人论学书》。其引有删略,参勘《与友人论学书》,《四部丛刊·亭林文集(卷3)》。
[2] 梁启超:《清代学术概论》,上海:上海古籍出版社1998年版,第9—12页。

之人,盖自比于古之狷者"。故其"论史,尤重风俗","大意在重节义而轻文章"。如"于东汉特斥蔡邕","于明末极诋李贽与钟惺。本此而主严别流品","引奖厚重","倡耿介","贬乡愿","而归极于尚廉耻","立名教","振清议",倡言"天下兴亡,匹夫有责"。"故晋之乱归罪于林下,而明之亡溯源于阳明。而曰:'一治一乱,拨乱世,反之正,岂不在于后贤乎?'"于此,钱穆指出:"盖天下之治乱,本之风俗,风俗之盛衰,由于一二贤知之士。天下兴亡,匹夫固宜有责。亭林所倡行己之教,大体如是。"在他看来,"自亭林当身,已见称狷介,于世不谐,及其身后,能领解其旨者益尠"。"然三百年来,亭林终不免以多闻博学见推,是果为亭林之辱欤! 亭林地下有知,客死之魂,不知又将于何归依? 今谓亭林乃清学开山,亦仅指其多闻博学,而忘其'行己有耻'之教者,岂不更可痛之甚耶!"——此论正可谓针对梁启超而发。[1]

关于"博学于文",钱穆认为:第一,谓为顾炎武"以多闻博学见推",固属后学余本逐末,而其"以明之亡国归罪阳明之讲学者",非为公允。其乃"亭林以狷介之性,发为斩截之议。抑其为此,开其为彼。虽后之专趋考证,不讲身心,未必亭林一人之言可以为之主持;而后人推尊亭林,谓为考证学作开山者,要知在当时,亭林知好学侣如张蒿庵(尔岐)、归玄恭(庄),故并不尽以亭林见解为然。即今平心论之,亭林人格之兀岸,与其言论之斩截,固是互相表里。然其间是非,则当分别而论,不得混为一谈也"。故他以为,顾炎武等"所恶于王学者,在其末流昌狂浮伪而已"。"然亭林之言方为后世借口",当予辨析。第二,"以言夫亭林博学之教",钱穆认为最著者在"两书":《日知录》与《音学五书》。顾炎武自谓:"君子之为学,以明道也,以救世也。徒以诗文而已,所谓'雕虫篆刻',亦何益哉! 某自五十以后,笃志经史。其于音学,深有所得。今为五书,以续三百篇以来久绝之传。而别著《日知录》,上篇经术,中篇治道,下篇博闻,共三十余卷。有王

---

[1] 钱穆:《中国近三百年学术史》,《钱宾四先生全集(16)》,台北:联经出版事业公司1998年版,第149、150、154、155—160页。

者起,将以见诸行事,以跻斯世于治古之隆,而未敢为今人道也。"(钱穆引注:《文集卷四·与人书二十五》)故此,钱穆说:"是知亭林平生著述,著意专在二书矣。"其曰:"愚不揣,……凡文不关于六经之旨,当时之务者,一切不为。"(钱穆引注:《文集卷四·与人书三》)钱穆谓为"乃其自述编纂《音学五书》也"。顾氏尝言:"读九经自考文始,考文自知音始。以至于诸子百家之书,亦莫不然。"(钱穆引注:《文集卷四·答李子德书》)又以为:"理学之名,自宋人始有之。古之所谓理学,经学也。"(钱穆引注:《文集卷三·与施愚山书》)于此,钱穆辨之曰:"故治音韵为通经之钥,而通经为明道之资。明道即所以救世。亭林之意如是。"——其意犹在辩驳梁启超之论。同时,钱穆认为,"乾嘉考证学,即本此推衍,以考文、知音之工夫治经,即以治经工夫为明道,诚可谓得亭林宗传"。他视顾炎武之治学方法,提供给后世考证学者,一在"为种种材料分析时代先后,而辨其流变",二在"每下一说,必博求佐证,以资共信"。钱穆辨析认为,"亭林'经学即理学'之论,虽意切救世,而析义未精,言之失当",将其与毛奇龄、惠栋等"一例以考证学者目之",则在"所不取也"。[1]

显然,较梁启超所不同者,钱穆论清学更重学人节气行止,考其源流更讲经世情怀。故更以宋明理学为然,而视清代考证之学为末流。钱穆之讲"经世",与胡适等之倡"实用"迥然有别。其论首在节义正气,载道宗经非其所轻。秉持儒者情怀,勿以曲学阿世,戒为哗众取宠之论,"中学为体,西学为用"。观念虽旧,然于现代学人中独树一帜。就论学风格而言,犹可见钱穆所论之实与梁启超论说之泛。

但很明显,钱穆的史学论述属于琐细论证,缺乏宏观的历史眼光,特别是他不明了现代社会的发展方向和逻辑,对于历史现象只能做细节化的诠解,无法达到高屋建瓴的境地,故只能依凭一种历史化的述史原则和史论方法,以及固有的道德价值观,做出各种现象化的证实或证伪。其对胡适

---

[1] 钱穆:《中国近三百年学术史》,《钱宾四先生全集(16)》,台北:联经出版事业公司1998年版,第162—164、166、168页。

《说儒》的批判就是显例。——固然对儒家历史源流和社会职能的史实化了解和知识性把握钱穆有优于胡适之处，但由于不明了胡适论说的社会文化因由和胡适中国哲学史研究的内在逻辑，钱穆对胡适《说儒》的批驳在宏观的历史认知层面就显得隔靴搔痒。故在其儒、道及诸子研究中，钱穆始终不能够如胡适那样获得对先秦哲学，以及文化思想史的整体和系统化把握，因而也无法真正建构自己的中国哲学、思想和文化史观，及其具有哲学、思想史高度的论说体系。一系列言说总体上只能在宋儒"经世致用"的理学程式中回旋。在学术理路上钱穆之学大抵属于传统，总体上可视为"理学"与"经学"的和合——观念上秉持宋儒"经世致用"的祖训，方法上较多清儒"朴学"考证的熏染。载道宗经，求是乏新。

就文学研究而言，西南联大时期由诗人而至文学史家的闻一多成就斐然。至1946年7月他在昆明被难时止，致力于对唐诗、《诗经》、《楚辞》、古代神话、乐府诗、《庄子》、《管子》、《周易》以及语言文字学等方面的研究，取得了丰硕成果。新版《闻一多全集》（湖北人民出版社1993年版）十二卷中近十卷学术作品，多半成就于西南联大时期，尽管因其被难部分成未完稿，亦且蔚为大观。唐诗部分除《唐诗杂论》收录的九篇论文及《唐诗大系》[1]外，尚有《陈子昂》《唐诗要略》《诗的唐朝》《少游先生交游考略》《岑嘉州交游事辑》《岑参诗校读》《唐诗校读法举例》《全唐诗汇补》《全唐诗续补》《全唐诗辨证》《说杜丛钞》《唐风楼捃录》《全唐诗校勘记》《全唐诗人小传》多种。《诗经》部分有《诗经的性欲观》《诗新台鸿字说》《匡斋尺牍》《说鱼》《诗经新义》《诗经通义（甲乙）》《风诗类钞（甲乙）》《诗风辨体》《诗经词类》等。《楚辞》部分有《读诗杂记》《司命考》《屈原问题》《人民的诗人——屈原》《端午考》《敦煌旧钞本楚辞音残卷跋（附校勘记）》《楚辞斠诂（甲乙）》《什么是九歌》《九歌的结构》《九歌释名》《东君·湘君·司命——〈九歌杂记〉之一》《东皇太一考》《怎样读九歌》《九歌古代歌舞剧悬解》《楚郊祀东皇太一乐

---

[1]《唐诗杂论》和《唐诗大系》为1948年开明书店版《闻一多全集》所收。《唐诗杂论》含《类书与诗》《宫体诗的自赎》《四杰》《孟浩然》《贾岛》《少陵先生年谱会笺》《岑嘉州系年考证》《杜甫》《英译李太白诗》九篇。

歌》《九歌解诂》《天问释天》《天问疏证》《论九章》《九章解诂》等。古代神话研究方面有《高唐神女传说之分析》(1935)、《朝云考》、《姜嫄履大人迹考》、《伏羲考》、《神仙考》、《龙凤》、《两种图腾舞的遗留》等。乐府诗研究方面有《乐府诗笺》一部。《庄子》研究有《庄子》《庄子内篇校释》《庄子章句》《庄子校补》《庄子义疏》《道教的精神》等。《管子》研究有《管子校勘》一部。《周易》研究有《周易义证类纂》《周易新论》《周易杂记》《周易字谱》《周易分韵引得》等。文字学研究有《卜辞研究》《契文疏证》《金文杂释》《尔雅新义》《假借字谱》等及多篇甲骨、金文、《尔雅》文字释义与考据和诠解的论文。其中1947年前作者已刊论文大多收入1948年开明书店出版的《闻一多全集》中"神话与诗""古典新义"两辑。

朱光潜1933年任教于北京大学西洋语言文学系(西语系),并兼清华大学"文艺心理学"等课程。抗战前朱光潜出版了美学代表作《文艺心理学》一书,以康德美学思想和克罗齐直觉论美学理论为基础,运用美感心理分析的方法,以美感经验为中心,辨析美(艺术)的本质、特征,审美判断与创造,审美与道德、美的分类与艺术鉴赏等,对之进行系统的理论阐释与建构,是中国现代第一部运用西方古典美学和形式论美学理论进行美学和艺术学研究的学术专著。抗战时期朱光潜受聘于四川大学,完成了其诗学研究代表作《诗论》一书的写作。旨在"用西方诗论来解释中国古典诗歌,用中国诗论来印证西方诗论"。[1] 在中西互证、诗学会通的意义上建构其体系化的诗学理论和实现诗学研究的现代化。朱光潜认为,中国传统"诗论""零乱琐碎,不成系统,有时偏重主观,有时过信传统,缺乏科学的精神和方法"。这反映了中西文化和思想方式的差异:"中国人的心理偏向重综合而不喜分析,长于直觉而短于逻辑的思考。"现代诗学研究须以"谨慎""虚心"的态度,通过比较、分析和鉴别,探讨"一是固有传统究竟有几分可以沿袭,

---

[1] 朱光潜:《诗论·后记》,《朱光潜全集(第3卷)》,合肥:安徽教育出版社1987年版,第331页。

一是外来影响究竟有几分可以接受"?[1] 于此,朱光潜的美学建树和诗学研究使中西方古典美学传统和现代艺术理论在相互兼容、理论会通的意义上得以发扬光大。

朱光潜的美学思想来源于从康德到克罗齐一脉相承的西方形式论美学体系。他说:"我原来的兴趣中心第一是文学,其次是心理学,第三是哲学。因为喜欢文学,我被逼到研究批评的标准、艺术与人生、艺术与自然、内容与形式、语文与思想诸问题;因为喜欢心理学,我被逼到研究想象与情感的关系、创造和欣赏的心理活动以及趣味上的个别的差异;因为喜欢哲学,我被逼到研究康德、黑格尔和克罗齐诸人讨论美学的著作。这么一来,美学便成为我所喜欢的几种学问的联络线索了。"而从文艺心理和美感经验的角度,"根据创作和欣赏的事实,寻求关于文艺的原理",[2]即是他美学及文艺心理学研究的基本思路,从而与他早年富于超越性的艺术价值观和文学理想形成会通。在朱光潜最早的美学论文《无言之美》中,他已非常完整地表达了对于艺术的超越性理念。他说:"美术(按:文学艺术)是帮助我们超现实而求安慰于理想境界的。人类的意志可向两方面发展:一是现实界,一是理想界。""我们处世有两种态度,人力所能做到的时候,我们竭力征服现实。人力莫可奈何的时候,我们就要暂时超脱现实,……超脱到理想界去。现实界处处有障碍有限制,理想界是天空任鸟飞,极空阔极自由的。现实界不可以造空中楼阁,理想界是可以造空中楼阁的。现实界没有尽善尽美的,理想界是有尽善尽美的。"可见,"理想界"与"现实界"是对立着并超脱着的,遁入"理想界"是对于"现实界"的超越,也是对于"现实界"的否定。但朱光潜认为,这并非消极的"出世",它不是宗教。宗教上的"消极的人生观不是解决意志和现实冲突最好的方法",只会引导青年人去自杀或颓废。而对于现实的审美的否定("观照")乃等于另一种意义上的

---

[1] 朱光潜:《诗论·抗战版序》,《朱光潜全集(第3卷)》,合肥:安徽教育出版社1987年版,第3—4页。
[2] 朱光潜:《文艺心理学·作者自白》,《朱光潜全集(第1卷)》,合肥:安徽教育出版社1987年版,第198、200页。

正视现实:以审美的眼光来看,"我们所居的世界是最完美的,就因为它是最不完美的。""这个世界之所以美满,就在有缺陷,就在有希望的机会,有想象的田地。"[1]一个真正的有着超脱现实的生活志趣的人,就得"以出世的精神,做入世的事业"。[2]这就是审美的精神,也就是艺术的事业,它包含着从人生的审美化到生活的艺术化两重意义。在哲学世界观上则可看出从康德的心物二元论到叔本华、尼采的悲情主义一以贯之的脉络。

因此,心物二元论是朱光潜审美观念的基础。艺术的心灵价值是朱光潜美学认识论的核心。正在于此,朱光潜起而"把文艺的创作和欣赏当作心理的事实去研究"。他的第一部美学专著被叫作《文艺心理学》,其目的是通过"研究想象与情感的关系,创造和欣赏的心理活动以及趣味上的个别的差异",探讨文学和艺术的本质。[3]

《文艺心理学》一书从对于一切形式论美学的源头,美感经验的分析入手,其中心论题是美(即艺术)的本质问题。间及艺术与道德的关系,艺术的创造,美的分类和艺术鉴赏等。朱光潜引克罗齐"心灵的哲学"中用以界定美的认知特性的基本概念——"直觉"为立论的基础。在西方哲学对于三种不同的"知"的区分中明晰其特质:直觉是依据感性的,知觉属于知性,概念属于理性。"见形象而不见意义的'知'就是'直觉'。"在克罗齐那里,"知的方式根本只有两种:直觉的和名理的",即"对于个别事物的知识"和"对于诸个别事物中的关系的知识"。前者是美学,亦可称为"直觉学"或"心学"("直觉是心知物的活动");后者是"名学"(逻辑学或纯概念的科学)。在"直觉"的意义上,美呈现着两种特征:一是审美者是独立自足的,美的对象(直觉的对象),在他心中呈现为"一个无沾无碍的独立自足的意象(Image)"。二是美的价值是"内在的"(Intrinsic),是不关涉任何一种概

---

[1] 朱光潜:《无言之美》,《朱光潜全集(第1卷)》,合肥:安徽教育出版社1987年版,第66—67、71、72页。

[2] 朱光潜:《悼夏孟刚》,《朱光潜全集(第1卷)》,合肥:安徽教育出版社1987年版,第76页。

[3] 朱光潜:《文艺心理学·作者自白》,《朱光潜全集(第1卷)》,合肥:安徽教育出版社1987年版,第199页。

念的单纯的"形象"。

在此基础上,朱光潜借用英国心理学家布洛(Bullough)的"心理距离说"来解释"观照"即审美的活动的心理成因。他说,"美感的态度"在于造成一种物我之间的"客观的"关系,即一种"距离"感。"就消极的方面说,它抛开实际的目的和需要;就积极的方面说,它着重形象的观赏。它把我和物的关系由实用的变为欣赏的。就我说,距离是'超脱';就物说,距离是'孤立'"。调节二者关系即维持"距离"的适宜程度的是情感(情感是物我的连线,因而艺术必是情感的)。因为艺术总要以"能表现情感和激动情感"为目的。情感必与反思相连,它依赖于能激发联想的"距离"的感觉。就"距离"的程度而言,"'不即不离'是艺术的一个最好的理想"。[1]

如果说"观照"是美感的态度,情感则是艺术的中心。因此,朱光潜认为,在艺术的创造和欣赏中,无论是创造者还是欣赏者,总能找到一个情趣的共通点(情感的交结点或兴奋点),这就是在个别的事物中见出"永恒的理性"。这种"永恒的理性"因为不是概念的,而是情感的,所以又可称为"诗的真理"。这种"诗的真理"可以用"无限"(Infinitude)和"自由"(Freedom)来表达,这就是"美的特质"。因为"最无限、最自由的莫如心灵,所以最高的美都是心灵的表现"。它使人跳出受必然律支配的"自然",而进入受或然律支配的"永恒",人的精神(亦即情感)才可望获得永生。[2]

找到了艺术或美的终极就是获得了一把解决其他艺术或美的问题的钥匙。在朱光潜看来,美感不仅仅是一种心理活动,更是一种生理活动。通过揭示人的美感的心理机能向生理机制转化的规律,便可以找到美感与艺术的创造活动之间的关联,寻到一条发生学意义上的美的认识路线。

依照闵斯特堡的美感对象的"孤立说",朱光潜感到,通过"移情"所获得的"直觉"往往表现为"冲动",但它并不实现于行动。因为"形象在意识

---

[1] 朱光潜:《文艺心理学》,《朱光潜全集(第1卷)》,合肥:安徽教育出版社1987年版,第216—222页。
[2] 朱光潜:《文艺心理学》,《朱光潜全集(第1卷)》,合肥:安徽教育出版社1987年版,第206—215页。

中既完全孤立",它所伴随的冲动就只能是美感,而不能使"我"产生拒绝或拥有的欲望性冲动而付诸肢体的行动。美感经验所引起的最可能的行为是模仿,但也是情动于心而止于行。照谷鲁斯的看法,可称为"内模仿"。"内模仿"是一种"象征的模仿",即以局部活动象征全体活动,从而产生快感。快感是冲动的升华,"是一种最简单、最基本、最纯粹的美感"。按照浮龙·李(Vernon Lee)的观点,冲动而有"情"的搀入则产生"情绪"。"情绪"是"事物的印象直接引起身体上的有机变化",并由这些变化所生的"感觉之总和"。单纯的快感是"线形运动",伴有情绪活动的模仿的冲动是"人物运动"(想达到某种目的的心理活动)。前者是抽象的,后者是具体的(前者不可能付诸行动,后者付诸行动则有时是实用的,但它与艺术创造所需要的冲动却有关系)。[1] 朱光潜认为,艺术创造即是作为具体的模仿的活动,它与实用的活动必本于不同的情感冲动:或为快感,或为美感。他感到,单纯的快感或不快感并不一定都是美感。美感是一种"共享"的快感,单纯的快感则因人而异(暂时的、不稳定的)。在通常意义上,美感是通过回味("复现于记忆")才获得。单纯的快感即得即失。到"复现于记忆时",仍与原来所经验的没有差别,才可称作美感。这就显得美感的特征符合于美的本质:它是"不沾实用,无所为而为的";它起于外界的刺激但不止于外来的刺激,是移情作用所发生的"性格的返照",是主体与对象之间自由而自然的情趣的交流。创造和欣赏都因主体的美感活动而统一。对主体来说,美感是一种不自觉的快感,它在欣赏时起于对象的"孤立绝缘",在创造(模仿)时起于所创造物的自发刺激,即灵感和创造力的自发作用。[2] 可见,关于美或艺术的创造和欣赏的一切规律性的活动都联系着人对于美的本质的认识,因而是自发的、内在的,而非被动的、外在的。

把对于美感的知识导向对艺术或美的创造的问题的认识,是朱光潜

---

[1] 朱光潜:《文艺心理学》,《朱光潜全集(第1卷)》,合肥:安徽教育出版社1987年版,第252—263页。
[2] 朱光潜:《文艺心理学》,《朱光潜全集(第1卷)》,合肥:安徽教育出版社1987年版,第269—274页。

美学的逻辑结果。按照从立普斯和克罗齐那里获得的启示,朱光潜认为,移情作用对于创造文艺的影响不仅表现在艺术创造与美感的个人动机之间的关联上,还在于社会对于艺术的本质要求通过赋予语言文字以多种功能性意义表现出来。"文学的媒介是语言文字。"语言和艺术的"生展"有着同一性。如果说相对于其他生物,人类运用语言是获得自由的开始,那么,艺术对于人类所体现的正是这种"语言的自由"。从康德、席勒,到谷鲁斯、皮亚杰等,都把艺术的起源与游戏联系起来。游戏作为人类带有生物学意义的本能在于满足某种不可实现的欲望。它和文艺的联系在于它的幻想性,是由"语言的自由"向行动的自由的转化。艺术与游戏一样,它起于模仿,因而它的对象必是实有的而非抽象的;它是对于意象世界的独特创造,因而必须超脱现实的经验事实表现出意志的绝对自由。但这都本于语言赋予人的创造性自由。因为在现实的条件下,一切"行动的自由"都必先通过"语言的自由"来达到,并最终作为观念的自由而体现。

艺术创造的个人特征是灵感,它源于美感经验的个别性和具体性。创作就是情感的意象化。所以克罗齐说,凡是艺术都是抒情的。在此基础上,朱光潜批判了"自然主义"(写实主义)和"理想主义"(古典主义)艺术观的错误:前者把艺术与科学相等同,对艺术的"真"给予绝对性的强调,把美的悬想都搁置了。后者注重"类型",把艺术的情感化和个性化放在次要位置,等于抽掉了艺术的灵魂。与此相比,艺术上的真正的"自由主义"乃是浪漫主义,但它必须除去"为艺术而艺术"的褊狭。

对朱光潜而言,以情感和想象作为艺术的本质,乃是进一步强化了艺术的超越性和精神化特征。以此看待艺术的独立自主性及其社会功能的特殊性,必使朱光潜在总的价值观上更执着地坚持艺术与道德(政治)的分立。这一观念最直接的根源是康德哲学对于人类知识体系的三大划分(认知、审美、道德)。由于克罗齐哲学更加强化了审美(直觉)的心灵本质,所以在朱光潜看来,克罗齐对美学的最大贡献就是在"知"的层面上通过几个"重要的否定"使人进一步明确了艺术的活动与"明理的"(概念的)活动之间的界限:第一,"艺术不是哲学、科学或历史。艺术只构成意象,不产生概念,不肯定或否定意象的真实性"。对于一件艺术作品,把它作为"纯意象"来观照(欣赏)与把它当作概念去思考(批评),属于不同认知范畴内的事情。第二,"艺术不是功利的活动,因为它的目的不在实益",即"它根本没有一个外在的目的,表现的目的就是它自身,就是表现"。第三,艺术是直觉,既先于"逻辑"(概念)的活动,也先于经济和道德的活动,所以它不是经济的活动也不是道德的活动。它"既无外在目的,又不起于意志(按:欲念)",它在人类心灵活动中和认识功能上是完全独立自足的。[1]

通过对于美感经验的分析认识美的本质,同时,通过认识美感的本质判明美感与艺术创造的关系,这样,朱光潜以情感的自由观照和"形象"(意象)的自由创造为中心来把握审美独立性的特征,实践了他的美学建构的初衷。

在现代文学批评领域,朱光潜的诗艺理论和诗学建构别具一格。主要在于,一以"心理上个别的差异"论诗之"懂"与"难懂",一以知识修养与趣味的高低论诗之"难"与"易"。就前者而言,针对"五四"时期胡适所谓"明白清楚"的作诗主张,朱光潜认为:"'明白清楚'不是批评诗的一个绝对的标准。""'明白清楚'不仅是诗本身的问题,同时也是读者了解程度的问题。凡是好诗对于能懂的人大半是明白清楚的。……对于不懂得的人就是不明白清楚。""'懂得'的程度因人而异。""诗的好坏应该同时从两方面见出。第一,它的意境是否新鲜美妙?第二,它的语言是否恰好传达它的意境?一首诗不能叫人懂得,不能叫人觉得'明白清楚',往往不仅在语言,而且在语言后面的意境。语言尽管做得很'明白清楚',而诗的要旨并不必就因而也'明白清楚'。……语言的'明白清楚'不一定能保障意境对于每个读者的'明白清楚'。如果不相信这话,请把陶潜的'采菊东篱下,悠然见南山'或是辛弃疾的'众里寻他千百度,蓦然回首,那人却在灯火阑珊处'之类的诗词念给一个对于诗词无修养的人听,略加解释,他们都会懂得这些话所

---

[1] 朱光潜:《文艺心理学》,《朱光潜全集(第1卷)》,合肥:安徽教育出版社1987年版,第339—341页。

指的'事实',但是你能说他们一定会懂这些话后面的'诗'么?白乐天做诗求老妪能了解的传说究竟有些误人。"在他看来,"'明白清楚'的程度不仅有关作者的传达力,尤其有关读者的欣赏力。在意境方面是如此,在语言方面也是如此"。"'旨远'有时可以'言近',也有时不可以'言近'。意思难,语言往往因之而难。在散文方面,《庄子》和《老子》比《论语》《孟子》较难了解;在诗方面,李义山较白乐天较难了解。在这些实例中,语言的难易都起于意境的难易。比如'双鬟隔香红,玉钗头上风','玉转湿丝牵晓水,熟粉生香琅玕紫','一春梦雨常飘瓦,尽日灵风不满旗'之类诗句,对于多数人或许是不可解,甚至于是不通,但是也有一部分人觉得它们很妙。如果文艺的价值不应取决于多数,则这一部分嗜好难诗的人也有权说他们所爱好的诗是好诗。"因此,朱光潜倾向于以"曲高和寡"来理解他所谓"好诗"的含义,认为"文艺上的趣味的分歧是永远没有方法可以统一的。原因甚多,最浅显的是修养上的差别"。由此他得出结论:"诗原来有两种。一种是'明白清楚'的,一种是不甚'明白清楚'的,或者说'迷离隐约'的。这两种诗都有存在的理由。"[1]就诗论诗,虽则情感是普遍的,趣味却是独特的,思想的表达也有深浅难易。因此,艺术的雅俗不可混淆,高雅和低俗常是区分艺术之好坏不可或缺的标准。

  关于诗歌"难"与"易"的问题,朱光潜说:诗的"难"不外乎在诗的三种要素——情趣、意象、语言。就创作而言,"诗人由情趣见到可表现那情趣的意象(因情生景),或是由意象而见到其中所表现的情趣(即景生情),然后把那情趣意象混化体凝定于恰如题分的语言,传达给旁人"。就理解而言,"读者第一眼所见到的就是这传达出来的语言,由语言而见意象,由意象而见情趣,然后把那些个情趣意象语言混化体(这就是那首诗)在想象中再造出来。他可能有三重难关。头一重难关是语言,他可能不了解那语言的一般的意义,不认识其中词汇;也可能不了解诗人用那语言所特别限定

---

[1] 朱光潜:《心理上个别的差异与诗的欣赏》,《朱光潜全集(第8卷)》,合肥:安徽教育出版社1993年版,第459—464页。

的意义,如上下文决定的意义,声音所暗示的意义之类。第二种难关是意象,他可能由于经验的限制或感官的缺陷,无法把诗人所表现的意象在心眼中完整地观照到。第三种难关是情趣,他也可能由于经验的限制或心理机能的缺陷,根本不能起那种情趣,或是无法见出那种意象与那种情趣的关联"。可见,所谓"难解"与"易解""是读者了解程度的问题,而不是诗本身好坏的问题。""许多口号诗,毛病并不在没有把话说得明白清楚,而在话的本身根本不是诗。"诗的三个方面的"难"有可以克服的,也有不可以克服的。可以克服的一是补足"学问修养的欠缺",一是改变"习惯的惰性"。就前者而言,"填补我们知识的漏洞"即实现个人认识能力的深化不仅是创造诗的需要更是理解诗的需要。就后者而言,养成欣赏现代诗的趣味比获得传统诗的趣味更需领受多种艺术情趣的熏陶。"已成的风尚和新兴而带有革命性的文艺"与欣赏现代诗的要求常相抵触。对于诗人而言,"一个诗人不但要创造他的诗,还要在群众中创造能欣赏那诗的趣味;而我们的文学修养也就在时时刻刻扩大眼界,在新的疆域里探险,不老是困在习惯风尚的窄小圈套内。阅历多了,修养深厚了,趣味也就纯正了,而欣赏好诗的能力也就愈大"。对于欣赏者而言,除了知识的修养即理解力的提高,还须学会区分"理解类"与"感官类"的诗。"前一类心理活动是由个别到普遍,永远在求逻辑的清晰;后一类心理活动常限于具体的个别事物,永远在要求意象的丰富。不消说得,前一类是哲学科学的头脑,后一类是艺术与诗的头脑。纯粹是理解类而感官不易起作用的人们对于诗大半很难透彻地了解,他们不能创造诗,更不消说。达尔文因为走上科学的路,少年时所爱好的文学和艺术到老来就不能使他发生兴趣,可见理解的发展可以妨碍文艺的了解。诗是一种惊奇,一种对于人生世象的美妙和神秘的赞叹,把一切事态都看得一目了然,视为无足惊奇的人们就很难有诗意或是见到诗意。"[1]

---

[1] 朱光潜:《诗的难与易》,《朱光潜全集(第9卷)》,合肥:安徽教育出版社1993年版,第244—248页。

在此基础上,从诗学建构和中西诗学会通的意义上,参照西方近现代诗歌理论和实践原则,在中国传统诗歌的发展历程中寻求可资利用的艺术经验,辩护其艺术价值和指导新的艺术实践,便成为朱光潜在抗战期间以《诗论》一书所做的对于诗的学术研究及诗学理论建构的重要目标,成为其诗史研究和诗艺理论的集大成之作。

在《诗论》中,除了对于诗的"谐"与"隐"的分析,朱光潜所表达的最重要的观点就是对于中国诗歌的格律化的认识和理解。且认为,要完善新诗,不得不继续向"格律化"之路寻求开拓。

朱光潜认为,在传统诗的历程中,晋宋齐梁时代律诗的兴起,标志着中国诗歌由"自然艺术"转变为"人为艺术"。"律诗有两大特色,一是意义的排偶,一是声音的对仗。""意义的排偶与声音的对仗都起于描写杂多事物的赋。"赋是介于诗和散文之间的艺术形式。"它有诗的绵密而无诗的含蓄,有散文的流畅而无散文的直截。"[1]"在赋的演化中,意义的排偶较早起,声音的对仗是从它推演出来的,这就是说,对称原则由意义方面推广到声音方面。""诗的意义排偶和声音对仗都是受赋的影响。'律赋'早于'律诗',在律诗方面,声音的对仗也较意义的排偶稍后起。"另外,在齐永明时代,律诗的音韵还受到梵音反切的影响。"反切是应用拼音的方法于本非拼音的文字。"最初"造反切者是应用梵音拼音于中文"。"梵音的研究给中国研究字音学者一个重大的刺激和一个有系统的方法。从梵音输入起,中国学者才意识到子母(音)复合的原则,才大规模地研究声音上种种问题。"[2]

"赋的影响和梵音的影响之外,中国诗在齐梁时代走上'律'的路,还另有一个更重要的原因,就是乐府衰亡以后,诗转入有词而无调的时期,在词调并立以前,诗的音乐在调上见出;词既离调以后,诗的音乐要在词的文字本身见出。音律的目的就是要在词的文字本身见出诗的音乐。"由此立论,且证于"各国诗歌音义离合的进化公例",朱光潜归纳出"诗歌进化史"上的

---

[1] 朱光潜:《诗论》,《朱光潜全集(第3卷)》,合肥:安徽教育出版社1987年版,第199页。
[2] 朱光潜:《诗论》,《朱光潜全集(第3卷)》,合肥:安徽教育出版社1987年版,第211—214页。

四个时期:第一,诗的原始时期是"有音无义"时期。"诗歌与音乐、舞蹈同源,共同的生命在节奏。歌声除应和乐、舞节奏之外,不必含有任何意义。""在历史上诗的音都先于义,音乐的成分是原始的,语言的成分是后加的。换句话说,诗本有调而无词,后来才附词于调;附调的词本来没有意义,到后来才逐渐有意义。词的功用原来仅在应和节奏,后来文化渐进,诗歌作者逐渐见出音乐的节奏和人事物态的关联,于是以事物情态比附音乐,使歌词不惟有节奏音调而且有意义。"这就把诗带进了"音重于义"的第二时期。"在这个时期里,诗歌想融化音乐和语言,词皆同歌,在歌唱时语言弃去它的固有节奏和音调,而牵就音乐的节奏和音调。所以在诗的调与词两成分之中,调为主,词为辅。词取通俗,往往很鄙俚,虽然也偶有至性流露的佳作。"诗的第三个时期是"音义分化"期。"这就是'民间诗'演化为'艺术诗'的时期。诗歌的作者由全民众变为自成一种特殊阶级的文人。文人做诗在最初都以民间诗为蓝本,沿用流行的谱调,改造流行的歌词,力求词藻的完美。文人诗起初大半仍可歌唱,但是着重点即渐由歌调转到歌词,到后来就不免专讲究歌词而不复注意歌调,于是依调填词的时期便转入有词无调的时期。到这个时期,诗就不可歌唱了。"最后,诗进入了"音义合一"时期。"词与调既分立,诗就不复有文字以外的音乐。但是诗本身出于音乐,无论变到怎样程度,总不能与音乐完全绝缘。文人诗虽不可歌,却仍必可诵。歌与诵所不同的就在歌依音乐(曲调)的节奏音调,不必依语言的节奏音调;诵则偏重语言的节奏音调,使语言的节奏音调之中仍含有若干形式化的音乐的节奏音调。音乐的节奏音调(见于歌调者)可离歌词而独立;语言的节奏音调则必于歌词的文字本身上见出。文人诗既然离开乐调,而却仍有节奏音调的需要,所以不得不在歌词的文字本身上做音乐的功夫。……在欧洲各国,诗人有意地求在文字本身上见出音乐,起源虽然都很早,但是技巧的成熟则在19世纪,象征派所产生的'纯诗运动'把文字的声音看得比意义更重要,是诗人在文字本身求音乐的一个极端的例子。"[1]

---

[1] 朱光潜:《诗论》,《朱光潜全集(第3卷)》,合肥:安徽教育出版社1987年版,第214—216页。

朱光潜认为,"这四个时期是各国诗歌进化所共经的轨迹。中国诗也是这个普遍公式中的一个实例"。[1] 如此看来,现代诗更是处在一个"文人诗"的时代,在形式上它虽可以去掉传统诗的僵化的格律,却不可以忽略或是丧失了诗的音乐性。由此可知,朱光潜所阐发的诗歌进化理路实则也在于说明知识分子的文学造就在现代文化史上的地位,并从一个侧面论证了现代知识分子的文化(文学)主体性。现代的诗都是"文人之制",不复是民间产品。现代文化的基本形态也不再是自生自灭的民间的创造物,而变成了知识分子的知识产品。文学不再是"自发"的事物,成了"自为"的东西。传统诗既然能趋于"雅",现代诗就不能仅仅崇尚"俗",也应有一个更高的追求和更远大的目标。

钱钟书1933年毕业于清华大学外语系,1935年出国留学,1938年回国后应聘为清华大学教授,在西南联大外文系任教一年。1939年从昆明回上海探亲后,遵其父钱基博之命辞去西南联大教职,赴湖南蓝田国立师范学院任英文系主任。1941年回上海后,任教于震旦女子文理学校。1946年任上海暨南大学外文系教授。避居上海期间,钱钟书既以学者立身,亦以作家名世。完成了小说《围城》等的创作,诗论专著《谈艺录》的写作亦初步告成。其别具一格、独有会心的诗学和比较诗论研究由此起步。钱钟书的诗论发思古之幽情,旁征博引,纵横捭阖,融古通今;熔朴学传统与现代阐释学于一炉,集论析鉴赏与考据评点于一体。体裁上既是对传统"诗话""词话"的继承与发展,置之现代学术语境中亦见出其体系上的博杂散漫与理论建树上的枝蔓,但其融西入中的独特理路和别具一格的文言表达方式使中国诗论和诗学传统得以赓续。较之朱光潜的《诗论》,钱钟书《谈艺录》的艺术观念和思想特征在于舍今复古,表达方法则是舍逻辑化而经验化,即由建构走向了解构。二者竟至南辕北辙,泾渭分明。

1928年成立于南京的国立中央研究院曾是中国最高学术研究机关,蔡元培为首任院长。同年,傅斯年受命组建的中央研究院历史语言研究所

---

[1] 朱光潜:《诗论》,《朱光潜全集(第3卷)》,合肥:安徽教育出版社1987年版,第216页。

（史语所）成立于广州，次年迁北平（北京），1936年全面抗战爆发前迁南京，抗战时辗转于长沙、昆明及西南多地，1946年返回南京，1949年以后迁台北。历史语言研究所下设历史组、语言组、考古组、人类学四个组，聘请人员授予研究员、副研究员、助理研究员和助理员等学术职称。由官方及社会各界资助，有较充裕的研究经费及齐备的图书资料、设备等。虽有一定的官办色彩，但成就于当时的大学体制（研究人员多聘自各大学或为大学教授兼职，不具行政职位，不受官方立场和利益左右），自由主义的学术理念和文化传统仍一以贯之地成为这一国家级核心研究机构的灵魂。抗战前后，历史语言研究所在考古、历史调查等方面曾主持过多次重大发掘及全国性大规模的调查研究活动，如安阳殷墟发掘和甲骨文的研究整理、西南少数民族语言、习俗调查、西北地区考古等，出版了《国立中央研究院历史语言研究所集刊》及各类研究专刊数十辑，为现代学术事业的发展做出了不可磨灭的贡献。

傅斯年不仅是史语所的创办人，也是史语所主要学术活动的组织者和方针政策的制定人与实施者。在其发展过程中，逐步形成了历史、语言、考古并重的研究格局，以史料整理、考古发掘、语言调查为重点，开创了"集众研究"的新模式，并使"集众研究"与"个人研究"相结合，循序渐进推动现代学术事业的发展。集思广益与发挥个性并重，学术交流与独立钻研并举，开创了现代学术文化的新局面。

史语所历史、语言、考古三组，分别聘请陈寅恪、赵元任、李济为主任，聚集了一批名家，并选聘了一些有前途的青年学者。初期工作以安阳殷墟发掘、明清档案整理、方言调查为重点。按照傅斯年的设想，史语所的宗旨是要在中国建立科学的历史学、语言学，将这一领域的话语权从西方汉学家手中夺回来，以确立"科学的东方学之正统"。因此，他要求把传统礼教化和现代社会科学观念化的历史学和语言学摒弃在外，遵循自然科学的方法整理史料，研究历史，"要把历史学语言学建设得和生物学地质学等同样"。对于历史研究，傅斯年并未沿袭胡适"整理国故"的方略，他说："我们反对'国故'一个概念。如果我们所去研究的材料多半是在中国的，这并不是由于我们专要研究'国'的东西,乃是因为在中国的材料到我们的手中方便些。……世界上无论那一种历史学或那一种语言学,要想做科学的研究,只得用同一的方法,所以这学问断不以国别成逻辑的分别,不过是因地域的方便成分工。国故本来即是国粹,不过说来客气一点儿,而所谓国学院也恐怕是一个改良的存古学堂。"所谓"国学""中国学"在傅斯年看来"仅仅是些言语历史民俗等等题目",名词既不通达,内涵更难详尽,较之"算学天文物理化学等等"恰成"非科学"或"反科学"之名,莫如用开放的、世界化、科学化的"历史学""语言学"取而代之。此外,傅斯年还"反对疏通",提出"存而不补""证而不疏",对附会和"假设"说不,认为"历史学就是史料学"。同时,他说:"我们不做或者反对,所谓普及那一行中的工作。"学术和教育并非一回事,教育需要普及,学术只是"点缀","没有一般的用处",存续为业,纯粹为上。[1] 在不尚空论、不附时势、不计利害的意义上,傅斯年认为:"本所同人之治史学,不以空论为学问,亦不以'史观'为急图,乃纯就史料以探史实也。史料有之,则可因钩稽有此知识,史料所无,则不敢臆测,亦不敢比附成式。此在中国,固为司马光以至钱大昕之治史方法,在西洋,亦为钦克、莫母森之著史立点。史学可为绝对客观者乎? 此问题今姑不置答,然史料中可得之客观知识多矣。"[2]

中国现代史学的新建构,一在专业化,一在史识和史观的现代化。就前者而言,正如余英时所说:"20世纪中国新史学,可以说是专业化的史学。从前乾嘉考据学者虽有许多超过专家水准的研究,但实际上没有发展出专业的史学。真正产生专业的史学,历史语言研究所是第一个。甚至在胡适1917年刚返国回北京大学任教'中国哲学史'课程的过渡时期,史学也还未达专业化的地步,一直要到傅斯年创立历史语言研究所后,史学才奠定专

---

[1] 傅斯年:《历史语言研究所工作之旨趣》,《傅斯年全集(第3卷)》,长沙:湖南教育出版社2003年版,第12、9—10页。
[2] 傅斯年:《〈史料与史学〉发刊词》,《傅斯年全集(第3卷)》,长沙:湖南教育出版社2003年版,第335页。

业化的基础。"[1]此可谓傅斯年创办中央研究院历史语言研究所最为重大的成就。就史识和史观而言,一般认为,现代史学的建立有赖于新的史家和史学研究者扬弃"经世致用""文以载道"的著史、考史和述史传统,在专业化的基础上,以政治史、经济史、社会史、文化史等为分类标准,建构新的史学研究范式和确立独立自主的史学研究内容。其中,方法上的科学化和史识、史观上的创新意识是史学现代化的重要表征。在中国现代史学发展史上,所谓"新史学"即本此而言。若仍以传统的理学、经学模式作为著史、考史标准,则被称为"新汉学"——陈寅恪、钱穆等的史学研究庶几近之。但自胡适倡导"整理国故"以来,中国现代史学在疑古、证古、述古的意义上并未真正摆脱清代汉学的影响,并与"实验主义"的科学方法论结合,构成了一种新的史学思维方式和研究范式,亦可谓"新汉学"的另一种面貌。所谓"新汉学"作为一种述史传统和民族化的史学方法论,在中国现代史学研究中影响弥远,作用重大,故不能一概而论。"新史学"和"新汉学"在中国现代史学研究中往往形成交相为用的局面。傅斯年在《历史语言研究所工作之旨趣》中认为,"历史学不是著史:著史每多多少少带点古世中世的意味,且每取伦理家的手段,作文章家的本事。近代的历史学只是史料学,利用自然科学供给我们的一切工具,整理一切可逢着的史料,所以近代史学所达到的范域,自地质学以至目下新闻纸,而史学外的达尔文论正是历史方法之大成"。则重在于强调在史料(材料)上下功夫,即扩大史料整理和搜集的范围,改变对于史料的传统观念,从自然科学知识到社会生活记录,无不纳入史学研究的视野。传统的史学依从于经学或理学,材料的选择和把握上具有主观性、先验性,缺乏自然和社会史的考察维度,史学视野相对狭窄。在这个意义上,傅斯年认为,胡适当年倡导"整理国故"也不过强调了对于文献史料的新的认知和把握,自然和社会史料(例如通过考古发掘和田野调查获得的新材料和在语言学、社会学调查中获得的社会生活史料

---

[1] 余英时:《学术思想史的创建与流变——从胡适与傅斯年说起》,《余英时文集(第5卷)》,桂林:广西师范大学出版社2004年版,第363页。

等)并未纳入"整理"的范围。即此而言,傅斯年赋予历史语言研究所的使命便具有了史料观念革新及拓展史学研究内容和范围的意义。于此亦可看出,尽管他否定"著史"为历史学的本职,却仍可以认为这乃是富于见地的建构现代史识和史观的先声。就其与兰克史学的关系而言,兰克史学强调政治史本位,而傅斯年则反之,把更多的目光投向社会史领域。而其持守于史料本位的立场则显示了在研究方法上较为清醒的科学化定位。如他所说:"凡能直接研究材料,便进步,凡间接的研究前人所创造之系统,而不繁丰细密的参照所包含的事实,便退步。上项正是所谓科学的研究,下项正是所谓书院学究的研究。"其所谓"书院学究的研究"明显是指旧有的理学、经学而言。又说:"凡一种学问能扩张他所研究的材料便进步,不能的便退步。"[1]若以史学研究就是材料(史料)的处理而言,扩充材料就是扩大史识,转变史学观念和扩展研究领域。如此带来的亦必然是史观和史识的现代化。

余英时认为,就专业化而言,"中国史学的建立也非各方面齐头并进的,如经济史和社会史的形成和发展都相当的迟。政治史本来是我国撰作历史的特长,然而清代在撰写大规模史著方面并没有突破前人的成就,所以章炳麟说清人考史者多,撰史者少"。[2] 若以胡适的《中国哲学史大纲(卷上)》作为现代"新史学"著史活动的起点,那么,经过1930年代前后的社会史论战,"新史学"范畴内的著史活动亦蔚为大观,但可以肯定的是,各种性质的观念化取向并未使"新史学"中的著史者创造出多少令人欣慰和经得住历史检验的成果,而且对史料的轻侮及"以论带史"的狭隘造成了"新史著"诸多令人垢病的弊端。于是,放弃史著而专著于史料,以及在史学原则上慎做价值判断,对于傅斯年及其"史语所"而言,乃是一种富于现实针对性的选择。

---

[1] 傅斯年:《历史语言研究所工作之旨趣》,《傅斯年全集(第3卷)》,长沙:湖南教育出版社2003年版,第3、5—6页。
[2] 余英时:《学术思想史的创建与流变——从胡适与傅斯年说起》,《余英时文集(第5卷)》,桂林:广西师范大学出版社2004年版,第363页。

第四章
泛政治化与当代学术

第一节 "胡适批判"与当代学术的奠立

在中国现代学术文化史上,从"五四"时代的"问题与主义"之争到"科玄"论争和社会史论战中"唯物史观"与实验主义学术方法论的分歧,以胡适为代表的中国学院派知识分子在葆有自己既有文化领地的基础上持守着应有的学术独立性。这在于以蔡元培治下北京大学为起点,"五四"以后所创立的相对独立的大学文化体制为其提供了生存和发展的适宜土壤,而这正是"五四"新文化运动的精神遗产之一。但同时,"五四"新文化遗产实则具有双重性,既有文化上"反传统"的自由主义,也有政治上"反传统"的激进主义。前者以作为文化和学术方法论的实验主义为代表,后者以"左翼"政治理论及马克思主义意识形态为代表。从政治和文化上讲,如果说1949年以前,马克思主义是革命者的意识形态,那么自由主义就是学院派知识分子的意识形态。而同时,胡适所谓"细心搜求事实,大胆提出假设,再细心求实证"的实验主义学术方法论原则,既在否弃传统价值观的基础上运用科学方法论求取思想突破和文化创新的观念,亦反映出学院派知识分子的文化创造观念和富于思想建设要求的独特使命感。他们同革命派的区别，一在政治上的实践方法——改良主义与社会革命，二在历史观念——社会进化论与阶级斗争理论。在思想上则是认识论（经验主义与"唯物史观"）和真理观（实用主义与理想主义）的差异。二者共有的意识形态基础，即得自于"五四"的共同遗产——"科学"，则具有相同性。因此，也可以说，将"科学"理解为理想化的政治真理或实用主义的文化方法论，决定着他们的本质区别及在政治和文化史上的不同命运。

无疑，1949年以前，以胡适为代表的学院派知识分子是中国现代文化史上的佼佼者，在意志独立、思想自由的意义上使以学术研究为基础的现代思想文化建设走向了多元化的道路。1949年以后，随着政治对文化统制（"专政"）的来临，学术研究为政治服务的目的性日益呈现，则不可避免地沦为政治上的失利者，其既定的文化使命瞬忽中断。

这一历史的转折以1950年代开展的深入持久的"胡适批判"为标志。

首先，1949年中华人民共和国中央人民政府成立后，对原从属于英美教育文化体系的民国大学体制仿效苏联高等教育模式进行了一次重大调整。1951年首先调整了北大、清华、燕京三所大学。裁撤了私立的燕京大学，将其校舍、校产转拨给北京大学，北京大学迁址。北京大学仍为综合性大学，而将清华大学及燕京大学的文、法两院及燕京大学理学院并入。将清华大学改建为多科性工业大学，将北京大学和燕京大学的工学院并入。1952年，教育部根据"以培养工业建设人才和师资为重点，发展专门学院，整顿和加强综合性大学"的方针，在全国范围内进行高等学校的院系调整。至1952年底，全国已有四分之三的高等学校进行了院系调整和专业设置的拆并，到1953年下半年，调整全部完成。全国大学由原有的211所减至182所，其中综合性大学14所（其在1952年调整后尚余21所），减少最多。高等工业学校39所，高等师范学校31所，高等农林学校29所，高等医药学校29所，高等政法学校4所，高等财经学校6所，高等艺术学校15所，高等语文学校8所，高等体育学校5所，少数民族高等学校2所。"这些院校大多数已按照苏联经验改组了系科，设置了专业，而多数工科及一部分理科专业，已基本走上适应国家需要的途径。""经过这一调整，私立高等学校全部改为公立,各院校的性质和任务均较前明确,工科院校得到了发展,综合大学得到了整顿,这样使高等教育在院系设置上基本符合国家建设的需要。""结束了院系庞杂纷乱、设置分布不合理的状态,走上了适应国家建设需要培养专业人才的道路。"[1]

但是,从现代社会和文化史上看,1952年前后的"院系调整"不仅标志着中国大学理念和体制的改变,更是社会文化泛政治化的起点。1952年9月24日《人民日报》社论说:"旧中国的高等教育制度基本上是为帝国主义和反动统治阶级服务的,是半殖民地半封建社会的产物。院系的设置是盲目的,是严重脱离实际的。……只能培养出一些不切实际的所谓'通才'。这种'通才'教育的结果,在旧中国就表现为'学非所用''用非所学'。今天新中国正在向着工业化的道路迅速迈进,我们需要大量的合格的各种专门人才,尤其是工业建设的专门人才。"对"通才"教育的否定即意味着既有学术文化传统的终结,政治挂帅的思想改造接踵而至。如"社论"所说:"今天的院系调整工作,是在学校的政治改革和教师的思想改造已经取得重大胜利的基础上进行的。两年以前……许多教师在思想上还严重地存在着崇拜英美资产阶级、宗派主义、本位主义、个人主义的观点,没有确立全心全意为人民服务的思想,因此就不能很好地贯彻执行新民主主义的教育方针。"而自毛泽东1951年在政协一届三次会议上提出知识分子"自我教育和自我改造"的要求后,至1952年"三反"和知识分子思想改造运动的开展,"各校教师进一步肃清了封建、买办、法西斯思想,批判了资产阶级思想,树立和加强了为人民服务的思想。这样,就有条件与可能把院系调整的工作做好了"。[2]

有研究者指出,"院系调整政策从形成到实践的整个历史过程中,始终与国家意识形态密切相关,其政治内容和意义十分凸显,甚至超越了大学

---

[1] 参见《中央人民政府高等教育部关于1953年全国高等学校院系调整的计划》及《中央人民政府高等教育部关于1953年高等学校院系调整工作的总结报告》,《党的文献》,2002年第6期。
[2] 《做好院系调整工作,有效地培养国家建设干部(社论)》,《人民日报》,1952年9月24日。

改革本身"。这种泛政治化改造对未来大学教育及学术文化发展产生了深远的影响：

> 首先,这次大规模院系调整具有行政主导型之特征,即在中央人民政府的指导下,从上至下,自始至终由最高教育行政部门通过制定有关的改革方针与政策而统制改革的全过程。在所谓"破旧立新"的思维模式中,大学的"自治"和"学术自由"被有意或无意地忽略,大学的地位和内涵发生了深刻的变化,成为"人民民主专政的一种斗争工具",大学被置于统一的行政管理体制之下。
>
> 其次,在尚未建立起一套行之有效的制度(包括法规)的前提下,以政治运动方式强行改造思想文化,必然对思想文化产生巨大的破坏力。院系调整过程中的大学知识分子思想改造运动,为今后社会主义的文化建设初创了一套充满风雨的实践模式。
>
> 再次,院系调整政策是"学习苏联"这个基本国策的重要组成部分。在国家的强制力量下,通过院系调整建立起一套"苏联模式"的社会主义大学制度,改革时间之短,程度之深,范围之广,为世界教育改革史所罕见。"全盘苏化"是中国现代化过程中,以外来文化为导向的最为深刻和最为全面的一次改制。
>
> 最后,院系调整政策的实践并非孤立而行,它伴随着党的新民主主义路线向社会主义路线急促转变,循序渐进式的新民主主义教育思想转变为"破"字当头、"兴无灭资"的社会主义教育思想。[1]

"院系调整"中强化政令统一的大学体制是学术文化泛政治化运作的重要表征。1953年高等教育部成立时,即由中央人民政府政务院颁发政

---

[1] 李杨:《五十年代的院系调整与社会变迁——院系调整研究之一》,《开放时代》,2004年第5期。

令:"凡中央高等教育部所颁布的有关全国高等学校的方针政策、建设计划(包括高等学校的设立或停办、院系及专业设置、招生任务、基本建设任务)、财务计划、财务制度(包括预决算制度、经费开支标准、教师学生待遇等)、人事制度(包括人员任免、师资调配等)、教学计划、教学大纲、生产实习规程,以及其他重要法规、指示和命令,全国高等学校均应执行。如有必须变通办理时,须经中央高等教育部或由中央高等教育部转请政务院批准。"[1]这样,随着大学教学自主权的丧失,大学学术文化的独立性荡然无存。大学、院系、专业、学科、学报、学会等原有的学术建制被打破,社会学、政治学、哲学等人文学科被终止或取缔,"教授治校、学术独立、言论自由"的大学理念遭到否定和批判,独立的学术研究和国际性的学术对话与交流难以为继。中国现代学术文化遭致毁灭性的创伤,故有人认为这实则标志着"大学的终结"。[2]

在此基础上,政治运动式的思想改造和历史清算不期而至,雷霆万钧一般落到一大批从旧体制过来,具有英美教育文化背景的学院派知识分子身上。从学术史上看,这一历史清算的集中表现就是一场深入持久的"胡适批判"。"批胡"运动的起点正是1951年开始的"高等学校教师思想改造学习运动"。远在美国的胡适时刻密切关注着这一运动的进程,在日记中适时收集各种剪报存录下来。1951年11月12日,一则新华社电讯载,北京、天津高校教师六千多人以"什么立场,为谁服务"为主题,在中央人民政府教育部京津高等学校教师学习委员会领导下进行学习讨论。"许多学校的负责人以身作则,带头参加学习。如北京大学校长马寅初、清华大学校长周培源、燕京大学校长陆志韦、辅仁大学校长陈垣、北京农业大学校长孙晓邨、津沽大学校长张国藩等都在学习讨论会上进行了自我检讨。"检讨的目的是分清"敌我"界限,剔除"崇美思想、封建思想和浓厚的个人主义思

---

[1] 《中央人民政府政务院关于修订高等学校领导关系的决定(1953年10月11日公布)》,中央人民政府高等教育部办公厅编《高等教育文献法令汇编(第一辑)》,1954年6月,第47页。
[2] 李刚:《大学的终结——1950年代初期的"院系调整"》,《中国改革》,2003年第8期。

想"。11月16日,北京大学、南开大学教授又"分别座谈","控诉胡适,声讨张伯苓"。另据11月30日香港《大公报》载,11月14日晚,北京大学副校长汤用彤召集13位老教授,"座谈北大一贯的主导思想问题。通过老教授们的亲身体验,并着重从历来的代表人物来分析的结果,公认胡适是一个具有代表性的,在旧学术界集反动之大成的人物"。罗常培、向达等"对胡适的学阀作风和反动行为举出许多生动的实例,作了感人的控诉,表现了极大的愤慨"。[1] 对于1951年12月1日《新观察》发表的朱光潜《澄清对于胡适的看法》一文,胡适日记也做了全文剪报。自1949年11月27日朱光潜在《人民日报》发表《自我检讨》,这已是朱光潜第三次发表此类文章。[2] 当时朱光潜所在的北京大学西语系被视为受胡适影响的"重灾区",朱光潜个人更在抗战胜利后追随胡适,走自由主义的"第三条道路",抗拒学生运动,提倡个人主义的文艺美学思想,被郭沫若等左翼作家点名批判。在"检讨"中,朱光潜回忆了自己和胡适的关系,对胡适的思想及其"反共"经历进行了措辞激烈的批判,清算了自己受胡适影响的"错误",表示要拿胡适批判自己照一照镜子,"照一照我们曾经站在反动立场的知识分子们自己"。他说:

> 我和胡适同过七年事,也够得上称他做"我的朋友",于今这"友"字竟另有一个严重的涵义,这是令我十分自惭的。拿他这面镜子照一照我自己我竟是一个胡适的"具体而微"。我有封建意识的包袱,也有买办思想的包袱。他所走过的路,我也都走过,走的远近或略有不同。我也宣传过帝国主义的文化,也主张过缓步改良,也曾由主张学术自由不问政治的冬烘教授转变成国民党的

---

[1] 胡适:《胡适日记全编(8)》(曹伯言整理),合肥:安徽教育出版社2001年版,第149—150、152、154页。
[2] 朱光潜的三篇检讨文章是:《自我检讨》(《人民日报》1949年11月27日)、《最近学习中几点检讨》(《人民日报》1951年11月26日)、《澄清对于胡适的看法》(《新观察》1951年12月1日第3卷9期)。

帮凶,站在反动的维护封建权威的立场仇视过学生爱国运动。……有一点我和胡适较不同,他逃到美国,我还留在北京,向新社会学习。我现在看清楚了,从五四以后,中国知识分子只有两条路可走,不走革命的路,就必走反革命的路。尽管你自觉清高,谈学术不谈政治,甚至在某些问题上反对国民党,你没有走入革命的阵营,便会卷入国民党那个反动阵营。你和你的同路人尽管反动的罪行有大小之别,而所站的立场还只是同一个反动的立场。胡适的反动立场站得非常稳,就不可能明白这一点。

他认为胡适只能"盲目到底,反动到底",如"过河小卒",不可能回头了。[1]

看过朱光潜的文章后,胡适在日记中附记:"此文是一个会做文章的人写的。"[2]的确,朱光潜的文章看似态度明确,立场坚定,但却不啻交代了自己和胡适的老底,通过回顾历史而暗藏臧否。其中引人思索的或许是:否定了胡适,否定了自由主义和"第三条道路",未来学术将何去何从?政治,似乎成为唯一的选择。

1951年12月2日,上海《大公报》在社长王芸生主持下召开"胡适思想批判座谈会"。胡适日记载,出席的有沈尹默(上海市文物管理委员会主任)、顾颉刚(上海学院教授)、蔡尚思(沪江大学教授)、刘咸(复旦大学教授)、张孟闻(复旦大学教授)、周谷城(复旦大学教授)、吴泽(华东师范大学教授)等。会上的发言稿大多整理成文并在香港《大公报》发表。如沈尹默的《胡适这个人》,顾颉刚的《从我自己看胡适》,蔡尚思的《胡适反动思想批判》等。胡适日记对上述三篇文章亦做了剪报摘录。他认为,顾颉刚的文章是"很老实的自白",蔡尚思的文章参考并引征了胡适的不少著述,但是

---

[1] 朱光潜:《澄清对于胡适的看法》,《朱光潜全集(第10卷)》,合肥:安徽教育出版社1993年版,第30—31页。
[2] 参见胡适:《胡适日记全编(8)》(曹伯言整理),合肥:安徽教育出版社2001年版,第157页。

"一个有神经病的人","沈尹默的一篇则是全篇扯谎"![1] 实则这都是一些政治表态性的独白,不过有的较为诚实,有的全系自我涂抹。1952年1月9日胡适在日记中摘引了一则英文剪报,并附中文译文,题为"共产党的新目标——胡适":

> 十二月(引按:1951年12月),北京向胡适博士发起了密集的长期的宣传攻势。胡适曾任国立北京大学校长,曾获美国多所大学许许多多的荣誉学位。对他大肆谩骂与攻击者中包括他在北京大学以前的同事、学生和同僚。他被斥责为学阀、旧政府利用的工具,还被打上资本主义和腐朽的自由主义的标签。十二月廿三日,声讨的浪潮波及广州,广东省政府在华南发布命令,发起猛烈的反胡运动,对其学术思想和著作重新进行审查。
>
> 胡博士的书在全国被禁。与此同时,各地方所有出售共产主义的书籍杂志的书店都停止销售胡适的著作。只有书店老板才真正明白是北京方面命令他们停止销售胡适的书,还是他们不喜欢这些著作。很可能一见到这些书就使这些书商们胆战心惊。
>
> 对胡适批评最严厉的是著名哲学家冯友兰教授。他自己的《中国哲学史》一书也被禁售,被认为是不合潮流的。用一位敏锐的观察家的话来说,反胡运动是"性格暗杀"(Character assassination),他指出,敌人痛恨胡是因为他是正统中国生活和世界观的代表,而这两者与共产主义理论恰好是对立面。[2]

冯友兰是1949年后比较积极地靠拢新政权的学人之一。1948年底梅贻琦出走后,冯任清华大学校务会议临时主席。1949年1月,清华大学被北平军管会接收后出任校务委员会主任委员。1949年10月1日曾受邀参

---

[1] 胡适:《胡适日记全编(8)》(曹伯言整理),合肥:安徽教育出版社2001年版,第174页。
[2] 胡适:《胡适日记全编(8)》(曹伯言整理),合肥:安徽教育出版社2001年版,第184—185页。原载《自由杂志》第3卷第12号。

加中华人民共和国中央人民政府成立大典,典礼后冯友兰致信毛泽东,表示"于欢喜之中,感觉到十分愧悔,因在过去我不但对于革命没有出过一份力量,并且在对日抗战时期,与国民党发生过关系。我以前所讲的哲学,有唯心及复古的倾向。这些在客观的社会影响上说,都于革命有阻碍",故而表示愿意接受各方面的批评,努力自我改造,跟着毛泽东及共产党,"于新中国的建设中,尽一份的力量"。并"计划于五年之内,如政协共同纲领所指示的,以科学的历史的观点,将我二十年前所写的《中国哲学史》,重新写过,作为一个新编"。用新的观念重新解释"中国的过去"。毛泽东回信予以肯定,并指示"可以慢慢地改,总以采取老实态度为宜"。[1] 1950 年 1 月,冯友兰在《人民日报》发表《一年学习的总结》,认为北京解放一年中"中国有了旋乾转坤的变化,社会每天都在改造进步之中"。"自觉也有一点进步,就是自己开始觉得以前的不进步。"通过回顾历史,检讨了自己的阶级意识和思想观念,"自我批评"以转变自己的政治社会立场。他说:

> 我对于哲学的看法,也有转变。以前我以为哲学是不与政治社会发生直接关系的。它离这种关系越远,它就越"纯粹"。它又必须有一个纯理论的系统。它的理论越"细密",它就越"专门"。因为有这种看法,所以以前总觉得,马列主义,从哲学的观点看,理论不够"专门",而且与政治社会关系太密切,不够"纯粹"。现在我觉得这是牛角尖里面的看法。社会的改变,使我钻出牛角尖了。现在我觉得,哲学的主要任务,是改造人及改造世界。因此它必须应用到政治社会上去。它也不需有成厚本的理论辩论,以证明它的理论。辩论太多,反可以使人把它当成一种语言文字或知识看,因此"流连忘返",而忽略了实践。[2]

---

[1] 冯友兰:《致毛泽东([附]毛泽东复信)》,《三松堂全集(第 14 卷)》,郑州:河南人民出版社 2000 年版,第 636—637 页。
[2] 冯友兰:《一年学习的总结》,《三松堂全集(第 14 卷)》,郑州:河南人民出版社 2000 年版,第 399 页。

1950年1月至3月，冯友兰自愿报名参加北京近郊丰台县张仪村土改，返京后撰写了《参加土改的收获》《我参加了革命》、《土改工作中的群众路线》、《土改的教育功用》等文章并在《光明日报》《进步日报》《学习》月刊等报刊发表，以实际行动表明自己与旧的社会制度和思想观念决裂，"真正觉得中国是革命了"。[1] 随后，冯友兰受邀参加了河南省人民代表会议，当选为主席团成员；积极参与中国新哲学研究会活动；1951年秋入选新政府组织的首个中国文化代表团出访印度和缅甸，等等。对于冯友兰积极"入世"靠拢新政权的行为，胡适等流亡海外的故交旧友不免心存鄙夷。1950年8月，张君劢在香港《再生》杂志发表《一封不寄信——责冯芝生》，以"吾国哲学之精神，在乎言行一致，本所自信书之为文，即为他日自己立身之准绳"，责问冯友兰："足下将中国哲学作为一种智识、一种技艺，而以之为资生之具，如牙医之治牙，电机工程师之装电灯电线，决不以之为身体力行安心立命之准则，此其所以搜集材料，脉络贯通，足见用力之勤，然与足下之身心渺不相涉。"若是则已。然今者"即令足下不发一言，中共未必置之于死地，北平城内噤若寒蝉者何可胜数，奈何足下竟不识人间尚有羞耻事乎！"故欲以贰臣逆佞待之。

　　1955年，全国性"胡适批判"运动开展后，冯友兰即在《哲学研究》1955年第1期发表《哲学史与政治——论胡适哲学史工作和他底反动的政治路线底联系》，争做批胡急先锋。他认为"近来开展的对胡适思想批判是马克思主义对资产阶级思想的又一次严重的斗争"。"胡适过去是，现在还是美蒋底御用学者，他底在政治上学术上的思想，是美帝国主义对中国文化侵略底一种工具，胡适现在底行动，正是他十几年来坚持的在政治上学术上的思想底一贯的发展与逻辑的结论。因此我们更不能容忍胡适思想在解放后走向社会主义的中国，还有任何残余。"冯文把胡适定义为"卖[买]办资产阶级底知识分子"，指斥"实用主义者的胡适"把历史当成"千依百顺的

---

[1] 冯友兰：《参加土改的收获》，《三松堂全集（第14卷）》，郑州：河南人民出版社2000年版，第403页。

女孩子"随意装扮涂抹,"他底中国哲学史工作,就是随便装扮涂抹中国哲学史,以反抗中国革命形势底发展,为帝国主义服务"。进而以"革命历史阶段"为纲对胡适"中国哲学史大纲""戴东原的哲学""中国中古哲学史""说儒"展开批判,指斥其"与当时革命形势相对抗"。在对胡适"中国哲学史大纲"的批判中,冯友兰一改自己历来的尊孔思想,开始了对胡适孔子批判的批判。他说:"胡适对于'孔家店'采取'小骂大帮忙'底策略。"对于孔子提出了两点批评:"一点是他对于春秋底'寓褒贬,别善恶'底'书法'不满。"因胡适认为"春秋底余毒,就是中国只有主观的历史,没有物观的历史"。冯友兰指斥胡适"物观的历史",即"完全中立的眼光,历史的观念,评判各学派","就是资产阶级'超阶级'的客观主义的历史"。他所代表的是"资产阶级客观主义的历史学"。另一点是胡适认为孔子视"学"为"读书的学问",从而使中国几千年的教育"造成一国的'书生'废物"。冯友兰指摘道:孔子是否"把'学'字看成读书的学问"并不重要,"重要的是看孔子教人学什么东西",他认为,"像这些更深入一点的问题,胡适是不讲的"。此外,"胡适对于孔子就只有赞扬了"。五四反对"宗法的大家族制度"(吃人的礼教),批判"孝底封建道德",胡适偏有对于"孝"与"礼"的"歌颂"。胡适认为"孝的宗教"只是要"民德归厚",要"民与于仁";"礼是家庭社会的组织法",是"节制人情"。尽管这种观点置之历史无可厚非,且冯友兰自己也说过:"孔子讲'礼',注重'礼之本'",而后世"今文家及以孔子为至圣先师者""所谓孔子,已非历史的孔子,而乃是理想的孔子,儒家之理想的代表",[1]在此则无端指责说:"他(胡适)全不管所谓'组织法'是什么社会底组织法,所谓'节制人情'是什么人受到节制;所谓'流弊'是什么样的流弊;所谓'道德'是什么样的道德。他也承认'孔家店'底'孝'与'礼'是有些不合适的地方;但是据他说那都是'后来的人'不明'孝的真义','后来'把'礼的真义失

---

[1] 冯友兰:《中国哲学史(上)》,《三松堂全集(第2卷)》,郑州:河南人民出版社2000年版,第311页。

掉了'。"[1]这些批判除了袭用各种流行政治术语鹦鹉学舌般"上纲上线"之外,多是学无诚意地罗织构陷。

全国性的"胡适批判"始于1954年10月毛泽东《关于红楼梦研究问题的信》。[2] 这是继对电影《武训传》和梁漱溟"反动思想"批判之后,与对俞平伯《〈红楼梦〉研究》的批判联系在一起的更大规模的学术批判运动。在这封致刘少奇、周恩来等中共中央政治局成员及其他相关人员的信中,毛泽东述说了这场批判运动的缘起:

> 驳俞平伯的两篇文章附上,请一阅。这是三十多年以来向所谓《红楼梦》研究权威作家的错误观点的第一次认真的开火。作者是两个青年团员。他们起初写信给《文艺报》,请问可不可以批评俞平伯,被置之不理。他们不得已写信给他们的母校——山东大学的老师,获得了支持,并在该校刊物《文史哲》上登出了他们的文章驳《〈红楼梦〉简论》。问题又回到北京,有人要求将此文在《人民日报》上转载,以期引起争论,展开批评,又被某些人以种种理由(主要是"小人物的文章","党报不是自由辩论的场所")给以反对,不能实现;结果成立妥协,被允许在《文艺报》转载此文。嗣后,《光明日报》的《文学遗产》栏又发表了这两个青年的驳俞平伯《〈红楼梦〉研究》一书的文章。看样子,这个反对在古典文学领域毒害青年三十余年的胡适派资产阶级唯心论的斗争,也许可以开展起来了。事情是两个"小人物"做起来的,而"大人物"往往不注意,并往往加以阻拦,他们同资产阶级作家在唯心论方面讲统一战线,甘心作资产阶级的俘虏,这同影片《清宫秘史》和《武训传》

---

[1] 冯友兰:《哲学史与政治——论胡适哲学史工作和他底反动的政治路线底联系》,《哲学研究》,1955年第1期。
[2] 毛泽东这封信当时并未发表,只在小范围内传阅。毛泽东在信封上写有"刘少奇、周恩来、陈云、朱德、邓小平、胡绳、彭真、董老、林老、彭德怀、陆定一、胡乔木、陈伯达、郭沫若、沈雁冰、邓拓、袁水拍、林淡秋、周扬、林枫、凯丰、田家英、林默涵、张际春、丁玲、冯雪峰、习仲勋、何其芳诸同志阅。退毛泽东"。

放映时候的情形几乎是相同的。[1]

其中所说"驳俞平伯的两篇文章"指李希凡、蓝翎《关于〈红楼梦简论〉及其他》和《评〈红楼梦研究〉》。前者原载山东大学《文史哲》1954年第9期,后在《文艺报》1954年第18期转载。后者发表于1954年10月10日《光明日报》"文学遗产"栏。将俞平伯的《红楼梦》研究与胡适思想及其学术方法论和文学观念联系起来,是毛泽东《关于红楼梦研究问题的信》的主旨。这不仅是他从两个"小人物"的文章中得到的启发,更是他1949年以后关注学术文化思想及意识形态问题的重心所在。对胡适哲学的"相对主义和实用主义"的批判,即对旧的文化意识形态的否定,关乎其在学术文化和思想领域确立马克思主义意识形态指导地位的重要性。亦如《光明日报》在发表李希凡、蓝翎文章时的"编者按"所说:"目前,如何运用马克思主义科学观点去研究古典文学,这一极其重要的工作尚没有很好地进行,而且也急待展开。本文在试图从这方面提出一些问题和意见,是可供我们参考的。同时我们更希望能因此引起大家的注意和讨论。"故此引发毛泽东对于一系列思想批判问题的思考,并在其批注中设问道:"不过是试作?不过是一些问题和意见?不过可供参考而已?"在其信函中则尖锐指出:"《武训传》虽然批判了,却至今没有引出教训,又出现了容忍俞平伯唯心论和阻拦'小人物'的很有生气的批判文章的奇怪事情,这是值得我们注意的。"他认为,尽管"俞平伯这一类资产阶级知识分子,当然是应当对他们采取团结态度的,但应当批判他们的毒害青年的错误思想,不应当对他们投降"。

鉴于此,1954年11月,中国科学院院长郭沫若在接受《光明日报》记者采访时明确指出:"这不仅仅是对于俞平伯本人,或者对于有关'红楼梦'研究进行讨论和批判的问题,而应看作是马克思列宁主义思想与资产阶级唯

---

[1] 毛泽东:《关于红楼梦研究问题的信》,《毛泽东选集(第五卷)》,北京:人民出版社1977年版,第134—135页。

心论思想的斗争;这是一场严重的思想斗争。"他指出:"讨论的范围要广泛,应当不限于古典文学研究的一个方面,而应当把文化学术界的一切部门都包括进去;在文化学术界的广大领域中,无论是在历史学、哲学、经济学、建筑艺术、语言学、教育学乃至自然科学的各部门,都应当来开展这个思想斗争。作家们、科学家们、文学研究工作者、报纸杂志的编辑人员,都应当毫无例外地参加到这个斗争中来。"郭沫若特别提到了对于胡适批判的问题,他说:"胡适的资产阶级唯心论学术观点在中国学术界是根深蒂固的,在不少的一部分高等知识分子当中还有着很大的潜势力。我们在政治上已经宣布胡适为战犯,但在某些人的心目中胡适还是学术界的'孔子'。这个'孔子'我们还没有把他打倒,甚至可以说我们还很少去碰过他。"[1]

1954年12月,在中国文联、中国作协主席团联席会议上的发言中,郭沫若在谈到《红楼梦》研究问题的讨论及对俞平伯的批判时更强调:"俞平伯先生在三十年前要用资产阶级唯心论的方法来研究'红楼梦',本来是不足怪的事情。三十年前,像我们这样年辈而研究古典文学的人们,懂得马克思主义的,真要算是凤毛麟角了。俞平伯先生的研究之所以成为了问题的,是他三十年来,特别是自解放以来,在思想、立场和方法上,都没有什么改变。……不仅没有摆脱资产阶级唯心论的影响,而且还有浓厚的封建思想的残余。"他指出,无论是对于《红楼梦》研究问题的讨论还是对于胡适的批判,目的是在思想观念和理论方法上否定和放弃"资产阶级唯心论",代之以马克思列宁主义,提高"能够正确地运用马克思列宁主义的思想水平"。从而开展"学术上的自由讨论,提倡建设性的批评"与"加紧扶植新生力量"是达到此目的的重要途径。

郭沫若在发言中把胡适斥为"买办资产阶级第一号的代言人",说"他和蒋介石两人一文一武,难兄难弟,倒真是有点像'两峰对峙,双水分流'"。胡适作为"战犯"的政治生命是死亡了,但其思想在学术界和教育界"依然

---

[1]《中国科学院郭沫若院长关于文化学术界应开展反对资产阶级错误思想的斗争对光明日报记者的谈话(1954年11月8日)》,《胡适思想批判(论文汇编)·第一辑》,北京:生活·读书·新知三联书店1955年版,第3—6页。

有不容忽视的潜在势力"。如《武训传》中的改良主义奴才思想,《红楼梦》中的个人主义忏悔哲学便是其具体表现。对于胡适"大胆的假设,小心的求证"的实验主义"科学"方法论,郭沫若的批判是:

> 胡适根本不懂得科学。但他是反动哲学唯心论实验主义的信奉者,他跟着他的老师美国的实验主义者的杜威一道,把最基本的科学方法也作了唯心论的歪曲。他大胆地假设一些怪论,再挖空心思去找证据,证实这些怪论。那就是先有成见的牵强附会,我田引水。他的假设就是结论,结果只是一些主观的、片面的、武断的产物。胡适就是以这样的方法和态度,否认了屈原的存在,否认了《红楼梦》的对封建社会的批判,否认了中国文化的价值,否认了中国封建制度的存在,否认了帝国主义对中国的侵略。他曾经主张"全盘西化、全盘接受"。他曾经说过:"被孔丘朱熹牵着鼻子走,固然不算高明;被马克思列宁斯大林牵着鼻子走,也算不得好汉。"他这位自封的"高明"的"好汉",就是想牵着我们的鼻子走,一同去做花旗顺民。我们的鼻子呢?摩一摩看是有点危险的,没有办法全盘否认:没有被这样一位自封的"好汉"牵着。

他特地引述了王若水在《清除胡适的反动哲学遗毒》(《人民日报》1954年11月5日)一文中的话发出号召,"战斗的火力不能不对准资产阶级唯心论的头子胡适","认清胡适思想的反动性,是文化界当前的任务",并公布了"一项联合召开胡适思想批判讨论会的计划":"拟定了九项内容,分别批判胡适的哲学思想、政治思想、历史观点、文学思想和其他有关问题。每项问题由主要研究人写成文章,公开报告,并进行讨论。""想用这样的办法,把胡适的反动思想在文艺界和学术界的遗毒,加以彻底的清除。"[1]

---

[1] 郭沫若:《三点建议——一九五四年十二月八日在中国文学艺术界联合会主席团、中国作家协会主席团扩大联席会议上的发言》,《胡适思想批判(论文汇编)·第一辑》,北京:生活·读书·新知三联书店1955年版,第7—11页。

因此部署,从1955年3月到1956年上半年,学术界一场声势浩大的胡适思想批判运动如火如荼地展开。全国报刊连篇累牍发表各类胡适批判文章,至1956年4月,三联书店先后辑录出版了《胡适思想批判》"论文汇编"八辑,收录各类胡适批判论文百余篇,逾二百万字。不少过去北大、清华与胡适共事的旧友同事,师生同道等竞相撰文对胡适口诛笔伐。毋论其中内容如何,从标题看这些文章多半充满了火药味,如:任继愈《胡适的实验主义思想方法批判》、《论胡适在禅宗史研究中的谬误》,王若水《五四运动中的胡适和杜威》、《清除胡适的反动哲学遗毒》,周一良《批判胡适反动的历史观》、《西洋"汉学"与胡适》,陆侃如《胡适反动思想给予古典文学研究的毒害》,游国恩《批判胡适的资产阶级唯心的学术观点和他的思想方法》,罗根泽《批判胡适的文学观点和治学方法》,李长之《胡适的思想面貌和国故整理》,贺麟《两点批判,一点反省》、《批判胡适的思想方法》,嵇文甫《胡适唯心论观点在史学中的流毒》、《批判胡适的多元历史观》,罗尔纲《两个人生》,吴文祺《批判胡适派的考证方法》,吴景超《我与胡适——从朋友到敌人》,童书业《批判胡适的实验主义"考据学"》、《批判胡适的实验主义"史学"方法》,曹孚《批判实用主义教育学》,高一涵《实用主义的政治思想的反动本质》,谭丕模《充满毒素的"白话文学史"》,钟敬文《胡适在新文学运动上作用的重新估价》,蔡尚思《论英雄创造历史的唯心主义历史观》,吴征镒《对批判胡适派主观唯心主义思想的一点体会》,全增嘏《胡适实用主义的唯我论与虚构论的反动本质》,郭预衡《评胡适所谓"老杜的特别风趣"》,王瑶《批判胡适的反动文学思想——形式主义与自然主义》、《辟胡适的所谓"历史进化的文学观念"》,潘懋元《胡适教育思想的错误及其在教育学上的影响》,杨钟健《实用主义的生物学上的根据到底是什么?》,冯友兰《哲学史与政治》,夏鼐《批判考古学中的胡适派资产阶级思想》,何其芳《胡适文学史观点批判》,金岳霖、汪子嵩、张世英、黄柟森《批判胡适实用主义哲学》,金岳霖《批判实用主义者杜威的世界观》,冯友兰、朱伯崑《批判胡适"中国哲学史大纲"底实用主义观点和方法》,高觉敷《批判反动的与反科学的实用主义心理学》,冯沅君《批判胡适的"西游记考证"》，曹道衡《批判胡适夸大他个人在新文学运动中的作用》，潘允中《批判胡适的"吾我篇"与"尔汝篇"》，陈炜谟《论考据学在文学研究中的作用——兼评胡适的资产阶级唯心主义考据学及其毒害》，余冠英《胡适对中国文学史"公例"的歪曲捏造及其影响》，张清常《批判胡适唯心主义语言学思想》等。

但总体上看，在这场批判运动中起主导和示范作用的还是那些"正统"的左翼学者、理论家，如艾思奇、李达、潘梓年、范文澜、胡绳、蔡仪、侯外庐、胡华等。他们对胡适的批判气势凌厉，有一种不容置辩的政治上的果敢，往往少从具体学术问题入手，而是单刀直入，皇皇论道，调子高，板眼大。如艾思奇《批判胡适的反动哲学思想》一文是以讲演的形式作为单行本发表的，文章四个部分就是开头的四句话："第一、半年多来我们反对资产阶级唯心主义得到了些什么经验。第二、实用主义是帝国主义时期最反动最腐朽的资产阶级主观唯心主义哲学思想。第三、关于胡适实用主义认识论的批判。第四、关于胡适实用主义方法论的批判。"他说：经过"半年多的斗争"，"十分清楚地认识了胡适的实用主义是美帝国主义侵略中国的一种思想武器，而胡适就是美帝国主义在中国的代理人"，"这一斗争使我们更深刻地认识到哲学思想和阶级斗争、政治斗争有密切的关系。这次批判斗争中不仅仅提高了我们的马克思列宁主义的认识，提高了我们对于唯物主义与唯心主义区别的能力，也提高了我们的政治警惕性。……经过这次斗争，联系到列宁关于哲学党派性的指示时，……哲学的唯物论和唯心论的斗争问题不是一个纯粹理论的问题，而是阶级斗争的反映，互相对立的阶级在斗争中把哲学作为一个最重要的思想武器。……例如胡风反革命集团一贯地散布资产阶级唯心主义思想，他们就是利用唯心主义的影响来拉拢人、联络人和制造他们所需要的有利于反革命活动的条件的。……受到胡适实用主义思想影响的人，在许多问题上的看法不是和人民的社会主义事业的要求发生矛盾了吗？这次的批判运动使我们深刻的（地）认识到这一切，认识到反对资产阶级唯心主义与学习辩证唯物主义的重要性，认识到如果不学习辩证唯物主义，那么，不但我们自己的思想不正确，行动上会犯错误,而且说不定在什么时候会受到反革命分子的利用"。[1]

按照艾思奇的说法,从反胡风运动到胡适批判,都属于"思想战线上的阶级斗争",容不得半点犹疑和松懈,必须"从实际思想斗争中学习辩证唯物主义",提高其理论认识水平。他说:"批判资产阶级唯心主义不是一件很简单的事情。唯心主义当然是反动的、荒谬的、反科学的,但它能影响人,……它之所以能发生影响,是有很复杂的原因。首先是,……它们都力图在表面上装得好像很合理,甚至于装成一种科学思想的样子。实用主义者的骗人方法之一,就是把自己吹嘘成所谓的'科学方法',所谓'实验室的态度'。胡风反革命集团对他们所散布的那种极端反动的主观唯心主义思想也自称是'现实主义'等等。……另外还有客观的原因:这就是由于我国有着广大的小资产阶级,而资产阶级也仍然存在。小资产阶级是私有者,因此它接受资产阶级思想影响比接受无产阶级思想影响更容易些。只有在工人阶级的坚强领导下,在马克思列宁主义党的正确指导下,才有可能进行思想改造,才能接受辩证唯物主义的思想和克服资产阶级唯心论的影响。"说到底,从反胡风运动到胡适批判,就是一场贯穿着政治挂帅思想底蕴的彻头彻尾的文艺界和学术界的意识形态改造风潮。因此,对胡适思想的定性是政治定性。故艾思奇指出:"胡适的哲学思想是实用主义。实用主义是美国资产阶级的御用哲学。这种哲学是和被列宁批判过了的欧洲的马赫主义同样反动和腐朽的主观唯心论学派。"是"资产阶级没落时期即帝国主义时期的哲学",没有任何进步性和"合理的积极的因素"。故不能像马克思对待黑格尔哲学一样"吸收其合理的东西",而只能像列宁对待马赫主义那样彻底否定。至于斯大林在《论列宁主义基础》中曾称赞过的美国人的求实精神,艾思奇则认为求实精神是美国人民的,实用主义是美国反动统治阶级的哲学,故而不能相提并论。唯物论和反映论是艾思奇所强调的辩证唯物主义认识论的基础和前提,故在他看来,"实用主义与辩证唯物主义的观点完全相反,它是用主观唯心主义的经验主义原则来曲解科

---

[1] 艾思奇:《批判胡适的反动哲学思想》,北京:中国青年出版社1955年版,第1—3页。

学,来反对真正科学的辩证唯物主义的认识论的"。关于胡适哲学的方法论,艾思奇认为,其所谓"三步法":"(一)从具体的事实与境地下手;(二)大胆假设;(三)小心求证。"其中"所谓'从具体的事实与境地下手'的'事实',按照它的主观唯心论的解释,就是指人们的感觉和观点的复合。……凭着主观的兴趣,凭着人的偶然的感觉,随便抓来一些事实作为研究的出发点,而不是要排除任何主观随意的因素。从全面的'客观存在的实际事物出发',并抓着事物的最主要的东西。这样的研究方法正是主观唯心主义的方法,正是反科学的方法"。他说:"实用主义的这种方法是有它的阶级背景的,因为它是为反动派服务的,它的这种方法是为了蒙蔽人民的眼睛,使人民看不清阶级斗争,从而也就可以保护反动阶级的利益。"所谓"大胆假设","'大胆'两个字就可以看出它的反科学性"。"科学的要求是非常严格的,它要求我们的认识正确地反映客观事物的规律性而不要有任何主观虚构的因素。""科学的研究要坚决反对这种主观唯心论的方法和态度,只有反动派才需要这样做。"胡适所谓"小心求证"也是"反科学"的。"科学的真理要经得住实践的检验。""马克思列宁主义所讲的实践是社会实践,是变革世界的实践。也就是生产、阶级斗争和科学的实验。思想理论是否科学的真理,要拿到阶级斗争、生产斗争和科学实验里去证明,这是科学的方法所要求证明的步骤,此外别无其他的步骤。"[1]

如果验证一下胡适有关"实践"(实验)和"科学"的观点,便会发现艾思奇的批判即是通过将二者政治化而实现的——套用笼统的政治原理代替具体分析,"指鹿为马",不辨真相的上纲上线。其他批判更不例外。而以政治上的定性和思想上的划线为标志,中国当代学术史上的胡适批判带有鲜明的泛政治化色彩。这场批判运动的本质是当代学术转型中意识形态的积极参与与强势运作,而其重要后果即是当代学术文化的意识形态转型:中国学术文化由自由化走向政治化,由多元化走向一元化。在政治挂

---

[1] 艾思奇:《批判胡适的反动哲学思想》,北京:中国青年出版社1955年版,第3、4—5、6、12、18、20—23页。

帅方针的引领下，在意识形态价值观念的支配下，知识分子的学术活动无论在应用研究还是基础理论研究领域，都迅速转化为服务性和服从性的各项指标与任务。学术竞争和争鸣只有在"思想改造"和政治大批判中，朝着更整齐划一和步调一致的方向和道路迈进。一切非政治化和反意识形态性的思想和学术观念，不仅是不允许的，也是不可能真正发生的。

以学术和历史的观点来看1950年代的胡适批判，有学者指出：

> 我们的不少学者在很短时间里学会了一种先验的、机械的思维模式：凡是政治上宣布为"反动"的学者，其学术必定是为反动的政治服务的，因而是一无是处的，其哲学基础必是"唯心的"，因而是荒谬的、错误的、愚蠢的。这种形而上学的懒人思维在一些受过五四以来科学方法论训练的学者是不屑一顾的，即便是为了偷懒或敷衍偶一用之，也是心中有愧的。但是在"立场坚定""旗帜鲜明""方向正确"等公开或暗示的赞许与怂恿之下，他们胆子渐渐壮大，因为根本没有对手的回击。观点明知站不住也强装站着，哪怕一戳即破也无所畏惧，因为决不会有人来戳。左顾右盼，皆行此术，声色俱厉，理直气壮。许多人不仅乐此不疲，而且愈演愈烈，愈演愈自如，愈演愈坦荡。扭曲的心灵奔向集体无意识，文风、人格严重污染。
>
> 群起而攻之，搞臭一个人的批判机制决不能在学术科学上真正打倒胡适，反而为后来的历次文化批判运动提供了一种技术的样板，这种技术最终在"文化大革命"中发挥得炉火纯青，并成为我们百用不匮的传统法宝。
>
> 当然，我们在看到对胡适的政治批判淹没了学术是非的时候，还应该看到这是客观上政治运作的必然逻辑，有其历史的"合理性"。无产阶级文化新道统、新体制、新规范、新权威的确立无疑要首先搬去资产阶级唯心论的旧道统、旧体制、旧规范、旧权威，胡适正是这"四旧"的集中代表，他的思想与学术便理所当然

地首先要成为一个靶子。被组织起来或礼遇邀来打靶的人不少以为只要靶打得稳、准、狠,打得卖力便可以得到身份的"改造"。当年一班老牌知识分子学者在搜罗肚中全部知识储备,施出浑身上下功夫来批胡适时当然没有想到自己也是"四旧"营垒里的"历史"人物,已经在等候被搬去或扫除的历史命运了。

　　批胡运动是与当时整个政治经济领域改造运动相配合的,旨在褫夺资产阶级在精神文化领域上的传统优势并进而对之实行全面专政的第一个重大部署,以保证无产阶级文化规范建构下的高速度、高效益。在文化范式人工转换一点上,批胡运动以后的历次文化政治运动包括文化大革命是一脉相承的,技术上是块样板,只不过操作的人一茬换一茬而已。从这层意义上来说,文化大革命运动又正是以批胡运动为序幕的,规模愈演愈大,烈度愈演愈高而已。[1]

第二节　"新启蒙主义"与当代学术转型

　　通过 1955 年前后对胡适的批判及对胡风集团和丁玲、陈企霞"反党小集团"的清算,中国当代文艺界、学术界的思想统一及政治整肃运动基本完成。1956 年出现的"美学论争"等百花齐放的学术气象,却是回光返照式的一场新的急风暴雨的前兆——1957 年"反右"运动的迅猛开展,标志着中国社会意识形态转型的实现。中国进入到一个高度政治化的,在学术和思想文化上集权专制的特殊时期。1957 年至 1978 年的 20 年间,是百年中国学术史上的酷暑严冬。万马齐喑,百花凋零。除了意识形态的鼓噪与喧嚣,

---

[1]　胡明:《胡适批判的反思》,《二十一世纪》,香港:香港中文大学中国文化研究所,1991年12月号,第55页。

真正的学术研究被迫停滞或转入地下,呈地下或半地下状态生存。其中以顾准的政治经济学、社会政治史研究,沈从文的物质文化史研究和钱钟书的中西比较诗学、比较文学(文化)研究为代表。由于学术环境、条件的限制和研究状况的孤立,这些地下、半地下状态的学术研究成就难免不拘一格,自成体系,缺乏整体学术思潮和学科规范的参照与规约,但也因此更其难能可贵。

值得一提的是陈寅恪的史学研究在1949年以后仍然成果丰硕,成为20世纪50—70年代严肃学术中难得的重要成果。除积年所从事之隋唐史研究外,陈寅恪更以衰废余年,索引钩沉,笺释钱柳因缘诗之意,考据河东君之本末,延历时岁,撰成《柳如是别传》:"披寻钱柳之篇什于残阙毁禁之余,往往窥见其孤怀遗恨,有可以令人感泣不能自已者焉。夫三户亡秦之志,九章哀郢之辞,即发自当日之士大夫,犹应珍惜引申,以表彰我民族独立之精神,自由之思想。何况出于婉娈倚门之少女,绸缪鼓瑟之小妇,而又为当时迂腐者所深诋,后世轻薄者所厚诬之人哉!"[1]因之见心明志,呕心沥血,卒成巨制。鉴于陈寅恪的学术影响力,1953年,时任中国科学院院长郭沫若曾拟聘请陈寅恪出任第二历史研究所(中古史研究所)所长,但因其提出"苛刻"条件而未果。在《对科学院的答复》中,陈寅恪申言:"我的思想,我的主张完全见于我所写的王国维纪念碑中。……我认为研究学术,最主要的是要具有自由的意志和独立的精神。所以我说'士之读书治学,盖将以脱心志于俗谛之桎梏'。'俗谛'在当时即指三民主义而言。……我认为王国维之死,不关于罗振玉之恩怨,不关满清之灭亡,其一死乃以见其独立自由之意志。独立精神和自由意志是必须争的,且须以生死力争。……一切都是小事,惟此是大事。"故他要求说:"我认为不能先存马列主义的见解,再研究学术。我要请的人,要带的徒弟都要有自由思想,独立精神。不是这样,即不是我的学生。"为此提出两项条件:"第一条:'允许中

---

[1] 陈寅恪:《柳如是别传·缘起》,《陈寅恪集·柳如是别传(上)》,北京:生活·读书·新知三联书店2009年版,第4页。

古史研究所不宗奉马列主义,并不学习政治'。""第二条:'请毛公或刘公给一允许证明,以作挡箭牌。'"[1]卒至无果。

后学每视陈寅恪为"中国文化托命之人",其地位当在学术而非其他。其尝谓:"凡一种文化值衰落之时,为此文化所化之人,必感苦痛,其表现此文化之程度愈宏,则其所受之苦痛亦愈甚。"[2]"自昔大师巨子,其关系于民族盛衰学术兴废者,不仅在能承续先哲将坠之业,为其托命之人,而尤在能开拓学术之区宇,补前修所未逮。故其著作可以转移一时之风气,而示来者以轨则也。"[3]谆谆斯言!

如果说在陈寅恪身上,学术史上安身立命的文化人格,实超乎其明心言志的思想观点之上,这是后学者所无法比拟的。那么,1980年代中国学术文化的复苏转型与当代学术重建则得益于一场蜚声思想界的"新启蒙"运动。

首先,1978年以后一场拨乱反正的思想解放运动不仅带来了政治和经济上的新气象,更在思想文化领域造成了更持久深入的震荡。其中,具有学术理性精神的文化反思和思想重建成为主调,这即使得1980年代的"新启蒙"与五四新文化运动明显不同。如果说"五四"是文学的启蒙时代,1980年代则是学术和思想的启蒙时代。

从文学的角度来讲,1978年开启的"新时期"除了一定的"拨乱反正"的政治意趣,并没有如五四鲁迅式的"改造国民性"的文学开启一个文化批判与文学重建的新时代,更不用说胡适式的语言文字整体形式上的"文学革命"已成绝响。无论是"伤痕文学""反思文学""改革文学",还是"寻根文学"等,都没有,也不可能承担五四式的思想启蒙的任务。1980年代的"新启蒙"是从学术起步的,以学术为领地,以思想为目标,以理性重建为使命,当代学术文化的转型在本质上具有思想性重构和理性化表达的鲜明特征。

---

[1] 陈寅恪:《对科学院的答复》,《陈寅恪集·讲义及杂稿》,北京:生活·读书·新知三联书店2009年版,第463—464页。

[2] 陈寅恪:《王静安先生挽词并序》,《陈寅恪集·诗集》,北京:生活·读书·新知三联书店2009年版,第12页。

[3] 陈寅恪:《王静安先生遗书序》,《陈寅恪集·金明馆丛稿二编》,北京:生活·读书·新知三联书店2009年版,第247页。

在此，李泽厚的思想文化史研究堪称独步。

就李泽厚的思想文化史研究而言，反思传统仍然是一成不变的主题。但是，从学术的角度，理性化地思考传统文化问题，还是感性化地以文学和政治文化批判的方式对于传统文化予以"吃人"的价值评估和否定性的整体估价，正是1980年代"新启蒙"与五四新文化运动的不同特征所在。就中国现代学术文化的历史进程而言，现代学术的理性传统肇始于1920年代胡适倡导的"整理国故"运动。但是，由于受到胡适实用主义观念的影响，"整理国故"运动及其开启的学术理性化道路，并未真正把历史要求的文化重建与学术要求的理性自觉完整地结合起来。文化重建被赋予了过于急切的"科学"和"民主"的重任，而思想觉悟与表达则与不同政治倾向相结合，变成莫衷一是的政治观念的纷争。因此，五四以后中国学术文化在启蒙主义、民族主义和自由主义的意义上，形成了具有不同观念体系和价值取向的话语纷争，历史观、世界观和人生观对立冲撞，终至观念化代替理性化，政治化代替学术化。

因此，以李泽厚为代表，1980年代的"新启蒙"从学术起步，无论其研究对象和表达内容如何，对传统的反思是在一种具有高度理性意识的历史整合和观念重构的意义上进行的，而且，学术重建的基本任务被厘定为以反思传统为中心的思想理性重建。其中包括对于现代文化历史的反思与对于中国历史文化传统的新的体认，这集中表现在他的三大"思想史论"中。

三大"思想史论"中最先问世的是《中国近代思想史论》[1]。其中，李泽厚通过对1840年至1919年中国社会政治文化思潮、社会革命与改良的不同道路及其成败得失的辨析，在洪秀全、康有为、谭嗣同、严复、孙中山、

---

[1] 李泽厚的《中国近代思想史论》收1977—1978年间写作和发表的相关论文共十篇（含1950年代旧文三篇），1979年由人民出版社出版，1994年安徽文艺出版社作为《李泽厚十年集（第三卷·中）》出版修订本。《中国古代思想史论》收1980年至1982年间发表的相关论文、随笔和演讲，1985年由人民出版社出版，1994年安徽文艺出版社作为《李泽厚十年集（第三卷·上）》重版。《中国现代思想史论》收1986年至1987年间发表的相关论文、演讲等，1987年由东方出版社出版，1994年安徽文艺出版社作为《李泽厚十年集（第三卷·下）》重版。

章太炎、鲁迅等人身上,探究从近代到现代,中国社会发展和蹉跎的诸种历史和文化因缘,为其在《中国现代思想史论》中提出"救亡压倒启蒙"的整体观念奠定了思想理论的基础。在对洪秀全及太平天国革命的论述中,李泽厚针对长期美化农民革命的观点指出:洪秀全为首的太平天国运动,其成功点在于对传统农民战争"均田免粮"的口号、旗帜进行了西方化的意识形态改造:"它从西方学来了一套新的形式,把这种反剥削的理想提高到一个空前的水平,构成了一套完整的思想体系,以之来作为发动、组织、统帅农民进行军事、政治、经济、文化各方面阶级斗争的思想武器。它搞得如此充分、完整和自觉,在中外农民战争史上,都是罕见的。这当然首先要归功于洪秀全,他是太平天国的缔造者,是这场革命的思想家和政治首领(前期的组织家和军事领袖主要是杨秀清)。与一般思想家很不相同,洪秀全的思想已成为千万农民和被剥削劳动群众的现实斗争的武器,成为太平军的灵魂,并且也是太平天国'钦定'的意识形态。他的创造性,就在于他借一个西方的上帝观念来作为农民革命的思想理论基础。"[1]这个西方的"上帝"成了近代中国农民的"救世主"。但是,"太平天国思想却无法挣脱封建生产方式所带来的局限,缺乏近代资产阶级基于新的生产力和生产方式的经济基础所产生的民主主义等重要内容。相反,像平均主义、禁欲主义、宗教迷信等小生产者的意识形态占据了重要地位。它们违反社会发展规律,不符合现实生活的要求,起了导致革命失败的作用。洪秀全的思想突出地表现了农民阶级意识形态这种革命反抗与封建落后的两重性"[2]。因此,主要不是外部批判,而是以内部辨析为重点,李泽厚的研究改变了泛政治化时代农民战争史研究的基本思路,为当代历史研究提供了新的路径。

对20世纪初中国资产阶级革命派的思想,李泽厚认为,首先是陈天华宣传的"为富强、为救国而革命的道理,加上章太炎竭力宣扬的反满光复,这

---

[1] 李泽厚:《中国近代思想史论》,《李泽厚十年集(第三卷·中)》,合肥:安徽人民出版社1994年版,第13页。
[2] 李泽厚:《中国近代思想史论》,《李泽厚十年集(第三卷·中)》,合肥:安徽教育出版社1994年版,第12页。

二者共同构成当时整个革命思潮主要的和突出的部分"。而"邹容所宣传的民主、自由、平等、独立等等观念,并没能克服和战胜封建主义传统意识形态"。辛亥革命前,同盟会成员中即存在着国粹主义的右翼(章太炎)和无政府主义的左翼(刘师培、吴稚晖)。或沉浸在单纯复仇反满的"狭隘民族观念"中;或大唱高调,"认为社会解放重于政治斗争"。[1]对资本主义意识形态和现代民主政制、经济文化秩序表现出拒绝和否定的姿态。革命后,对旧势力的妥协和软弱所造成的"失败"本质上说明了"革命派所指望、宣传的资产阶级民主、共和、自由、平等一点也没有得到。没有民主,没有自由,有的仍然只是披上各种现代形式的封建主义"。从思想史上看,李泽厚认为,这有两方面的原因:第一,近代中国社会历史状况,决定了"国家的独立始终是中国革命的首要主题"。在中国资产阶级革命派的思想中,从孙中山开始就有忽略个人自由,而专注于争取民族自由的一面(如孙中山对"民族主义"的界说),人权、民主观念未能深入人心。第二,中国近代知识分子存在小生产者的狭隘意识,政治上权力本位观念如影随形,容易被别有用心的阴谋家所欺骗和利用。——若此缺失法兰西人"不自由吾宁死"的坚定信念,在近现代外侮日深的救亡形势下,"为爱国而革命的这条道路"又为后来好几代人反复不断走下去。[2]

对鲁迅思想的研讨既是李泽厚"近代思想史论"的终篇也是"现代思想史论"的开启。但在《略论鲁迅思想的发展》一文中,李泽厚对鲁迅思想评述的亮点是对其早期思想脉络的梳理。如他以 1907 年为界,认为其前鲁迅思想主要受严复影响,以进化论思维为主;其后则受章太炎影响,以个性化和个人主义为重要特色。《破恶声论》是鲁迅接受章太炎思想影响的集中表现,如"主张以精神、道德、宗教而不是以物质、科学、进化,来作为革命的推动力量和改革武器"。[3]也因此,鲁迅思想逐渐由物质层面迈向精神

---

[1] 李泽厚:《中国近代思想史论》,《李泽厚十年集(第三卷·中)》,合肥:安徽人民出版社 1994 年版,第 295—296 页。
[2] 李泽厚:《中国近代思想史论》,《李泽厚十年集(第三卷·中)》,合肥:安徽人民出版社 1994 年版,第 300—302 页。
[3] 李泽厚:《中国近代思想史论》,《李泽厚十年集(第三卷·中)》,合肥:安徽人民出版社 1994 年版,第 427 页。

层面,由群体意识转化为个性观念,提出"掊物质而张灵明,任个人而排众数"的著名论断,从而突破了革命派"救国"的政治主张而深入到"救人"的文化理想层面。——"救国必先救人,救人必先启蒙,不是'黄金黑铁'或政法理工,而是文艺、道德、宗教,总之不是外在的物质,而是内在的精神,才是革命的关键所在。"[1]这正是鲁迅"改造国民性"思想的由来。所谓"托尼学说,魏晋文章"[2],正是鲁迅思想中人道主义和个性主义相消长的写照。但或许由于写作时间尚早,李泽厚对鲁迅中、晚期思想的认识和论述落入俗套,了无新意。

"启蒙与救亡的双重变奏"是李泽厚《中国现代思想史论》的主题和中心观点。其中,他对胡适、陈独秀、鲁迅及青年毛泽东的论述是此论的重心,而对于中国现代三次学术论战、马克思主义在中国及现代新儒家的考察,则构成其"现代思想史论"的历史性框架,使其重点突出,高屋建瓴。

在对于启蒙与救亡关系的解析中,李泽厚校正了前期的观念(主要是对鲁迅中晚期思想的论述),即不将社会政治革命看成中国近现代历史的单一主题,而以对于五四运动的审视为起点,将"新文化运动"和"学生爱国反帝运动"分别开来。这其实是对胡适此类观点的认同。胡适晚年多次谈到,以"文学革命"为中心的五四新文化运动是一场中国式的文艺复兴。而五四运动作为"青年爱国的运动"则是一场突发性的政治事件,"可以说害了我们的文艺复兴"。"因为我们从前作的思想运动,文学革命的运动,思想革新的运动,完全不注重政治。到了'五四'之后,……我们纯粹文学的、文化的、思想的一个文艺复兴运动,有时候叫新思想运动、新思潮运动、新文化运动,文艺复兴运动就变了质啦,就走上了政治一条路上"。[3] 它造

---

[1] 李泽厚:《中国近代思想史论》,《李泽厚十年集(第三卷·中)》,合肥:安徽人民出版社1994年版,第428—429页。
[2] 据传,此为刘半农写给鲁迅的一副对联。"托"即托尔斯泰,"尼"即尼采。
[3] 胡适:《五四运动是青年爱国的运动》,《胡适学术文集·新文化运动》(姜义华主编),北京:中华书局1991年版,第306—307页。

成了中国"文艺复兴"运动的中断,阻碍了中国文化的现代化进程。由此可见,李泽厚关于救亡压倒启蒙的观点并不新颖。但此时由他正式作为学术观点提出,对于大陆学界却似一缕清风,改变了历来把现代思想文化运动与社会政治革命事件简单捆绑的思维模式(视思想文化运动为"前因",社会政治革命为"后果")。另外,李泽厚认为,由陈独秀所主导的新文化伦理革命虽然以否弃传统、打破偶像、全盘西化、民主启蒙为目标,但本质上"并不是为了争个人的'天赋权利'——纯然个体主义的自由、独立、平等"。其将这些"本来建立在个体主义基础上的西方文化介绍输入以抨击传统打倒孔子时",却不经意中遇到了关乎"救亡"集体主义意识或无意识的文化传统,使之外化成激昂的政治意志,左右着知识分子的社会价值观和群体选择。[1]个体改造与群体改造的矛盾,局部改造与全体改造的冲突,使越来越多的知识分子认为,"改造社会要用急进的激烈的方法,钻进社会里去,从根本上谋全体之改造"(施存统语)。因此,"从新文化运动的着重启蒙开始,又回到进行具体、激烈的政治改革中。政治,并且是彻底改造社会的革命性的政治,又成了焦点所在"。[2]胡适式的实验(改良)主义、鲁迅式"任个人而排众数"的启蒙主义,终究由陈独秀式的激进主义所代替。在与胡适、陈独秀的比较中,李泽厚重新审视了鲁迅的思想特征和历史地位。他认为,"鲁迅后期基本上并没有成功的小说,他的力扛九鼎叱咤千军的著名杂文,尽管在狠揭烂疮的思想深度和嬉笑怒骂的文学风采上,始终是鹤立鸡群、无与伦比,但在思想实质和根本理论上,与当时瞿秋白、冯雪峰等人也基本相同,也并无特殊"。但"最值得注意的是,鲁迅一贯具有的孤独和悲凉所展示的现代内涵和人生意义"。这种贯穿于鲁迅一生的"孤独悲凉感由于与他对整个人生荒谬的形上感受中的孤独、悲凉纠缠融合在一起,才更使它具有了那强有力的深刻度和生命力的。鲁迅也因此而成为中国

---

[1] 李泽厚:《中国现代思想史论》,《李泽厚十年集(第三卷·下)》,合肥:安徽人民出版社1994年版,第16页。
[2] 李泽厚:《中国现代思想史论》,《李泽厚十年集(第三卷·下)》,合肥:安徽教育出版社1994年版,第30页。

近现代真正最先获有现代意识的思想家和文学家"。[1] "鲁迅对世界的荒谬、怪诞、阴冷感,对死和生的强烈感受是那样的锐敏和深刻,不仅使鲁迅在创作和欣赏的文艺特色和审美兴味(例如对绘画)上,有着明显的现代特征,既不同于郭沫若那种浮泛叫喊、自我扩张的浪漫主义,也不同于茅盾那种刻意描绘却同样浮浅的写实主义,而且也使鲁迅终其一生的孤独和悲凉,具有形而上学的哲理意味。"[2] 所以鲁迅终能出于启蒙而超越启蒙。如果说陈独秀是真正的"革命战士",胡适对现代学术的开创居功至伟,那么鲁迅则是现代最"深沉锐敏的文学家和思想家"。[3] 另外,李泽厚指出,"科玄论争"中科学派的主张内含着"救亡"的命题,而玄学派的观点实则包含着"启蒙"的意蕴。科学派的胜利,意味着救亡又一次压倒了启蒙,其结果是使"唯物史观"成为指导现代人生的科学法则,并导致激进左翼与自由主义文化派别的分道扬镳。以张君劢为代表,玄学派由于提倡"新宋学",强调"返求诸己",其继续发展便是"展现了'现代新儒家'的方向路线"。[4] 而1930年代的中国社会性质论战则表现为各派政治力量的意识形态较量,马克思主义基本学说成为各派论争的理论依据,反映出年青一代即"已把马克思主义作为他们的信念,并用它来解释有关'社会''人生'——被当年张君劢认为不可能用科学于其上的'生计学'(经济学)和历史学问题了"。从政治上看,这次论战明确的"社会性质革命任务","是纳启蒙于救亡轨道的现代思想史的第二个里程"。[5] 随着马克思主义在历史学界的"胜利进军",无论是梁启超的历史研究法还是胡适式学院派的科学方法

---

[1] 李泽厚:《中国现代思想史论》,《李泽厚十年集(第三卷·下)》,合肥:安徽人民出版社1994年版,第114—115页。
[2] 李泽厚:《中国现代思想史论》,《李泽厚十年集(第三卷·下)》,合肥:安徽人民出版社1994年版,第118页。
[3] 李泽厚:《中国现代思想史论》,《李泽厚十年集(第三卷·下)》,合肥:安徽人民出版社1994年版,第124页。
[4] 李泽厚:《中国现代思想史论》,《李泽厚十年集(第三卷·下)》,合肥:安徽人民出版社1994年版,第66页。
[5] 李泽厚:《中国现代思想史论》,《李泽厚十年集(第三卷·下)》,合肥:安徽人民出版社1994年版,第75—76页。

论,都让位于郭沫若式粗糙简陋却意气风发、整齐划一的宏观体系化研究范式。

李泽厚的《中国古代思想史论》以孔子"再评价"开篇,集中阐释其"礼""仁"的思想特征和内涵。李泽厚认为,所谓"周礼",其特征"是将以祭神(祖先)为核心的原始礼仪,加以系统化、扩展化,成为一整套宗法制的习惯统治法规(仪制)"。从历史的角度看,相对于孔子的思想及其所崇尚的礼制秩序,战国至秦汉"礼崩乐坏"状况下所造成的社会进步,导致"先秦社会体系所保留的大量原始礼仪体制中包含的氏族内部的各种民主、仁爱、人道的残留,包括像春秋许多中小氏族国家的城邦民主制政治,也全被这一进步所舍弃和吞没"。[1] 因此,从文化的角度看,社会进步以牺牲富含道德价值的"礼"为代价,社会秩序中的"礼"与"仁"被战争意志和充满征服欲望的"法"和"术"所取代,未免得不偿失。——很明显,如此理解文化和政治、进步和保守的意义,深入思考其辩证关系,校正直线进化论思维的缺失,是"新启蒙"对传统启蒙思潮的超越。而正是从学术的角度,理性地思考历史和文化问题,李泽厚才实现了这一超越。

在这个意义上,李泽厚在《中国古代思想史论》中所进行的文化反思大多迥异于五四启蒙思潮。——不是站在政治至上的立场上,将其作为专制主义的祖师爷和帮凶来审判,使之钉上历史的耻辱柱予以否定和清算。相反,在历史理性化的学术视野中,李泽厚眼中的孔子及其儒学等是与历史本身一样的合理化存在,摒弃先入为主的偏见及各种观念化的俗套,必须全神贯注地考察,合情入理地理解和平心静气地解析与参透。在对孔子"仁"的解释中,李泽厚指出,孔子的政治复兴计划着眼于社会上层,"用心理原则的'仁'来解说'礼'",要求氏族贵族的个体成员("君子")"自觉地、主动地、积极地去承担这一'历史重任',把它作为个体存在的至高无上的

---

[1] 李泽厚:《中国古代思想史论》,《李泽厚十年集(第三卷·上)》,合肥:安徽人民出版社1994年版,第18页。

义务"。[1] 不似宗教的神从外在对人提出要求,而是通过主体内在的觉悟,在观念、情感、仪式三位一体中完成信仰体系的建构。所以,"儒学既不是宗教,又能替代宗教的功能,扮演准宗教的角色,这在世界文化史上是较为罕见的"。[2] 不纠缠于形而上的鬼神,也不对形而下的欲望过分抑制。"孔子说:'敬鬼神而远之,可谓知也。'这个'知'不是思辨理性的'知',而正是实践理性的'知'。""这种理性具有极端重视现实实用的特点。"[3] 从哲学上讲,这种"实践理性"不似古希腊哲学在日神精神和酒神精神两端发展,形成思辨理性和神秘观念,却构成了独特的"文化—心理结构",也反映了中国哲学的特点:思辨理性(形而上学)受到否弃,"伦理学的探讨压倒了本体论或认识论的研究;例如中国古代哲学范畴(阴阳、五行、气、道、神、理、心),无论唯物论或唯心论,其特点大都是功能性的概念,而非实体性的概念,中国哲学重视的是事物的性质、功能、作用和关系,而不是事物构成的元素和实体"。[4] 实践理性是"仁学结构"的原型,"有阻碍科学和艺术发展的作用"。[5] 中国人的自然观念中,从积极方面讲,以《易经》为代表,强调天人相应,则天应命,顺天道以行人道;从消极方面讲,中国人自古以来所保持的敬天畏命的心理实则是原始自然敬畏观念的延续。以"天"为代表的自然意象是儒学宗教特质的反映。在艺术中,人的自我意识和个体观念受到"天人感应"和道德自律的双重约束,情感特征处于自然敬畏和自我压抑的特殊状态,因而"忍"成为一种重要的文化艺术心理。就儒家而言,孟子的思想更强调内在的"仁"和"忍",重视人外敛内修的"良知""良

---

[1] 李泽厚:《中国古代思想史论》,《李泽厚十年集(第三卷·上)》,合肥:安徽人民出版社1994年版,第30页。
[2] 李泽厚:《中国古代思想史论》,《李泽厚十年集(第三卷·上)》,合肥:安徽人民出版社1994年版,第25页。
[3] 李泽厚:《中国古代思想史论》,《李泽厚十年集(第三卷·上)》,合肥:安徽人民出版社1994年版,第34页。
[4] 李泽厚:《中国古代思想史论》,《李泽厚十年集(第三卷·上)》,合肥:安徽人民出版社1994年版,第36—37页。
[5] 李泽厚:《中国古代思想史论》,《李泽厚十年集(第三卷·上)》,合肥:安徽人民出版社1994年版,第41页。

能";荀子以"类"(纲纪)、"分"(界限)来释"礼",强调"敬其在己者,而不慕其在天者","制天命而用之"——天地"生",礼义"治","君子者,天地之参也"。李泽厚认为,"如果说,孟子对孔学的发扬主要在'内圣',那么荀子则主要是'外王'"。[1]汉时董仲舒的贡献则在于,"他最明确地把儒家的基本理论(孔孟讲的仁义等等)与战国以来风行不衰的阴阳家的五行宇宙论具体地配置安排起来,从而使儒家的伦常政治纲领有了一个系统论的宇宙图式作为基石,使《易传》《中庸》以来儒家所向往的'人与天地参'的世界观得到了具体的落实,完成了自《吕氏春秋·十二纪》起始的,以儒为主融合各家以建构体系的时代要求"。[2]宋明理学以张载、朱熹、王阳明为代表,以"气""理""心"为中心范畴分为三派。通过把汉儒的宇宙论转化为伦理学的内向理论,强调理性伦常与感性欲求截然二分和尖锐对立,故提倡"存天理、灭人欲"。王阳明的"心学""否认用抽象的先验的理性观念来强制心灵",[3]"潜藏着某种近代趋向的理学末端",[4]是程朱理学走向解体的标志。

纵观中国思想文化,李泽厚认为,"庄子的哲学是美学"。[5]关注生命、个体、感性,"道似无情却有情"。禅的感性色彩更强,要求破除对语言、概念、思辨、修养、权威的执着,明悟而见道,刹那即永恒。庄禅一体的玄学人格本体论不以家国天下为念,将老学之"无"、庄学之"虚静"、禅学之"空"发挥到极致,对中国艺术产生了重大影响。

总体上看,李泽厚的《中国古代思想史论》着眼于以儒学为代表的中国

---

[1] 李泽厚:《中国古代思想史论》,《李泽厚十年集(第三卷·上)》,合肥:安徽人民出版社1994年版,第116页。
[2] 李泽厚:《中国古代思想史论》,《李泽厚十年集(第三卷·上)》,合肥:安徽人民出版社1994年版,第146—147页。
[3] 李泽厚:《中国古代思想史论》,《李泽厚十年集(第三卷·上)》,合肥:安徽人民出版社1994年版,第245页。
[4] 李泽厚:《中国古代思想史论》,《李泽厚十年集(第三卷·上)》,合肥:安徽人民出版社1994年版,第240页。
[5] 李泽厚:《中国古代思想史论》,《李泽厚十年集(第三卷·上)》,合肥:安徽人民出版社1994年版,第8页。

传统思想史的阐释和较为系统的考察清理,较之五四时代人们对于中国传统思想的理解和解释具有更加鲜明的学术理性化和思想条理化的特征。既不是《新青年》时代批孔反儒中政治挂帅、断章取义的"檄文",以政治效果审视文化本体的简单粗暴的一元论思维,也非胡适《中国哲学史大纲》(卷上)科学至上、逻辑优先的实用主义解析,更非冯友兰《中国哲学史》的纪传式罗列,以及意识形态化的"凸现",而是以更高的历史眼光和一定的哲学化透析与思想化审视明辨文化的脉络,思想的是非,不仅能较为清醒地认识中国思想传统的积弊,亦能较为有效地辨别中国文化历史的特征,将其置于政治秩序的运作与自身命脉的维系既相适应又相矛盾的历史情景和状态之中,较好地解析和阐释了其优劣参半的文化历史处境与地位。因此,与五四时代不同,1980年代中国政治文化的"新启蒙"既是学术理念与方法的重建,也是知识分子自我理性精神的启蒙与重建。从古代、近代到现代,中国知识分子由"帝王师"而"启蒙者"(大众导师)的地位亦为之一变,学术理性化的思想者形象呼之欲出。这是当代学术从本质上走向自由、独立的第一步。

第三节 "文化热"与当代学术重建

1980年代前期开始的一场有关"人道主义与异化问题"的讨论使本来根基不深的"新启蒙"运动遭遇挫折。1985年前后,与"新启蒙"相适应的学术史上的"西潮"热时起时伏,当代学术由此走向了"文化热""方法论热",学术思想和方法上的自由探索渐成风习。1989年以后,意识形态话语的强势介入,导致针对中国传统的文化反思和借助西方观念的文化重建难以为继,"文化热"由"西潮"转向了"中潮",中国当代学术重建被赋予新的使命。

如果说1980年代初在"新启蒙主义"推动下,"文化热"的起点是以出版、译介为主的各类文化丛书、文化典籍的推陈出新,以求阅读和研究中古今中外文化理论、文化史籍的兼收并蓄,那么,1989年以后,随着"新启蒙"

思潮的消歇，"文化热"的主题逐渐由"西潮"转向"中潮"，"反思五四，回归传统"成为新的学术文化史命题。但总体上看，走向世界、认识西方是这一时期"文化热"的主调，李泽厚、王元化、钟叔河等是最重要的引导者和践行者。

实质上，就"新启蒙主义"而言，李泽厚的"三大思想史论"即已开启"反思五四"的先河。但从文化思想史或启蒙现代性角度提出对五四的反思，应与1980年代末到1990年代初汪晖等对鲁迅的研究有关。

1980年代的鲁迅研究自李泽厚的"近、现代思想史论"之后，有王富仁的《呐喊》《彷徨》研究，钱理群等的"20世纪中国文学总主题论"[1]等研究。在思想史的意义上重定鲁迅的现代文学史地位，或在文学史意义上突显鲁迅作为现代思想家的意义和特征，一段时间形成鲁迅研究，以及围绕鲁迅的中国现代文学史研究的热门话题。鲁迅的文学和思想是20世纪中国思想文化最重要的遗产。因此，如何对待这份珍贵的遗产，以及如何重续鲁迅时代的启蒙事业——简单因袭还是反思重建，成为"新启蒙"时代直至今天中国当代学术文化最重要的议题。某种意义上说，"文化热"使鲁迅研究以及整个中国现当代文学和思想文化研究，走出泛政治化意识形态史学和文学研究的狭隘视野，有可能或径直向非历史化、非现象化的形而上学或思辨学术发展。李泽厚所谓"实践理性"化的中国传统思想模式逐渐被打破。

以《反抗绝望——鲁迅及其文学世界》为代表，汪晖的鲁迅研究成为1980年代末到1990年代初有关鲁迅思想和文学研究的一个高峰。在鲁迅研究中，汪晖寻求的不是对于既有理论和观点的阐释，不是从某个既定的事实层面解析鲁迅思想的正确性和合理性，而是敏锐地抓住鲁迅思想中的矛盾，寻求其根源，回到历史场景中进行探索和追问。如其所说：

> 我对鲁迅的研究与别人有所不同，是因为我的起点是他在

---

[1] 参见黄子平、陈平原、钱理群：《20世纪中国文学三人谈》，北京：人民文学出版社1988年版。

1907—1908年间的思想,特别是他与斯蒂纳、尼采以及他们在文学上的代表的关系。……鲁迅以及他的老师章太炎对现代性的那种悖论式的态度一直是我思索的问题之一,这是一条把个体与集体(民族、阶级等等)以独特的方式组织在一起的途径,它的内在的矛盾也从不同的方向上构成了对于古典自由主义和传统社会主义的双重批判。鲁迅一生与两种不同的革命之间的那种近乎纠缠的关系,在我看来,部分地是和他的思想的这种特殊取向有关的。……鲁迅始终可以作为一个衡量现代思想变化的特殊坐标。[1]

这就引出了鲁迅思想的现代性以及现代性悖论等当代文化思维和研究的深层命题。"文化热"或文化研究的目标是现代性问题的讨论,鲁迅研究在汪晖那里成为开启这一"命门"的钥匙。

置于"悖论"中思考鲁迅思想的特质,以"悖论"的观点看待鲁迅所处时代的特征及其思想的现代价值,是汪晖的鲁迅研究特色所在。汪晖认为,"鲁迅以他全部的人格承担了20世纪中国面临的无比复杂的问题,他以自身的复杂性证明了中国和世界的当代困境和抉择的艰难"。而"鲁迅的深刻之处在于,他代表了所处时代的理想,却又表达了对于这种理想的困惑,换言之,他没有试图用简单化的方式解决他所面临的一切问题,相反,面对复杂的世界,他努力使自己也变得'复杂'起来:既从世界,也从中国,既从民族,也从个人,既从理论,也从经验,既从历史,也从未来……把握这广阔、深邃、变动的世界"。因而,从理解鲁迅作为"历史中间物"的现实处境和自我定位出发,阐释其作为"历史中间物"的意识特征:"'在'而'不属于'两个社会的'中间物'地位"与"不是调和、折中,而是并存与斗争"的自我选

---

[1] 汪晖:《反抗绝望——鲁迅及其文学世界·新版序》,石家庄:河北教育出版社2000年版,第2—3页。

择。[1]显然,这是第一次放弃了"统一性"的追求和历史主题化的目标意识,研究鲁迅作为"历史中间物"的思想和存在价值。——以探讨其"思想的悖论"为起点,通过分析鲁迅文学世界"阴暗而又明亮"的"历史中间物"意识和特质,归结、解释和理解其"反抗绝望"的人生哲学。应该说,汪晖的鲁迅研究总体上抓住了鲁迅思想和创作在与时代关联中形成的独特文化性格和由这一文化性格所生成的社会时代性的文化品质,超出了一般文学史和社会政治史解析中对于鲁迅思想和创作的形而下把握,进入到形而上的文化阐释与解读层面,反映了"文化热"所带来的鲁迅研究以及整个现代文学研究的深化。

从而,在对鲁迅的研究和理解中,汪晖形成了其较为系统的鲁迅观和现代文化观。就鲁迅观而言,汪晖认为,与20世纪诸多政治家、思想家、文学家不同,鲁迅一开始就没有从"历史同一性"角度建构自己思想意识的愿望,而意在与"权势"决裂,专注于追问和揭露"传统或文化的帷幕后面遮盖着什么",因而"摆脱了那种中西对比式的简单表述,而且也包含了对那个时代的普遍信念——进化或进步——的质疑"。"鲁迅对传统的批判诚然是激烈的,但他并不是一位'现代主义者'——他对现代的怀疑并不亚于他对古代的批判。"这便是鲁迅的悖论及其悖论式的思想。鲁迅世界的主题是"黑暗","光明于他是隔膜的"。他是"鬼"世界的魂灵,对"人"世界保持着敌意。他幽默的"鬼"世界的语言充满"狂欢化"的反讽意味,对现实世界具有毁灭性。鲁迅把现实世界荒诞化,以黑暗的"鬼"世界的眼光看待现实的人和事。"当我们把鲁迅的咒语看作是他的偏激和病态的时候,我们就属于他诅咒的世界,遵循这个世界的规则;当我们为他的决绝而深感骇异的时候,我们早已忘记了在他身后隐藏着的那个女吊、无常的世界,那个世界的人情和欢乐;当我们为他内心深处的绝望所压倒的时候,我们也丧失了对那个包含再生和更新意味的节日气氛的亲近感。我们丢不开我们的

---

[1] 汪晖:《反抗绝望——鲁迅及其文学世界·原版导论》,石家庄:河北教育出版社2000年版,第40—41页。

身份,进入那个狂欢的世界。"这样,我们都成了鲁迅的敌人。狂欢的语言、逻辑,狂欢化叙事,成了鲁迅表达的特点。这乃出于鲁迅"对人的内在性、复杂性和深度性的理解。在这种理解中产生了反思的文化。他所体验到的痛苦和罪恶感,把一种深刻的忧郁和绝望的气质注入了他创造的民间性的世界"。

> 鲁迅抑制不住地将被压抑在记忆里的东西当作眼下的事情来体验,以至现实与历史不再有明确的界线,面前的人与事似乎不过是一段早该逝去而偏偏不能逝去的过去而已。他不信任事物表面的、外在的形态,总要去追究隐藏在表象下的真实,那些洞若观火的杂感中荡漾着的幽默、机智、讽刺的笑声撕开了生活中的假面。鲁迅拒绝任何形式、任何范围内存在的权力关系和压迫。……鲁迅憎恶一切将这些不平等关系合法化的知识、说教和谎言,他毕生从事的就是撕破这些'折中公允'的言辞织成的帷幕。但是,鲁迅不是空想主义者,不是如叶遂宁、梭波里那样对变革抱有不切实际的幻想的诗人。……鲁迅对隐藏在"自然秩序"中的不平等关系及其社会条件的不懈揭示,不仅让一切自居于统治地位的人感到不安,也为那些致力于批判事业的人昭示了未来社会的并不美妙的图景。

"但是,那种由精神的创伤和阴暗记忆所形成的不信任感,那种总是把现实作为逝去经验的悲剧性循环的心理图式,也常常会导致鲁迅内心的分裂。'挖祖坟''翻老账'的历史方式赋予他深沉的历史感,但他对阴暗经验的独特的、异常的敏感,也使他不像同时代人那样无保留地沉浸于某一价值理想之中,而总是以自己独立的思考不无怀疑地献身于时代的运动。"带着"历史进步"的理想,看到了"荒谬的轮回",促成他思想的"偏执"——一种"对于历史经验的悲剧性的重复感与循环感"。犹如竹内好所谓"近代的超克",鲁迅使自己陷入"永远革命"的思想循环中,成了一个不惮于恐惧和孤独的"永远的革命者","只有通过不懈的、也许是绝望的反抗才能摆脱'革新—保持—复古'的怪圈"。或许正由于此,鲁迅在精神和思想上陷入了绝对的"虚无"——一如庄子是"静"的"虚无",鲁迅是"动"的"虚无"。由于鲁迅"对集体性的运动一直抱有极深的怀疑",其"永远革命"的思想和精神决绝于政治,即与物质生活世界的利害无关。他永远是精神界"这样的战士"。一般而言,鲁迅是个体意识极强的作家,理想主义和乐观主义色彩极为淡漠,而从群体意识的角度看,他所亲近和愿意亲近的往往是弱者或弱势群体,这正是他的人道主义精神使然。尽管在世界范围内他仍有所希冀,但在中国范围内,他对政治上的革命充满了失望的情绪。作为叛逆的知识阶级的一员,鲁迅是葛兰西笔下的"有机知识分子"。[1]

就现代文化观而言,汪晖眼中的"现代性"图式是一幅充满了鲁迅式悖论的文化景观。他引用相应理论观点做出的解释是:第一,现代性首先是一种"时间观念",包含着"时代""时尚"等直线性时间意识,从而与保守主义的传统时间意识区别开来。第二,现代性是一种"宏大叙事",以启蒙所建构的"权力话语"为中心,以"自由""解放"的名义,由相应权力者发出,排斥反对的声音。第三,现代性是一种"社会状态",即如哈贝马斯所谓"一个未完成的方案"。这个"方案"中包含着诸如"科学""民主"等现代社会理想和价值观——科学许诺人自由和幸福,民主承诺人的发展和解放。"主体的自由"成为最高理想,包括民法保障下的合理利益,参政议政的平等权利,道德(知识)自律与自我实现,政治权力的合理化运作等。而总体上说,这是一个"未完成的方案"。现代性的历史(过程)与现代性的方案(叙事)充斥着矛盾。其"过程包含着对这个方案的歪曲、异化和压抑"——工具理性压倒一切,取代了知识(科学)、实践(道德)和情感(审美)的合理分化:"纯粹理性笼罩了全部生活领域,不再有实践理性和审美判断的问题。"亦

---

[1] 汪晖:《反抗绝望——鲁迅及其文学世界·新版导论(代)》,石家庄:河北教育出版社2000年版,第23—26、27—28、29—31页。

即"真"(本质上是时间性的"现实")统制了"善"和"美"。所以,汪晖认为,现代性是一个"悖论式的概念","在某种意义上是一个'自己反对自己的传统'"。这就像鲁迅思想中自我肯定与自我否定的相互缠绕。现代性也可以分为精英的和通俗的。"从精英的角度反对通俗,与从通俗的角度反对精英",亦是现代性的应有之义:"在一个到处高扬着精英理想的社会里,这个理想本身可能成为压抑性的工具。但在另一个到处充斥着世俗化权力的社会里,媚俗的趣味和世俗的权力的结合,扼杀了任何挑战这个权力体制的批判潜能。"因此,在汪晖看来,"中国现代思想具有一种'反现代性的现代性'特质"。从严复、章太炎到鲁迅,都"是站在'现代'一边来展开他们对'现代'的批判的"。甚至梁启超、孙中山、毛泽东等,都有这一思想特质。因为"中国的现代化过程和现代性方案的制定是在帝国主义时代出现的,它本身具有反抗的潜能"。这就像李泽厚所谓"启蒙与救亡的双重变奏",亦即"现代性"与"反现代性"的交织。汪晖认为,中国"现代历史中的灾难是追求现代性的结果呢,还是反抗现代性的结果,或者是以反抗现代性的方式追求现代性的结果,抑或几者都有"? 这确乎是中国现代思想文化研究的深层命题。[1]

可以说,顺着对于鲁迅阐释和理解的思路,汪晖开启了他的现代思想文化探索之旅。借助于1990年代"文化热"的浪潮,当代学术思想史上的左、右两翼应运而生。大约在1998年前后,汪晖开始回应知识界对其"新左派"观点的批判,并着重于从现代性角度反思现代思想体系,阐释其思想文化观念的合理性。他认为,"知识界的分歧主要是在一系列具体的社会政治问题上的分歧"。他反对自由主义者(右翼)忽视"社会平等和社会公正的问题",从而把自由和平等对立起来。他认为,"所有把政治自由、社会公正和平等权利作为自己的社会目标的知识分子"都属于一个"批判的思想群体","共同特点是致力于揭示经济与政治之间的关系,揭示知识分子

---

[1] 汪晖:《死火重温·现代性问题答问》,北京:人民文学出版社2000年版,第3—7、9—13页。

群体所习惯的思想方式和观念与这个不平等的发展进程的内在的关系,把民主的政治诉求扩展到经济和其他社会领域,寻找更为公平的、民主的变革道路"。[1]然而,基于对"不平等"现象的体认,汪晖的"新左派"观点明显地体现在对于当代历史的认知上。在某种意义上,他认为当今社会的"不平等"问题源于对其历史道路的背离,社会主义诉求于平等的理念不能改变。犹如自由主义者视自由为制度、体系和个体权利的问题,"新左派"则视平等为社会公平正义的本质。犹如当年鲁迅及茅盾等左翼作家对于世界弱小民族文学的关注,民间的、弱小民族的反抗的声音让他们感觉到了更高的正义的力量。这与自由主义者对主体权利的强调,对由上而下的体制性改造和社会秩序重建的要求迥然有别。

另外,关于当代知识分子的历史地位和文化命运的问题,汪晖也提出了自己的见解。他认为,现代化运动"通过渐进的、合法化的途径"瓦解了鲁迅时代知识分子的"革命"激情,破坏了自由、自在的大学体制,迫使鲁迅式的"有机知识分子""分化和退场,并最终把知识分子的文化活动改造成为一种职业活动。职业化的进程实际上消灭或改造了作为一个阶层的知识分子"。鲁迅时代,知识分子的媒体活动是自由自在的思想表达,支配当代知识分子媒体形象的则是一种受市场规则支配的社会或个人行为,"而不是反思性的批判功能"。显然,汪晖忽略了中国当代大学体制与鲁迅时代大学体制之间明显存在的制度性差异,而径直认为大学体制的职业化运作和"'有机知识分子'的退场是现代化运动的历史结果",即其所谓"现代性悖论"的一部分。因此,中国当代大学体制与知识分子身份和地位的"现代性"脱颖而出:

> 伴随着现代化的进程,中国社会进入了日益细密化、专业化、科层化的社会过程,知识的生产也越来越具有与之相应的特征。作为专业化的知识生产的最重要体制的大学,其根本要务即在培

---

[1] 汪晖:《死火重温·序》,北京:人民文学出版社2000年版,第5、6、8页。

养与上述社会过程相配合的专业人员。对于这个社会过程的反思,特别是对于日益分化的知识的反思,没有也不可能成为大学体制的主导方面,因为大学体制恰恰是以知识分化的日益细密化为前提的。体制化的知识生产不仅是整个社会现代化进程的有机部分,而且它的任务本身即为这一进程提供专家的培养、知识的准备和合法性论证。知识分子的文化活动既然是体制化的活动的一部分,从而也必须遵循体制化的规范。……"反思性"一直是敏感的学者和知识分子的学术活动的重要特征,然而,我们却不得不承认:它并不是体制化的知识生产的主要特征。

在汪晖看来,"批判"与"反思"的思想行为只能置于"体制"之外才能进行。因为"只有那些具有特殊敏感性的知识分子才会把学院的空间当作反思的场所,并致力于反思性的知识活动",[1]从而付出不受学院环境支持与社会公众待见的代价。然则长此以往,所谓"避席畏闻文字狱,著书都为稻粱谋"岂非合理之至哉?呜呼此论!

然而,事实上,学术虽然是一种职业化的思想和文化行为,却可以,也应该脱离一般大众媒介而存在(学术表达和学术出版并不必完全仰赖大众媒介所提供的途径),如果具有独立自主的大学体制和环境,它是可以有效承担社会批判和文化反思功能的,否则,知识分子的历史责任和文化使命将无法承传,社会发展就失去了最内在的动力。

差不多同时,"现代性"问题在刘小枫那里成了一个纯然哲学和美学的命题。它要处理的是一个"绝望"和审美的复杂关系问题。其借用克尔凯郭尔(刘译基尔克果)的话说就是:"每一种美的生活都是绝望的,每一个按审美方式生活的人,无论他知道与否,都处于绝望之中。"[2]联系到中国现代文学史,这很容易让人想起鲁迅和沈从文的联系及区别。刘小枫认为,

---

[1] 汪晖:《反抗绝望——鲁迅及其文学世界·新版导论(代)》,石家庄:河北教育出版社2000年版,第33—34页。
[2] 刘小枫:《诗化哲学(重订本)·再版记》,上海:华东师范大学出版社2007年版,第4页。

"理解'现代性'及其思想渊源,是20世纪思想界的基本诉求——中西学界皆然"。而他谈论的审美主义,多少与中国现代文学史上从新月派到京派的文学思潮及其艺术特质有关。虽说这只是浪漫主义文学的一个阶段,但较之其前身(创造社作家),明显地具有着世界范围内审美主义文学和文化的诸多特质。沈从文和鲁迅,在各自的文学世界里,一个通过各种悖论式的自省看到人性的本来面目而"绝望"和"反抗绝望",一个通过刻意建构的人性乌托邦景观,面对现实的处境"绝望"而回避。"绝望"似乎成了现代文学和思想文化最内在的主题,任何执着于人性或文化本质性的文学家或思想家都必然在其中相遇。

从《诗化哲学》开始,刘小枫以他对浪漫主义的嗜好引导中国当代美学和文学逐渐走出现实主义,实则是"物化"实用主义方法和观念的牢笼,与真正西方启蒙时代的文学、哲学和美学观念重新接轨(在这之前,中国只有朱光潜一人算是这一"古典美学"观念体系的传人)。犹如他当年为其主编的一本西方美学文集所拟的标题,其所审视者乃是"人类困境中的审美精神"。据其自述说,这却源于当年李泽厚一本《美的历程》所给予的鼓舞和启迪。[1] 但刘小枫理解的"浪漫主义最初是一种哲学,由德意志浪漫派诗哲们首先提出来;这种以诗化形式出现的新型哲学——浪漫哲学,成了德国现代思想史上最重要的传统"。从而使其超越了美学和艺术学范畴,进入现代性文化反思的畛域。[2]

总体上看,刘小枫的《诗化哲学》着眼于"诗的本体论"和"走向本体论的诗"的阐释和解析,寻求对以"浪漫诗学"及其本体论追问所展示的诗意人生和诗化知识体系的理解与认同,较为系统地清理了理性主义和经验主义之外西方哲学的另一种生成流脉,从而也给唯物主义和现实主义统辖下的中国当代思想界及其哲学和艺术思维提供了新的参照。1990年代中国

---

[1] 刘小枫说:"八十年代初,《美的历程》猛然改变了我对国人哲学的成见:这不就是我在欧洲古典小说中感受到的那种哲学吗?激动、兴奋在我身上变成了'美学热'。"参见刘小枫:《拯救与逍遥·修订本前言》,上海:上海三联书店2001年版,第4页。
[2] 刘小枫:《诗化哲学(重订本)》,上海:华东师范大学出版社2007年版,第4页。

文学批评和艺术思维方式的改观,这一"诗化哲学"理论的提出及其体系性的学理建构,有其开掘之功。

刘小枫在东西思想文化与艺术传统对照中所进行的现代性文化反思,集中体现在他以"比较诗学"为建构方式的《拯救与逍遥》一书中。由美学而哲学及由诗学而神学是刘小枫的研究路径。他自称在《诗化哲学》中并未摆脱"积极融贯中西方思想的窠臼",采取了"用庄禅思想映证德国浪漫派哲学"的阐释方式。而其"比较诗学"研究则力求"走出思想的民族解放事业,回到个人生活信念问题","重审中西方的传统思想"。其中,现象学解释学是他找到的"重审"的镜鉴,而"思想的价值立场"则是他所皈依的"基督信仰"。因此,基于神学观念的文化反思是刘小枫较为独特的现代性文化反思的立场。在这个立场上他获得的文化启迪是:"精神最终是个体性的、超历史、超民族的自由行动。……绝对精神在中西方的普遍崩溃,人道凌迟,世失其序,才是值得关注的精神的'事情本身'。这种意义上的精神搏斗,纯粹是个人性的。"刘小枫认为,由此他获得了一种"走向绝对精神"的立场,而不是中国式或西方式的精神谱系。他所得到的"基督信仰"也不是教派式的,而是源自舍勒、海德格尔的"拒绝了形而上学神学的现象学神学"。从而,他对中国传统思想的批判和否定也并非是对五四传统的继承,而是针对"现代诸大儒对中国精神传统的理解",揭橥他们"无不建立在对西方精神传统的误解之上"。对刘小枫来说,一方面是"借'诗学'来说个体信仰",另一方面,"比较诗学"的框架以及现象学解释学的运用,为其采用批判性思维重新解释中西方思想历史提供了便利。[1]

在《拯救与逍遥》中,刘小枫首先认为,惯常中国人理解的西方精神是"科学和民主的理性精神",[2]实则西方精神还有古希腊的"神灵精神"和中世纪以来的"基督精神"。"理性与宗教始终是西方精神发展的两个转轮。"所谓"西方精神一味支配自然,以至科学发达而人心沦丧;中国道德—

---

[1] 刘小枫:《拯救与逍遥·(修订本)·前言》,上海:上海三联书店2001年版,第6—9页。
[2] 刘小枫:《拯救与逍遥》,上海:上海三联书店2001年版,第3页。

超脱精神悠然玄远,'反身而诚,乐莫大焉'"。其实是极大的误解。西方精神并非仅仅"科学理性",所谓以东方精神拯救西方世界的幻想更其荒谬。刘小枫追问:如果"中国的道德—审美精神足以替代基督精神",那么,"中国的道德—审美精神已经解决中国人自己的精神命运问题","中国传统的生存信念真实可靠,经得起哲学的反思批判"?非也!中国人的精神世界、生存状况自古以来危机重重。所以,刘小枫引海德格尔的话说:现代技术世界产生在哪里,转变就在哪里发生,"不能通过接受禅宗佛教或其他东方世界观来发生。思想的转变需要求助于欧洲传统及其革新"。即是说,按照西方人的观念,只有西方人自己的"上帝",才能救助误入歧途的西方人。西方并非只有"科学理性","还有自己的道德谱系,而且未尝比中国的道德谱系薄弱,其根基是在基督身上成人的上帝。固然,形而上学的上帝据说已被近代科学理性杀死了,但西方的诗人和哲人宁愿把这看作圣经中的上帝的隐匿,并执意追寻上帝隐去的踪迹"。[1] 如此看来,似乎五四以后,刘小枫是中国知识界第一个走上这条"宗神"之道,以期从精神上认识西方,重审五四的学者。

在刘小枫看来,过于重视西方文化中的科学(理性)传统,与过于强调中国(东方)文化的道德优势,都是无的放矢。中国的"道德直观"与西方的"神性直观"实可进行一番真诚的较量。他说:"用道德直观批判以理性知识论为根据的科学理性,既合理,也不合理。指责科学理性不能解决人生意义问题,当然不错;然而,要科学理性来解决人生意义的根本问题,本身就是精神谬误。""同样,鼓吹全盘西化的中国学人用科学理性批判中国传统道德谱系,既合理,也不合理。……道德律令的立法不在理性知识,而在神圣启示,理性只是工具性的,它所提供的东西不能作为至高的意义真理。"相反,"道德直观才能彻底拒绝理性"。[2] 在西方思想中,存在着宗教信念、道德规范、理性知识三种不同的意义体系,在各自的范畴内都具

---

[1] 刘小枫:《拯救与逍遥》,上海:上海三联书店2001年版,第3—5页。
[2] 刘小枫:《拯救与逍遥》,上海:上海三联书店2001年版,第6—7页。

有普遍有效性的根据,自然本体的伦理学和道德形而上学与科学理性之间不存在内在通约性。而近代分析哲学和现象学解释学的推进,"在清理形而上学与宗教—伦理—审美问题方面获得了相当一致的结果:拒斥科学理性对伦理问题的支配权。当代儒学至今视而不见,沾沾自喜侈谈中国伦理精神高于西方科学精神,殊不知自身还陷于自然的道德形而上学不能自拔"。刘小枫指出:"中国哲人恰恰需要像维特根斯坦、胡塞尔、海德格尔对待自己的传统思想那样,来一番彻底的思想清理,才可以谈论道德形而上学自足的可靠性。道德问题仍然需要知识的明晰性。天不是上帝,道德不是宗教,不通过批判的理性知识来清理道德理性的根基,何以敢肯定避免道德虚妄?""神性的上帝"在西方思想中进入了超验的明境,而中国思想却在西方科学理性侵蚀下陷入"价值虚无的空间",[1]这是需要当代学人反思的。

以"精神冲突"为着眼点,探究东西方文化的精神路向及其在近现代遭受质疑和否定的根源,思考并谋求二者通过"对话"解决冲突的途径,超越"事实的真实"建构"价值的真实";不是在历史事实层面,而是在超历史的价值、意义层面,企达"寻根"与"认同",获得"对人类精神困境普遍有效的价值真实"。同时,其"交谈"和"对话"的方式决非《新青年》时代的全盘否定和大众批判,而是不同"个体思想者"的深度介入,使"精神冲突"还原成"个体思想者"的理性争拗与自由碰撞,还原成"思想个体的自我理解和自我批判"。[2] 因此,刘小枫认为,当代文化研究的特征在于:超越民族生存冲突论建构中西文化比较论的理论和认识基础,通过考察文化的两个层次:"历史事实"和"现时意义","寻访文化历史事实中所蕴含的对现世个体生命的意义"。[3]——"对文化历史的事实性研究必须转向文化历史的精神释义,这是生命意义建构意向的要求。研究历史中的文化总是由个体精神来负担的,文化研究作为个体性的精神活动,恰恰表达了个体企求历史

---

[1] 刘小枫:《拯救与逍遥》,上海:上海三联书店2001年版,第8—9页。
[2] 刘小枫:《拯救与逍遥》,上海:上海三联书店2001年版,第15—16页。
[3] 刘小枫:《拯救与逍遥》,上海:上海三联书店2001年版,第10页。

中的文化具有现时意义的愿望。"对话或"交谈"是"意义的双向显示过程", "在显示意义的过程中,历史时间中的对话开启了生命意义的未来向度"。历史、现时、未来构成了一种新的"传统":"传统并不只是我们继承得来的一种先决条件,而是我们自己把它生产出来的。因为我们理解着传统的进展并且参与到传统的进展之中,从而也就靠我们自己进一步地规定了传统。"(刘小枫引伽达默尔《真理与方法》,《哲学译丛》1986 年第 3 期)"精神冲突作为两种精神传统的相遇,也是一种开启未来向度的意义显现过程。"

从而在刘小枫看来,19 世纪以来,中西方文化的传统价值在不同语境中被否定,说明"现时历史中的生命意象无法容忍历史文化中掩盖着的精神荒唐、某些伪理想令人恐怖的后果以及精神意向在现时历史中的疯狂与混乱面前的瘫痪。正因为如此,我们不得不承认,在历史文本中存在着蒙蔽人的精神假象。与文本的意义真实对立的,不是错误或误解,而是虚妄,冲突的双方都可能处在虚妄状态之中,冲突就是通过对话从虚妄中夺得意义真实。……通过精神冲突,才能消除蛊惑人的意义虚妄"。[1]——这样看来,鲁迅当年似乎正是以"绝望"的眼光看待"虚妄","反抗绝望"或绝望的反抗。缺少对话,"虚妄"只能走向"绝望"。所以,刘小枫说:"精神冲突的目的,不是要贬扬某种文化,而是要追问历史文化中的意义真实。哪里有真实的价值,就奔向哪里,无论东方还是西方。民族文化情感不是真实评判的根据。精神的冲突以相互辩难为共同基础,而不是一方强逼另一方。精神意义的共同性与普遍性从来不是作为某种既成的东西被占有,它仅仅在精神冲突的追问过程中显示出来。"[2]"冲突的对话"就是精神的追问。"精神冲突最终是一场通过价值现象学追问绝对价值真实的对话。"[3]

在刘小枫看来,中西方之间存在着深刻的精神品质差异:"西方文化精神并不具有中国文化精神中所有的某些品质,反之亦然,但这些不同的精

---

[1] 刘小枫:《拯救与逍遥》,上海:上海三联书店 2001 年版,第 12—14 页。
[2] 刘小枫:《拯救与逍遥》,上海:上海三联书店 2001 年版,第 14—15 页。
[3] 刘小枫:《拯救与逍遥》,上海:上海三联书店 2001 年版,第 20 页。

神品质又恰恰关涉人类共同的精神话题。最为根本性的精神品质差异就是拯救与逍遥。在中国精神中,恬然之乐的逍遥是最高的精神境界。……在西方精神中,受难的人类通过耶稣基督的上帝之爱得到拯救,人与亲临苦难深渊的上帝重新和好是最高境界。这两种精神品质的差异引导出'乐感文化'与'爱感文化'、超脱与救赎的精神冲突。"[1]李泽厚认为"乐感文化"是中国文化的美学本质,刘小枫再加上西方的"爱感文化",并在"拯救"与"逍遥"之间理解中西方文化冲突以寻求文化对话。"诗学"的思维逻辑和表达方式则来自于海德格尔等西方现代诗哲。从海德格尔那里刘小枫领悟:"思想应该沉思历史时间中的生命形式和体验形式的歌唱。"思想在诗中沉思,犹"思与诗的对话"。近代以来西方世界在"神像被击碎、世界的景象由科学的图表来刻画的同时,诗学极为兴盛"。海德格尔等在现象学和存在论视野中看待诗思的问题,从而摆脱"糊弄人"的抽象理性和形而上学思维。其实,刘小枫指出:"现代哲学纷纷涉足诗的言说"[2]并不是为了丰富和充实美学和艺术学理论,而是为哲学提供新的言说门径。当人感到与自己的世界相离时,有两条重新聚合的通道:一条是审美之路,通过对世界的情感化观照,沉醉于诗的遐想;一条是救赎之路,通过唤醒爱的记忆,重新回到上帝的怀抱。

然而,无论刘小枫在《拯救与逍遥》中通过理解中西方诗与思的精神关系所进行的哲学反思和文化对话得出了什么有益于文化现实的结论,其提供的解释方式和理解途径都是属于个人心性的内在活动,与传统启蒙思维背道而驰。也许传统启蒙诉诸大众视听的理论表达和思想建构确实存在混乱与虚妄,但绝对个人化的思想表达却始终只能走向个体孤绝的内心世界和内在生活,与经验世界和历史时间擦肩而过。海德格尔等西方现代诗哲言说中的文化悖论,几乎原封不动地被刘小枫等移植到中国当代学术文化领域,借"文化热"招摇过市。事过境迁,除刘小枫自己或许如愿以偿投

---

[1] 刘小枫:《拯救与逍遥》,上海:上海三联书店2001年版,第28—29页。
[2] 刘小枫:《拯救与逍遥》,上海:上海三联书店2001年版,第31—32页。

入基督上帝"爱的怀抱",在"被拯救"的感受中优雅地生存,多数中国"智者"仍然徘徊于"逍遥"与颓丧的歧路,救世犹不能,自救亦难得。今天看来,刘小枫或犹成为中国的海德格尔,不仅拥有海德格尔诗哲的大脑,更蹈其别样的政治生涯,令人费解。

但不可否认的是,在当代学术文化史上,刘小枫等接引当代世界学术思潮的努力,及其诗与思的形上探索,为当代中国学术思想界提供了难能可贵的"高雅学术"范例。其现代性视野中的学术思想批判和文化诗学研究也令人别开生面。"反思五四,回归传统",不仅是东方文化的传统,更其是东西方融为一体的人类历史文化传统,刘小枫的《诗化哲学》《拯救与逍遥》两书都具有前瞻性和开拓性。

第四节　当代学术走向：
"国学热"与后启蒙主义

李泽厚认为1990年代以后"思想家淡出,学问家凸显",或许从某种意义上说,学术表达取代思想表达成为中国当代学术文化的又一发展趋势。就当代社会文化状况而言,学术表达具有体制上的合法性,而单纯的思想表达却难于获得文化成规上的认可。

带有"反思"性的"新启蒙"被"回归"性"文化热"所取代。1990年代的学术主题尽管仍然是与"西学"相关的现代性文化阐释与批判,但落脚点是"传统"而非现代。在汪晖和刘小枫那里,可以看到现代性的文学和文化阐释所重视的"悖论"和个体体验与救赎,回到人文精神层面就是重建思想敏感性与价值理想的终极性。从思想和学术史上看,这是符合历史潮流的,足以弥补五四以来思想文化中思辨层面价值理性的缺失。但是,这一方面是对科学理性的超越——价值和意义问题进入到思辨层面就只能脱离"事实真实"追寻"精神真实",脱离"实证的客观性"走上"客观的"主观性,寻求所谓"历史中超历史的普遍有效意义"。[1] 这正是"科玄论争"中玄学思维的复归，如此则很难面对"真实"的历史，回应五四以来提出的有关"救亡"和"启蒙"的切实问题，从而造成凡俗眼中"人文精神缺失"的景观。另一方面，学术或许从此可以成为个人安身立命之本，却难以为现实社会秩序文化所认可。当然，个人化或学者的安身立命是当代学术的不二法门，思想的建构必采取学术的方式才能进行，这本质上是五四以来中国学术文化发展的必由之路。如果说在这以前，以鲁迅为代表，有价值的思想表达主要并不包含在学术中，而是包含在文学中，那么，在这以后，思想表达与建构必更多采取理性化策略，与学术表达同步齐趋。

如果说1990年代中国当代学术的主要特征是"现代性"视野中的文化反思与激进主义文化批判，那么，21世纪以来，当代学术的走向在最显性的意义上便是"回归传统"。"国学热"开启了1990年代以来"文化热"的新的价值取向和路径选择。现代性问题讨论消歇，"西学"或"西潮"戛然而止，"中学"或"东方文化潮"取而代之。但是，时至今日，总体上看。近20年来的"国学热"除了成就两种各有所图的"通俗学术"（"正能量"的于丹《论语》臆解与民间性的易中天历史"戏说"）之外，实无显赫成就可言。

回溯1990年代以来"新左派"和"自由派"相对立的学术景象，进入21世纪之后，无论"新左派"还是"国学热"，在自由派眼中都属于"新保守主义"。就"国学热"而言，以杜维明等为代表的海外"新儒家"学者起了推波助澜的作用。一般而言，传统儒家学说在五四时期受到新文化运动的巨大冲击，加上1949年以后中国社会文化整体上处于扬法抑儒的政治文化语境，儒学在中国大抵经历了半个多世纪的隔绝，社会文化心理由此发生了巨大变化。教育文化领域，由于儒家思想与当代意识形态的矛盾关系，在五四遭到整体否定的基础上，又被当作政治和文化史上的反面教材长期被置于否弃和批判的境地。1980年代以后"思想解放"和"新启蒙"运动的推

---

[1] 刘小枫：《拯救与逍遥（修订本）》，上海：上海三联书店2001年版，第19页。

动,以儒学为代表的传统思想文化进入文化反思和理性化的学术研究视野,对儒学及其传统思想文化的重新认识得以起步。前述李泽厚的《中国古代思想史论》即属这一方面的重要成果。

就现代学术文化史上看,辜鸿铭、梁漱溟之后,儒学脱离传统经学开始了自身的现代转型,这正是现代新儒家学说的起点。张君劢、熊十力、马一浮、方东美、唐君毅、徐复观、牟宗三等,在抗战前后致力于儒家学说的哲学体系建构与一定程度的思想观念更新,特别是于中西文化冲突中固守儒学传统价值观,成为现代新儒家思想体系的重镇。另外,自胡适开始的中国哲学史研究,在冯友兰那里实现了"新理学"性质的现代转向,传统儒学的文化品质得到学术性的加强。钱穆的中国社会、文化史研究,陈寅恪的历史(文学)研究,在自我价值定位和研究思路及方法的取舍上,都充满了儒学思想和文化气息,从而使保守主义和民族主义系列的现代思想学术,成为传统儒学价值观得以寄生的渊薮。1949年以后,除了陈寅恪等在内地的坚守,其他与儒学有关的学者和学术,基本上移师港台和海外,成为1990年代直至今天大陆学界谋求儒学复兴的文化桥梁和值得借鉴的学术思想资源。

因此,世纪之交的"国学热"中值得借鉴的学术思想资源首先来自于部分相对活跃的海外新儒家学者,其中以杜维明为代表。杜维明抗战后期出生于昆明,1961年毕业于台湾东海大学,后一直在美国留学和从事教学研究,是一个思想文化背景较为"西化"的学者。但他师从牟宗三、徐复观等,毕生致力于儒学现代转型问题研究,成为新儒家较有影响力的当代传人。

儒家思想的创造性转换是杜维明新儒学研究的重要课题。他从对宋明理学的研究开始,1980年代以后专注于"儒学第三期发展"研究,其中最重要的就是儒学的现代转型问题。"儒学三期"的理论是牟宗三提出的。他视孔、孟、荀为儒学第一期的代表,宋明儒为第二期的代表,第三期即为当代新儒家。他认为:"一、以往之儒学,乃纯以道德形式而表现,今则复须其转进至以国家形式而表现。二、以往之道德形式与天下观念相应和,今则复需一形式以与国家观念相应和。唯有此特殊之认识与决定,乃能尽创制建国之责任。政制既创,国家既建,然后政治之现代化可期。政治之现代化可期,而后社会经济方面可充实而生动,而风俗文化亦可与其根本之文化相应和而为本末一贯之表现。"[1]由此提出其"道德的理想主义"之"三统说":"一、道统之肯定,此即肯定道德宗教之价值,护住孔孟所开辟之人生宇宙之本源。二、学统之开出,此即转出'知性主体'以容纳希腊传统,开出学术之独立性。三、政统之继续,此即由认识政体之发展而肯定民主政治为必然。"[2]实际上,这即为当代新儒学提出了学理上的任务。

就杜维明而言,作为一位生存于西方世界,致力于儒学世界化、现代化的学者,对儒学的阐扬主要是两个方面:一是对儒学的伦理学还原。从对王阳明的阐释和认同出发,杜维明把儒学处理成一种生命哲学。"强调通过精心修习而达到实践的道德品质转换"。因此,在杜维明看来,儒家学说并非仅仅是一种政治道德哲学,更是一种社会哲学,"一种实践和处理人世间道德伦理之事的哲学"。其最为核心的是"自我修养问题"。因此,实现自我价值观念及伦理观念的创造性转化,是儒学现代化的应有之义。二是对儒学的哲学化提炼。杜维明开创了运用阐释学方法将儒家文献学说进行哲理性提升与思想化表达之路,在经典阐释中"辨别出那些最为普遍的思维形式",揭示儒学的现代哲学资源价值,发展儒家思想。通过对实用主义的某种修正,把儒家的修身养性学说提高到普遍人性学说的高度,使西方人认识到:"自我修养的宗教性内涵也可用一种公开主张无神论的宇宙论来作(做)出新的表达",其本体论观念中也存在"与西方思想中的'终极'范畴功能相似的范畴"。建立一门使儒家学说成为人类"共同生活中智慧

---

[1] 牟宗三:《儒家学术之发展及其使命》,《牟宗三先生全集(9)》,台北:联湾联经出版事业公司2003年版,第3页。
[2] 牟宗三:《道德的理想主义·序》,《牟宗三先生全集(9)》,台北:联湾联经出版事业公司2003年版,第9页。

之道的形而上学"。[1] 因此,回应挑战、哲学重建,以及心理学重审,被杜维明视为儒学第三期建设的中心任务。其中包括以"人学"为视角研究儒家的"仁",用心理学方法探究儒家的道德概念,从"自我"角度研究儒家的宗教信仰,从本体论高度探讨儒学的哲学本原——"圣性的形而上学基础"等。

如果说,"对一种哲学最具摧毁力的批评,是指出它的根本形式与充满活力的人生世事毫不相涉",[2] 这正是五四反传统思潮的特征;那么相反,当代新儒家所要承担的任务则是竭力证明儒学的现代功用及其文化活力。但总体上看,作为儒家文化使命的现代承担者,"经世治用"仍然是现代新儒家学说的思想根源。

因其浓郁的"西学"背景,新儒家本质上是自由主义者,所以一定程度上受到"新左派"学者的抵制和反对。但就杜维明而言,由于其儒学现代价值的阐释者及文化守护者形象极其鲜明,1990年代以后一直活跃于海外、港台及大陆学术舞台。相反,另一位海外著名汉学家和文化学者余英时,则常常以醒目的自由主义面目示人。实则余英时作为钱穆学术道路的传人,他的精神和思想中有着根深蒂固的传统文化情结。但长期的海外经历使他的学术选择相对宽广,思想深度和研究领域得到与时俱进的拓展与发挥,在学术渊源上有效弥合了钱穆与胡适之间的对立,而研究范围也较之海外新儒家延伸到更为广阔的历史和文化领域,一定程度上承担了文化历史反思和中西文明对话的任务。

一直以来,由于"自由派"学者习惯于将1990年代以来由海外新儒家推动的"国学热"看成有着某种保守主义政治目的的意识形态合谋,于是在本世纪初提出"新批判主义"予以抵制和反对。这以邓晓芒为代表。这种"新批判主义"本质上是五四及1980年代"新启蒙"运动在新世纪的继续和

---

[1] 参见罗伯特·C.内维尔:《儒家思想新论——创造性转化的自我·前言》,《儒家思想新论——创造性转化的自我》(杜维明著),南京:江苏人民出版社1996年版,第1—6页。
[2] 罗伯特·C.内维尔:《儒家思想新论——创造性转化的自我·前言》,《儒家思想新论——创造性转化的自我》(杜维明著),南京:江苏人民出版社1996年版,第5页。

延伸,所以可称为"后启蒙主义"。

"继承五四,超越五四",在新时代重续五四精神是"新批判主义"的口号。他们视野中的"新保守主义"既有"新左派"学者的相对主义和"民粹主义",以及弃绝启蒙理念,缺失现实反思与批判精神的"玄学"唯心论等,也有新儒家倡导的"新传统主义"(道德理想主义)。因而主张在反思和检讨五四精神的基础上,理性地对待启蒙,合理地继承由鲁迅等开创的社会文化批判与历史反思精神。邓晓芒指出:

> 新保守主义反对五四的一个重要论点是,追随海外学者林毓生先生的观点,他们认为五四的"全盘反传统主义"造成了中国文化的全面断裂,致使现代中国人已不识古字,不通古文,更不懂得古人的奥义,是导致现代中国人文化水平下降、道德传统沦丧、人文精神失落的根本原因。用这种观点看待五四,自然就会把五四和"文革"等量齐观,要像拒斥"文革"一样拒斥五四了,这种观点的浅薄是很明显的。[1]

邓晓芒认为,如果不是仅仅从形式上看,中国文化传统并没有"断裂",也不可能真正"断裂"。如果说五四"有什么根本缺陷的话,也决不在于与传统的彻底'断裂',正好相反,是在于它在更深层次上带上了某些不可磨灭的传统烙印"。如果说五四缺乏宽容,那也是就思想表达而言,思想上的"宽容"与"不宽容"都只是一种表达的方式,一种自我觉悟和思想态度,并不关涉文化状况。这样看来,五四无疑是一个自由、开放和包容的时代(不然就不可能产生百花齐放的思想文化)。至于用"唯科学主义"批判五四,明显是一种"后知之明"——鲁迅倒是有"先见之明"地批判过现代社会的唯物质主义,提出"掊物质而张灵明"。这种以西方后现代思想指摘五四先

---

[1] 邓晓芒:《继承五四,超越五四——新批判主义宣言》,《新批判主义》,武汉:湖北教育出版社 2001 年版,第 2 页。

知的作法并不高明。邓晓芒说:"新保守主义近年提出的这些否定五四的论调,其实并没有什么创意,不过是五四以后整个中国历史文化越来越疏离五四精神这一总体趋势的表达。这种疏离先是由于'救亡'的需要(所谓'救亡压倒启蒙'),后是由于有'更高'的理想取代了启蒙理想。"而今天的人们沉湎于"超英赶美"的自我陶醉中,仿佛一下子回到历史上的"乾隆盛世","疮疤"顷刻间变成了香花。鲁迅的意义再也不愿意提及了。

邓晓芒提出了"新批判主义"三大要义:"第一,首先是怀疑和批判的精神。"邓晓芒指出五四"反传统"并非"情绪化"的过激冲动,这可见于胡适当年提出批判传统的三条标准:"1. 对于习俗相传下来的制度风俗,要问:'这种制度现在还有存在的价值吗?'2. 对于古代遗传下来的圣贤教训,要问:'这句话在今日还是不错的吗?'3. 对于社会上糊涂公认的行为与信仰,却要问:'大家公认的,就不会错了吗?人家这样做,我也该这样做吗?难道没有别样的做法比这个更好、更有理、更有益的吗?'"(胡适《新思潮的意义》)"这三条标准归结为一点,就是要以'现在''今日'和'我'当下的处境为标准,去对一切传统进行毫不含糊的'价值重估'。"即鲁迅所谓"要我们保存国粹,也须国粹能保存我们"。[1] 五四以后,从学术上看,一方面是"整理国故",一方面是"西学东渐",二者相得益彰,并不似保守主义者所说一片悲观。第二,新批判主义所继承的批判精神主要是鲁迅精神,即一种不妥协地反对"瞒和骗"的精神,以及以鲁迅为代表的"自我忏悔精神"。在深入进行社会历史批判的同时,亦毫不懈怠地自我解剖,自我批判,清除自己身上的"传统毒素"。第三,像鲁迅那样,超越进化论。一方面是自我精神上的"绝望的抗战",一方面则坚信"绝望之为虚妄,正与希望相同"。

同时,在"新批判主义"立场上,邓晓芒也开启了对于五四精神的反思,他认为,五四的局限性在于三个方面:"一、启蒙背后的民粹主义。"[2] 就五

---

[1] 邓晓芒:《继承五四,超越五四——新批判主义宣言》,《新批判主义》,武汉:湖北教育出版社2001年版,第4—5页。
[2] 邓晓芒:《继承五四,超越五四——新批判主义宣言》,《新批判主义》,武汉:湖北教育出版社2001年版,第8页。

四时代来看,民粹主义是启蒙主义难以克服的精神障碍。李泽厚所谓"救亡压倒启蒙"的论断,就包含着对于民粹主义社会思潮的反思。而在邓晓芒看来,现代历史中"救亡和启蒙并不是什么'双重变奏',启蒙只不过是救亡的工具而已"。救亡成为目的,启蒙就变成可有可无的事。知识分子和大众的关系也陷于一种历史性的悖论。"二、个人主义和人道主义的冲突。"[1]现代知识分子是个人主义者,也是人道主义者。但是,当真正的人道主义被"悲天悯人"和"博施济众"的慈善主义所取代时,个人主义就走向其反面。鲁迅面对社会时的"爱"与"憎"也常被这种情绪化思想状态所左右。实则无论是个人主义还是人道主义,一旦倾向于感性化时就产生悖反。二者本质上都是趋于理性化的现代文化品质。在中国现代文化思想史上,个人主义和人道主义都并未真正获得有效的理性主义思想建构,因此其呈现方式都带有明显的情绪性、感性化色彩,并与传统道德观念纠缠在一起,左右着知识分子的选择。这正反映了五四启蒙文化的缺陷和不足。"三、实用理性的世俗关怀。"[2]一方面,这与现代知识分子所持有的感性化、道德化的人道主义思想有关。周作人当年对于人道主义("个人主义的人间本位主义")的解释并未真正深入人心。另一方面,缺乏超越性的终极关怀意识,知识分子只能在世俗层面(政治、经济上)理解社会关怀与拯救的内容和意义。救亡成为最具体的"救人"。文化思想史上工具理性和价值理性的对立中,中国知识分子基本上都取了工具理性的立场。因此,黑格尔思想大行其道,康德理论忽略不见。鲁迅国民性批判的思想除了具有"救民水火"的急切与焦虑之外,并没有开启思想启迪和灵魂自救的精神通道。相反,一切指向理性自觉的启蒙门径都被血与火的革命路向所充斥和劫持。

因此,邓晓芒认为,"超越五四",必须做到如下三点:"一、继承五四启

---

[1] 邓晓芒:《继承五四,超越五四——新批判主义宣言》,《新批判主义》,武汉:湖北教育出版社2001年版,第11页。
[2] 邓晓芒:《继承五四,超越五四——新批判主义宣言》,《新批判主义》,武汉:湖北教育出版社2001年版,第14页。

蒙精神,但要将立足点从民粹主义和中国传统士大夫的'家国意识'转移到个人本位上来。"[1]现代人格的自我建构必须成为启蒙"立人"的基础和目标。"二、新批判主义解决'个人主义和人道主义的冲突'的办法,是对个人主义和人道主义重新加以诠释,超越世俗功利层面的理解,更冷静地吸收西方近代思想的有价值的理论成果。"[2]亦即遵循现代思想原则和理性精神,重建个人主义和人道主义价值原则和思想体系。"三、新批判主义把世俗关怀和终极关怀区分开来",主张以终极关怀引导世俗关怀。以康德的观点来看,启蒙是一种获得理性,以达到自我拯救的行为,是使人自觉脱离蒙昧状态,获得并运用自己理性的自由。或者说,理性意识的获得与自由自主的思想和行为是启蒙造就于人的醒目的标志,对于启蒙者而言,这都内含着"终极关怀",而不仅仅,或主要并不是"现实关怀"。

如此"新批判主义",作为后启蒙主义自有其存在价值,然而今天看来,却仅存于其"宣言"而已。其所揭示的理论和实践模式,较之当年陈独秀一篇《敬告青年》而言,或许不足以获得历史的若何认同。然而,作为一种具有厚重历史使命感的真诚呼声,无论其周全与否,效力何在,也不该被历史所遗忘。毕竟,启蒙还在路上!

---

[1] 邓晓芒:《继承五四,超越五四——新批判主义宣言》,《新批判主义》,武汉:湖北教育出版社 2001 年版,第 16 页。
[2] 邓晓芒:《继承五四,超越五四——新批判主义宣言》,《新批判主义》,武汉:湖北教育出版社 2001 年版,第 17 页。

结　语

　　回首百年学术,纵观当代学术文化发展动态,从价值领域来看,哲学和文化研究必将独占鳌头。无论是刘小枫式的"诗化哲学"——现代玄学,还是借鉴康德哲学而来的"新理性主义",都具有特定的发展潜力。倒是李泽厚等持守的黑格尔哲学在一定程度上会处于较为冷落的状态。崇尚感性直观的诗化哲学一旦进入审美文化领域,必将显示持久而强盛的生命力。而康德式以理性批判为导向的"新理性主义"哲学,及与新康德主义相关的西方现代哲学,则将在未来中国思想建设中发挥重要作用。它的基本思路必须是以康德哲学三大批判为基点的多元理性主义和包容神秘主义与理想主义的实践论。"真、善、美"不再被简单地纳入实践性环节中来认识,而是透过理想主义和现实主义的双向审视获得新的判断力。

　　就文化研究而言,面向现代和传统的双重文化反思必须持久有效地进行,在自由主义与新儒学的对话中获得公允的价值立场,立足现代反思传统。依托个人化的自主思维和学理化的深度研究把握传统与现代的不同文化肌理,寻求理解和解释文化历史现象的系统方法和思想逻辑。现代思想文化的批判建构与对历史文化的理性认知必须结合起来。二者只有沿着不同的学术理性化道路,摆脱大众化的感性思维和意识形态化的工具理性,才能真正达到文化意义上的保存和思想意义上的重构。而更重要的,在于不再简单地追逐西方文化思潮,以及教条化地理解和解释东西方文化现象,而是在有效借鉴现代文化理论和文化哲学观点的基础上,形成自主的文化理论和文化哲学思维,以及面对文化历史与现实的高度的审视力与思想建构能力。

参考文献

陈独秀:《独秀文存(1—4)》,上海:上海亚东图书馆,1933年。

任建树编:《陈独秀著作选编(1—6)》,上海:上海人民出版社,2009年。

姜义华主编:《胡适学术文集·新文化运动》,北京:中华书局,1993年。

姜义华主编:《胡适学术文集·哲学与文化》,北京:中华书局,2001年。

姜义华主编:《胡适学术文集·中国哲学史(上、下)》,北京:中华书局,1991年。

姜义华主编:《胡适学术文集·中国文学史(上、下)》,北京:中华书局,1991年。

欧阳哲生编:《胡适文集(1—12)》,北京:北京大学出版社,1998年。

胡颂平编著:《胡适之先生年谱长编初稿(1—10)》,台北:联经出版事业公司,1984年。

曹伯言整理:《胡适日记全编(1—8)》,合肥:安徽教育出版社,2001年。

唐德刚泽注:《胡适口述自传》,合肥:安徽教育出版社,2005年。

沈卫威:《无地自由——胡适传》,合肥:安徽教育出版社,2005年。

顾颉刚等编著:《古史辨(1—7)》,上海:上海古籍出版社,1982年重印本。

张君劢等:《科学与人生观》,沈阳:辽宁教育出版社,1998年。

陶希圣:《中国社会与中国革命》,上海:新生命书局,1929年。

叶青:《三民主义底哲学基础(上、下)》,时代思潮社,1942年。

何兹全:《何兹全文集(1—6)》,北京:中华书局,2006年。

高军编:《中国社会性质问题论战(上、下)》,北京:人民出版社,1984年。

蔡尚思主编:《中国现代思想史资料简编(1—5)》,杭州:浙江人民出版社,1982—1983年。

张大明:《国民党文艺思潮——三民主义文艺与民族主义文艺》,台北:秀威资讯科技股份有限公司,2009年。

茅盾:《茅盾论创作》,上海:上海文艺出版社,1980年。

郭沫若:《中国古代社会研究》,《民国丛书(第一编)》76,上海:上海书店出版社,1989年。

郭沫若:《郭沫若全集·历史编(1—8)》,北京:人民出版社,1982—1985年。

黄兴涛编:《辜鸿铭文集(上、下卷)》,海口:海南出版社,1996年。

辜鸿铭:《中国人的精神》,黄兴涛、宋小庆译,海口:海南出版社,1996年。

梁漱溟:《梁漱溟全集(1—8)》,济南:山东人民出版社,2010年。

曹锦清编选:《儒学复兴之路——梁漱溟文选》,上海:上海远东出版社,1994年。

吴宓:《吴宓日记(1—10)》,北京:生活、读书、新知三联书店,1998年。

沈卫威:《回眸"学衡派"——文化保守主义的现代命运》,北京:人民文学出版社,1999年。

徐静波编:《梁实秋批评文集》,珠海:珠海出版社,1998年。

鲁迅:《鲁迅全集(1—16)》,北京:人民文学出版社,1981年。

郑振铎:《郑振铎全集(1—21)》,石家庄:花山文艺出版社,1998年。

赵友培:《三民主义文艺创作论》,重庆:正中书局,1944年。

吴原编:《民族文艺论文集》,杭州:中正书局,1934年。

吕学海编:《全盘西化言论集》,广州:岭南大学青年会,1934年。

冯恩荣编:《全盘西化言论续集》,广州:岭南大学学生自治会出版社,1935年。

麦发颖编:《全盘西化言论三集》,广州:岭南大学学生自治会研究出版股,1936年。

余定邦、牛军凯编:《陈序经文集》,广州:中山大学出版社,2004年。

张君劢:《明日之中国文化》,上海:商务印书馆,1936年。

林同济、雷海宗:《文化形态史观》,上海:大东书局,1946年。

雷海宗:《伯伦史学集》,北京:中华书局,2002年。

雷海宗:《中国文化与中国的兵》,北京:商务印书馆,2001年。

林同济:《天地之间——林同济文集》,上海:复旦大学出版社,2004年。

陈铨:《中德文学研究》,上海:商务印书馆,1936年。

陈铨:《陈铨代表作》,北京:华夏出版社,1999年。

温儒敏、丁晓萍编:《时代之波:战国策派文化论著辑要》,北京:中国广播电视出版社,1995年。

蔡元培:《蔡元培全集(1—4)》,北京:中华书局,1984年。

罗家伦:《罗家伦先生文存(第5册)》,台北"国史馆"、中国国民党中央委员会党史委员会,1989年。

张晓京编:《中国近代思想家文库·罗家伦卷》,北京:中国人民大学出版社,2015年。

罗久芳:《罗家伦与张维桢:我的父亲母亲》,天津:百花文艺出版社,2006年。

冯友兰:《三松堂全集(1—14)》,郑州:河南人民出版社,2000年。

蔡仲德:《三松堂全集附录·冯友兰先生年谱初编》,郑州:河南人民出版社,1994年。

田文军:《冯友兰传》,北京:人民出版社,2003年。

王永兴:《陈寅恪先生史学述略稿》,北京:北京大学出版社,1998年。

陈寅恪:《陈寅恪集(1—14)》,北京:生活、读书、新知三联书店,2009年。

汪荣祖:《陈寅恪评传》,南昌:百花洲文艺出版社,1997年。

钱穆:《钱宾四先生全集(1—54)》,台北:联经出版事业公司,1998年。

郭齐勇、汪学群：《钱穆评传》，南昌：百花洲文艺出版社，1995年。

梁启超：《清代学术概论》，上海：上海古籍出版社，1998年。

梁启超：《论中国学术思想变迁之大势》，上海：上海古籍出版社，2001年。

闻一多：《闻一多全集(1—12)》，武汉：湖北人民出版社，1993年。

朱光潜：《朱光潜全集(1—10)》，合肥：安徽教育出版社，1987—1993年。

傅斯年：《傅斯年全集(1—7)》，长沙：湖南教育出版社，2003年。

沈志佳编：《余英时文集(1—10)》，桂林：广西师范大学出版社，2004—2006年。

胡适、余英时等：《胡适与中西文化》，台北：水牛图书出版事业有限公司，1984年。

余英时等：《中国历史转型时期的知识分子》，台北：联经出版事业公司，1992年。

毛泽东：《毛泽东选集(五)》，北京：人民出版社，1977年。

《胡适思想批判：论文汇编(1—8)》辑，北京：生活·读书·新知三联书店，1955年。

中国作家协会上海分会辑：《胡适思想批判资料集刊》，新文艺出版社，1955年。

艾思奇：《批判胡适的反动哲学思想》，北京：中国青年出版社，1955年。

李泽厚：《李泽厚十年集(1—4)》，合肥：安徽文艺出版社，1994年。

李泽厚：《世纪新梦》，合肥：安徽文艺出版社，1998年。

黄子平、陈平原、钱理群：《二十世纪中国文学三人谈》，北京：人民文学出版社，1988年。

汪晖：《反抗绝望——鲁迅及其文学世界》，石家庄：河北教育出版社，2000年。

汪晖：《死火重温》，北京：人民文学出版社，2000年。

刘小枫：《诗化哲学》(重订本)，上海：华东师范大学出版社，2007年。

刘小枫:《拯救与逍遥》(修订本),上海:上海三联书店,2001年。

牟宗三:《牟宗三先生全集(1—33)》,台北:联经出版事业公司,2003年。

杜维明:《儒家思想新论——创造性转化的自我》,南京:江苏人民出版社,1996年。

邓晓芒:《新批判主义》,武汉:湖北教育出版社,2001年。

中央档案馆编:《中共中央文件选集(1921—1949)》,北京:中央党校出版社,1989—1992年。

中央人民政府高等教育部办公厅编:《高等教育文献法令汇编(1—4)》,1954—1956年。

[英]阿伦·布洛克:《西方人文主义传统》,董乐山译,北京:生活、读书、新知三联书店,1997年。

[德]斯宾格勒:《西方的没落(上、下)》,齐世荣等译,北京:商务印书馆,1963年。